LITTÉRATURE, HISTOIRE, POLITIQUE
sous la direction de Catherine Coquio,
Lucie Campos et Emmanuel Bouju
44

Petites mémoires et écriture du quotidien

Ce volume paraît sous la responsabilité éditoriale d'Emmanuel Bouju et Lucie Campos.

Ouvrage publié avec le soutien de l'École universitaire de recherche Translitteræ (programme Investissements d'avenir ANR-10-IDEX-0001-02 PSL* et ANR-17-EURE-0025) et du laboratoire Formes et représentations en linguistique, littérature et dans les arts de l'image et de la scène (FoReLLIS, EA 3816) de l'université de Poitiers

Paula Klein

Petites mémoires et écriture du quotidien

Cortázar, Perec et leurs échos contemporains

PARIS
CLASSIQUES GARNIER
2021

Paula Klein est docteure en littérature comparée et agrégée d'espagnol. Sa thèse, soutenue en 2017, a reçu un prix de l'université de Poitiers en sciences humaines, économiques et sociales.

ISBN 978-2-406-10766-8 (livre broché)
ISBN 978-2-406-10767-5 (livre relié)
ISSN 2259-9479

TABLE DES ABRÉVIATIONS

GEORGES PEREC

– Récits : éditions originales (projet « Choses communes »)

EE *Espèces d'espaces* (1974)
TELP *Tentative d'épuisement d'un lieu parisien* (1975)
JMS *Je me souviens* (1978)

– Archives et manuscrits

L'Herbier *Choses communes* II = *L'Herbier des villes*, 16, 3, 2-4 (3 f., manus. autographes)
Lieux *Choses communes* III = *Lieux où j'ai dormi*, 48, 6, 2, 0-20 (21 f., manus. autographes)

JULIO CORTÁZAR

– Récits et miscéllanées : éditions originales

LVDOM *La vuelta al día en ochenta mundos* (1968)
UR *Último Round* (1969)
CP *Corrección de pruebas en Alta Provenza* (1972)
LM *Libro de Manuel* (1973)
LAC *Los Autonautas de la cosmopista o Un viaje atemporal Paris-Marsella* (1983)

– Récits : traductions

LVDOM *Le tour du jour en quatre-vingts mondes* (1980)
LM *Livre de Manuel* (1974)
LAC *Les Autonautes de la cosmoroute ou Un Voyage intemporel Paris-Marseille* (1983)

Toute traduction non marquée d'une source est la mienne.

INTRODUCTION

> Résistance signifie pour eux investissement, retournement radical, changement de cap ; une exigence naît : se tourner vers ce qui a été délaissé, négligé, exclu ; investir, contre la domination du monumental, le petit [...].
> Miguel ABENSOUR, « Le choix du petit[1] »

Dans le texte en voix-off de *La Vie filmée des Français*[2], Georges Perec évoque le « petit scintillement qui palpite » dans ce flux d'images, fruit du collage et du montage de films *amateurs* qui donnent un portrait de la vie quotidienne des français entre 1920 et 1950. Comme s'il s'agissait d'une série de photographies instantanées, les différents chapitres de l'émission dépeignent le rythme cyclique de la routine des Français ordinaires. Les images donnent à voir une poignée de situations banales dans lesquelles le spectateur pourrait bien reconnaître un lieu, une scène, quelqu'un ou peut-être lui-même. Regardant quelques images tournées rue Vilin, Perec aussi retrouve les rues de son enfance. Il explique : « J'ai découvert que j'aurais pu apparaître sur l'une de ces images. Le hasard a voulu que ce film soit tourné dans le quartier où je suis né, à Ménilmontant[3] ». Il rajoute : « Mon père, ma mère, mes grands-parents, se trouvent peut-être parmi cette foule qui tous les dimanche matins

1 M. Abensour, « Le choix du petit », in Th. W. Adorno, *Minima Moralia. Réflexions sur la vie mutilée*, trad. É. Kaufholz et J.-R. Ladmiral, Paris, Payot, 2001.

2 G. Perec, « La vie filmée » [Commentaire lu par lui-même du documentaire *La Vie filmée des français* (1930-1934), réalisation de Michel Pamart et Claude Ventura, production INA, 2e partie, noir et blanc, 52 min, 1975, inédit. Film consultable à la Vidéothèque de Paris], in *Cahiers Georges Perec*, n° 9, « *Le cinématographe* », Bordeaux, Le Castor Astral, 2006, p. 73-82. Transcription de Cécile de Bary.

3 *Ibid.*.

s'amassait sur le boulevard Ménilmontant[4] ». Dans ces images, il retrouve donc une « sensation fragile », des « bribes d'un air oublié » qui, comme ses *Je me souviens* (1978), n'appartiennent strictement à personne mais, en quelque sorte, font partie de nous tous.

Comment expliquer l'intérêt que ces « petites mémoires du quotidien » éveillent chez un auteur dont la biographie a été marquée par les grandes catastrophes du XXe siècle et notamment par la Seconde Guerre mondiale et la Shoah ? Pour Perec, ces fragments d'histoire quotidienne, faite de gestes banals et de petites anecdotes, recèlent une « mémoire fabuleuse qui brasse ces milliers de souvenirs anonymes arrachés au temps perdu pour les projeter sans pitié dans le vertige de notre histoire[5] ». Cette attention que l'auteur porte à l'histoire dite « infra-ordinaire », à ces « petits riens » et « événements de peu », cachés dans l'ombre de l'histoire monumentale, répond à un projet aussi vaste que son œuvre elle-même. Comme Perec l'explique dans un entretien avec Bernard Pous, « L'activité d'écrire, c'est d'abord la peur d'oublier, l'envie de garder des choses, de transcrire, de laisser des traces de quelque chose[6] ». Apprendre à fixer notre attention sur les détails, à conserver et archiver tout ce qui semble être dépourvu d'histoire, ce n'est pour Perec rien d'autre qu'une continuation de son combat contre la disparition sans traces.

Dans le premier chapitre de *Rayuela*, l'Argentin Julio Cortázar propose aussi une réflexion sur la fragilité de la mémoire qui entoure les faits et les gestes quotidiens. Prenant le point de vue de son protagoniste Horacio Oliveira, le narrateur s'étonne de la manière dont « le souvenir conserve tout et pas seulement les Albertines ou les grands éphémérides du cœur et des reins [...] » (« *el recuerdo lo guarda todo y no solamente a las Albertinas y a las grandes efemérides del corazón y de los riñones*[7] »). Cette mémoire faite d'éléments sans importance ne surgit pas pourtant de manière spontanée, elle est le fruit d'un travail patient et tenace. Dans les mots d'Horacio : « le jeu consistait à ne retrouver que l'insignifiant, le minable, le disparu » (« *el juego consistía en recobrar*

4 *Ibid.*

5 *Ibid.*

6 G. Perec, « Entretien Georges Perec/Bernard Pous », in *Entretiens et Conférences* (dès à présent noté *EC*), vol. II, 1979-1981, Nantes, Joseph K, 2003, p. 190.

7 J. Cortázar, *Rayuela* (1963), Ed. crítica Julio Ortega, Saúl Yurkievich, coord., Madrid, CSIC, Colección Archivos, 1991, chap. 1, p. 20. Pour la traduction française, nous suivons : *Marelle*, trad. de Laure Guille et Françoise Rosset, Paris, Gallimard, 1966, p. 10.

tan sólo lo insignificante, lo inostentoso, lo perecido[8] »). Le désir d'atteindre une mémoire toute puissante, capable d'amasser les moindres détails et les souvenirs inessentiels parcourt le roman. Il revient aussi dans plusieurs de ses textes et notamment dans ses « miscellanées » – des textes génériquement hybrides comme *La vuelta al día en ochenta mundos* (1967 désormais *LVDOM*) ou *Ultimo round* (1969 désormais *UR*) – ou bien dans des ouvrages comme *Libro de Manuel* (1973 désormais *LM*) ou *Los Autonautas de la cosmopista* (1983 désormais *LAC*).

Au-delà des différences indéniables – biographiques, stylistiques, liées au contexte de production et de réception – entre l'œuvre de Georges Perec et celle de Julio Cortázar, j'aimerais montrer dans ce livre comment une bonne partie de leur production se sert du quotidien afin de rendre visibles les fêlures de notre présent.

Dans son livre *Sentir le grisou* (2014), Georges Didi-Huberman rappelle que l'impossibilité de pronostiquer les catastrophes est la conséquence du fait que ses symptômes ne sont pas encore « lisibles » depuis notre présent. Le philosophe ajoute que la catastrophe « ne sera pas lisible tant qu'elle ne constituera que le sous-texte, l'arrière-fond, le palimpseste ou la note en bas de page d'une catastrophe plus spectaculaire [...][9] ». Didi-Huberman se demande ainsi : « [...] comment *voir venir* la catastrophe ? Et quels seraient les organes sensoriels d'un tel voir-venir, d'un tel regard-temps[10] ? ». En ce sens, la question qui nous concerne est : l'art et la littérature peuvent-ils nous rendre « vigilants aux catastrophes qui s'annoncent[11] » ?

Le questionnement sur les « savoirs » et les « pouvoirs » de la littérature, sur sa capacité à connaître et agir sur le monde mais aussi sur sa spécificité face aux savoirs des sciences sociales, revient constamment. Quand je suis arrivée en France en 2011, une série de débats entre littéraires, historiens et écrivains a attiré mon attention, déterminant la direction de cette enquête à venir. La légitimité de certains discours, en particulier l'historiographie et la littérature, à s'approprier le passé récent avait donné lieu à de nombreux livres, articles et numéros de revues[12].

---

8 *Ibid.*, p. 20.

9 G. Didi-Huberman, *Sentir le grisou*, Paris, Éd. de Minuit, 2014, p. 13.

10 *Ibid.*, p. 9.

11 *Ibid.*, p. 11.

12 Le livre d'Emmanuel Bouju *La transcription de l'histoire, essai sur le roman européen* (2006) ; le numéro des *Annales* dirigé par Étienne Anheim et Antoine Lilti sous le titre « Savoirs de la littérature » ou le numéro du *Débat* 2011, dirigé par Pierre Nora et intitulé *L'histoire saisie par la fiction*, parmi d'autres.

Ces textes prenaient comme point de départ le désir d'échapper à l'idée stéréotypée qui oppose le savoir de l'historiographie et la liberté imaginative de la littérature, considérés comme deux éléments irréconciliables. Comme le signalent Étienne Anheim et Antoine Lilti, il ne s'agit pas tant d'opposer l'histoire et la littérature selon leur capacité à représenter les faits empiriques du passé que « de montrer comment la littérature permet de penser l'historicité de l'expérience humaine dans son rapport au temps, à l'attente, à la guerre ou à la mort[13] ».

C'est précisément autour de ce désir d'explorer les stratégies littéraires qui permettent de saisir notre expérience temporelle, que les œuvres de Georges Perec et de Julio Cortázar nous interpellent. Néanmoins, si la dimension mémorialiste et politique de son œuvre constitue un axe central dans la réception de Perec, il me semble fondamental de reconsidérer le rôle de ces sujets dans le cas de Cortázar. Le dialogue entre les deux auteurs devient nécessaire, non seulement en ce qui concerne la dimension ludique et oulipienne de leurs œuvres, mais aussi en ce qu'elles laissent un registre de l'histoire « infra-ordinaire[14] », c'est-à-dire non pas l'histoire spectaculaire transmise par les médias ou les discours institutionnels mais celle des « événements de peu », qui constituent l'arrière-fond des grands événements historiques. Les deux écrivains se proposent, en effet, de rendre visibles les traces que la violence de « l'histoire avec sa grande hache » imprime sur notre quotidienneté.

Les années 1970 sont marquées par le passage d'un paradigme historique à un paradigme mémorialiste. Comme l'explique Jacques Le Goff, face à la pression de l'« histoire immédiate » « en grande partie fabriquée à chaud par les médias », l'historien commence à être sollicité comme témoin de son propre temps. Les notions de « présentisme » de François Hartog et celle des « prétérits présents » d'Andreas Huyssen rendent compte de ce désir de conserver le présent « au moment même où il se fait [...] comme déjà historique, comme déjà passé[15] ».

Les démarches de conservation du patrimoine se multiplient en France depuis les années 1970 et signent l'avènement d'un « âge de la mémoire », une période où le présent devient, paradoxalement, l'objet

---

13 E. Anheim et A. Lilti, « Savoirs de la littérature. Introduction », *Annales. Histoire, Sciences Sociales*, 2010/2, 65e année, p. 257.

14 Cette notion sera abordée en détail dans le chap. I.

15 Fr. Hartog, *Régimes d'historicité. Présentisme et expérience du temps*, Paris, Seuil, 2012 [2003], p. 12.

d'une fureur mémorielle[16]. Brandissant la devise « *mémoire, patrimoine, commémoration* », les institutions chargées de la conservation du passé sont simultanément hantées par un désir de tout sauvegarder et une crainte de l'oubli.

Contrairement à cette image de la France tournée vers la « muséification » de son passé, la violence d'État qui se répand dans le Cône Sud, et en particulier en Argentine à partir du coup d'État de 1976, empêche ce tournant mémoriel[17]. Dans ce contexte, les écrivains assument souvent des positionnements politiques et critiques elliptiques ou allusifs afin de contourner la censure et la répression[18]. Tout en essayant de faire face à un silence social complice, les manifestations artistiques produites sous les régimes dictatoriaux latino-américains cherchent des voies détournées pour dénoncer l'escalade de la violence et la militarisation progressive de l'État. Qui plus est, la période de la post-dictature dans le Cône Sud se caractérise par des politiques d'oubli « réparateur ». Dans une Argentine qui a pourtant rétabli la démocratie, les lois d'amnistie connues sous le nom de « Ley de Punto final[19] » (1986) (« Loi de point final ») et « Ley de Obediencia debida[20] » (1987) (« Loi d'obéissance due »), conçues dans

16 *Ibid.*.

17 Entre le 24 mars 1976 et le 10 décembre 1983, l'Argentine connut une dictature civico-militaire nommée *Proceso de Reorganización Nacional* (« Processus de Réorganisation Nationale »). Suite au coup d'État du 24 mars, le pouvoir fut exercé par une junte militaire composée par les commandants des Trois Forces Armées. Quatre juntes militaires se succédèrent ensuite durant cette période jusqu'à la transition démocratique entamée en 1983. Ce régime promettait de rétablir l'ordre après la situation politique chaotique qui avait suivi la mort du président Juan Domingo Perón en 1974 et son remplacement par sa femme, Isabel Martínez de Perón. Parmi la complexe trame de causes et d'événements ayant conduit à l'avènement du terrorisme d'État, l'historien Luis Alberto Romero signale le chaos économique et la crise d'autorité que traverse le pays notamment dès 1975. Il évoque aussi la terreur semée par les affrontements entre les différentes organisations de la guérilla et l'Alliance Anticommuniste Argentine (« Triple A »). Les actions terroristes se développent selon un plan systématiquement orchestré par l'État et qui comprend l'enlèvement, la détention, la torture et l'exécution des opposants, transformant le statut des personnes détenues en celui de « disparus ». L'exil – intérieur ou extérieur – devient alors un moyen de tenter d'échapper à la violence dans l'attente d'une transition démocratique.

18 Pour une étude des politiques de la mémoire dans l'Argentine de l'après-dictature voir E. Crenzel, *La historia política del* Nunca Más *: la memoria de las desapariciones en la Argentina*, Buenos Aires, Siglo XXI editores, 2008.

19 La loi de « Punto final » de 1986 signifiait la fin de toute possibilité d'intenter des procès aux personnes compromises dans la répression pendant la dictature militaire.

20 La loi de « Obediencia debida » promulguée en 1987 interdisait tout procès contre les personnes ayant participé à la répression en suivant les ordres du haut commandement.

une volonté de pacification sociale, entraînent l'arrêt des poursuites judiciaires contre les responsables de la violence d'État.

Dans un dialogue entre la littérature française et argentine, cette étude a pour objet les formes prises par la quotidienneté chez Perec et Cortázar, ainsi que chez une série d'écrivains plus jeunes. C'est pourquoi chacune des grandes parties de ce livre s'accompagne d'une « ouverture » sur l'œuvre d'écrivains plus contemporains qui revisitent l'héritage de Perec et Cortázar et mettent à l'épreuve l'actualité de leurs propositions.

Une hypothèse centrale guide, en ce sens, cette étude : le fait que chez ces écrivains l'intérêt presque sociologique pour le quotidien est indissociable d'un projet mémoriel. Conçues comme autant d'« exercices des mémoires possibles[21] », les œuvres abordées dans ce livre – majoritairement publiées entre la fin des années 1960 et le début des années 1980 – tentent de donner voix aux mémoires de tout le monde et de personne, à la croisée du singulier et du commun, de l'individuel et du collectif. Dans son livre *Le Voyage au Pérou*, Boltanski définit la « petite mémoire » comme « [...] une mémoire affective, un savoir quotidien, le contraire de la grande mémoire préservée dans les livres[22] ». Mettre la mémoire à l'épreuve du quotidien, c'est là un défi loin d'être mineur.

Si la thématique du quotidien traverse une grande partie de la production de nos auteurs, deux critères essentiels ont déterminé le choix des œuvres. Tout d'abord, la présence de matériaux factuels et le travail sur des techniques littéraires d'enregistrement du présent. Reprenant la distinction entre fiction et « diction » établie par Gérard Genette, Leona Toker démontre que les « récits factographiques » – un ensemble de textes à contours imprécis parmi lesquels on trouve les mémoires, les autobiographies, les journaux de voyages, les journaux intimes, la correspondance, les carnets, les recueils historiques – exigent l'adoption d'un pacte de lecture documentaire[23]. Ce « mode » factographique implique l'agencement du matériel indiciaire et la fidélité du contenu des œuvres

21 Emmanuel Bouju utilise l'expression pour faire allusion aux multiples formes de réécriture et d'interprétation de l'histoire assumées et mises en œuvre par un ensemble de romans contemporains. *Cf.* E. Bouju, « La littérature comme exercice des mémoires possibles et littérature "à-présent". La transcription de l'histoire dans le roman contemporain », *Annales. Histoire, Sciences Sociales*, 65e année, 2010/2, p. 426.

22 C. Boltanski, « La petite mémoire », in *Le Voyage au Pérou*, Catalogue du Musée d'art moderne de la ville de Paris, 1998.

23 L. Toker, « Towards a Poetics of Documentary Prose », *Poetics Today*, vol. 18, n° 2, 1997, p. 191.

aux faits et aux personnes « réels ». Il suppose aussi l'adoption d'un pacte de lecture référentiel qui s'oppose au « comme si » propre à la fiction. L'articulation entre récit d'imagination et matériaux factuels devient ainsi un enjeu central du projet « Choses communes » de Georges Perec ainsi que des « miscellanées » de Julio Cortázar.

En deuxième lieu, les textes privilégiés dans la présente étude répondent à la logique d'un projet de vie et d'écriture conçu sur le long terme[24] et qui entraînent souvent une « mise en scène » des auteurs. De manière assez inédite, des œuvres comme *Tentative d'épuisement d'un lieu parisien* de Perec ou *Los Autonautas de la cosmopista*, écrite à quatre mains par Cortázar et Carol Dunlop, se présentent comme de véritables « performances d'écrivains » faisant du quotidien leur terrain d'enquête.

Né en 1936, Perec est un véritable enfant de la Seconde Guerre mondiale et de la Shoah, et ces événements marquent sa vie de façon indélébile. Fils de parents juifs polonais installés dans le XXe arrondissement de Paris, près de Ménilmontant, Perec devient très tôt orphelin. Il a quatre ans lorsque meurt son père, Icek Judko Peretz (1910-1940), qui s'était engagé comme soldat dans l'armée française. En 1942, sa mère, Cyrla Schulewicz (1913-1943), est déportée à Drancy puis à Auschwitz.

Pendant sa jeunesse, Perec entame plusieurs projets d'écriture à caractère fortement autobiographique qu'il abandonne par la suite : *Les barques* ; « Le Portulan » ; *J'avance masqué* ; *Gaspard pas mort* ; *L'attentat de Sarajevo* ou *Le Condottière*. À partir des motifs de la folie et du désarroi, du faux et des faussaires, ces textes posent la question du nom propre et de la reconstruction des liens familiaux. Après le lycée, Perec envisage des études d'Histoire et se propose même d'écrire un mémoire en sociologie de la littérature sous la direction de Lucien Goldmann à l'École Pratique des hautes études en sciences sociales. Il se lance, avec quelques collègues, dans un projet de revue : « *L. G.* La Ligne Générale ». L'influence du cinéma d'Einsenstein et du marxisme est à cette période déterminante dans la construction de son style[25]. Participant depuis

24 La conception de l'œuvre en tant que « projet » de vie et d'écriture sera abordée de manière détaillée dans la deuxième partie de cette étude. Voir ci-dessus, chap. « L'oeuvre à l'épreuve du projet ».

25 Dans les articles critiques qu'il rédige à l'époque notamment pour la revue *Partisans*, il se penche sur une réflexion sur le « réalisme critique » du théoricien marxiste d'origine

1973 aux revues *Cause commune* et *Arguments*, il entame une réflexion qui vise à articuler littérature et sociologie. La notion d'« infra-ordinaire » devient ainsi pour lui une manière d'observer et de décrire ce que l'on ne regarde pas d'habitude : le banal, le moindre, les petits événements de tous les jours qui passent sans laisser de traces. Pour lui, se situer dans le présent n'implique pas un refus de l'Histoire, mais plutôt le choix de se débarrasser de la rhétorique du spectaculaire.

Quelques années plus tard, dans « Notes sur ce que je cherche » (1978, *Penser/Classer*), l'auteur évoque les quatre grands « champs » ou domaines d'intérêt autour desquels gravite son œuvre. Tout d'abord, l'exploration du quotidien ou la « sociologie de la quotidienneté », indispensable pour comprendre son projet « Choses communes ». Ensuite, la dimension autobiographique, qui découle des drames personnels auxquels il a décidé de répondre par l'écriture et dont *W ou le Souvenir d'enfance* (1975) constitue un exemple paradigmatique. En troisième lieu, la littérature à contraintes, et notamment ses contributions à l'Oulipo, comme *Quel petit vélo à guidon chromé au fond de la cour ?* (1966) ou *La Disparition* (1969). Enfin, ce qu'il nomme « le goût du romanesque », le plaisir de lire et de raconter des histoires, magistralement incarné par *La Vie mode d'emploi* (1978).

Malgré cette diversité, la réflexion mémorielle et l'intérêt pour le quotidien traversent toute son œuvre. À la multiplicité des mémoires qui l'habitent – mémoire personnelle ou autobiographique comme dans *W ou le souvenir d'enfance* (1975), mémoire générationnelle et collective présente dans *Je me souviens* (1978), mémoire familiale des projets inaboutis *L'Âge* ou *L'Arbre* –, le projet « Choses communes » vient ajouter une « mémoire du présent ». En effet, tout au long des années 1970, la démarche mémorielle et autobiographique de Georges Perec se donne pour objectif de faire émerger la « quotidienneté enfouie sous le fracas de la grande Histoire[26] ». Sous le titre évocateur de « Choses communes »,

---

hongrois Gyorgy Lukács, de Bertold Brecht mais aussi de Flaubert. De même, la forte impression produite par le film *Hiroshima mon amour* d'Alain Resnais et Marguerite Duras lui permet de réfléchir sur les conséquences de la Deuxième Guerre mondiale et notamment sur les limites du témoignage. Enfin, la lecture de *L'Espèce humaine* (1947 ; 1957) de Robert Antelme, le témoignage de sa déportation dans les camps nazis, lui permet d'aborder la « question juive » – pensons aussi à l'importance que la lecture des témoignages de Primo Lévi, Jean Cayrol ou David Rousset a eu pour le jeune Perec.

26 G. Perec, « La vie filmée », art. cité.

Perec finit donc par associer plusieurs projets qui relèvent simultanément de la mémoire et de la sociologie du quotidien. Le projet original est conçu à partir de trois versants. D'abord, « Choses communes I », sous-titre qu'il donne à son *Je me souviens* (1978) ; ensuite le projet de *L'Herbier des villes* (1976-1982) qui survit sous la forme d'une archive personnelle au fonds Georges Perec de la Bibliothèque de l'Arsenal ; et enfin le projet inabouti *Lieux où j'ai dormi*. Dans « Tentative de description d'un programme de travail pour les années à venir » (décembre 1976), Perec propose une vue d'ensemble du projet qui rassemblerait « trois séries de textes généralement brefs » : *Lieux où j'ai dormi*, *Je me souviens* (1978) et *Notes de chevet*. Le projet inabouti *L'Herbier des villes*, sur lequel il travaille entre 1976 et 1982, mais aussi la *Tentative d'épuisement d'un lieu parisien* publiée en 1975 viendront s'ajouter plus tard à cet ensemble[27]. Pourtant, en 1973, Perec donne déjà pour titre à un carnet « Choses communes. *Espèces d'espaces* ». Perec va se servir d'*Espèces d'espaces* comme d'un terrain où parler de ses projets d'écriture en cours[28]. Il s'agit d'un genre cher à Perec, une « sorte de résumé de tout ce que j'ai en train[29] », ou ce que la critique a désigné, depuis la publication de la lettre-programme à Maurice Nadeau (1968), comme des « auto-bibliographies prospectives » ou des « bilans-programmes[30] ».

Finalement, puisqu'il se situe à la charnière de l'archive familiale, du témoignage d'enfance et de la fiction, *W ou le souvenir d'enfance* (1975, désormais *W*) intègre aussi la liste de textes choisis pour cette étude. Articulant des procédés issus de l'enquête archivistique et un long processus de reconstruction mémorielle, *W* s'inscrit dans la continuité d'une série de projets autobiographiques comme celui de *L'Arbre*, entamé depuis 1966, une enquête arborescente et inaboutie sur ses ancêtres. La quête de nouvelles formes de témoignage, à la fois

---

27 Parmi les textes qui devaient initialement intégrer « Choses communes » seulement trois sont effectivement aboutis et publiés : *Espèces d'espaces* (1974), *Tentative d'épuisement d'un lieu parisien* (1975), *Je me souviens* (1978) ainsi que cinq textes appartenant aux « Réels » du projet inabouti *Lieux* sur lequel Perec travaille entre 1969 et 1975.

28 Perec présente parmi ses travaux en cours : *Lieux où j'ai dormi*, *Lieux*, une série de « Travaux pratiques » se rapprochant des observations incorporées dans *Tentative d'épuisement d'un lieu parisien*, et la description de l'immeuble de *La Vie mode d'emploi*.

29 G. Perec, « En dialogue avec l'époque » (1979), in *EC.*, vol. II, *op. cit.*, p. 65.

30 L'expression appartient à Éric Beaumatin et est citée par P. Lejeune dans *La Mémoire et l'Oblique : Georges Perec autobiographe*, Paris, P.O.L., 1991. p. 98.

personnels et capables de saisir la douleur d'une expérience collective, est l'un des paris de *W*.

En ce qui concerne Julio Cortázar, trois grands mouvements se dessinent dans son œuvre[31]. Tout d'abord, celui qui relève de l'émergence du fantastique quotidien, courant qui constitue le sceau de l'auteur entre 1930 et 1950[32]. Un deuxième mouvement relève de la réflexion sur « l'objet-livre », les contraintes d'écriture et les premières explorations autour de la littérature « hypertextuelle », dont le « *tablero de dirección* » de *Rayuela* constitue un exemple privilégié. Cette réflexion sur les limites des outils de l'écrivain et du support matériel du livre subit l'influence des expériences avant-gardistes des années 1960, et notamment celle de l'Oulipo. De même, l'empreinte de théoriciens comme Umberto Eco, Italo Calvino ou Roland Barthes qui annoncent l'avènement d'une « œuvre ouverte » où le lecteur devient l'acteur principal, constituent des références incontournables pour le Cortázar de l'époque. En parallèle, ses textes relèvent de la quête d'un humanisme élargi visant une transformation vitale de l'homme par le biais de l'art, l'érotisme ou la politique. Si cette deuxième période, correspondant aux années 1960, coïncide avec celle du « *boom* » de la littérature latino-américaine[33] et l'essor du « réalisme

31 Suivant une approche basée sur sa correspondance et ses nombreux entretiens, Roberto Ferro identifie six étapes majeures dans sa vie et son œuvre. Tout d'abord, la période qui va de sa naissance le 24 août 1914 à Ixelles, une banlieue de Bruxelles, et, depuis son retour à Buenos Aires, jusqu'à 1929. Une deuxième période entre 1929 et 1937, où sa vie se partage entre Buenos Aires et Bolivar, où il suit ses études et obtient le titre de Professeur agrégée des Lettres. Entre 1935 et 1946, Cortázar alterne l'enseignement dans des lycées à Bolivar, Chivilcoy et dans l'Université de Cuyo à Mendoza. Ensuite, la période 1951/1963 se déroule entre Paris et la Havane pendant que Cortázar continue à développer l'écriture des contes dans le style qui sera ensuite connu comme le « fantastique quotidien ». Enfin, la période qui va de 1963 à 1984, où Cortázar est déjà une figure intellectuelle majeure des lettres latino-américaines. Cette étape est marquée par les déplacements de l'auteur entre Paris, la Havane et Managua. *Cf.* R. Ferro, « Julio Cortázar entre viajes y bibliotecas », *Revista Letral*, n° 12, 2014.

32 Rappelons que ce style se nourrit de nombreuses influences tout au long de sa vie : de la terreur et du goût du surnaturel, propres au fantastique gothique ; jusqu'au fantastique dans la tradition *rioplatense* – celui de Jorge Luis Borges, Felisberto Hernández ou Silvina Ocampo, tout en passant par Horacio Quiroga. Le fantastique quotidien se nourrit aussi de ses lectures françaises – soulignons la proximité avec la notion d'« étrange merveilleux » des surréalistes, voire celle du « quotidien sacré et profane » développée par des écrivains comme Raymond Queneau ou Michel Leiris.

33 Associé aux écrivains de la taille de Gabriel García Márquez, Mario Vargas Llosa, Juan Rulfo, Carlos Fuentes ou Carlos Onetti, le *boom* est analysé à la fois comme « accident

magique », elle se caractérise aussi chez Cortázar par le début d'un dialogue texte-image. De même, l'incorporation de matériaux factuels donnera lieu dès 1966 à l'émergence des « livres-almanachs » et des « miscellanées ». Finalement, une troisième étape, correspondant aux années 1970 et 1980, se caractérise par un tournant politique dans son œuvre. Ainsi, les textes de cette époque se concentrent davantage sur l'histoire récente, la réalité politique et la dénonciation de la violence d'État en Amérique Latine, sans pour autant laisser de côté le domaine de l'érotisme ou la veine ludique déjà présents dans ses écrits précédents.

Si l'intérêt pour la vie de tous les jours et pour l'enregistrement du présent reste une constante dans toute son œuvre, l'émergence de la vie quotidienne dans la pensée critique des années 1970 a souvent été ignorée dans les études consacrées à Cortázar. Adriana Bocchino signale en ce sens que le traitement du quotidien chez Cortázar va progressivement basculer du sentiment du fantastique vers une exploration de genres littéraires hybrides, comme c'est le cas des « miscellanées » ou « livres-almanachs[34] » de 1967 et 1969, *LVDOM* et *UR*. Ces livres constituent des cas privilégiés pour étudier l'articulation de plusieurs genres littéraires – essai, poésie, fiction brève, journal – et matériaux – texte, image, photographie et documents variés – au sein d'un même support textuel.

Dans *Correción de pruebas en Alta Provenza* (1972 ; 2012 désormais *CPAP*), Cortázar revient sur les difficultés rencontrées lors de l'écriture de *Libro de Manuel* pour mettre en forme une archive du présent destinée aux générations à venir. Publié en 1973, *Manuel* voit le jour dans un contexte de méfiance à l'égard de la capacité de l'art à produire des effets sur la réalité[35]. Mêlant la fiction et le montage documentaire, ce livre s'interroge sur la capacité de la littérature à rendre témoignage d'une époque. Par ailleurs, le dernier livre paru, *Los Autonautas*, est

---

historique » et comme « phénomène. *Cf. Más allá del boom : literatura y mercado* (D. Viñas, A. Rama, J. Franco, J. Leenhardt et al.), México, Marcha, 1981.

34 *Cf.* A. Bocchino, « Hacia un intento de clasificación de la producción cortazariana », *CELEHIS*, Revista del Centro de Letras Hispanoamericanas, année I, nº 1, 1er semestre 1991.

35 De nombreuses analyses signalent le phénomène d'abandon de la littérature au profit de la lutte armée dans la période des années 1960 en Amérique-Latine. Voir, par exemple, C. Gilman, *Entre la pluma y el fusil. Debates del escritor revolucionario*, Buenos Aires, Siglo XXI, 2003 ; 2006 ou M. Dalmaroni, *La palabra justa : Literatura, crítica y memoria en la Argentina, 1960-2002*, Mar del Plata – Santiago de Chile, Melusina, 2004.

conçu comme une performance pour ses deux auteurs. À mi-chemin entre le journal de bord, le carnet de voyage et le récit ethnographique, ce texte se présente alors comme le « compte-rendu » d'une expérience qui engage la vie des écrivains pendant plus de deux mois.

Cette présentation des auteurs permet désormais d'orienter notre attention sur les points les plus originaux de leurs démarches respectives. Revenons ainsi à la question posée au départ de cette introduction. En quelle mesure la littérature est-elle capable de transformer et de modeler notre expérience du temps et notamment notre perception du passé et de ses liens avec le présent ?

Dans la partie « I. Redécouvrir le quotidien », ce livre propose une mise au point terminologique sur la notion du quotidien et fournit un aperçu des principales théories et courants de pensée modernes qui la définissent depuis divers champs disciplinaires. Deux questions centrales en émergent : comment le quotidien s'est-il peu à peu imposé comme un sujet littéraire digne de considération ? Comment cette thématique inaugure-t-elle un dialogue fertile entre les savoirs de la littérature et ceux des sciences sociales ?

À la lumière de l'analyse diachronique des textes de Perec et Cortázar, on discernera ici les transformations successives dans le traitement du quotidien, afin de distinguer entre un premier moment analytique et critique de leurs explorations et un rapport plus ludique, proche de la littérature à contraintes.

Un second temps (« II. Projets de vie et d'écriture ») est consacré à l'idée d'« œuvre-projet », et en particulier à l'exploration du genre littéraire du « journal-à-projet » qui enregistre et documente le déroulement des expériences. On examinera également la « posture esthétique » correspondant à cette enquête de l'ordinaire, posture qui pourrait bien être celle des vertus « passives » comme la patience, l'indifférence, le neutre, l'attente désintéressée ou le délaissement. Conçues comme des « projets » de vie et d'écriture, les œuvres analysées mettent en avant leur dimension performative. Dans la tradition des *Exercices spirituels* d'Ignace de Loyola, les narrateurs s'adonnent à la pratique d'« exercices » qui combinent le physique et le spirituel. L'écriture devient dès lors un moyen de discipliner le corps, l'intellect et la volonté par la création d'un environnement de travail adéquat.

Ces analyses nous mènent, dans un troisième temps (« III. Ethnographes du proche »), à interroger les méthodes de l'« ethnographe de proximité[36] » érigé en modèle dans les enquêtes de ces écrivains. On considère ici les textes étudiés comme les précurseurs des « littératures de terrain » définies par Dominique Viart, en ce qu'ils « empruntent à ces pratiques que les sciences sociales rassemblent sous le nom de "travail de terrain[37]" ». Le motif du voyage et la figure de l'étranger opèrent alors comme des outils privilégiés pour créer la distance propre au point de vue de l'ethnographe. L'enquête succède donc à un « apprentissage », qui vise à renouveler l'attention accordée aux choses banales.

La dernière partie (« IV. Archivistes du quotidien ») s'interroge sur les nouveaux usages littéraires de l'archive, dans le sillage de ce que l'américain Hal Foster a nommé le phénomène contemporain des « artistes archivistes » [*archival artists*[38]] et à partir de notions aussi variées que la « *non-fiction* », les « littératures factuelles » ou les « factographies ». À rebours des usages institutionnels de l'archive, Perec et Cortázar se concentrent sur l'archivage de tout ce qui est considéré comme inutile, jetable, sans valeur ni fonction concrète. En ce sens, il s'agira de penser l'œuvre littéraire comme une archive du quotidien voire comme une « poubelle de l'écrit ».

Si la vie quotidienne résiste à l'analyse historique du temps long, elle reste indispensable pour notre compréhension de l'« histoire immédiate ». Nous ne devons pas pour autant voir dans ce pari de donner voix aux « petites mémoires du quotidien » un refus de l'histoire mais plutôt, selon Walter Benjamin, un désir de « retenir l'image du passé qui s'impose, à l'improviste, au sujet historique à l'instant du danger[39] ». Cet état d'alerte face à l'avènement des traces du passé dans notre présent est indispensable pour comprendre l'émergence de ce que l'historienne de l'art Dominique Baqué désigne dès 1980 comme un nouvel art politique d'orientation documentaire. En ce sens, la récupération active du présent

---

36 Cette notion sera abordée en détail dans la deuxième partie de ce livre, chap. « Ethonographes du proche ».

37 D. Viart, « Les Littératures de terrain. Introduction » dans « Littératures de terrain », n° 18, *Revue de Fixxion française contemporaine*, 2019 (§ 6) [en ligne].

38 *Cf.* H. Foster, « The Archival Impulse », *October*, n° 110, The MIT Press, Automne 2004, p. 3-22.

39 W. Benjamin, « Thèses sur le concept d'histoire » (1940), Bibliothèque Anarchiste, p. 16 [en ligne].

sous la forme d'archives du quotidien va de pair avec l'avènement d'un tournant ethnographique et documentaire dans les domaines de l'art et de la littérature contemporains.

Suivant une réflexion de Miguel Abensour, cette étude se propose finalement d'attirer l'attention des lecteurs sur la forte portée politique de ce « choix du petit » par lequel Perec et Cortázar visent à transformer notre regard. Conçu comme une véritable forme de résistance, ce « choix du petit » engage une responsabilité esthétique et éthique qui bouscule les rapports de force et de pouvoir institués. Il s'agira selon Abensour d'« apprendre à redécouvrir la singularité, au moment même où elle est niée "en grand"[40] ». Il s'agit bien là d'une « conversion, un affinement du regard » exigeant de « faire crédit à des qualités jusque-là tenues pour secondaires[41] ». Faire le constat de cette myopie face à l'habituel, tâcher d'affiner le regard, ce sont les premiers pas dans le renouvellement de notre capacité d'étrangement. En effet, considéré comme le socle d'une expérience sociale partagée, l'attention portée au quotidien est capable de nous rendre vigilants face aux menaces souvent imperceptibles de nouvelles vagues de violence. Comme cette étude essaie de le montrer, l'ambition de rendre visible la violence historique telle qu'elle est vécue au quotidien peut favoriser des stratégies de résistance plus subtiles et mobiles qui se révèleront être de véritables moyens de révolte.

Ce livre est une version remaniée et abrégée d'une thèse de littérature comparée soutenue en novembre 2017 à l'Université de Poitiers. Mes remerciements vont à E. Bouju, Ch. Baron, L. Campos, A. Louis, B. Coquil, C. Bloomfield, Fr. Détue et A. García qui, au fils des ans, se sont prêtés à la discussion, enrichissant cet ouvrage de leur regard critique.

40 M. Abensour, « Le choix du petit » (postface à *Minima Moralia* de Th. Adorno), Paris, Petite Bibliothèque Payot, 2003. Texte initialement paru dans la revue *Passé Présent*, n° 1, 1982, p. 340.

41 *Ibid.*, p. 341.

PREMIÈRE PARTIE

REDÉCOUVRIR LE QUOTIDIEN

Après quelques tours du monde, seule
la banalité m'intéresse encore.
Chris MARKER, *Sans soleil* (1983)

Comment définir le « quotidien » ? Tout ce qui est accessible, compréhensible et familier en raison de sa récurrence, de son caractère répétitif, cyclique ou linéal peut être désigné par cette notion. La fréquentation habituelle dans notre environnement immédiat fait advenir ce rapport familier sous la forme de l'accoutumance. Le quotidien apparaît, en ce sens, plutôt comme un mode de manifestation qu'une qualité intrinsèque des phénomènes. Il est aussi lié à des formes de connaissance pratiques et expérimentales, basées sur notre expérience directe du monde. Articulant les dimensions individuelle et subjective mais aussi sociale et collective, le quotidien inscrit nos pratiques journalières dans une dimension socio-historique plus large.

Trois tendances majeures semblent se dégager du tournant vers le quotidien chez Georges Perec et Julio Cortázar. Tout d'abord, une tendance critique qui réfléchit sur les limites du réalisme et les modalités littéraires d'incorporation du réel dans les œuvres. Des notions comme celle d'« infra-ordinaire » de Perec ou celle du « fantastique quotidien » chez Cortázar sont des manifestations de cet intérêt critique. Les écrivains contestent ainsi le fonctionnalisme et l'obsolescence programmée des choses dans la société de consommation. De même, le désir de bouleverser les perceptions ankylosées par un dépaysement du regard devient un motif récurrent dans leurs œuvres. Dans un deuxième temps, entre 1960 et le début des années 1970, la thématique du quotidien évolue vers un stade ludique. Les écrivains s'intéressent désormais à des « tactiques », « manières de faire » et « stratégies[1] » pour ruser avec le quotidien. Les « travaux pratiques » et les « modes d'emploi » de Perec mais aussi

1 Il s'agit de la terminologie des « arts de faire » utilisée par Michel de Certeau dans *L'invention du quotidien* (1980) [Nouvelle édition établie et présentée par L. Giard], Paris, Gallimard, 1990.

les « instructions » de Cortázar sont des exemples de cette approche ludique. Finalement, un volet davantage politique du quotidien prend forme dans les textes écrits entre la fin des années 1970 et le début des années 1980. Cette dernière voie sera abordée dans la quatrième partie de cette étude, notamment à partir de l'imbrication entre fiction et documentation. Commençons par déffricher le panorama critique et littéraire qui encadre la production de nos auteurs.

LE QUOTIDIEN COMME THÈME, FORME ET PRATIQUE

Avec l'entrée dans un monde sans guerre, dans une époque que Fredric Jameson nomme capitalisme tardif ou avancé[1], le quotidien s'impose comme une notion clé pour l'analyse de la littérature et des sciences humaines et sociales. À la fois outil théorique, élément thématique et objet d'une série de pratiques très diverses, les études portant sur les « écritures du quotidien » font de cette notion un prisme d'observation et d'analyse critique. Les approches transversales sont, en effet, indispensables pour comprendre le lien entre l'émergence de nouveaux modes de subjectivation et l'apparition de modalités littéraires originales dans le traitement du quotidien.

Depuis les années 1970, quelques convergences d'époque expliquent l'apparition du quotidien comme un sujet majeur chez certains artistes, écrivains et théoriciens en France et en Argentine. Après la fin des grands récits qui caractérisaient, selon François Lyotard, la pensée moderne[2], le quotidien passe à occuper une place centrale dans la littérature française. Sous la forme d'un plaidoyer pour le minuscule, Georges Perec est un des pionniers à chercher de nouvelles modalités d'enregistrement de la vie de tous les jours. Pour ce qui est de la littérature latino-américaine, un certain consensus critique s'installe à partir des années 1990 autour de ce que Hal Foster nomme un « retour au réel » dans l'art, la théorie et la littérature contemporaine. L'intérêt pour ce que Foster appelle l'« expérience du réel[3] » va de pair avec une transformation des modalités de représentation mimétiques, perceptible depuis l'avènement du Pop Art.

1 Fredric Jameson signale le lien entre l'intérêt pour la vie quotidienne et l'entrée dans un monde sans guerre qui caractérise la phase de capitalisme avancé. *Cf.* Fr. Jameson, *Le postmodernisme ou la logique culturelle du capitalisme tardif*, Paris, Beaux Arts de Paris, 2011.

2 *Cf.* F. Lyotard, *La Condition postmoderne : rapport sur le savoir*, Paris, Éd. de Minuit, 1979.

3 H. Foster, *El retorno de lo real. La vanguardia a finales de siglo*, Madrid, Akal, 2001, p. 150.

Cependant, dans le champ des études littéraires, ce tournant vers le quotidien a longtemps été considéré comme une autre forme de réalisme. Il était alors étudié sous le prisme des poétiques mimétiques qui pensent le réel selon des critères de vraisemblance, voire de correspondance référentielle. Contrairement à ce genre d'analyses, cette étude formule l'hypothèse que ce nouveau positionnement du quotidien témoigne d'une quête de nouvelles stratégies d'accès au réel. La mise en question des modalités de représentation réalistes se dégage ainsi de cet intérêt pour notre quotidienneté.

UN NOUVEL ENJEU POUR LES SCIENCES HUMAINES ET SOCIALES

Longtemps considéré comme une cause d'aliénation, le quotidien devient, depuis les années 1950 et 1960, un chantier d'analyse privilégié de l'expérience sociale. L'apparition et le développement des *mass media* et de la publicité mettent à la disposition de l'« homme de la rue » tout un arsenal sémiotique soulignant la division entre le temps de travail et des loisirs. La problématique du bonheur interpelle ainsi ces hommes et femmes « quelconques » en les invitant à s'approprier leur temps libre. Or, tandis que la consommation est encouragée par les médias comme un antidote contre la routine, certains écrivains et artistes commencent à envisager le quotidien comme une source de créativité passée jusqu'alors inaperçue. Au-delà de la distinction entre consommateur et producteur, le quotidien semble alors matérialiser une voie originale pour s'approprier du commun, de l'ordinaire. C'est dans le cadre des routines journalières que certains artistes et écrivains développent des stratégies pour réveiller l'attention assoupie du public.

Les trois volets de la *Critique de la vie quotidienne*[4] d'Henri Lefebvre constituent, en ce sens, un échelon incontournable des études

4 Les trois volumes s'intitulent : *Critique de la vie quotidienne : introduction* (Paris, B. Grasset, 1947), Paris, l'Arche, 1958 ; *Critique de la vie quotidienne 2. Fondements d'une sociologie de la quotidienneté*, Paris, L'Arche, 1961 ; et, enfin, *Critique de la vie quotidienne 3. De la modernité au modernisme : pour une métaphilosophie du* quotidien, Paris, L'Arche, 1981.

du quotidien en France. Pour le philosophe et sociologue, le quotidien est le lieu où l'homme entre dans une relation dialectique avec la nature et le monde social, l'espace où les potentialités humaines se formulent, se développent et se réalisent[5]. À la fois domaine des transformations politiques et sociales et terrain du machinal, voire de l'aliénation, l'analyse critique de la vie quotidienne est censée ouvrir des alternatives au caractère standardisé et répétitif de nos vies. Lefebvre part ainsi d'un constat critique sur la « mort quotidienne » qu'il définit comme « le répétitif enseveli sous sa propre répétition, inconnu et trop connu, caché sous les fleurs de la rhétorique flétrie du discours banalisé[6] ». Toutefois, le quotidien peut aussi devenir le lieu d'un renouvellement politique, social et culturel. Reprenant une phrase captivante d'Hegel selon laquelle « le familier n'est pas nécessairement le connu[7] », Lefebvre entame une analyse ambitieuse des systèmes qui façonnent notre quotidienneté.

Dans son article « Quotidien et Quotidienneté » de l'*Encyclopaedia Universalis*, le philosophe définit le quotidien comme le lieu des « fonctionnalités » où s'érige « la société bureaucratique de consommation dirigée[8] ». De même, sa nature duelle fait coexister « le plus général et le plus singulier, le plus social et le plus individuel, le plus évident et le mieux caché[9] ». La quotidienneté ne désigne pourtant pas un système mais un « dénominateur commun aux systèmes existants ». Lefebvre se demande :

> Banalité ? Pourquoi la connaissance du banal serait-elle banale ? Le surréel, l'extraordinaire, le surprenant, voire le merveilleux, ne font-ils pas aussi partie du réel ? Pourquoi le concept de quotidienneté ne révélera-t-il pas l'extraordinaire de l'ordinaire[10] ?

Sous le prisme du répétitif, le quotidien cherche à s'évader des analyses qui tentent de le saisir. Toujours selon Lefebvre, tout changement réel des conditions de vie repose sur la transformation du quotidien conçu

5 *Cf.* M. Gardiner, *Critique of everyday life*, London, Routledge, 2000, p. 75.

6 H. Lefebvre, *Critique de la vie quotidienne 2, op. cit.*, p. 67.

7 La phrase dit *Das Bekannte überhaupt ist darum, weil es bekannt ist, nicht erkannt.* *Cf.* G. W. Fr. Hegel, « Verwandlung des Vorgestellten und Bekannten in den Gedanken », in *Phänomenologie des Geistes*, Sttutgart, P. Reclam, 1987, § 31.

8 H. Lefebvre, « Quotidien et Quotidienneté », *Encyclopaedia Universalis* [en ligne].

9 *Ibid.*

10 *Ibid.*

au sens large : société, espace, architecture, habitudes et « manières de faire » urbaines. Dans *La Vie quotidienne dans le monde moderne* (1968), le philosophe explique ainsi que le quotidien est « ce qui va de soi [...] l'insignifiant (apparemment)[11] ». Malgré le fait qu'il nous occupe et nous préoccupe « il n'a pas besoin d'être dit, éthique sous-jacente à l'emploi du temps, esthétique du décor de ce temps employé[12] ».

Par ailleurs, conçu comme le domaine de nouvelles expériences esthétiques, l'art devient un champ privilégié pour bouleverser nos pratiques quotidiennes. « Révéler la richesse cachée sous l'apparente pauvreté du quotidien, dévoiler la profondeur sous la trivialité, atteindre l'extraordinaire de l'ordinaire[13] » ; voici, selon Lefebvre, le défi d'un art qui vise à transformer la quotidienneté. Parmi ses sources, l'auteur reprend au surréalisme l'idée que la vie quotidienne est un terrain propice pour déclencher une révolution des conditions de vie aliénantes. Les dadaïstes et surréalistes avaient, en effet, présenté le quotidien comme le lieu où toute politique de libération pouvait se jouer. Toutefois, déjà dans sa *Critique de la vie quotidienne* de 1947, Lefebvre reprochait aux surréalistes d'avoir abandonné le quotidien et d'avoir fétichisé l'insolite, en échange, sous la forme du « merveilleux quotidien ».

Si cette discussion reste fondamentale pour comprendre le premier volume de la *Critique de la vie quotidienne*, dans les années 1950, les situationnistes vont eux aussi revenir sur le surréalisme afin de formuler de nouvelles approches de l'expérience urbaine. Des procédés comme la *dérive*, « une technique du passage hâtif à travers des ambiances variées[14] », et le *détournement*, impliquant un changement d'échelle qui ne transforme pas le phénomène mais le rend perceptible, participent ainsi de la nouvelle perception du quotidien visée par le situationnisme. Les passages et déambulations urbaines ainsi que les procédés de décontextualisation et de recyclage de matériaux hétérogènes sont au centre

11 H. Lefebvre, *La vie quotidienne dans le monde moderne*, Paris, Gallimard, 1968, p. 51.

12 *Ibid.*, p. 52.

13 *Ibid.*, p. 74.

14 *L'Internationale Situationniste* (1981) (dès lors *IS*), Paris, rééd. Fayard, 1997, p. 51. Cette notion apparaît pour la première fois dans un texte de 1953 intitulé « Formulaire pour un urbanisme nouveau » d'Ivan Chetligov (alias Giles Ivain), que Debord publie dans le premier numéro de l'*IS*. Cette définition est reprise de M. Sheringham, *Everyday Life : Theories and Practices from Surrealism to the Present*, Oxford, Oxford University Press, 2006, p. 164.

de leurs démarches. L'analyse et la critique de la vie quotidienne doivent alors viser à transformer la vie des gens ordinaires et leur environnement. Comme l'indique Guy Debord, cette transformation peut et doit aboutir à « un dépassement de la culture et de la politique au sens traditionnel[15] ». Il s'agira de reconquérir le « temps perdu », « extérieur à la production, à l'accumulation, à l'épargne », de parvenir à ce que l'imagination l'emporte sur les routines, mais aussi de briser la « résistance à l'historique[16] » qui caractérise notre perception du quotidien.

Or, si Perec s'inscrit dans cette tradition des travaux sur le quotidien, ses œuvres s'éloignent dans le même temps des démarches surréalistes. Refusant la quête de l'inhabituel, de la magie et de l'extraordinaire son approche s'oriente vers le plat et le neutre. En plus, le désir de détourner l'attention vers le « commun », est indissociable de sa lecture de Lefebvre ainsi que de sa participation au comité de rédaction de la revue *Cause Commune.* Comme le signale Paul Virilio, également membre du comité, « l'empaysement de l'*infra-ordinaire* consiste à refuser avant tout le dépaysement de l'extraordinaire[17] ». Rien d'extraordinaire ni de transcendant ne se cache derrière l'infra-ordinaire de Perec. Si les démarches surréalistes cherchent à déceler l'insolite au sein du quotidien, la méthode infra-ordinaire propose plutôt de saisir l'étrangeté sous les espèces du familier. Comme l'explique Perec, l'infra-ordinaire consiste à réapprendre à regarder « ce que l'on ne regarde jamais parce que l'on y est, ou que l'on croit que l'on y est, trop habitué[18] ». L'auteur aspire ainsi à provoquer un déconditionnement du regard, de le rendre capable de percevoir « ce qui est en-dessous [...] le bruit de fond qui constitue chaque instant de notre quotidienneté[19] ».

Par ailleurs, l'intérêt pour le quotidien dans les sciences humaines et sociales donne lieu à l'émergence de toute une série de « micrologies » : de la micro-histoire, la microsociologie ou la micro-ethnographie jusqu'à

15 Guy Debord, « Perspectives de modifications conscientes dans la vie quotidienne », *Internationale situationniste*, n° 6, août 1961, p. 20-27. L'exposé a été enregistré le 17 mai 1961 lors d'une réunion du Groupe de Recherche sur la vie quotidienne coordonné par Henri Lefebvre dans le Centre d'études sociologiques du C.N.R.S.

16 *Ibid.*

17 P. Virilio, « Un homme qui marche », in *Portrait(s) Georges Perec* (P. Perec dir.), Paris, BNF, 2001, p. 157.

18 G. Perec, « Entretien avec Jean-Marie Le Sidaner », *L'Arc*, n° 76, 1979, p. 4.

19 G. Perec, « Approches de quoi ? », in *L'Infra-ordinaire*, Paris, Seuil, coll. « a librairie du XXe siècle », 1989, p. 11.

la fascination actuelle pour les « petits riens » ; de l'art contemporain jusqu'aux émissions de télé-réalité. À partir de 1950, les sciences humaines qui auparavant se rapprochaient des procédés de réflexion de l'histoire – logique causale, événementielle, primat de l'idéologie – commencent à se nourrir des modèles provenant du structuralisme. Le fait quotidien, récurrent mais indéchiffrable, fournit désormais une voie d'accès à tout un pan de la réalité sociale ignoré des disciplines comme l'histoire, la sociologie, la philosophie ou l'anthropologie[20].

VERS UNE « PETITE HISTOIRE »

Parmi les courants de pensée historique qui impriment une marque distinctive à la réflexion sur le quotidien, l'École des Annales[21], née vers la fin des années 1920 et dont l'essor se produit entre 1945 et 1980, occupe une place centrale. Dans le sillage des travaux de Lucien Febvre et de Marc Bloch, la démarche historique des *Annales* se situe au croisement des sciences sociales. Agençant ce qu'ils appellent le « temps court » du présent et la « longue durée » des processus historiques, ces historiens mettent en évidence les points de contact entre macro et micro-histoire. Au cours des années 1970 et 1980, la micro-histoire – celle qui s'oppose à la « grande histoire », « l'histoire officielle (des États, dynasties, peuples) [...] l'histoire savante, académique, professionnelle[22] » – est importée en France, notamment à travers la traduction des études de l'Italien Carlo Ginzburg sur l'influence du « paradigme indiciaire[23] » en histoire. Comme le signale l'historien :

---

20 Derek Schilling souligne qu'entre « 1945 et 1980, années où les sciences humaines effectuent une transition clef du régime historique (le fait singulier inséré dans une logique causale) au régime social (le fait récurrent susceptible d'explication structurale), historiens, sociologues, philosophes et anthropologues ont fait appel aux notions de "quotidien", "quotidienneté" et "vie quotidienne" pour identifier un niveau d'analyse lié à la réalité sociale que le développement interne de leurs disciplines empêchait de reconnaître ». *Cf.* D. Schilling, *Mémoires du quotidien : les lieux de Georges Perec*, Villeneuve-d'Ascq, Presses universitaires du Septentrion, 2006, p. 19.

21 Il s'agit de la revue des *Annales d'histoire économique et sociale* (plus tard *Annales : Économies, sociétés, civilisations*).

22 C. Croizy-Naquet et A. Delisse, « Avant-propos » au numéro : « La petite histoire » (dossier coordonné par C. Croisy-Naquet et A. Delissen), *Écrire l'histoire*, nº 17, CNRS Éditions, 2017, p. 11.

23 Suivant les réflexions de Ginzburg, la comparaison avec une méthode « des indices » permettant de postuler des analogies entre les méthodes de la critique d'art, comme celle développée par l'italien Giovanni Morelli, les enquêtes policières de Sherlock Holmes ou

> L'orientation quantitative et anthropocentrique imprimée aux sciences de la nature à partir de Galilée a enfermé les sciences humaines dans un fâcheux dilemme : soit adopter un statut scientifique faible pour aboutir à des résultats importants, soit adopter un statut scientifique fort pour aboutir à des résultats de peu d'importance[24].

Les approches macro et micro divergent ainsi dans l'échelle d'observation mais aussi dans le choix d'objets plus réduits – du plus général et abstrait, comme l'étude des masses ou des classes sociales, vers celle des groupes plus restreints d'individus. Pour sa part, la macro-histoire emprunte des méthodes d'approche structuralistes ou fonctionnalistes et prend en considération des données « macroscopiques » comme l'environnement économique, social et culturel. Par ailleurs, en réduisant la focale pour accorder une importance majeure aux détails, la micro-histoire cherche à comprendre les liens entre le structurel et l'événement singulier, entre les discours normatifs et les pratiques concrètes[25].

Comme l'indique Fernand Braudel[26], l'histoire sociale se situe à la rencontre « de l'individuel et du collectif, du temps long et du quotidien, de l'inconscient et de l'intentionnel, du structurel et du conjoncturel, du marginal et du général[27] ». En outre, Braudel se propose d'identifier les rythmes de la « vie matérielle » d'une époque, ceux qui finissent par créer des « structures quotidiennes ». Il s'agit d'une « zone d'opacité », une « zone épaisse, au ras du sol » constituée « des hommes et des choses, des choses et des hommes[28] ». Cette réflexion sur les structures quotidiennes tente d'éclairer les constantes et les disparités dans les différentes civilisations et

---

celle de la psychanalyse de Freud, marque l'avénement d'un changement épistémologique majeur dans les sciences humaines vers la fin du XIXe siècle.

24 C. Ginzburg, « Signes, traces, pistes » Racines d'un paradigme de l'indice, *Le Débat*, 1980/6 n° 6, p. 31. La réflexion sur le « paradigme indiciaire » apparaît aussi dans C. Ginzburg et C. Poni, « La micro-histoire », *Le Débat*, 1980/6 n° 6, p. 3-44, traduction de J.-P. Cottereau et *Le Débat*, 1981/10 n° 17, p. 133-136, trad. anonyme ; puis dans C. Ginzbourg, *Mythe, emblèmes, traces. Morphologie et histoire*, Paris, Flammarion, 1989.

25 Nous reprenons ces distinctions de l'article de l'*Encyclopaedie Universalis* sur la micro-histoire [en ligne].

26 Braudel propose une critique de l'histoire événementielle ainsi qu'une exploration des « structures du quotidien », et des rythmes de l'« infra-économie ». *Cf.* F. Braudel, *Écrits pour l'Histoire*, vol. I, Paris, Flammarion, 1969. Le livre de Braudel est cité par D. Schilling, *Mémoires du quotidien*, *op. cit.*, p. 52.

27 *Cf.* F. Braudel, *ibid.*, p. 43.

28 F. Braudel, « Pour Conclure », in *Civilisation matérielle, économie et capitalisme*, Paris, A. Colin, 1979, p. 494 [1967].

cultures. Cependant, Braudel se demande comment justifier l'introduction de la vie quotidienne au sein de la pensée historiographique. Il affirme alors qu'en rétrécissant l'espace d'observation, nous avons plus de chances d'arriver à saisir « l'environnement même de la vie matérielle[29] ».

Dès lors que le temps est rétréci à des « fractions menues », l'événement et le fait divers y émergent. Or, selon Braudel, « l'événement se veut, se croit unique » tandis que « le fait divers se répète et, se répétant, devient généralité ou mieux, structure[30] ». S'éloignant des grands événements pour s'orienter vers l'anecdotique, ce qui permet de comprendre comment les gens vivaient à une époque donnée, l'historien fait l'éloge de ces « vérités banales » mises en lumière par l'histoire de la vie matérielle. Il ajoute :

> Ce sont là *poussières d'histoire, une micro-histoire* [...] : de petits faits, qui, se répétant indéfiniment [...] s'affirment comme des réalités en chaîne. Chacun d'eux témoigne pour des milliers d'autres qui traversent des épaisseurs de temps silencieux et durent[31].

Faisant du quotidien la pierre de touche de leurs analyses, Braudel et Michel de Certeau proposent une critique de l'histoire événementielle et essayent de donner voix à une histoire privilégiant les « faibles intensités des mouvements humains et sociaux[32] ».

Comme le signalent Étienne Anheim et Enrico Castelli Gattinara, à partir de la fin des années 1980, la micro-histoire vient renouveler la pensée historique héritée des *Annales.* Selon ces historiens, dans un dialogue critique avec l'anthropologie culturelle américaine et les *cultural studies* anglaises, la *microstoria* propose « une démarche scientifique dans le sens fort d'une science expérimentale, cherchant à mettre en évidence des liens de causalité à très grande échelle[33] ». Dans une visée plus anthropologique que celle des *Annales*, ce courant fait appel à des sources au plus près du réel et du présent de l'historien.

Par ailleurs, pendant les deux dernières décennies, l'avènement d'une société de l'information voit apparaître un nouveau type d'historien :

---

29 *Ibid.*

30 *Ibid.*

31 *Ibid.*, p. 494. Nous soulignons.

32 A. Farge, « Penser et définir l'événement en histoire. Approche des situations et des acteurs sociaux », *Revue Terrain*, n° 38 : « Qu'est-ce qu'un événement ? », mars 2002.

33 E. Anheim et E. Castelli Gattinara, « Jeux d'échelles. une histoire internationale », *Revue de Synthèse*, Springer Verlag / Lavoisier, 2009, 130 (4), p. 664.

« l'historien du présent », voire de l'« histoire l'immédiate[34] ». Il prend comme objet d'étude l'histoire des quarante dernières années dont on peut se considérer comme des témoins directs. Jean-François Soulet signale, en ce sens, l'importance de l'utilisation de nouvelles sources comme les témoignages oraux ou les documents audiovisuels. De même, ce courant reste redevable des apports de la sociologie, de l'anthropologie et de la politologie qui permettent à l'historien de l'immédiat de se dégager du « triple carcan [...] de l'événementiel, du particulier et du politique[35] ». Selon Emmanuel Bouju, si l'histoire du temps présent revendique « le rapprochement temporel des sources de l'historiographie [...] » ; l'histoire immédiate habilite pour sa part « la possibilité d'une historiographie sans archive institutionnelle[36] ». Suivant cette réflexion, les deux courants coïncident en ce qu'ils donnent un rôle majeur au témoin oculaire ; « l'*istor* en grec archaïque », dans les mots de Bouju[37]. L'histoire immédiate élargit ainsi le champ d'action de l'historiographie qui ne se voit plus estompée par « la barrière épistémologique de l'ouverture des archives[38] ».

34 Concernant la distinction entre ces deux courants, Yolaine Parisot et Charline Pluvinet signalent que « l'Institut du Temps présent et le groupe de recherche en histoire immédiate créé par Jean-François Soulet fondent leur différence sur le laps de temps nécessaire à l'ouverture des archives publiques, limite pour le premier, occasion, pour le second, de se tourner vers d'autres sources ». *Cf.* Y. Parisot et C. Pluvinet, « Avant-propos : Force et vertu de la fiction face à l'histoire immédiate. Pour un récit transnational du temps présent », in *Pour un récit transnational. La fiction au défi de l'histoire immédiate*, (Y. Parisot et C. Pluvinet dir.), Rennes, PUR, coll. « Interférence », 2016, p. 7.

35 J-F. Soulet, « Où en est l'histoire immédiate dans le monde ? », *Cahiers d'histoire immediate*, n° 16, automne 1999, p. 53-54.

36 E. Bouju, « *Postface.* Histoire immédiate et paradigme "istorique". Notes sur l'actualité du roman », in *Pour un récit transnational. La fiction au défi de l'histoire immédiate* (Y. Parisot et C. Pluvinet dir.), *op. cit.*, p. 325-333 [en ligne].

37 Tout en affirmant l'importance de l'avènement du « paradigme *istorique* » dans le roman contemporain, Emmanuel Bouju propose une « distinction diacritique entre "historique" et "istorique" [...] entre l'*istor* en grec archaïque (présent dans l'épopée protohistorique) – au sens, précisément, de témoin oculaire [...] – et l'*histor* en grec attique – au sens de l'historien (celui qui, à partir d'Hérodote, pratique l'*historia* comme une enquête de type judiciaire) ». *Ibid.*

38 *Ibid.*

PHILOSOPHIE, PHÉNOMÉNOLOGIE, ESTHÉTIQUE DU QUOTIDIEN

> Il y a longtemps qu'on sait que le rôle de la philosophie n'est pas de découvrir ce qui est caché, mais de rendre visible ce qui est précisément visible [...][39].

Du point de vue de la philosophie, l'avènement des *micrologies* de tout type, l'intérêt pour les vies minuscules et les passions ordinaires peuvent être pensés comme des conséquences du déclin de la pensée métaphysique. Sous la forme d'une herméneutique du banal, la philosophie descend des hauteurs idéalistes et dirige son regard vers les plaines du prosaïque. Une phénoménologie du quotidien, attentive aux détails capables de révéler l'inattendu au sein du familier, émerge alors. Défini davantage comme une thématique que comme une notion, le quotidien réapparaît dans un bon nombre de courants philosophiques de la modernité. Du transcendantalisme américain du XIXe à la philosophie du langage ordinaire et de la connaissance, au cercle de Vienne et à Thomas Kuhn, parmi d'autres, ce sujet y acquiert un rôle central[40].

Dans sa célèbre conférence « The American Scholar », R. W. Emerson explique qu'il prefère le commun, le familier, le bas au grand, au lointain ou au romanesque. Il souligne l'importance de connaître le sens des choses simples, « [d]e la farine dans le quartant ; du lait dans la casserole ; de la balade dans la rue ; des nouvelles du bateau ; du coup d'œil[41] ». Au lieu de s'intéresser au sublime et au beau, la philosophie d'Emerson s'intéresse donc à « la littérature du pauvre, [...] la philosophie de la rue, la vie domestique[42] ».

De même, cet intérêt porté aux faits minuscules occupe une place centrale dans la philosophie de la culture de Georg Simmel

39 M. Foucault, « La Philosophie analytique de la politique » (1978), in *Dits et écrits* (4 vol.), 1954-1988, vol. 3, (D. Defert et F. Ewald avec J. Lagrande éd.), Paris, Gallimard, 1994, p. 540-541.

40 Pour une approche des courants philosophiques associés à l'étude du quotidien, voir S. Laugier, *Du réel à l'ordinaire*, Paris, Vrin, 1999 ainsi que sa conférence « Philosophie et vie quotidienne » [en ligne].

41 R. W. Emerson, « The American Scholar » (1837 ; 1982, p. 564). Nous reprenons le texte tel qu'il est cité par S. Laugiez dans « L'ordinaire transatlantique », *L'Homme*, n° 187-188, 2008, paragraphe 6.

42 *Ibid.*, p. 565.

(1858-1918), dans la notion de « *Lebenswelt* » (« monde vivant ») d'Edmund Husserl[43] ou dans les réflexions de Walter Benjamin dans son *Livre des passages*[44] ou dans son *Baudelaire*[45]. Ce détournement du regard vers l'ordinaire entraîne, en effet, des transformations majeures pour la philosophie qui, jusqu'alors associée au monde des « idées », négligeait l'appréhension de la réalité prosaïque. Or, c'est à travers la phénoménologie que la philosophie reprend l'interrogation du rapport de l'homme à son présent et aux contingences de l'expérience quotidienne. Des philosophes comme Ludwig Wittgenstein et John Austin proposent de ramener les questions de la philosophie vers la vie quotidienne à partir d'une interrogation sur le langage commun, celui qui nous aide à communiquer. Suivant la formule du philosophe américain Stanley Cavell, inspirée de la pensée des *Philosophical Investigations* de Wittgenstein, c'est dans « l'inquiétante étrangeté de l'ordinaire » (« *the Uncanniness of the Ordinary* ») que l'ambigüité intrinsèque du quotidien devient perceptible[46]. Cavell rapproche ainsi cette notion à la fois de Freud et de Wittgenstein, soulignant qu'il s'agit de « l'invasion d'un familier par un autre familier[47] ». Pourtant, tandis que l'étrangeté de Freud apparaît là où l'ordinaire s'avère être obscur, peu évident ou déroutant, les *Philosophical Investigations* de Wittgenstein mettent en question le substrat métaphysique que le langage philosophique attribue aux mots du langage ordinaire. Wittgenstein explique en ce sens :

> Quand les philosophes utilisent un mot – « connaissance », « être », « objet », « je », « proposition », « nom » – et essaient de saisir l'essence de cette chose, nous devons toujours nous demander : est-ce que le mot s'utilise comme cela dans le jeu de langage qui constitue son lieu d'origine ? – Ce

43 *Cf.* E. Husserl, *La crise des sciences européennes et la phénoménologie transcendantale*, trad. de l'allemand et préf. de G. Granel, Paris, Gallimard, 1983 [1936].

44 Conçu entre 1927 et 1929, le projet du *Livre des passages* adopte la forme d'un recueil de fragments. Le projet sera pourtant repris en 1934 pour aboutir dans *Paris, capitale du XIXe siècle* (1939), Paris, L'Herne, 2007.

45 Dans la version originale : W. Benjamin, *Charles Baudelaire : un poète lyrique à l'apogée du capitalisme* (1969), trad. de l'allemand et préface par J. Lacoste d'après l'édition originale établie par R. Tiedemann, Paris, Payot, 1990.

46 *Cf.* S. Cavell, « The Uncanniness of the Ordinary », in *The Tanner lectures on Human Values*, Stanford University, April 3 and 8, 1986.

47 S. Cavell, « L'ordinaire et l'inquiétant : Wittgenstein et le paradigme de l'art », *Rue Descartes*, n° 39, janvier 2003, p. 97-98.

> que l'on fait, c'est de ramener les mots de leur usage métaphysique vers leur usage quotidien[48].

Ce déplacement du lexique philosophique au langage courant est essentiel dans la conception performative de la langue que l'on retrouve chez Wittgenstein, Austin et d'autres philosophes du langage ordinaire. Le philosophe autrichien signale, à ce propos : « Les aspects des choses qui sont les plus importants pour nous sont cachés du fait de leur simplicité et de leur familiarité[49] » (« *The aspects of things that are the most important for us are hidden because of their simplicity and familiarity* »). Sous cette optique, le quotidien revêt l'apparence du familier, du proche, mais aussi de l'étrange et de l'inconnu. De même, il se dérobe au sens commun du fait qu'il ne repose pas sur un ensemble de croyances prédéterminées. Dans une ligne de réflexion similaire, le pragmatisme de Stanley Cavell conçoit l'ordinaire comme une forme de résistance contre le scepticisme philosophique. Cavell considère les théories du langage ordinaire de Wittgenstein et d'Austin au prisme du pragmatisme d'auteurs comme R. W. Emerson et H. D. Thoreau et souligne l'importance de la problématique « du jour, du quotidien, du proche, du bas, du commun[50] » (« *of the day, the everyday, the near, the low, the common* »).

Par ailleurs, en ce qui concerne le domaine de l'esthétique Thomas Leddy signale comment au cours du XIXe siècle l'« esthétique du quotidien » acquiert une place centrale dans les réflexions de philosophes et d'écrivains de l'importance de R. W. Emerson, John Ruskin, William Morris, Walter Pater ou Charles Baudelaire[51]. Au cours du XXe siècle,

---

48 « When philosophers use a word – "knowledge", "being", "object", "I", "proposition", "name" – and try to grasp the essence of the thing, one must always ask oneself : is the word ever actually used in this way in the language-game which is its original home ? – What we do is to bring words back from their metaphysical to their everyday use. », L. Wittgenstein, *Philosophical Investigations*, trad. de G. E. M. Anscombe, Oxford, Basil Blackwell, 1968, 48e, § 116.

49 *Ibid.*, 50e, § 129.

50 *Cf.* S. Cavell, *This New yet Unnaproachable America : lectures after Emerson after Wittgenstein*, Albuquerque, N. M. Living Batch Press, 1989, p. 36. Cité par L. Olson dans *Modernism an the Ordinary*, Oxford, Oxford University Press, 2009, p. 10.

51 Il s'agit de « Nature » (1836) et « The American Scholar » (1837) de R. W. Emerson ; « The Aims of Art » (1887) de William Morris ; *The Renaissance : Studies in Art and Poetry* (1888) de Walter Pater et *Le Peintre de la vie moderne* (1863) de Baudelaire. *Cf.* T. Leddy, « Introduction » (p. 9-14) et « Part I : The Domain of Everyday Aesthetic », in *The extraordinary in the ordinary. The Aesthetics of Everyday*, Ontario-Canada, Broad view, 2012.

cette « esthétique du quotidien » se poursuit dans le sillage des écrits de John Dewey puis de Joseph H. Kupfer, Roger Scruton ou bien de David Novitz[52]. Enfin, dans la deuxième moitié du XXe siècle et face au déclin de la métaphysique, des entreprises philosophiques qui se proposent de constituer des herméneutiques du banal voient le jour. Le quotidien apparaît ainsi comme propédeutique visant à l'acquisition d'une connaissance plus approfondie du monde, mais aussi comme un outil de perfectionnement de soi. Comme l'explique Pierre Macherey, à l'épreuve du quotidien la philosophie peut se contenter d'une description s'obligeant à en suivre « les circonvolutions [et] en se soumettant passivement à ses mouvements incessants[53] ». Néanmoins, elle peut aussi porter une « attention critique » au monde semblable à celle recherchée par Henri Lefebvre.

Dans les années 1950 et 1960, la dimension critique et politique du quotidien gagne de la place chez certains théoriciens comme Henri Lefebvre, Maurice Blanchot, Michel de Certeau ou Roland Barthes. Il devient désormais le lieu d'une rébellion ou d'une révolte possible et imminente. Dans « La parole quotidienne » (1969), Blanchot énonce les limitations de toute analyse visant à saisir le quotidien par des voies purement analytiques. Le philosophe définit le quotidien comme ce qui « ne se laisse pas saisir[54] », ce qui étant sans sujet « échappe » à nos efforts de conceptualisation. Appartenant à la fois à l'insignifiant et à l'insignifiance – ce qui s'éloigne de toute forme de connaissance –, c'est par sa nature duale que le quotidien va devenir, d'après Blanchot, « peut-être aussi le lieu de toute signification possible[55] ». Dès 1980, Michel de Certeau esquisse une théorie des pratiques quotidiennes permettant de redécouvrir les « manières de faire » qui « majoritairement dans la vie sociale, ne figurent souvent qu'à titre de "résistances" ou d'inerties par rapport au développement de la production socioculturelle[56] ». Faire

---

52 Leddy travaille notamment sur les textes suivants : J. Dewey, *Art as Experience* (1934) ; J. H. Kupfer, *Experience as Art : Aesthetics in Everyday Life* (1983) ; R. Scruton, *The Aesthetics of Architecture* (1980) et *Beauty* (2009) et D. Novitz, *The Boundaries of Art* (1992). *Cf. The extraordinary in the ordinary*, *op. cit.*, p. 44-48.

53 P. Macherey, « Le quotidien, objet philosophique ? », *Journal of Urban Research*, n° 1, 2005 [en ligne].

54 M. Blanchot, « La parole quotidienne », in *L'Entretien infini*, Paris, Gallimard, 1969, p. 357.

55 *Ibid.*.

56 L. Giard, « Introduction », in M. de Certeau, *L'invention du quotidien. I. Arts de faire*, *op. cit.*, p. XI.

la théorie des pratiques quotidiennes implique aussi de distinguer des « manières de faire » et des « styles d'action » pouvant élargir la capacité mobile et tactique, l'intelligence et l'inventivité des sujets les plus faibles dans des relations sociales de pouvoir inégalitaires.

Essayant de mettre les propositions théoriques à l'épreuve des pratiques concrètes, de Certeau distingue trois niveaux d'analyse du quotidien : les modalités de l'action, les formalités des pratiques et les types d'opérations spécifiées par les manières de faire[57]. Deux notions, celles de *stratégie* et de *tactique* deviennent alors essentielles. De Certeau comprend par stratégie « le calcul des rapports de forces qui devient possible à partir du moment où un sujet de vouloir et de pouvoir est isolable d'un "environnement" ». Au contraire, les tactiques agissent à partir d'un calcul « qui ne peut pas compter sur un propre, ni donc sur une frontière qui distingue l'autre comme une totalité visible. La tactique n'a pour lieu que celui de l'autre[58] », elles sont mobiles, décentralisées et refusent les emplacements fixes, tandis que les « stratégies » restent inséparables du lieu depuis lequel le pouvoir est exercé. Ces procédés possèdent ainsi la capacité de bousculer les rapports de force entre petits et grands acteurs du tissu social.

Qui plus est, réfléchir au niveau des usages et des pratiques permet de distinguer des « manières de faire », proches de ce qu'on comprend en littérature par des styles : des manières de marcher, de lire, de produire, de parler. De Certeau explique que « ces styles d'action » sont « [a]ssimilables à des modes d'emploi, ces "manières de faire" créent du jeu par une stratification de fonctionnements différents et interférents[59] ». Dans *L'invention du quotidien*, tout un « réseau antidisciplinaire » se tisse autour de ces pratiques qui éclairent différentes facettes de notre vie quotidienne, comme l'utilisation de l'espace, les manières d'habiter ou de lire.

Enfin, la tradition d'études sur le quotidien connaît un élan théorique renouvelé dans le champ français depuis les années 2000. La critique du quotidien ne va certes pas sans rappeler les discussions des quinze dernières années sur la possibilité de construire une esthétique du banal de François Jost (*Le culte du banal*, 2007), de Thierry Davila (*De l'inframince,*

57 *Ibid.*, p. XVI.
58 *Ibid.*, p. XLVI.
59 M. de Certeau, *L'Invention du quotidien*, *op. cit.*, p. 51.

brève histoire de l'imperceptible, 2010) ou de Vincent Broqua (*À partir de rien : esthétique, poétique et politique de l'infime*, 2013). Par exemple, dans *La Découverte du quotidien* Bruce Bégout définit le quotidien comme « [t]out ce qui, dans notre entourage nous est immédiatement accessible, compréhensible et familier en vertu de sa présence régulière[60] ». Le quotidien se présente alors comme un « mode de manifestation » fondé par la répétition temporelle et spatiale et par son effet de « familiarisation ». En ce sens, l'apprentissage d'un regard microscopique peut être une stratégie pour échapper à l'anesthésie de l'ordinaire. Bégout souligne comment l'analyse du quotidien peut nous aider à saisir « la texture complexe et multiple » du monde profane. De par son caractère fragmentaire et multiple, le quotidien permet « de voir dans les parties le tout qui les lie[61] ».

Ces penseurs interrogent aussi la différence entre les notions de quotidien et d'ordinaire. Si l'ordinaire se définit, selon le philosophe Pierre Macherey, comme « un ensemble systématique de pratiques soumises à des régularités figées », la quotidienneté est « à la fois soumise à la loi de l'habitus et ouverte à une créativité sans limites[62] ». Exposé au risque de l'irrégularité, le quotidien s'ouvre à l'extraordinaire et se constitue comme un lieu de rencontre entre l'universel et le particulier. Suivant une distinction proposée par Stanley Cavell, Barbara Formis ajoute que si l'ordinaire « relève de la simple possibilité de répétition », « le quotidien appartient au présent[63] ». En outre, le caractère « subjectif et individuel » du quotidien opposé à celui « intersubjectif et pluriel » de l'ordinaire, accentuent davantage les différences entre les deux termes.

Comme le signale Pierre Macherey, il ne s'agit pas seulement de retrouver l'étrange, l'extraordinaire au sein de l'ordinaire mais aussi de comprendre à quel point cette réalité quelconque constitue un objet de vérité. C'est précisément du fait de ce caractère commun et « communautaire », de cette « dimension collective[64] » du quotidien, qu'il est susceptible de devenir une voie d'accès à la vérité.

60 B. Bégout, *La Découverte du quotidien*, Paris, Éditions Allia, 2005, p. 37.

61 B. Bégout, *Lieu commun. Le motel américain* (2003), Paris, Éditions Allia, 2009, p. 11.

62 P. Macherey, « Le quotidien, objet philosophique ? », art. cité, p. 10.

63 B. Formis, *Esthétique de la vie ordinaire*, Paris, Presses universitaires de France, 2010, p. 50.

64 P. Macherey, « Perec chroniqueur de l'infra-ordinaire », in *Petits Riens. Ornières et dérives du quotidien*, Lormont, Le bord de l'eau, 2009, p. 244.

Cette esquisse des études du quotidien en France suscite deux types de remarques. La première concerne le passage des approches théoriques vers des approches pratiques et pragmatiques ; d'une orientation visant la connaissance critique vers celle qui préconise les manières de « *faire avec* » ces savoirs. La seconde est que les écritures du quotidien demandent des approches pluridisciplinaires – sociologie, ethnographie, histoire parmi d'autres. Pour le dire avec les mots de Jean-Luc Nancy, la « difficulté du quotidien » se manifeste précisement par ce qu'il

> paraît impossible de ne pas soumettre le quotidien tantôt à l'infamie de l'insignifiance, tantôt, pour le sauver, à la sursignifiance d'une assomption dans l'histoire, dans l'esthétique ou bien dans le religieux. Dans une telle assomption, le quotidien perd sa quotidienneté[65].

Entre l'insignifiance et la sursignifiance, entre le fait de nous résigner à le perdre ou bien de nous consacrer à le « *sauver* » au risque de le rendre spectaculaire, le quotidien nous impose une série de défis à surmonter.

Afin de mieux comprendre l'originalité de la pensée sur le quotidien chez Perec et Cortázar, nous analyserons par la suite les principaux courants littéraires qui se sont intéressés aux « écritures du quotidien » en France et en Argentine.

LES « ÉCRITURES DU QUOTIDIEN » DANS LE CHAMP FRANÇAIS

En France, les études sur le quotidien s'inscrivent dans une longue tradition qui se fait de plus en plus fertile depuis les années 1930, une époque marquée par des crises économiques, par la récession et par des conflits politiques et idéologiques. À l'effervescence sociale de ces années-là, s'ajoute une série de phénomènes qui vont produire des changements significatifs dans la vie quotidienne. L'émergence des *mass media* – radio, publicité, presse –, la transformation des conditions de production qui conduit à la société de consommation et à un système de production de masse, l'apparition d'une industrie du divertissement qui distingue le temps productif de celui des loisirs et des vacances, sont autant d'exemples de ces transformations. Soucieuse de concurrencer le discours du spectaculaire et des grands événements, la revendication

65 J.-L. Nancy, « Quatrième chronique » (du 28 mars 2003), in *Chroniques philosophiques*, Paris, Galilée, 2004, p. 46.

de la vie quotidienne inaugure une nouvelle manière de comprendre le présent.

De Dada et du surréalisme d'André Breton et Louis Aragon en passant par le surréalisme dissident de Jacques Prévert ou Robert Desnos jusqu'aux démarches expérimentales de Michel Leiris ou Raymond Queneau, la littérature des années 1920 et 1930 vise la transformation d'un quotidien aliénant et monotone. Tandis que la vie quotidienne est mise au centre des réformes sociales acquises par la coalition des partis de gauche au sein du Front populaire (1936-1939) – congés payés, réduction du temps de travail, conventions collectives –, les difficultés éprouvées par les classes populaires et la petite bourgeoisie deviennent des motifs récurrents dans la littérature. Il faudra pourtant attendre la Libération et le climat de prospérité économique qui caractérise la France d'après-guerre pour assister à un essor du quotidien lié au processus de modernisation des Trente Glorieuses (1945-1975). À partir des années 1950, le quotidien devient un sujet récurrent du discours social, scientifique et politique. Dans *Le Siècle des intellectuels*, Michel Winock définit le quotidien comme « un des objets les plus neufs, les plus passionnants de cette pensée critique » inaugurée par Lefebvre[66]. En effet, ses trois volumes de la *Critique de la vie quotidienne* (1947 ; 1961 ; 1981) présentent la quotidienneté comme une source d'aliénation mais aussi de transformation des structures sociales.

Par ailleurs, cette fascination pour la vie de tous les jours ne tardera pas à être mise au centre de certaines productions littéraires qui explorent des esthétiques « du mineur ». Dans *Everydaylife theories and practices*, une référence incontournable des études sur le quotidien en France, Michael Sheringham distingue trois étapes majeures du cheminement de la notion de quotidien dans ses rapports avec l'art et la littérature[67]. Tout d'abord, depuis les années 1920, des mouvements d'avant-garde tels que le surréalisme orthodoxe (Breton, Aragon) et dissident (Leiris, Queneau) se penchent sur le quotidien. Chez les surréalistes, il s'agit de découvrir une dimension inaperçue du réel relevant d'un sentiment proche du fantastique. Ainsi, par exemple, Aragon mentionne dans *Le Paysan de Paris* (1926) le « merveilleux quotidien » tandis que, dans *Nadja* (1928), Breton fera allusion à la « magie quotidienne ». Tout en

66 M. Winock, « La guerre est finie », in *Le Siècle des intellectuels*, Paris, Seuil, 1999, p. 684.

67 M. Sheringham, *Everyday Life*, *op. cit.*

essayant de briser l'opposition mécanique entre art et vie, ces courants promeuvent l'idée d'un art capable de nous éloigner des automatismes et de l'aliénation quotidienne. Cette première période se clôture ainsi avec une série de mouvements qui émergent depuis la fin des années 1950, dont le situationnisme de Guy Debord est l'un des plus significatifs.

Une deuxième période s'annonce à partir des années 1970 avec l'œuvre de Roland Barthes, Georges Perec et Michel de Certeau, des penseurs et écrivains qui interrogent la tension inhérente entre le quotidien, l'art et les sciences sociales. D'un point de vue littéraire, l'intérêt pour le quotidien repose alors sur l'expérimentation avec des tendances documentaires qui aboutissent souvent à des ouvrages situés au croisement de l'autobiographie, du journal, du récit de voyage et de l'essai[68]. L'influence de ces précurseurs permet de comprendre le retour du quotidien depuis les années 1980, chez des écrivains et artistes associés aux « ethnographies du proche » tels que Jacques Réda, Olivier Rolin, Annie Ernaux, François Bon, Christian Boltanski ou Sophie Calle.

Suivant la chronologie de Michael Sheringham, avec le « déclin du roman » des années 1980 et 1990, nous entrons enfin dans une troisième étape où l'essor des tendances documentaires et ethnographiques s'approfondit. Or, l'intérêt de la littérature pour l'ethnographie propose une inversion radicale de ses principes : non pas étudier l'exotique ni l'étranger mais privilégier le regard dépaysant porté sur ce qui nous est familier[69]. Aussi, il n'est guère étonnant que les écritures du quotidien jouent aujourd'hui sur l'idée des archives mineures, capables de saisir une mémoire du présent.

LE SURRÉALISME EN ARGENTINE

L'influence du surréalisme et l'ambition rimbaldienne de « Changer la vie » restent, de même, fondamentaux pour comprendre l'évolution de la pensée du quotidien dans la littérature argentine[70]. Arrêtons-nous

68 *Ibid.*, p. 3.

69 Même si la question dépasse les limites de la présente étude, nous soulignerons que la réappropriation de ce regard dépaysant sur le quotidien chez les écrivains de notre corpus renvoie à une réactivation des démarches propres aux avant-gardes historiques. Voir à ce sujet E. Buch, D. Riout et P. Roussin (dir.), *Réévaluer l'art moderne et les avant-gardes*, Paris, Éd. de l'École des hautes études en sciences sociales, 2010.

70 Parmi les études qui tentent de retracer les multiples influences du surréalisme en Argentine et plus généralement dans le *Río de la Plata*, mentionnons l'étude pionnière de G. de Solá,

brièvement sur quelques expérimentations poétiques initiées dans la deuxième moitié des années 1920. D'une part, une série de poètes argentins comme Aldo Pellegrini, Olga Orozco, Francisco Madariaga ou Enrique Molina revendiquent une filiation littéraire surréaliste, regroupant des artistes très hétérogènes autour d'intérêts esthétiques et poétiques communs. D'autre part, les voyages fréquents en France de certains artistes et écrivains argentins permettent d'établir un contact direct avec le surréalisme français. C'est, par exemple, le cas d'Antonio Porchia, dont le recueil poétique *Voces* est considéré par Breton comme l'un des exemples les plus riches du surréalisme latino-américain.

Parallèlement, certaines revues littéraires locales vont promouvoir la rencontre d'écrivains et de poètes qui s'associent au courant surréaliste. En effet, entre 1928 et 1930 Aldo Pellegrini lance les deux numéros de la revue *Qué*, un organe de diffusion des productions surréalistes en Argentine. Plus tard, il crée avec Elías Piterbarg et Pichón-Rivière la revue d'esprit surréaliste *Ciclo* (1948) et il traduit et publie une *Antología de la poesía surrealista de lengua francesa* (1961)[71] avec des textes de Jean Arp, Louis Aragon, André Breton, Leonora Carrington, Marcel Duchamp, Michel Leiris ou Raymond Queneau. Ensuite, sous la direction du poète Enrique Molina, la revue À partir de cero (1952) poursuit les expérimentations de ces pionniers du surréalisme argentin. Julio Llinás, Carlos Latorre, Juan Antonio Vasco et Francisco Madariaga s'associent à Aldo Pellegrini pour cette publication dont le dernier numéro paraît en 1956. Aussi, Pellegrini publie en 1953 *Letra y línea*, revue regroupant plusieurs champs artistiques et dont le quatrième et dernier numéro est consacré à un hommage à Dada. Enfin, en 1958 la revue *Boa* dirigée par Julio Llinás permet d'établir des contacts avec la publication du groupe néo-surréaliste français *Phases* d'Edouard Jaguer[72].

Proyecciones del surrealismo en la literatura argentina, Buenos Aires, Ediciones Culturales Argentinas, 1967. Son ouvrage *Julio Cortázar y el hombre nuevo*, Buenos Aires, Editorial Sudamericana, 1968 ; et les études plus récentes recueillies par G. M. Goloboff dans le dossier « Entrada e itinerarios del surrealismo en la literatura argentina », *Orbis Tertius*, n° 13 (14), 2008 ; et l'ouvrage d'I. Katzenstein (éd.), *Escritos de vanguardia. Arte argentino de los años 60*, Buenos Aires, The Museum of Modern Art, Fundación Proa y Fundación Espigas, 2007.

71 AA. VV., *Antología de la poesía surrealista de lengua francesa*, Estudio preliminar, selección, notas y traducción de Aldo Pellegrini, Buenos Aires, Compañía General Fabril Editora, 1961.

72 Nous suivons notamment ici la chronologie des publications surréalistes en Argentine proposée par Martín Prieto dans le chapitre consacré à la poésie surréaliste dans sa *Breve historia de la literatura argentina*, Buenos Aires, Taurus, 2006, p. 375-383. Pour une étude

Certes, si ces courants ont eu une influence non négligeable chez Cortázar[73] ils sont aussi indispensables pour comprendre l'émergence, notamment depuis 1970, de toute une série de questionnements autour du quotidien au sein des sciences humaines et sociales.

LE QUOTIDIEN ET LE RÉALISME DANS LA LITTÉRATURE DU RÍO DE LA PLATA

L'intérêt pour la vie quotidienne qui se manifeste dans l'œuvre du sociologue Argentin Juan José Sebreli ou bien dans celles des brésiliens Paulo Krischke, Ilse Scherer-Warren et Flora Süssekind[74], ne suffit pas à inaugurer une tradition critique comparable à celle du champ français ou anglo-saxon[75]. En Argentine, la traduction en espagnol des ouvrages d'Henri Lefebvre[76] puis l'interdiction de leur publication suivie de la décision de faire brûler de milliers d'exemplaires de *El marxismo* (1948) – traduit en 1961 par la maison d'édition de l'université de Buenos Aires – constituent des faits essentiels pour comprendre le paysage intellectuel de la gauche. Or, cette absence d'une tradition critique ne doit pas occulter

sur les prolongations et les suites du surréalisme à partir des années 1980 en Argentine et au Brésil, voir le passionnant chapitre d'Ana Longoni, « Arte revolucionario », in *Perder la forma humana. Una imagen sísmica de los años ochenta en América Latina*, Madrid, Museo Nacional Centro de Arte Reina Sofía, 2012, p. 51-72.

73 Pour une analyse de l'héritage et des influences surréalistes dans l'œuvre de Cortázar, voir notamment E. Picon-Garfield, *¿ Es Julio Cortázar un surrealista ?*, Madrid, Gredos, 1975 ; G. Speranza, « Cortázar, su lado Rimbaud » dans *Fuera de campo. Literatura y arte argentinos después de Duchamp*, Barcelona, Anagrama, 2006 et K. Berriot, *Cortázar : l'enchanteur*, Paris, Presses de la Renaissance, 1988.

74 *Cf.* P. Krischke et I. Scherer-Warren, *Uma revoluçao no cotidiano. Os novos movimientos sociais na america do sul*, São Paulo, Editoria Brasiliense, 1987. Voir aussi F. Süssekind, *Vidrieras astilladas. Ensayos críticos sobre la cultura brasileña de los sesenta a los ochenta*, Buenos Aires, Corregidor, 2003.

75 Parmi quelques ouvrages anglo-saxons pionniers des études du quotidien, voir J. Douglas, *Understanding everyday life : toward the reconstruction of sociological*, London, Routledge & Kegan, 1974 ; M. Gardiner, *Critiques of everyday life*, London, Routledge, 2000 ou B. Highmore, *Everyday Life and Cultural Theory : an Introduction*, London, Routledge, 2002.

76 Parmi ces traductions se trouvent les titres : H. Lefebvre, *El marxismo*, Buenos Aires, Editorial Universitaria de Buenos Aires, 1961 ; *Obras de Henri Lefebvre*, Buenos Aires, A. Peña y Lillo Editor, 1967 ; *El derecho a la ciudad*, Barcelona, Península, 1969 ; *Sociología de Marx*, Barcelone, Península, 1969 ; *Síntesis del pensamiento de Marx*, Barcelone, Nova Terra, 1971 ; *Introducción a la modernidad*, Madrid, Tecnos, 1972 ; *La revolución urbana*, Madrid, Alianza Editorial, 1972 ; *La vida cotidiana en el mundo moderno*, Madrid, Alianza Editorial, 1972 ; *De lo rural a lo urbano*, Barcelona, Península, 1973 ; *El pensamiento marxista y la ciudad*, México, Extemporáneos, 1973 et *Tiempos equívocos*, Barcelona, Kairos, 1976.

la place que le quotidien occupe dans la littérature argentine depuis les années 1970. Ainsi, par exemple, dans le classique *Buenos Aires, vida cotidiana y alienación* de Sebreli, la littérature est présentée comme un document de « l'histoire au temps présent », favorisant « la captation immédiate, instantanée de la vie quotidienne, du temps trivial » (« *la captación inmediata, instantánea de la vida cotidiana, del tiempo trivial* »)[77].

À la différence du champ français, le quotidien apparaît ici plutôt associé aux débats autour du réalisme que comme une problématique indépendante. Il est, en ce sens, notamment abordé à travers deux grands courants réalistes : celui de « Boedo[78] » dans les années 1930 et celui des années 1960, qui proclame un réalisme politiquement engagé proche du réalisme socialiste. Le registre du quotidien se révèle également capital dans la poésie des années 1950-1960, contemporaine de la dictature autoproclamée « Revolución Libertadora » (1955 et 1958). Le « cycle colloquialiste » (« *ciclo coloquialista* ») et le courant conversationnel sont aussi deux mouvements qui se rapprochent de cette poésie[79].

Cela étant, le registre du quotidien est souvent mis à l'écart par la critique littéraire argentine, absorbé et plus encore neutralisé par les discussions autour du réalisme. Contrairement à ces analyses, nous souhaitons démontrer que le tournant vers le quotidien entraîne un véritable questionnement des modalités de représentation réalistes[80]. L'exigence de représenter le réel semble ainsi céder la place à son pur enregistrement[81].

---

77 J. J. Sebreli, *Buenos Aires, vida cotidiana y alienación*, Buenos Aires, Siglo XX, 1965, p. 19.

78 En Argentine, les années 1930 sont en effet marquées par les débats littéraires opposant le réalisme prolétaire du groupe de « Boedo » (Leónidas Barletta, Nicolás Olivari et Elías Castelnuovo), avec leur journal *Claridad*, à l'innovation formelle du groupe d'avant-garde de « Florida » (Jorge Luis Borges, Oliverio Girondo, Leopoldo Marechal, Conrado Nalé Roxlo) regroupé autour de la revue *Martin Fierro*.

79 Pour une analyse plus détaillée de ces courants ainsi que du rôle qu'y joue le quotidien, voir D. García Helder, « Poéticas de la voz. El registro de lo cotidiano », in N. Jitrik, *Historia crítica de la literatura Argentina*, vol. 11 : *La narración gana la partida* (E. Drucaroff dir.), Buenos Aires, Emecé, 2000, p. 213-233.

80 Pour élargir le débat voir aussi M. Teresa Gramuglio (dir.), *Historia crítica de la literatura argentina*, vol. 6 : *El imperio realista*, Buenos Aires, Emecé, 2002 ; S. Contreras (éd.), *Realismos, cuestiones críticas*, Rosario, Centro de Estudios de Literatura Argentina Humanidades y Artes, Ediciones UNR, 2013 ; S. Gil, « Escrituras de la vida cotidiana en el "extremo contemporáneo" (1970 a nuestros días) : un estudio comparado Francia-Argentina », *Anuari de filologia. Llengües i literatures modernes*, 3/2013, p. 87-99 ; F. Garramuño, *La experiencia opaca : literatura y desencanto*, Buenos Aires, Fondo de Cultura Económico, 2009.

81 Ces démarches se rapprochent du réalisme « documentaire » d'écrivains comme Rodolfo Enrique Fogwill, Martin Kohan, Luis Gusmán, César Aira ou Sergio Chejfec.

Comme le signale Luz Horne, les « nouveaux réalismes » qui voient le jour dans la littérature latino-américaine depuis 1990, ne tentent pas de représenter le réel mais de l'inclure « en tant qu'indice ou trace » capable de « produire une intervention dans le réel[82] ».

Par ailleurs, dans le contexte des régimes dictatoriaux des années 1970, certaines œuvres de Cortázar proposent des voies alternatives pour dénoncer la violence historique. En effet, si les récits de témoignage et les romans historiques s'étaient très tôt emparés du « devoir de mémoire », le détour à travers le quotidien met en question la prépondérance des registres réalistes dans la dénonciation de la violence du présent.

Les pages qui suivent tentent de réconstruire l'évolution de la pensée du quotidien chez Georges Perec et Julio Cortázar, tout en associant les réflexions théoriques et les expérimentations littéraires concrètes.

GEORGES PEREC : L'ÉMERGENCE DE L'« INFRA-ORDINAIRE »

Chez Georges Perec, le cheminement qui va de la fascination consommatrice des *Choses* (1965) jusqu'au regard de l'indifférence d'*Un homme qui dort* (1967), s'avère essentiel pour comprendre les transformations de l'attention portée sur le quotidien. De même, si la réflexion sur le réalisme occupe une place centrale dans ses textes de jeunesse, elle reste aussi une étape incontournable pour comprendre l'évolution de sa pensée du quotidien.

CAUSE COMMUNE : LE VERSANT THÉORIQUE DE LA RÉFLEXION SUR LE QUOTIDIEN

Chez Perec, les « choses » permettent de relier très tôt ses premiers romans au pendant théorique et « sociologique » entamé dans *Cause commune* (1972-1974) (dès à présent noté *CC*). Souvent négligée par la critique, cette revue fondée par Jean Duvignaud et Paul Virilio est représentative de

82 L. Horne, *Literaturas reales. Transformaciones del realismo en la literatura latinoamericana contemporánea*, Rosario, Beatriz Viterbo, 2011, p. 4.

l'évolution de la pensée du quotidien en France, des ouvrages pionniers de Lefebvre vers la fin des années 1940 jusqu'aux années 1970.

En ce qui concerne la genèse de la « sociologie de la quotidienneté » de Perec, sa participation à plusieurs revues comme *Arguments* ou *Partisans* relève de différents stades dans l'évolution de sa pensée. Dans cette optique, *CC* ressort de la ligne de réflexion amorcée déjà une quinzaine d'années plus tôt dans *Arguments* (1956-1962), revue lancée par Duvignaud, Edgar Morin et Roland Barthes. D'abord, éditée par Denoël et Gonthier, un éditeur suisse, la revue sera reprise en 1974 par Christian Bourgois « sous forme de volumes thématiques qui paraîtront jusqu'en 1977 dans la collection "10 : 18"[83] » à laquelle Perec participe régulièrement. Dans leur éditorial de 1972, les membres du comité de rédaction revendiquent l'orientation « géo-anthropologique » et la mise en cause des « idées et croyances de notre culture ». La publication se propose alors d'« entreprendre autant que faire se peut une anthropologie de l'homme contemporain » assortie d'une « investigation de la vie quotidienne à tous ses niveaux dans ses replis ou ses cavernes généralement dédaignés ou refoulés[84] ».

La centralité du paradigme ethnologique et le désir de faire de la vie quotidienne la cible du renouveau des sciences sociales sont au *cœur* de *CC*. Ainsi, par exemple, dans un entretien entre Duvignaud, Virilio, Perec et Georges Balandier intitulé « Le grabuge », Virilio signale : « c'est notre mode de connaissance qui est à révolutionner, il ne s'agit pas de changer de terrain ». Comme le signale Duvignaud : « c'est en plongeant dans les puits du présent infini que l'on découvre quelque chose d'autre. C'est une conquête à faire[85] ». Poursuivant cette réflexion, le dossier de février 1973 consacré à l'infra-quotidien et à l'infra-ordinaire[86] reprend certaines problématiques de la *Critique de la vie quotidienne* de Lefebvre, et notamment ses notions d'« infraquotidien » et de « supraquotidienneté[87] ». Dans le

83 *Cf. Portrait(s) Georges Perec* (P. Perec dir.), Paris, Bibliothèque Nationale de France, 2001, p. 87. Pour un panorama biographique de la participation de Perec à ce collectif voir aussi D. Bellos, « Une nouvelle revue », in *Georges Perec : une vie dans les mots*, Paris, Seuil, 1994, p. 510-515.

84 G. Perec, « Éditorial » de *Cause Commune*, 1re année Mai. 1972, n° 1, p. 1.

85 G. Perec, « Le grabuge », *Cause Commune*, n° 4, 1972, p. 13.

86 *Cause Commune*, 2e année, février 1973, n° 5. Le dossier comprend trois essais signés par Jean Duvignaud, Paul Virilio et Georges Perec.

87 H. Lefebvre, *Critique de la vie quotidienne, vol. 3 : De la modernité au modernisme, op. cit.*, p. 88.

sillage de Lefebvre, les membres de *CC* proposent diverses approches dont une « ethno-anthropo-analyse » du présent qui a pour objectif d'opérer des métamorphoses dans notre vie quotidienne.

Parallèlement, une forme spécifique de travail mémoriel voit le jour chez Perec à cette époque. Dans un entretien de 1979 avec Frank Venaille, l'auteur explique :

> C'est un vécu à ras de terre, ce qu'on appelait à *Cause Commune* le bruit de fond. C'est le vécu, saisi au niveau du milieu dans lequel le corps se déplace, les gestes qu'il fait, toute la quotidienneté liée aux vêtements, à la nourriture, au voyage, à l'emploi du temps, à l'exploration de l'espace[88].

Toutefois, des antécédents de l'infra-ordinaire commencent à apparaître bien avant *CC*. Certains textes, notamment des années 1950 et 1960, se rapprochent des questionnements des années 1970 concernant la capacité du langage à percer l'ordre du « notable » et à épuiser un morceau du réel. En outre, ces textes soulèvent une interrogation d'ordre référentiel similaire à celle posée par Roland Barthes dans son article sur l'« effet de réel ». L'interrogation concerne ainsi la capacité de la littérature à devenir un outil d'authentification du réel, à en laisser un témoignage ou une trace brute[89].

Par ailleurs, l'influence de penseurs comme Lefebvre, Blanchot, Debord, Bertold Brecht et Marcel Mauss devient de plus en plus prononcée dans les textes de Perec parus entre 1950 et 1960. L'auteur rend visite à Lefebvre dans les Pyrénées[90], en même temps qu'il prend part à des réunions de la revue *Arguments* de 1957 à 1960 et qu'il réfléchit, avec un groupe d'amis[91], à la création d'une revue qui s'appellerait *La Ligne générale* (dès à présent noté *LG*). Inspirée du film éponyme d'Eisenstein, cette revue dont le projet date de 1958 se propose de créer une nouvelle esthétique d'origine marxiste[92]. Même si *LG* ne voit jamais le jour, plu-

---

88 G. Perec, « Le travail de la mémoire », dans *EC.*, vol. II, *op. cit.*, p. 52.

89 *Cf.* R. Barthes, « L'effet du réel », in *Le Bruissement de la langue*, Paris, Seuil, 1984.

90 *Cf.* M. Sheringham, *Everyday Life*, *op. cit.*, p. 5.

91 Parmi lesquels se trouvent des proches de Perec comme Marcel Bénabou, Régis Debray, Claude Burgelin, Roger Kleman, Jacques Lederer et Pierre Getzler.

92 Manet von Montfrans signale que cette revue souhaitait « poser les fondements d'une nouvelle esthétique d'inspiration à la fois marxiste et anti-jdanovienne » fournissant à la fois une alternative « d'une part à *La nouvelle critique* et *Les Lettres françaises* (Aragon), et d'autre part aux *Temps modernes* et *Esprit* ». Pour une analyse détaillée du rôle de cette

sieurs textes rédigés entre 1962 et 1963 pour être accueillis dans cette publication seront finalement publiés par Perec dans la revue *Partisans*[93]. Un regard sur ces articles montre un écrivain inspiré du marxisme de Lukacs et prêt à s'engager dans la création d'un « nouveau réalisme ».

Même si cette étiquette reste floue, Perec souhaite à l'époque être un écrivain réaliste. Dans un entretien de 1967, il explique comment l'écrivain réaliste « établit une certaine relation avec le réel » même s'il ne peut pas préciser « en quoi elle consistait[94] ». S'opposant aux propos du Nouveau Roman et notamment à la littérature de Robbe-Grillet, Perec explique que le réalisme ne consiste pas à rester à la « surface des choses » mais à « plonger en elles et leur donner forme » tout en mettant « à jour l'essence du monde, son mouvement, son histoire[95] ». Sous l'influence du réalisme socialiste et notamment de la notion de « distanciation » empruntée à Brecht, le réalisme rêvé par Perec est alors guidé par une « volonté de maîtriser le réel, de le comprendre et de l'expliquer[96] ». En ce sens, l'art doit chercher à rendre compte d'une réalité historique dynamique mais aussi interroger et analyser le présent comme s'il était inscrit dans la « longue durée » de l'histoire.

À la fois contre la « littérature embarquée » (Jean-Paul Sartre, Albert Camus) et contre le formalisme excessif des nouveaux romanciers, le réalisme envisagé par Perec veut créer des points de passage entre l'individuel et le collectif. Alors que la figure de l'« écrivain réaliste » s'impose comme le seul modèle souhaitable, le désir d'établir un lien entre écriture et réel devient prioritaire. La description du monde et la prise de conscience des contradictions sociales sont donc deux aspects d'une même démarche littéraire. L'exploration de ce que Perec nomme

---

publication avortée dans la genèse de la poétique de Perec, voir M. von Montfrans, *Georges Perec : la contrainte du réel*, Amsterdam, Rodopi, 1999, p. 24.

93 Les cinq articles publiés dans cette revue sont : « Le Nouveau Roman et le refus du réel » (n° 3, février 1962) ; « Pour une littérature réaliste » (n° 4, avril-mai 1962) ; « Engagement ou crise de langage » (n° 7, novembre-décembre 1962) ; « Robert Antelme ou la vérité de la littérature » (n° 8, janvier-février 1963) et « L'univers de la science-fiction » (n° 10, mai-juin 1963).

94 G. Perec, « Pouvoirs et limites du romancier français contemporain » (conférence prononcée le 5 mai 1967 à l'Université de Warwick) dans *EC.*, vol. I, 1965-1978, Nantes, Joseph K, 2003, p. 78.

95 *Ibid.*, p. 51.

96 G. Perec, « Pour une littérature réaliste », in *LG. Une aventure des années soixante*, Paris, Seuil, 1992, p. 53.

un « nouveau réalisme » se rapproche ainsi de l'infra-ordinaire par deux aspects majeurs. Tout d'abord, par la quête d'une « écriture blanche » ou neutre dans une ligne semblable à celle de Roland Barthes dans le *Degré zéro de l'écriture* :

> l'écriture au degré zéro est au fond une écriture indicative, ou si l'on veut amodale ; il serait juste de dire que c'est une écriture de journaliste [...] Il s'agit de dépasser ici la Littérature en se confiant à une sorte de langue basique, également éloignée des langues vivantes et du langage littéraire proprement dit[97].

En deuxième lieu, le réalisme reste indissociable chez Perec d'une dialectique entre le particulier et le général. La nécessité d'une « grille », d'un système de médiation permettant à l'écriture de se confronter au réel apparaît déjà énoncée dans son article « Robert Antelme ou la vérité de la littérature » (1963). Communiquer une expérience implique ici d'interposer entre l'auteur et le lecteur « toute la grille d'une découverte, d'une mémoire, d'une conscience allant jusqu'au bout[98] ».

Par ailleurs, le « Programme bredouille » récupéré par Philippe Lejeune, occupe une place centrale parmi les antécédents de sa pensée de l'infra-ordinaire. Rédigé en 1972, ce texte expose la portée du projet « Choses communes » et le rôle de l'infra-ordinaire dans son futur programme de travail. Publiée sous le titre « Apprendre à bredouiller », ce texte – dont huit feuillets manuscrits autographes sont conservés dans le fonds Georges Perec à la Bibliothèque de l'Arsenal – aurait fait partie des avant-textes écrits pour relancer le projet autobiographique *Lieux* de 1969. Perec y annonce un programme fondé sur une méthode originale d'observation et d'écriture :

> Rêver d'une approche systématique :
> énumérer les matières et matériaux dont sont faits tous les objets que le regard embrasse d'un seul coup
> Énumérer (simplement ?) ces objets
> Écrire encore plus lentement [...]
> attendre[99].

---

97 R. Barthes, « L'écriture et le silence », in *Le Degré zéro de l'écriture*, Paris, Seuil, 1972, p. 56 [1953].

98 G. Perec, « Robert Antelme ou la vérité de la littérature » (*Partisans*, n°8, 1963), in *L. G. Une aventure...*, *op. cit.*, p. 95.

99 G. Perec, « Apprendre à bredouiller » (1972), *La Faute à Rousseau*, n° 39, juin 2005, p. 38-39. Sans majuscules dans le manuscrit original.

Proche de la méthode d'observation et de notation des « Réels » de *Lieux*, ce texte témoigne du désir de trouver une approche infra-ordinaire. La quête d'un ton neutre et d'une écriture plate s'accompagne ici d'une recherche de la bonne distance nécessaire pour aborder son sujet. Il s'agit de déceler un rythme, celui de la lenteur et de l'attente, mais aussi de focaliser l'attention sur les détails que nous ne percevons pas d'habitude. Une série d'injonctions vient organiser l'écriture : « Trouver une image. Une seule. Plate, de préférence noter quelque chose de particulièrement insignifiant[100] ». Précédant de presque un an « Approches de quoi ? » (1973), le texte-manifeste de l'infra-ordinaire, « Apprendre à bredouiller » témoigne ainsi du rôle central que la notation de l'insignifiant occupe dans la nouvelle « poétique du regard[101] » envisagée par Perec dans son projet « Choses communes ».

LE COMMUN, LE GÉNÉRIQUE

Au-delà des articles parus dans *Partisans*, l'analyse de certains extraits du roman inabouti *Le Portulan* (1962)[102] peut éclairer la genèse de la poétique de l'infra-ordinaire chez Perec. Clin d'œil à *Ulysses* (1922) de Joyce, *Le Portulan* donne voix aux interrogations d'une série de personnages cherchant à dévoiler le « sens » de la réalité qui les entoure. Proche des réflexions de Perec dans son article « Le Nouveau Roman ou le refus du réel », le narrateur du *Portulan* souligne le besoin de « donner à voir le monde, au lieu de s'acharner à le rendre signifiant[103] ». Refusant la démarche « chirurgicale » de description employée par les nouveaux romanciers, il affirme :

> Il me semble que je me pose une question très simple : comment regarder, comment cesser *commencer* à voir dans les choses autre chose que ce que l'on m'a habitué à voir. Il faut retrouver le regard de Galilée. [...] Les choses n'étant que ce qu'elles sont, dit-on, mais les choses ne sont jamais ainsi, il reste une marge[104].

---

100 *Ibid.*, p. 38.

101 L'idée d'une poétique du regard avait été suggérée par M. Heck dans « "L'infra-ordinaire", une poétique du regard », *Europe*, vol. 90, n° 993-994, Paris, janvier-février 2012.

102 Pour une analyse plus détaillée de ce roman, consulter la version anglaise de la biographie de D. Bellos, *Georges Perec : une vie dans les mots*, *op. cit.*, p. 281 (extrait du texte en anglais dans l'original).

103 *Cf.* G. Perec, « Le Nouveau Roman ou le refus du réel », in *L. G. Une aventure...*, *op. cit.*, p. 33.

104 *Cf.* Manuscrits Association Perec, *Le Portulan* (119, 2[d], 28, 5), 8 avril 1962.

C'est précisément l'exploration de cette « marge » qui constitue le point de départ des démarches infra-ordinaires. Par le biais des « choses », Perec relie les écrits théoriques de *La ligne générale* et *Cause Commune* avec le projet « Choses communes ». Conçu à partir de 1972[105], ce projet se situe à mi-chemin entre *Les Choses*, son roman de la société de consommation et les inventaires et listes de Sei Shoganon dans *Notes de chevet*, « un recueil de pensées sur rien du tout, enfin… sur les cascades, les vêtements, les choses qui font plaisir, les choses qui ont une grâce raffinée, les choses sans valeur[106] ». Perec y retrouve les bases du véritable réalisme : « s'appuyer sur une description de la réalité débarrassée de toutes présomptions[107] ».

Or, ce magnétisme des « choses » relève aussi de l'époque où Perec participe aux séminaires sur la rhétorique de Roland Barthes[108]. Sous l'influence de l'auteur des *Mythologies* (1957) Perec rédige, entre octobre 1966 et mars 1967, seize billets d'humeur pour l'hebdomadaire culturel *Arts et Loisirs*[109]. Articulant la critique et l'humour, ces textes courts se concentrent sur le discours publicitaire en se moquant du langage souvent pédant du structuralisme[110]. Précédés pour la plupart du sous-titre « *L'Esprit des choses* », ces billets réfléchissent sur les objets de notre quotidienneté. Par exemple, dans « L'Indestructible Rolls », Perec signale :

> si l'on songe à l'étonnante fragilité de la plupart des objets courants qui semblent mettre un point d'honneur à se déglinguer peu de temps après l'expiration de

105 Voir la chronologie proposée par Paulette Perec dans *Portrait(s) Georges Perec*, Paris, *op. cit.*, p. 91.

106 G. Perec, « Le travail de la mémoire », in *EC.*, vol. II, *op. cit.*, p. 52.

107 *Ibid.*

108 Pour plus d'information sur la participation de Perec aux séminaires de Barthes, voir : C. Burgelin, « Les Choses, un devenir-roman des Mythologies ? », *Recherches & Travaux*, n° 77, 2010 [en ligne].

109 Georges Perec publie ces billets dits « d'humeur » dans *Arts et Loisirs*. Ils sont reproduits dans *Le Cabinet d'amateur*, n° 3, Printemps 94, p. 39-58. Les autres titres publiés sont : « L'usure contrôlée », « L'indestructible Rolls », « Le papier roi », « Les idées du jour », « Le vrai petit bistrot », « Astérix au pouvoir », « Éloge du hamac », « Du lexique et des antiquaires », « La dictature du whisky », « Esquisse d'une théorie des gadgets », « Des drugstores et de leur environnement », « Le computeur pour tous », « Le hit parade », « Pour un usage rationnel du bouillon », « Principes élémentaires de la diversification », « Du terrorisme des modes ».

110 Pour un aperçu de la critique perecquienne du langage du structuralisme voir notamment son billet d'humeur intitulé « Du terrorisme des modes », (*Arts et Loisirs*, 1er mars 1967, n° 75, p. 9) paru dans « Perec l'esprit des choses », *Le Cabinet d'amateur*, Printemps 94, n° 3, p. 57.

> la garantie qui, seule, les protégeait : le périssable et même l'ultra-périssable, l'immédiatement consommable, l'infiniment remplaçable, voilà bien les rois de notre civilisation. Mais c'est justement parce que le périssable est roi que nous devrions nous méfier de l'indestructible[111].

Faisant la critique de la société de consommation où tout s'inscrit sous le signe du périssable et de l'éphémère, Perec souligne les apories de son époque. De manière analogue, « La mort des choses[112] » (1973) s'interroge sur la multitude d'objets qui s'accumulent dans notre quotidien. « Nul projet, nulle parole » n'habite plus ces objets, « [m]ême plus le goût du futile, de l'inutile, du gratuit : leur merveilleuse inanité est morte. Les choses sont muettes et froides [...][113] », nous ne savons plus comment les faire revivre. Rendre la parole aux choses banales, récupérer la valeur de l'inutile est, en effet, un des objectifs de « Choses communes ». Perec s'empresse pourtant de signaler qu'il n'y a pas là une attitude nostalgique envers le passé mais un désir de « s'ouvrir à ce qui est notre présent, notre rythme, notre espace ». « La mort des choses » relève donc d'une sensibilité tiraillée entre la valorisation de l'éphémère et la passion de conservation typique de l'âge de la mémoire.

Ces textes rédigés entre 1962 et 1973 annoncent déjà le programme de « Choses communes » : la quête d'une méthode d'observation, de description et de notation de l'infra-ordinaire qui saurait être « le support d'une action, d'un geste sur le monde, élément d'une transformation, d'un travail[114] ». C'est seulement en inaugurant ce dialogue avec les choses que le présent peut redevenir habitable.

Or, il faudra attendre l'apparition d'« Approches de quoi ? » (1973) pour mieux comprendre le lien entre les « choses » et cette « ethnologie du proche » envisagée par Perec depuis 1970. L'auteur s'y demande : « Comment parler de ces "choses communes" [...] comment les débusquer, les arracher à la langue dans laquelle elles restent engluées » afin qu'elles puissent enfin parler « de ce que nous sommes[115] ». En retraçant des liens entre l'individuel et le collectif, le passage du « je » au « nous » relève chez

111 *Ibid.*, p. 40.

112 Texte paru dans le catalogue *La Vie des choses* et précédé par un portrait de Walter Spitzer.

113 G. Perec, « La mort des choses », in *La Vie des choses*, Paris, musée Galliéra, 12 janvier-11 février 1973.

114 *Ibid.*.

115 G. Perec, « Approches de quoi ? », art. cité, p. 11.

Perec de la conviction qu'une certaine forme de connaissance et même de vérité serait accessible à travers les choses communes. L'infra-ordinaire relève ainsi d'un ambitieux projet anthropologique, non plus par le biais de l'exotique mais de ce que Perec nomme l'« endotique ». Il s'agit ainsi de fonder une anthropologie « qui parlera de nous, qui ira chercher en nous ce que nous avons si longtemps pillé chez les autres[116] ». Situées au croisement du personnel – « Choses que j'aime », « Choses que j'aimerais faire avant de mourir » – et de l'impersonnel, ces choses communes constituent une « grille où chacun peut venir déchiffrer un fragment de sa propre histoire[117] » et elles posent les bases de cette « anthropologie du nous ».

C'est aussi par ce « déconditionnement » du regard que la sociologie du quotidien de Perec se rapproche de la démarche de Cortázar. Par exemple, dans « *Para una antropología de bolsillo* » (« Pour une anthropologie de poche »), l'Argentin revient sur la différence entre « regarder » (« *mirar* ») et « voir » (« *ver*[118] »). Cet aiguisement de l'attention cherche à susciter une réalité plus riche et s'oppose alors à la « vision banalisante » (« *visión trivializante* ») qui « ramollit » (« *ablanda* ») la réalité[119]. Un autre point de contact entre les auteurs réside dans le rôle qu'ils attribuent à ces « faits banals, passés sous silence, non pris en charge, allant d'eux-mêmes[120] ».

JULIO CORTÁZAR : LE FANTASTIQUE QUOTIDIEN

De manière similaire à Perec, la réflexion sur les limitations du réalisme aboutit chez Cortázar à l'exploration d'une nouvelle poétique du regard orientée vers le quotidien. Du point de vue de sa production littéraire, cet intérêt donne lieu au « fantastique quotidien ». Proche du

116 *Ibid.*, p. 11-12.

117 G. Perec, « Entretien Perec/ Jean-Marie Le Sidaner » (*L'Arc*, n° 76, 1979), in *EC.*, vol. II, *op. cit.*, p. 95.

118 J. Cortázar, « Para una antropologia de bolsillo », in *La vuelta al día en ochenta mundos*, (Siglo XXI, 1967), Hong Kong, Editorial RM, 2010, p. 37.

119 *Ibid.*.

120 G. Perec, « Lire esquisse socio-physiologique » (*Esprit*, 1976), in *Penser/Classer*, *op. cit.*, p. 107.

Perec de la *Ligne générale*, Cortázar se propose ainsi de saisir la réalité par le biais du langage, dans le but d'élargir notre compréhension du monde.

Si le sujet du fantastique dépasse les limites de cette étude, un aperçu de l'évolution de cette notion chez Cortázar peut nous aider à comprendre son traitement du quotidien. Cortázar est, en effet, une figure incontournable pour la bonne compréhension de la variante hispano-américaine et notamment *rioplatense* du genre. Comme le signale Jaime Alazraki[121], il y aurait deux périodes centrales dans sa conception du fantastique. Tout d'abord, celle des contes publiés à partir des années 1930 jusqu'à l'apparition de son premier recueil *Bestiario* (1951). Cette période correspond à une conception du fantastique d'inspiration romantique ou gothique qui se caractérise par l'irruption du surnaturel sous la forme de la terreur dans la lignée d'Edgar Allan Poe, Guy de Maupassant ou Gérard de Nerval[122]. Cette première étape se reflète notamment dans ses récits publiés de manière posthume dans le recueil *La otra orilla* (1937-1945) paru en 1995.

Le fantastique relève ici de l'irruption d'événements de l'ordre de l'extraordinaire et de l'anormal dans des environnements quotidiens. Cette conception plutôt classique évolue à partir de la publication de *Bestiario*, recueil qui participe d'une esthétique que Alazraki nomme le « néofantastique[123] ». Selon le critique :

121 J. Alazraki, « ¿ Qué es lo neofantástico ? », *Mester*, vol. XIX, nº 2, Automne 1990, p. 21-33.

122 Parmi l'extrêmement vaste bibliographie sur le fantastique nous pouvons souligner les ouvrages classiques de T. Todorov, *Introduction à la littérature fantastique* (1970), Paris, Seuil, 1992 ou N. Frye, *Anatomy of Criticism*, Princeton, New Jersey, Princeton University press, 1957. Les études de R. Caillois, « Fantastique », Paris, *Encyclopaedia universalis*, 1977 ; R. Jackson, *Fantasy : The Literature of subversion*, London, New York, Methuen, 1981 ou d'I. Bessière, *Le Récit fantastique : la poétique de l'incertain*, Paris, Larousse, 1973. Pour des études plus récentes, voir aussi D. Mellier, *La littérature* fantastique, Paris, Seuil, 2000 et *Textes fantômes : fantastique et autoréférence*, Paris, Ed. Kimé, 2001. Pour ce qui est du champ latino-américain voir l'étude classique d'A. María Barrenechea « La literatura fantástica : función de los códigos socio-culturales en la constitución de un género », in *El espacio crítico en el discurso Literario*, Buenos Aires, Kapelusz, 1985 ; D. Link, *Escalera al cielo. Utopía y Ciencia Ficción*, Buenos Aires, La Marca, 1994 ; S. Gasparini, « Típicas atracciones genéricas : fantástico y ciencia ficción. Luisa Valenzuela, Elvio E. Gandolfo, Angélica Gorodischer », in *Historia crítica de la literatura argentina*, vol. 11, *op. cit.*, p. 117-142 ou A. Louis, « Definiendo un género. *La Antología de la literatura fantástica* de Silvina Ocampo, Adolfo Bioy Casares y Jorge Luis Borges », *Nueva Revista de Filología Hispánica*, tome 49, nº 2, décembre 2001, p. 409-437.

123 Pour une analyse des causes et des modèles ayant pu influencer cette nouvelle facette du fantastique cortazarien, voir l'article d'A. Louis « La iniciación a lo fantástico. Julio Cortázar, *Los Anales de Buenos Aires* y la *Antología de la literatura fantástica* », in R. Spiller (éd.), *Julio*

> Par sa *vision*, parce que si le fantastique assume la solidité du monde réel – même si ce n'est que pour "mieux le dévaster", comme disait Caillois –, le néofantastique assume le monde réel comme un masque, comme une cachotterie qui occulte une deuxième réalité qui est le véritable destinataire de la narration néofantastique[124].

À partir de *Bestiario*, le fantastique cortazarien entame une nouvelle relation avec le quotidien. Le « néofantastique » se fonde ainsi sur un regard qui imprègne les faits et les ambiances quotidiennes d'un voile étrange et inquiétant. Ce n'est donc pas tant l'irruption de phénomènes surnaturels ou extraordinaires qui domine cette période mais plutôt l'idée que la réalité est une éponge faite d'innombrables interstices et facettes occultes.

Cette vision du fantastique, qui comporte aussi une dimension psychologique, constitue un objet de réflexion théorique pour Cortázar. Par exemple, dans un texte du recueil *La vuelta al día en ochenta mundos*[125] intitulé « Du sentiment du fantastique » (« *Del sentimiento de lo fantástico* ») Cortázar évoque l'impossibilité de rendre compte de la réalité de manière objective. Il propose ainsi de « poursuivre le fantastique dans le réel, le réaliser » (« *acorralar lo fantástico en lo real, realizarlo* ») (*LVDOM*, p. 43). Si le fantastique force « une croûte de l'apparence » (« una costra apariencial ») et « flirte » avec la perte de sens et la folie, il ressemble à une forme de combat. En tant que lecteurs, le défi est de comprendre que « les grandes surprises nous attendent là où nous avons appris enfin à ne pas nous surprendre de rien » (« *las grandes sorpresas nos esperan allí donde hayamos aprendido por fin a no sorprendernos de nada* ») (*LVDOM*, p. 47).

De même, dans un texte rédigé à la fin des années 1960 et intitulé « Du sentiment de ne pas être tout à fait là » (« *Del sentimiento de no estar del todo* »), Cortázar se sert de l'image de la « *descolocación* » pour définir la tâche de l'écrivain. Il explique « je n'ai jamais admis une différence claire

---

Cortázar y Adolfo Bioy Casares : Relecturas entrecruzadas, Erich Schmidt, Berlin, 2016, p. 39-54.

124 « *Por su* visión, *porque si lo fantástico asume la solidez del mundo real – aunque para poder "mejor devastarlo", como decía Caillois –, lo neofantástico asume el mundo real como una máscara, como un tapujo que oculta una segunda realidad que es el verdadero destinatario de la narración neofantástica* ». Jaime Alazraki, « ¿ Qué es lo neofantástico ? », art. cité, p. 29.

125 J. Cortázar, *La vuelta al día en ochenta mundos*, *op. cit.* (dès à présent *LVDOM*) ; *Le tour du jour en quatre-vingt mondes*, trad. de L. Guille-Bataillon, K. Berriot, J.-C. Lepetit et C. Zins, Paris, Gallimard, 1980, p. 35-39. Les citations correspondent à ces deux éditions.

entre vivre et écrire [...] j'écris par manque, par "déplacement" » (« *entre vivir y escribir nunca admití una clara diferencia [...] escribo por falencia, por descolocación*[126] »). Il questionne alors le réalisme « ingénu » (*LVDOM*, p. 22), une tendance à réduire l'exceptionnel à un phénomène d'ordre esthétique ou poétique. La vie quotidienne est perçue par le « réaliste ingénu » au travers d'une vision « banalisante » qui empêche d'y saisir l'exceptionnel. Leur vie imite ainsi le « mécanisme de [leur] regard » : impassible, indifférent et aveugle aux fissures s'insinuant dans notre quotidien.

En outre, Cortázar souligne que rien n'est usuel dès lors qu'on le soumet à un « regard scrutateur » (*LVDOM*, p. 25). Ce sentiment de décalage est indissociable de la manière dont l'auteur conçoit le « fantastique ». Comme l'indique sa traductrice Sylvie Protin, ses « micro-récits » mettent en scène « une conscience en décalage comique avec les représentations rationnelles du monde[127] ». Cortázar parle aussi de la capacité à se dépayser et à « découvrir les fissures de l'apparence » (*LVDOM*, p. 27).

Proche de la notion d'*ostranénie* et de celle de « défamiliarisation » du formaliste russe Victor Chklovski, l'auteur fait un plaidoyer en faveur « des ouvertures sur l'étrangement » (« *aperturas sobre el extrañamiento* »). Si Perec avait su s'inspirer de la notion de « distanciation » de Brecht, l'étrange émerge aussi chez Cortázar de la création d'une distance par rapport aux choses banales. Suivant la définition brechtienne, il s'agit de « distancier » et de transformer ce qu'on cherche à comprendre « de chose banale, connue, immédiatement donnée, en une chose particulière, insolite, inattendue[128] ». Chez Cortázar, cette métaphore spatiale de la distanciation relève de sa conception du fantastique. Il s'agit de créer, comme le font d'ailleurs Macedonio Fernández, Francis Ponge, ou Henri Michaux, des « instances d'un déplacement à partir duquel l'habituel cesse d'être rassurant » (« *instancias de una descolocación desde la cual lo sólito cesa de ser tranquilizador* ») (*LVDOM*, p. 25).

Cortázar présente ainsi ses récits comme le témoignage d'un « dépaysement » (« *extrañamiento* »). En effet, « le fantastique se dégage du réel

126 J. Cortázar, « Del sentimiento de no estar del todo », *LVDOM*, *op. cit.*, p. 21.

127 S. Protin (éd.), « Postface », in J. Cortázar, *Nouvelles, histoires et autres contes*, Paris, Quarto Gallimard, 2008, p. 1330.

128 B. Brecht, « L'effet de distanciation, procédé de la vie quotidienne », in *Écrits sur le théâtre*, J.-M. Valentin (éd.), Paris, Gallimard, coll. « Bibliothèque de la Pléiade », 2000, p. 910.

ou s'y insère » de manière subtile, presque interstitielle. D'ailleurs, cette irruption de l'insolite dans le quotidien ressemble à un mouvement de « passage ». Comme il l'explique :

> J'ai toujours pensé que le fantastique n'apparaît pas d'une manière âpre ou directe, ni coupante, mais plutôt d'une manière que l'on pourrait qualifier d'interstitielle, qui se faufile entre deux moments, deux actes dans le mécanisme binaire typique de la raison humaine afin de nous permettre d'entrevoir la possibilité latente d'une troisième frontière[129].

Ces effets de défamiliarisation et de distanciation prennent souvent la forme d'une « distraction ». Selon Saúl Yurkievich, le fantastique agit, en ce sens, comme « une ouverture vers l'inexploré, comme un amplificateur de la capacité perceptive » (« *une apertura hacia lo inexplorado, como amplificador de la capacidad perceptiva* »). Dans un micro récit de *Último round* intitulé « Verre avec une rose dedans » « *Cristal con una rosa dentro* ») Cortázar explique que la distraction n'est en réalité « qu'une forme différente de l'attention » : « une attention dirigée à partir de ou à travers ou même vers ce plan profond[130] » (*UR*, « Planta baja », p. 98. Dès à présent noté P. B.).

Par ailleurs, dans « Notes sur le gothique dans le Río de la Plata » (« *Notas sobre lo gótico en el Río de la Plata* ») Cortázar défend encore une conception large du fantastique englobant le surnaturel, le mystérieux, l'insolite ou la terreur[131]. Or, si le fantastique met toujours en évidence quelque chose d'exceptionnel, il est d'autant plus fort lorsqu'il fait irruption dans des situations ordinaires. Il peut par exemple survenir sans qu'il y ait une « modification spectaculaire des choses » (« *modificación espectacular de las cosas*[132] »).

---

129 « *Siempre he pensado que lo fantástico no aparece de una forma áspera o directa, ni es cortante, sino que más bien se presenta de una manera que podríamos llamar intersticial, que se desliza entre dos momentos o dos actos en el mecanismo binario típico de la razón humana a fin de permitirnos vislumbrar la posibilidad latente de una tercera frontera* ». J. Cortázar, « El estado actual de la narrativa en Hispanoamérica » (1978 ; 1983), in *Obra crítica*, vol. III, *op. cit.*, p. 134.

130 « *El estado que definimos como distracción* podría ser de alguna manera una forma diferente de la atención, su manifestación simétrica más profunda situándose en otro plano de la psiquis *: una atención dirigida desde o a través o incluso hacia ese plano profundo* ».

131 *Cf.* J. Cortázar, « Notas sobre lo gótico » (*Caravelle*, 1975), in *Obra crítica*, vol. III, *op. cit.*, p. 103-118.

132 E. González Bermejo, *Revelaciones de un cronopio. Conversaciones de Julio Cortázar* (Paris, 1977), Buenos Aires, El cuenco de Plata, 2013, p. 35.

En outre, même si Cortázar retrace les origines du fantastique dans les traditions anglaises ou allemandes, une certaine particularité idiosyncratique fait de la région du *Río de la Plata* le territoire propice à l'émergence d'une variante autochtone. Parmi de nombreux exemples, il mentionne *Las fuerzas extrañas* (1906) de Leopoldo Lugones et, à partir de 1930, l'œuvre de Jorge Luis Borges, Adolfo Bioy Casares, Silvina Ocampo, quelques textes de Roberto Arlt et d'Horacio Quiroga ou des moins célèbres Enrique Anderson Imbert, Santiago Davobe ou Manuel Peyrou. Loin du merveilleux, le fantastique *rioplatense* nous conduit à considérer les limites du monde connu et la possibilité d'avoir accès à une dimension parallèle.

Par ailleurs, d'un point de vue historique, le fantastique *rioplatense* a souvent été interprété comme une forme de réponse aux événements violents du Cône Sud. Comme le signale Carlos Damaso Martínez :

> Face à la question initiale de la présence de l'imagination fantastique pendant ces années dans la littérature *rioplatense*, il faudra probablement chercher la réponse dans la capacité du fantastique à introduire dans la fiction littéraire un questionnement sur les frontières du réel et leur flagrante indétermination, précisément quand ces frontières apparaissent questionnées dans l'ordre social et politique devant l'irruption de l'irrationalité et de la violence dévastatrice[133].

Or, même avant l'arrivée des dictatures, la polarisation politique exercée par le péronisme et le besoin d'affirmer des influences savantes issues du monde classique et des traditions européennes et anglo-saxonnes – dont l'œuvre de Borges constitue un exemple paradigmatique –, ont été des facteurs cruciaux pour le développent du fantastique.

En effet, le brouillage des limites entre le réel et la fiction est délibérément associé chez Cortázar à un changement d'orientation littéraire qui se produit dès son arrivée à Paris. Ainsi, dans une lettre à Fernández Retamar incorporée dans *UR*, l'auteur signale :

133 « *Ante la pregunta inicial por la presencia de la imaginación fantástica durante esos años en la literatura rioplatense, probablemente haya que buscar la respuesta en la capacidad de lo fantástico de introducir en la ficción literaria un interrogante sobre las fronteras de lo real y su flagrante indeterminación, justamente cuando esas fronteras aparecen cuestionadas en el orden de lo social y lo político frente a la irrupción de la irracionalidad y la violencia devastadora* ». C. Damaso Martínez, « La irrupción de la dimensión fantástica », in *Historia crítica de la literatura argentina*, vol. 9 (S. Cella dir.), Buenos Aires, Emecé Editores, 1999, p. 175.

> De l'Argentine s'est éloigné un écrivain pour qui la réalité, comme l'imaginait Mallarmé, devait culminer dans un livre ; à Paris est né un homme pour qui les livres devront culminer dans la réalité[134].

Se servant de la dichotomie entre les postures littéraires incarnées par Mallarmé et Rimbaud, Cortázar assume un nouveau positionnement discursif, dès lors indissociable de son engagement politique[135]. En effet, la lettre s'achève sur une revendication du lieu décentré ou excentrique de Cortázar qui se définit désormais comme un « un écrivain latino-américain en France » (« *un escritor latinoamericano en Francia*[136] »).

Proches de cette écriture de la « *descolocación* », les questionnements infra-ordinaires annoncent aussi chez Perec un désir de montrer que « la littérature n'est pas une activité séparée de la vie[137] ». Quelle expérience peut, en effet, mobiliser une révolution vitale si ce n'est celle qui se cache dans les aspects les plus anodins de la quotidienneté ? La transformation de la vie ne peut se concevoir au-delà de la mise en question des petites cuillères, de l'exploration de nouvelles manières de sillonner la ville, d'examiner le contenu des tiroirs, enfin, sans cette « anthropologie des poches » présente chez le Cortázar de *Cronopes et Fameux* et chez le Perec infra-ordinaire. Suivant une réflexion de Claude Burgelin à propos des démarches infra-ordinaires :

> Investir autrement la maison et la rue, inventorier les fissures, hiatus et points de friction de nos espaces, jouer avec leurs modes d'emploi, décoincer

134 « *De la Argentina se alejó un escritor para quien la realidad, como lo imaginaba Mallarmé, debía culminar en un libro ; en París nació un hombre para quien los libros deberán culminar en la realidad* ». J. Cortázar, « Carta a Roberto Fernández Retamar (Situación del intelectual latinoamericano) », in *Obra Crítica*, vol. III, *op. cit.*, p. 36-37.

135 Pour un panorama plus détaillé du rapport entre esthétique et politique chez Cortázar voir G. Montaldo, « Contextos de producción », in *Rayuela*, *op. cit.*, p. 583-596. Sur le premier voyage à Cuba voir la lettre envoyée par Cortázar à Sara et Paul Blackburn du 16 décembre 1962 où l'auteur précise : « *we shall fly to La Habana on the 10 or 12 January [1963] All this years I have been longing to go to Cuba to have a direct experience of what is happening out there, and suddenly... there we go* ! » (« Nous devons nous envoler pour La Havane le 10 ou 12 janvier [1963]. Toutes ces années, j'avais désiré aller à Cuba pour avoir une expérience directe de ce qui était en train de se passer là-bas, et tout d'un coup... nous y allons ! »). *Cf.* J. Cortazar, *Cartas, 1955-1964*, vol. II, (A. Bernárdez et C. Alvarez Garriga éd.), Buenos Aires, Aguilar, Altea, Taurus, Alfaguara, 2012, p. 331. Les cinq volumes des *Cartas* correspondent à la même édition.

136 J. Cortázar, « Carta a Roberto Fernández Retamar », art. cité, p. 55.

137 G. Perec, « Robert Antelme ou la vérité de la littérature », in *LG*, *op. cit.*, p. 128.

> nos habitudes, s'approprier son environnement, ouvrir nos cloisons, *associer la critique et l'action, réinscrire le politique dans le quotidien, réconcilier le poète et le sociologue. Changer réellement la vie.* Réussir enfin Mai 68 ? En tout cas faire sortir *Mythologies* du champ critique pour l'ouvrir à la fois sur le domaine poétique et sur la pratique quotidienne[138].

Grâce au rapprochement entre l'aspect ludique et critique qui caractérise la méthode infra-ordinaire, la portée politique du quotidien est ici restituée.

L'aspect ludique du quotidien – que nous allons aborder dans le chapitre suivant – s'observe aussi chez nos auteurs par le biais de la littérature à contraintes dans le sillage de l'Oulipo.

138 C. Burgelin, « *Les Choses*, un devenir-roman des *Mythologies* ? », art. cité. Nous soulignons.

LE POINT DE VUE LUDIQUE, LES LEURRES DU QUOTIDIEN

L'OUVROIR DE LITTÉRATURE POTENTIELLE

Fondé en 1960 par Raymond Queneau et François Le Lionnais, l'Ouvroir de Littérature Potentielle était à son origine une sous-division du Collège de 'Pataphysique. Loin de toute idée de « courant » ou de « mouvement » littéraire, l'Oulipo se veut un lieu de rencontre et de travail collectif pour un groupe d'écrivains, mathématiciens et informaticiens qui se donnent pour objectif l'exploration des potentialités de la littérature et de la langue. « Nous appelons littérature potentielle la recherche de formes, de structures nouvelles qui pourront être utilisées par les écrivains de la façon qui leur plaira[1] » ; par ces mots Queneau rend compte du processus qui conduit l'éphémère « Séminaire de Littérature Expérimentale » (*SELITEX*) à devenir l'Oulipo. Plusieurs « générations » d'écrivains coexistent au sein du groupe et marquent les époques respectives de l'Oulipo.

Tout d'abord, les membres cooptés au moment de la constitution du groupe forment la génération des membres « fondateurs ». Perec rejoint le groupe en 1967 et il appartient à la branche immédiatement postérieure, celle de la génération dite « post quenienne[2] » ou des « classiques ». Si son appartenance à l'Oulipo a profondément transformé sa conception et sa pratique de la littérature, c'est en partie grâce à la double dimension ludique et mélancolique ouverte dans son œuvre par la voie de la contrainte.

---

1 R. Queneau, *Entretiens avec Georges Charbonnier*, Paris, Gallimard, 1962, p. 140.

2 Nous suivons l'expression d'Annne Garréta dans « *Oulipo@50 / L'Oulipo à 50 ans* », *Revue Formules*, n° 16, juin 2012, p. 233. Contributions réunies par C. Bloomfield, M. Lapprand et J.-J. Thomas.

Pendant les années 1980-1990, la critique s'est penchée sur la notion de contrainte, en examinant la manière dont les ouvrages « oulipiens » sont construits ainsi que les « règles » formelles, numériques et thématiques déterminant leur structure et empêchant l'irruption du hasard. Néanmoins, chez Perec la contrainte devient aussi un moyen de contourner certains traumatismes personnels, notamment ceux qui relèvent des violences subies pendant la guerre.

Par ailleurs, en ce qui concerne l'inscription du groupe dans le cadre plus large des mouvements d'avant-garde, Camille Bloomfield signale que, depuis les années 1960, le groupe occupe une place semblable à celle que le surréalisme avait occupé pendant la première moitié du siècle[3]. Même si cette affirmation peut paraître de prime abord paradoxale, puisque l'Oulipo se présente plutôt comme un contre-modèle du surréalisme, Bloomfield attire l'attention sur le fait que ces groupes sont tous deux traversés par des questionnements sur la violence du passé récent. En effet, si l'expérience de la Première Guerre mondiale est déterminante pour comprendre l'émergence de Dada en Allemagne et du Surréalisme en France, le contexte de l'après Seconde Guerre mondiale reste indispensable pour situer l'émergence de l'Oulipo. Plusieurs de ses membres sont, en effet, des témoins voire même des survivants de la guerre et de la Shoah et ils se sont souvent engagés de différentes manières pendant l'Occupation. Pensons, par exemple, à *La Peinture à Dora*, où François Le Lionnais raconte son expérience de la déportation ; ou bien au rôle de Noël Arnaud dans la publication du surréalisme dissident *La main à plume* ou encore à celui de Jean Lescure dans *Messages*, la revue de la « Résistance lyrique ». Si la violence historique semble donc bien être liée à la naissance de ces deux groupes, les divergences politiques, le refus de laisser le hasard présider à la création poétique, ainsi que la distance qui se crée entre Breton et certains membres fondateurs de l'Oulipo comme Raymond Queneau ou Noël Arnaud[4]

3 *Cf.* C. Bloomfield, présentation du projet « Difdepo : différences de Potentiel. Histoire, poétique et esthétique de l'Oulipo » [en ligne].

4 Dans un chapitre consacré à Raymond Queneau, Michel Sheringham explique les causes de son éloignement du groupe surréaliste auquel il avait adhéré en 1924 et la manière dont ces expériences seront reprises dans des textes comme *Odile* (1937) ou bien *Les Enfants du Limon* (1938). *Cf.* « Queneau and the *quotidien* » et « Dissident Surrealism : The Quotidian Sacred and Profane », in *Everyday Life*, *op. cit.*, p. 121-130. Par ailleurs, quelques lettres entre Noël Arnaud et André Breton, consultées au fonds d'Archives Noël Arnaud à la

– le successeur de Le Lionnais à la présidence de l'Oulipo à sa mort en 1984 –, sont autant de phénomènes qui ouvrent un écart irrémédiable entre les deux mouvements.

En ce sens, l'Oulipo se rapproche davantage de modèles comme celui du Collège de 'Pataphysique. Dans *Gestes et opinions du Dr. Faustroll, pataphysicien*, Alfred Jarry note que : « La pataphysique est la science des solutions imaginaires, qui accorde symboliquement aux linéaments les propriétés des objets décrits par leur virtualité[5] ». C'est grâce à l'intervention de Latis, d'André Blavier et de Noël Arnaud – à l'époque membres du Collège de 'Pataphysique – que l'Oulipo s'y rattache, officiellement depuis sa deuxième réunion, en tant qu'une de ses composantes. D'ailleurs, dans le domaine des mathématiques, Bourbaki représente le renouveau de la pensée mathématique grâce à ses travaux sur la théorie des ensembles et constitue aussi un modèle pour les membres mathématiciens de l'Oulipo comme Le Lionnais, Jacques Roubaud ou Claude Berge. Les œuvres de Raymond Roussel, Marcel Duchamp ou Jules Vernes fournissent, enfin, d'autres modèles ou guides littéraires pour les membres du groupe.

Les oulipiens font également appel à ce que Christelle Reggiani nomme des « rhétoriques de l'invention[6] », celles qui questionnent l'idée romantique de l'inspiration littéraire et du génie. Considéré sous le prisme de ces poétiques du procédé, l'auteur apparaît davantage comme un « opérateur » exécutant des protocoles précis et des règles fixées à l'avance. L'originalité de ces démarches s'oriente donc vers la création ou la réappropriation de règles et contraintes potentiellement génératrices de textes à l'infini. À propos du rôle de la contrainte, on lit dans *L'Atlas de littérature potentielle* l'importance de sauver de l'oubli « la notion de contrainte qui [en] avait été chassée par l'idéologie postromantique du spontanéisme, de l'aléatoire et du génie inné tumultueux[7] ».

Bibliothèque de l'Arsenal, témoignent aussi du désaveu de Breton face aux initiatives de publication du *Surréalisme révolutionnaire*, revue dirigée par Arnaud dont seulement deux numéros seront publiés entre mars et avril 1948.

5 A. Jarry, *Gestes et opinions du docteur Faustroll pataphysicien : roman néo-scientifique* (éd. établie et commentée par le Collège de pataphysique), Paris, Éd. de la Différence, 2010, p. 141.

6 Pour une étude approfondie de ces « rhétoriques de l'invention » voir C. Reggiani, *Rhétoriques de la contrainte. Georges Perec – L'Oulipo*, Paris, Eurédit, 2013 [1999].

7 AA. VV., *Atlas de littérature potentielle*, Paris, Gallimard, 1988, p. 431 [1981]. Les autres publications collectives de l'Oulipo sont : *La Littérature potentielle*, Paris, Gallimard, coll. « Folio Essais », 1973 et l'*Anthologie de l'Oulipo*, Paris, Gallimard, coll. « Folio », 2009.

Deux tendances majeures règlent, en ce sens, les expérimentations de l'Oulipo : l'Analyse et la Synthèse. Comme l'explique François Le Lionnais dans le premier manifeste « La Lipo » (1973) : Si la tendance « analytique » « travaille sur les œuvres du passé pour y rechercher des possibilités qui dépassent souvent ce que les auteurs avaient soupçonné [...] », la tendance « *synthétique* » se propose « d'ouvrir de nouvelles voies inconnues de nos prédécesseurs[8] ». L'« anoulipisme » est donc « voué à la découverte » tandis que le « synthoulipisme » l'est à l'invention[9]. Dans cette perspective, les mathématiques, l'informatique et la cybernétique fournissent des modèles précieux, notamment en ce qu'ils permettent d'utiliser des structures abstraites pour la recherche de nouvelles voies littéraires. Ainsi, des notions comme celle de « méthode », « procédé », « structure » ou « contrainte » commencent-elles à être développées par le groupe. Par exemple, dans le « Second Manifeste », Le Lionnais explique que l'activité de l'Oulipo consiste à analyser et à tester « l'efficacité et [de] la viabilité des structures littéraires (et plus généralement, artistiques) artificielles ». Il ajoute que « [l]'efficacité d'une structure » se précise en fonction de « la plus ou moins grande difficulté d'écrire des textes en respectant des règles plus ou moins contraignantes[10] ». Les contraintes interviennent souvent dans la phase préparatoire de l'écriture et elles déterminent le chemin suivi lors de la composition, que la contrainte reste cachée ou qu'elle fasse partie constituante de l'œuvre. Elles déterminent donc la structure des textes et produisent des « effets de lecture » qui guident en quelque sorte le lecteur.

En ce sens, le rôle des contraintes marque une distinction entre les oulipiens et Julio Cortázar. Tandis que Perec se présente comme le défenseur d'une écriture à programme, Cortázar revendique la liberté du processus d'écriture. Si les oulipiens défendent l'idée d'un programme conçu à l'avance, Cortázar attribue plutôt un rôle majeur au réagencement postérieur à la rédaction, suivant l'idée que le « plan » peut bien s'imposer à l'œuvre après une première phase rédactionnelle. En ce sens, les contraintes et les protocoles d'écriture

8 F. Le Lionnais, « La Lipo » (1973), dans *La Littérature potentielle*, *op. cit.*, p. 17. Nous soulignons.

9 *Cf.* J. Bens, « Queneau Oulipien », in *Atlas de littérature potentielle*, *op. cit.*, p. 22.

10 F. Le Lionnais, « Le second Manifeste », in *La Littérature potentielle*, *op. cit.*, p. 20.

ne sont pas utilisés de la même façon par les deux écrivains. Chez Perec, elle concerne davantage la structure ou l'échafaudage des textes, tandis que pour Cortázar elles s'appliquent plus librement lors du processus d'écriture.

FILIATIONS OULIPIENNES DANS LE RÍO DE LA PLATA

En Amérique Latine, et en particulier dans le Cône Sud, le Perec de *Penser/Classer* ou de *Tentative d'épuisement d'un lieu parisien* est cité comme une référence chez nombre d'écrivains tels que les argentins Eduardo Berti, Sergio Chejfec, Pablo Katchadjian et Ezequiel Alemián ou les chiliens Roberto Bolaño et Alejandro Zambra[11]. Se caractérisant par une forte tradition d'avant-garde, les écrivains argentins semblent aujourd'hui particulièrement réceptifs aux pratiques d'écriture « non-créative » dans la lignée de l'Oulipo. Outre les traductions précoces de Perec et d'autres membres de l'Oulipo, la réception critique de ces écrivains dans le champ littéraire argentin est de plus en plus enthousiaste depuis la fin des années 1980. La traduction et la circulation de textes programmatiques de l'Oulipo se fait à travers certaines revues comme *Babel. Revista de libros*[12] (1988-1991) ou *Xul. Revista de poesía*[13] (1980-1997). Plus récemment, la traduction parue en 2016 du volume

11 Voir P. Katchadjian, *El Martín Fierro ordenado alfabéticamente* (Imprenta Argentina de Poesía, 2007) et *El Aleph engordado* (Imprenta Argentina de Poesía, 2009), des ouvrages conçus à partir d'une lecture « sous contrainte » de deux ouvrages canoniques de la littérature argentine. Pour Eduardo Berti, voir notamment *La mujer de Wakefield* (Tusquets, 1999) et *Inventario de inventos (inventados)* (Impedimenta, 2017). Pour Alejandro Zambra, voir notamment *Facsímil* (Sexto piso, 2014).

12 Nous mentionnerons notamment deux articles ; l'un de Jorge Fondebrider, intitulé « Raymond Queneau, Georges Perec y el grupo Oulipo » et l'autre de l'écrivain argentin Sergio Chejfec, « Georges Perec o los riesgos de cierta argentinidad (a propósito de *La vida instrucciones de uso* de Perec) », *Babel. Revista de libros*, respectivement n° 4 et n° 12, Buenos Aires, Cooperativa de editores, 1988.

13 Le numéro 10 de *Xul* inclue des traductions à l'espagnol de plusieurs textes oulipiens (François Le Lionnais, Jean Lescure, Marcel Benabou, Raymond Queneau, Jacques Roubaud et Georges Perec). Voir *Xul, Signo Viejo y nuevo. Revista de poesía*, diciembre de 1993, n° 10 « El punto ciego : la poesía visual ».

collectif *Oulipo. Ejercicios de literatura potencial*[14] met en évidence l'intérêt grandissant pour cette tradition[15].

Une autre piste d'exploration se reflète dans l'influence des protocoles sous la forme des « Instructions » et des « Connaissances utiles » dans la tradition 'pataphysicienne d'Alfred Jarry. À travers des explications comme celles données « Pour teindre les cheveux en vert », « Pour faire tomber et choir les dents », « À faire que vin vienne en dégoût » ou encore « Pour affiner l'or avec les salamandres », l'*Almanach du père Ubu* de Jarry introduit un degré d'étrangeté dans un genre comme celui du recueil de recettes, répandu au XVIe siècle et repris par divers imprimeurs[16]. Cet aspect pataphysicien des instructions est, par exemple, mis en avant dans certains textes de *La vuelta al día en ochenta mundos* de Julio Cortázar comme « Pour faire danser une jeune fille en chemise » (*LVDOM*, p. 10) et « Manière très simple de détruire une ville » (*LVDOM*, p. 11). De même, les « *instrucciones* » et « *aquénos* » du *Museo de la novela de la eterna* ainsi que des *Papeles de recienvenido* de Macedonio Fernández, permettent de suggérer l'existence d'une généalogie d'écrivains excentriques dans le *Río de la Plata*[17] dont les œuvres gagneraient à être analysées sous le prisme de la 'Pataphysique.

Pour revenir à l'Oulipo, on verra qu'en Argentine Julio Cortázar joue un rôle essentiel dans la circulation de leurs œuvres. Dans ses « Cours de Littérature à Berkeley », l'Argentin fait référence à ce groupe et notamment à Georges Perec parmi les écrivains français représentatifs

---

14 Voir AA. VV., *Oulipo. Ejercicios de literatura potencial*, Caja Negra Editora, Buenos Aires, 2016, trad. d'E. Alemian (M. Rey et E. Alemián éd.), Prologue de M. Benabou et E. Berti.

15 Pour un panorama des influences oulipiennes dans la littérature latino-américaine contemporaine, voir l'article de P. Martín Ruíz comprenant des entretiens avec cinq écrivains d'Argentine, Méxique, Brésil, Chili et Puerto Rico. *Cf.* « El Oulipo y América Latina – Voces del siglo XXI », *Cuadernos de Filología Francesa*, n° 28, 2017, p. 179-195. Voir aussi J. Fux, « A contemporaneidade do Oulipo », *Estação Literária*, Londrina, Volume 9, juin 2012, p. 250-263.

16 Jarry y procède à un collage très légèrement retouché des quatre recettes qu'il produit. *Cf. Commentaires pour servir à la lecture de* l'Almanach du père Ubu, illustré 1899 par H. Béhar, M. Dubbelboer et J.-P. Morel, SAAJ (Laval) & Du Lérot éditeur, Tusson, 2009. L'influence 'pataphysicienne dans les « livres-almanachs » de Cortázar reste encore à étudier.

17 Cette généalogie d'écrivains *rioplatenses* excentriques ou « *raros* » est d'ailleurs revendiquée par Cortázar dans la nouvelle « Felisberto Hernández : Carta en mano propia » où l'auteur suggère des continuités entre son œuvre et celle de Macedonio Fernández, Felisberto Hernández et Lezama Lima.

d'un nouveau courant ludique et formaliste[18]. L'ombre tutélaire de Raymond Queneau et de Marcel Duchamp ainsi que les références à certains écrivains pataphysiciens, plane aussi sur ses deux miscellanées *La vuelta al mundo en ochenta días* et *Ultimo Round*. Plus spécifiquement, l'idée de l'œuvre avec « mode d'emploi », exigeant du lecteur un investissement particulier, voire même l'imitation de protocoles pratiques, rapprochent la production de Cortázar de celle de l'Oulipo.

Si cette filiation constitue un champ encore à défricher[19], un premier pas a été franchi lors de la Biennale consacrée à ces deux écrivains entre le 20 et le 22 mars 2012 à Buenos Aires, réunissant des spécialistes argentins et étrangers ainsi que des membres de l'Oulipo comme Marcel Bénabou et Paul Fournel. Cette rencontre se proposait d'aborder leurs œuvres dans une approche comparatiste, y analysant notamment la place de la littérature à contraintes. L'humour et la conception de la littérature comme jeu, les contraintes et les protocoles d'écriture, l'utilisation de structures littéraires fixées à l'avance et de procédés de combinatoire[20], l'intérêt pour le quotidien, l'*ethos* 'Pataphysique, le goût pour la flânerie, les topographies et l'exploration de la ville sont autant de traits qui rapprochent son œuvre de celle de Georges Perec. Plus particulièrement, l'infra-ordinaire et l'intérêt pour la sociologie de la quotidienneté de Perec trouve des échos dans les techniques d'« étrangement » propre au fantastique quotidien de Cortázar. Articulant les deux champs de la contrainte et de l'infra-ordinaire, certains micro-genres littéraires comme les « instructions », les « travaux pratiques » et les « exercices » assimilent leurs œuvres à des « projets à réaliser », dans une veine proche de l'art et de la littérature conceptuels. Analysée à travers ce prisme, l'œuvre de Julio Cortázar laisse transparaître des chemins que l'œil n'a pas encore balisés. Le goût du *collage* et du recyclage textuel ainsi que l'incorporation de matériels appartenant au « troisième secteur[21] »

18 Voir J. Cortázar, *Clases de literatura* (Berkeley, 1980), Buenos Aires, Alfaguara, 2013, p. 199.

19 Pour une étude des liens entre Cortázar, Perec et l'Oulipo, voir l'ouvrage de D. Constantin, *Masques et mirages : genèse du roman chez Cortázar, Perec et Villemaire*, New York, Peter Lang, 2008.

20 À propos du rôle du hasard et de la combinatoire dans l'œuvre de Cortázar, voir J. Jouet, « Cortázar permutant », in J. Cortázar, *Produit du hasard*, S. Protin (éd.), Lyon, Presses Universitaires de Lyon, 2019.

21 Pour une définition exhaustive de cette notion, voir la troisième partie de cette étude et notamment la sous-partie « Manières de faire avec la "poubelle" de la littérature ».

se trouvent parmi les stratégies qui nous occuperont dans les chapitres suivants.

Après son arrivée et son installation définitive à Paris en 1951, Cortázar ne tarde pas à se rapprocher du Collège de 'Pataphysique notamment à travers l'œuvre d'Alfred Jarry. Cette source d'inspiration est revendiquée par l'auteur lui-même pour une partie de son œuvre dont *Cronopes et Fameux* (1962) et *Un certain Lucas*[22] (1979). En ce qui concerne l'utilisation de contraintes, les expérimentations poétiques entamées avec Octavio Paz en Inde et publiées sous le nom de « Poesía permutante » (*UR*, P. B., p. 165, 184, 195) occupent un rôle important. Cortázar revendique le caractère sérieux du jeu : « rien de plus rigoureux qu'un jeu : les enfants respectent les lois du cerf-volant ou des "petits coins" avec un acharnement qu'ils n'ont pas pour celles de la grammaire » (« *[n]ada más riguroso que un juego : los niños respetan las leyes del barrilete o de las esquinitas con un ahínco que no ponen en las de la gramática* ») (*UR*, P. B., p. 66). Les principes qui ont guidé cette entreprise poétique dédiée à Raymond Queneau sont mis en avant par Cortázar qui explique :

> Dans mon cas le principe général a consisté à écrire des textes dont les unités basiques [...] peuvent être permutées jusqu'au limite de l'intérêt du lecteur ou des possibilités mathématiques. Le poème se rend ainsi circulaire et ouvert à la fois ; diverses combinaisons se créent en mélangeant les strophes ou unités ; à leur tour, chaque une d'elles peut être lue depuis n'importe quelle de ses strophes ou unités jusqu'à fermer le cercle dans un sens ou dans un autre[23] (*UR*, P. B., p. 66).

Ces poèmes mettent à l'épreuve des combinaisons de structures poétiques à partir d'une technique aléatoire. Le pari consiste à arriver au

---

22 Dans l'un des entretiens réalisés par Luis Harss, Cortázar revendique ces filiations d'« exception » et souligne son intérêt pour la 'pataphysique de Jarry. *Cf.* L. Harss, *Los Nuestros*, Buenos Aires, Ed. Sudamericana, 1981, p. 297. Pour des approches qui debattent de l'influence de la 'Pataphysique dans l'œuvre de Cortázar et de son influence sur une série d'écrivains argentins, voir G. Montaldo, « Contexto de producción », in : *Rayuela*, *op. cit.*, p. 595. De même, G. Speranza fait une référence à ces analyses en clé 'pataphysicienne dans *Atlas portátil de América Latina : Arte y ficciones errantes*, Barcelona, Anagrama, 2012.

23 « *En mi caso el principio general consistió en escribir textos cuyas unidades básicas [...] puedan ser permutadas hasta el límite del interés del lector o de las posibilidades matemáticas. El poema se vuelve así circular y abierto a la vez ; barajando las estrofas o unidades, se originan diferentes combinaciones ; a su turno, cada una de éstas puede ser leída desde cualquiera de sus estrofas o unidades hasta cerrar el círculo en uno u otro sentido* ».

vers, à la strophe ou au poème de telle sorte que « chaque unité basique se relie impeccablement avec les autres ordonnées par le hasard ou la volonté du lecteur » (« *cada unidad básica se enlazara impecablemente con las otras ordenadas por el azar o la voluntad del lector* ») (*UR*, P. B., p. 68).

Par ailleurs, si Cortázar privilégie souvent le hasard et la liberté de l'improvisation aux contraintes et règles oulipiennes, un conte comme « Clone » – dans le recueil *Queremos tanto a Glenda* (1980) (*Nous l'aimons tant, Glenda*) – fournit un bon contre-exemple. Ce récit sur un chœur de chanteurs qui interprète des madrigaux de Gesualdo met en évidence « la grille » de contraintes textuelles qui précèdent la construction du texte. Dans la deuxième partie intitulée « Note sur le thème d'un roi et la vengeance d'un prince » (« *Nota sobre el tema de un rey y la venganza de un príncipe* »), Cortázar revient sur ces contraintes. Il explique que même si écrire « comme sous la dictée » est une chose naturelle, de temps en temps il s'impose des règles strictes. Dans le cas de « Clone », « la "grille" ce fut d'ajuster une narration encore inexistante au moule de *L'Offrande musicale* de Jean Sébastien-Bach[24] ». Les « règles du jeu » qui déterminent l'action dramatique des personnages s'ajustent aux plis des mouvements de l'*Offrande Musicale* de Bach et suivent l'anecdote de la mort violente et passionnelle que Gesualdo a infligée à sa femme adultère et à son amant.

Qui plus est, comme le remarque l'oulipien Pablo Martín Sánchez, le goût des palindromes est une autre constante dans l'œuvre de Georges Perec et de Cortázar. Il met ainsi en rapport le « Grand Palindrome » de Perec (1969, Moulin d'Andé) – repris dans le recueil oulipien *La Littérature potentielle* (1973) – et les expériences de Cortázar dans des textes brefs comme « Satarsa » (*Deshoras*, 1982) ou dans le « sonnet palindromique » « Zipper sonnet » (*Un tal lucas*, 1979), qui peut être lu de haut en bas tout en répétant le premier vers.

D'autres filiations littéraires relient, comme nous le verrons, les œuvres des deux écrivains.

24 *Cf.* J. Cortázar, *Queremos tanto a glenda*, Buenos Aires, Aguilar, Altea, Taurus, Alfaguara, 2010 [1980], p. 119 / *Nous l'aimons tant, Glenda : et autres récits*, Paris, Gallimard, 1982, p. 75. Les citations correspondent à ces deux éditions.

JULIO CORTÁZAR, UN « PLAGIAIRE PAR ANTICIPATION » ?

La locution de « plagiaires par anticipation » (dès à présent PpA) apparaît lors du « Second Manifeste » de l'Oulipo, sous la plume de François Le Lionnais. Tout en se détachant de l'idée de « style », trop ancrée dans l'individualité de l'écrivain, Le Lionnais s'adresse ainsi à un ensemble « collectif et cohérent » de *scripteurs*. Prenant comme point de départ l'œuvre de certains poètes de l'Antiquité, en passant par la tradition des grands rhétoriqueurs – poètes de langue française de la fin du XVe siècle –, jusqu'à la figure énigmatique de l'écrivain et dramaturge Raymond Roussel, les PpA proposent des filiations inattendues pour les oulipiens. Le Lionnais souligne, à ce propos :

> Il nous arrive parfois de découvrir qu'une structure que nous avions crue parfaitement inédite, avait déjà été découverte ou inventée dans le passé, parfois même dans un passé lointain. Nous nous faisons un devoir de reconnaître un tel état de choses en qualifiant les textes en cause de « plagiats par anticipation ». Ainsi justice est rendue et chacun reçoit-il selon ses mérites[25].

Parmi les écrivains qui ont travaillé sous contrainte, de façon plus ou moins consciente avant la création de l'Oulipo, Cortázar tient une place de choix[26]. « Comment, mieux que par le remploi, amorcer un exercice d'admiration ? », voilà la proposition qu'avance l'oulipien Jacques Jouet dans *Destination des petits papiers* (1986)[27], un texte en hommage à Cortázar inspiré de son compte « Fin d'un jeu » (« *Final del juego* »). Jouet signale que la lecture est pour Cortázar « un jeu à deux » : un combat entre le lecteur et l'écrivain, un puzzle où « l'œil suit les chemins qui lui ont été ménagés dans l'œuvre[28] » ou bien une marelle dont le parcours n'est

25 F. Le Lionnais, « Second Manifeste », art. cité, p. 23.

26 Pour une analyse des filiations entre Cortázar et l'Oulipo voir aussi mes articles « *¿ Un plagiario por anticipación ? Cortázar y el Oulipo* (1960-1980) », *Ensemble*, n° 11, année 5, septembre 2013 et « Cortázar et l'Oulipo : départ d'un jeu », *De ligne en ligne*, n° 15, octobre à décembre 2014.

27 J. Jouet, « Julio Cortázar, destination des petits papiers », *Revue Roman*, n° 16, Presses de la Renaissance, 1986.

28 G. Perec, *La Vie, mode d'emploi*, (dès à présent noté *LVME*), Paris, D. Reinharc, 2010 [1978].

jamais définitivement tracé. Réciproquement, et même si ce n'est que pour s'en différencier, Perec fait mention de Cortázar afin de confronter les fausses « lectures potentielles » de *Rayuela* avec le dispositif d'un livre qu'il considère être véritablement multiple, comme c'est le cas de *La Vie mode d'emploi*[29].

Presque deux décennies plus tard, en 2004, l'Ouvroir consacre l'une des séances des « Jeudis de l'Oulipo » – des rencontres mensuelles à la Bibliothèque Nationale de France – en hommage au « Grand Cronope ». Jouet rédige à cette occasion une « Lettre de Cortázar à l'Oulipo[30] » analysant la filiation possible de ce « membre pressenti » du groupe. Au-delà des spéculations sur les aspects biographiques d'une possible rencontre entre Cortázar et Perec, la recherche documentaire éclaire la connaissance mutuelle qu'ils avaient de leurs œuvres. Plusieurs exemplaires de livres de Perec, dont certains dédicacés, se trouvent ainsi dans la bibliothèque de Cortázar cédée par sa veuve Aurora Bernárdez à la Fondation March[31].

Par ailleurs, les rumeurs d'une éventuelle tentative de cooptation de Cortázar par l'Oulipo sont venues ajouter un chapitre de plus à cette histoire des possibles liaisons franco-argentines. En effet, même si Cortázar n'est jamais formellement devenu membre de l'Oulipo, la recherche documentaire suggère que Georges Perec aurait été en charge de le contacter. Toutefois, David Bellos et Karine Berriot, biographes de Georges Perec et de Julio Cortázar respectivement, ne donnent pas exactement la même version de ce rapprochement qui resta infructueux. Ainsi, Berriot mentionne une rencontre entre Perec, Catherine Binet – réalisatrice et dernière compagne de l'auteur –, Cortázar et Pierre Mertens à propos de la première du film *Les jeux de la comtesse Dolingen de Gratz* (1981). Pour sa part, la participation de Cortázar dans le numéro

29 L'auteur souligne « Julio Cortázar, dans *La Marelle* [*sic.*], suggère deux lectures d'un même récit, l'une linéaire, l'autre discontinue, mais c'est un discontinu orienté une fois pour toutes, et non un véritable choix ». *Cf.* G. Perec, « Écriture et mass-média » (*Preuves*, 1967), in *EC.*, vol. I, *op. cit.*, p. 102. Une autre très brève allusion à *Rayuela* comme exemple d'œuvre proposant des multiples parcours de lecture apparaît également dans l'entretien « La vie : règle du jeu », propos recueillis par A. Hervé, *Le Sauvage* (*Le Nouvel Observateur – Écologie*), nº 60 : « Le jeu », décembre 1978 dans *EC.*, vol. I, *op. cit.*, p. 284.

30 J. Jouet, « Une lettre de Julio Cortázar », in *La Bibliothèque oulipienne*, « Du W, de Cortázar et de Li Po », nº 161, 2007.

31 Parmi ces titres, nous trouvons les éditions de 1979 de *Un cabinet d'amateur : histoire d'un tableau* et de *L'Arc : Georges Perec* ; ainsi que les éditions de 1982 de *Quel petit vélo à guidon chromé au fond de la cour ?* et de *Tentative d'épuisement d'un lieu parisien.*

de *L'Arc* de 1979 consacré à Perec et publié sous l'initiative de Bernard Pingaud, donne à Bellos l'opportunité d'expliquer que l'argentin « avait connu Perec par l'intermédiaire de Marie-Claude de Brunhoff[32] ».

Quelles qu'aient été les raisons de l'hypothétique refus de Cortázar, les circonstances de cette rencontre mythique constituent également matière à fiction. En effet, dans *Le Voyage des rêves* l'oulipien Fréderic Forte utilise le thème de la rencontre entre Cortázar et les oulipiens comme matériel romanesque. Si l'on en croit cette nouvelle, l'auteur aurait été invité à participer à une saga littéraire rocambolesque autour d'un manuscrit fantôme :

> C'est Georges Perec qui se lança. Il voulait parler à Julio d'un projet, un projet d'« hyper roman polyglotte » qu'il avait avec Harry Mathews et Italo Calvino [...] Il en tira alors un livre qu'il tendit solennellement à Cortázar [...] Julio se mit à tourner les pages de plus en plus fébrilement[33].

Lire pour écrire : voici l'un des enjeux de la démarche oulipienne qui finit par faire de Cortázar l'un des personnages d'une multi-prose initiée par Perec.

Arrêtons-nous, par la suite, sur la distinction entre contrainte et protocole telle qu'elle émerge dans ces œuvres.

CONTRAINTES ET PROTOCOLES

Dans un article intitulé « Qu'est-ce que la littérature potentielle ? », Perec cite le Raymond Queneau de *Bâtons, chiffres et lettres* (1965) pour résumer la quête de potentialité des oulipiens. En reprenant la célèbre phrase : « Nous essayons de prouver le mouvement en marchant[34] », Perec compare

32 Pour Cortázar, voir K. Berriot, *Julio Cortázar. L'enchanteur*, *op. cit.* Cette biographie est dédicacée « À Jean Honoré et à la mémoire de Raymond Queneau et de Georges Perec, Cronopes de haut vol ». Pour Perec, voir D. Bellos, *Georges Perec : une vie dans les mots*, *op. cit.*, p. 610.

33 F. Forte, « Le Voyage des rêves », in *Le Voyage d'hiver et ses suites*, Paris, Seuil, 2013, p. 220-221.

34 R. Queneau, *Bâtons, chiffres et lettres* (1965), p. 322 ; cité dans *Atlas de littérature potentielle*, *op. cit.*, p. 429.

les procédés oulipiens à un ensemble de « travaux pratiques » faits sur un « texte-souche » afin d'en « exploiter les nombreuses potentialités[35] ». Suivant le principe de Jacques Roubaud selon lequel « un texte écrit suivant une contrainte parle de cette contrainte[36] », les œuvres oulipiennes se caractérisent par leur haut degré de réflexivité. Ils sont le résultat de l'application d'une série de contraintes autant qu'ils sont une réflexion sur ces mêmes règles d'écriture. La contrainte oulipienne articule, en ce sens, l'idée de constriction, de règle limitant la production, et celle de potentialité. Suivant une définition de Jacques Bens, inspirée des *Cent mille milliards de poèmes* (1961) de Queneau : « une œuvre potentielle est une œuvre qui ne se limite pas à ses apparences, qui contient des richesses secrètes, qui se prête volontiers à l'exploration[37] ». Cette opposition entre le déterminisme et l'inventivité à laquelle toute production littéraire aspire constitue l'un des paradoxes de la littérature potentielle.

En tant que représentant des poétiques expérimentales, l'Oulipo se propose d'inventer et de redécouvrir de nouvelles formes d'expression littéraire dans les ouvrages du passé. Entre le ludisme et l'expérimentation, l'Oulipo applique des règles et des contraintes au niveau formel et thématique. Le lien entre « contraintes », « protocoles » et le type de pacte de lecture « ludique » suscité par les œuvres oulipiennes a souvent été analysé comme une dimension centrale de ces textes dits « fabriqués ». Dans cette optique, David Gascoigne propose la notion de « fiction ludique » pour définir les textes littéraires dans lesquels les règles de production occupent un rôle majeur. Deux critères définissent ainsi ces ouvrages : d'une part, le fait qu'ils développent et mettent en œuvre des règles systématiques et non conventionnelles ; d'autre part, la volonté de subvertir les cadres génériques clos, tout en mêlant plusieurs registres et genres au sein d'un même texte. Les « fictions ludiques » se définissent alors comme des textes crées à partir d'une « série fixe de règles non-conventionnelles, de contraintes et procédés » ou dans lesquels « la nature même du texte nous permet de déduire une telle série de règles [...][38] ».

35 *Ibid.*, p. 11. Cité par G. Perec dans « Variations sur un thème de Marcel Proust », *Magazine littéraire*, n° 94, 1974, p. 22.

36 *Cf. Atlas de littérature potentielle*, *op. cit.*, p. 90.

37 J. Bens, « Queneau Oulipien », in *Atlas de littérature potentielle*, *op. cit.*, p. 23.

38 D. Gascoigne, « Ludic writing : the problem of definition », in *The Games of fiction : Georges Perec and modern french ludic narrative*, Vien, Peter Lang, 2009, p. 17 [Notre traduction].

Indissociable de la réflexion sur le processus de production, l'aspect ludique de ces textes repose sur leur haut degré de réflexivité.

En ce qui concerne les contraintes structurelles, la « théorie des graphes » permet d'approcher le plan global sous-jacent des ouvrages entièrement fondés sur des contraintes. Selon la définition proposée par Marcel Bénabou :

> Un graphe étant donné, l'œuvre littéraire se développe en suivant les parcours proposés par le graphe (flèches et sommets).
>
> Le texte épouse la forme d'un graphe mathématique. À chaque bifurcation, le lecteur est invité à choisir entre les diverses solutions de lecture qui s'offrent à lui.
> Le graphe peut proliférer régulièrement (binaire, ternaire, etc.) être irrégulier comme celui de *L'Histoire des trois alertes petits pois* de Raymond Queneau qui comporte nombre de co-circuits, il peut aussi se refermer pour aboutir à une fin unique comme dans *Timothée dans l'arbre* de Paul Fournel[39].

Quelle est donc la différence entre ces deux règles de composition ? Suivant une définition d'Alastair Brotchie et Harry Mathews, la contrainte serait « la règle, méthode, procédure ou structure stricte, clairement définissable, qui produit chaque œuvre pouvant être proprement désignée comme oulipienne[40] ». Face au caractère restreint de la contrainte, le protocole évoque tout un ensemble de règles ou d'instructions définissant une opération complexe. De même, si la contrainte vise à éliminer le hasard et les contingences, les protocoles s'emparent plutôt de l'inattendu le transformant en une dimension centrale de l'œuvre. Or, si la contrainte semble agir *a priori* sur les aspects formels et sémantiques du texte, les protocoles peuvent, eux, s'appliquer à la vie de l'écrivain. L'intérêt ne se trouve donc plus dans l'œuvre considérée en tant que « produit fini », mais dans son processus de production. Présenté comme un *work in progress*, le texte correspond à une série d'« instructions » ou de « modes d'emploi » proches de ceux employés dans l'art conceptuel.

Dans une approche davantage performative que formelle, l'idée de « protocole » parcourt ainsi ces œuvres, imposant aux écrivains une certaine façon de vivre, une routine nécessaire pour la production de

---

39 M. Bénabou, « Une liste de contraintes oulipiennes » [en ligne].

40 *Cf.* A. Brotchie et H. Mathews, *Oulipo compendium*, London, Atlas Press, 1998, p. 131 [Notre traduction].

l'œuvre. Comme le souligne Ann Jefferson, « l'auteur n'a pas réellement de vie sans l'écriture, et l'écriture pas véritablement d'existence si l'auteur n'est pas prêt à mettre sa vie en jeu[41] ». Ainsi, tandis que la contrainte essaie d'effacer ou au moins d'éluder la subjectivité de l'auteur afin d'éviter tout type d'« erreur » qui pourrait advenir au cours de l'écriture ; le protocole prédispose le lecteur à assumer le contenu du texte comme si celui-ci répondait à une série d'objectifs fixés à l'avance. En ce sens, la contrainte offre une médiation formelle qui autorise un discours subjectif, voire même autobiographique, mais sans oublier pour autant de rendre sa formulation « oblique », opaque. Dans son étude sur l'Oulipo, Christelle Reggiani montre comment le texte contraint présuppose un type d'écoute spécifique de l'Histoire. Elle formule alors l'hypothèse que l'écriture sous contrainte de l'Oulipo « ne prend sens que par rapport à la césure majeure que représente pour l'histoire du XXe siècle la deuxième guerre mondiale[42] ».

Par ailleurs, la contrainte exige un effort herméneutique de la part du lecteur qui doit déchiffrer le procédé qui détermine la structure voire le contenu sémantique de l'œuvre. Deux lectures sont alors possibles dans le cas d'un texte à contraintes : soit une lecture référentielle renvoyant à un certain état des choses dans la réalité, soit une lecture connotative ou autoréférentielle[43]. Ainsi, si la contrainte est indissociable de la figure du lecteur comme herméneute, le protocole mobilise un dispositif semblable à celui d'une *captatio benevolentiae* usant, et souvent abusant, des adresses au lecteur. Finalement, du point de vue de l'intrigue narrative, la contrainte peut être reliée à ce que Perec appelle le « goût du romanesque » : « [...] des histoires et des péripéties, l'envie d'écrire des livres qui se dévorent à plat ventre sur son lit[44] ». À ce propos,

41 A. Jefferson, « L'écriture de vie : Roger Laporte et Jacques Roubaud », in *Le Défi biographique. La littérature en question*, Paris, PUF, 2012, p. 368.

42 Reggiani souligne que toute l'activité de l'Oulipo peut être considérée comme une médiation formelle des conséquences de la Shoah, comme une quête de nouvelles possibilités d'énonciation face à la violence de la Deuxième Guerre mondiale. *Cf.* C. Reggiani, « Une "écriture du désastre" », in *Rhétoriques de la contrainte : Georges Perec – l'Oulipo*, Saint-Pierre-du-Mont, Éd. Interuniversitaires, 1999, p. 301.

43 On suit ici les réflexions de C. Oriol-Boyer sur les effets de lecture des textes à contrainte dans « Potentiel didactique et pédagogique de la contrainte », *Revue La Licorne*, n° 100, PUR, janvier 2013, p. 217-231.

44 *Cf.* G. Perec, « Notes sur ce que je cherche » (*Le Figaro*, 1978), in *Penser/Classer*, *op. cit.*, 1985, p. 9-12.

Christelle Reggiani souligne que l'aspect arbitraire de la contrainte « permet à l'écrivain de conserver la richesse des possibles romanesques en transformant leur contingence en une nécessité de l'écriture » et « en la dissociant de toute idée de gratuité[45] ».

RAYUELA ET *LA VIE MODE D'EMPLOI*

Ce n'est pas par hasard si Cortázar et Perec se servent des motifs de la marelle et du puzzle dans *Rayuela* et *La Vie mode d'emploi*. Ces allusions à la littérature comme jeu relèvent d'un rapport particulier entre lecture et écriture, mis en avant dès la préface de ces romans multiples. Pour ce qui est de *LVME*, Perec mentionne déjà dans une ébauche du texte d'octobre 1972, citée à son tour par Danielle Constantin, le rapport entre ce système de contraintes et les protocoles de lecture. Dans les mots de l'auteur :

> Il faut bien commencer quelque part. L'œil s'arrête sur un détail et entreprend ce voyage enchevêtré au terme duquel il aura découvert tous les éléments du tableau, parcouru tous les chemins offerts [...] Le parcours peut-être unique ou pluriel. Il peut constituer un circuit ou un chemin selon que l'œil revient ou non à son point de départ. En partant d'une case quelconque d'un échiquier on peut faire parcourir à un cheval les 63 autres cases en 63 sauts consécutifs, sans qu'une seule case soit omise ou traversée deux fois. On sait depuis Jaenisch qu'il existe des milliers de solutions à ce problème. Puisque de toute façon il y a un chemin, peu importe le point de départ[46].

Cette référence à l'échiquier et au jeu d'échecs est remplacée dans la version définitive de *LVME* par la métaphore du puzzle. Cette image du début s'accompagne d'une phrase des *Pedagogisches Skizzenbuch* de Paul Klee, mis en exergue dans le préambule : « l'œil suit les chemins qui lui ont été ménagés dans l'œuvre ». En resituant le lecteur dans le rôle

45 C. Reggiani, « Le romanesque de la contrainte », in *Le goût de la forme en littérature*, (J. Baetens et B. Schiavetta dir.], Paris, Noésis/Agnès Viénot, 2004, p. 235. Actes du colloque de Cerisy-la-Salle : « Écritures et lectures à contraintes » (2001).

46 Fonds Privé GP, 111, 150, 1, et 111, 50, 2. Cité par D. Constantin, *Masques et mirages*, *op. cit.*, p. 98.

de celui qui complète l'œuvre, ce préambule n'est pas trop éloigné des réflexions de Cortázar dans le *Tablero de dirección* (« Mode d'emploi ») de *Rayuela.* Nous y lisons :

> À sa façon, ce livre est plusieurs livres mais en particulier deux livres. Le lecteur est invité à *choisir* entre les deux possibilités suivantes :
> Le premier livre se lit comme se lisent les livres d'habitude et il finit au chapitre 56, là où trois jolies petites étoiles équivalent au mot *Fin.* Après quoi, le lecteur peut laisser tomber sans remords ce qui suit.
> Le deuxième livre se lit en commençant au chapitre 73 et en continuant la lecture dans l'ordre indiqué à la fin de chaque chapitre. En cas d'incertitude ou d'oubli il suffira de consulter la liste ci-dessous[47] (*Marelle*, p. 4).

Cette formulation n'est pas très éloignée des principes oulipiens, notamment en ce qui concerne la création d'une « œuvre potentielle ». Suivant la définition de Jacques Bens :

> une œuvre potentielle est une œuvre qui ne se limite pas à ses apparences, qui contient des richesses secrètes, qui se prête volontiers à l'exploration. On voit alors tout ce qui fait la potentialité des *Cent mille milliards de poèmes* : ce n'est pas seulement l'exemple, l'archétype qu'ils constituent, ce sont les quatre-vingt-dix-neuf mille neuf cent quatre-vingt-dix sonnets qui se trouvent, inexprimés mais *en puissance*, dans les dix autres[48].

Or, si les règles de composition et les protocoles de lecture occupent un rôle majeur pour les auteurs, ceux-ci ne se privent pas pour autant d'introduire des déviations intentionnelles que les oulipiens désignent par la notion de « *clinamen* ». C'est le cas des quatre-vingt-dix-neuf chapitres de *LVME* – au lieu des cent chapitres initialement prévus – ainsi que celui du chapitre manquant de *Rayuela,* à savoir, le cinquante-cinq, sur un total de cent cinquante-cinq chapitres.

Qui plus est, *Rayuela* aspire à subvertir les modalités de lecture traditionnelles. Dans l'idée de matérialiser cette multiplicité de lectures possibles, Juan Esteban Fassio, un Argentin membre du Collège de

---

47 « *A su manera este libro es muchos libros, pero sobre todo es dos libros. El lector queda invitado a elegir una de las dos posibilidades siguientes : El primer libro se deja leer en la forma corriente, y termina en el capítulo 56, al pie del cual hay tres vistosas estrellitas que equivalen a la palabra Fin. Por consiguiente, el lector prescindirá sin remordimientos de lo que sigue. El segundo libro se deja leer empezando por el capítulo 73 y siguiendo luego en el orden que se indica al pie de cada capítulo* » (*Rayuela*, p. 3).

48 J. Bens, « Queneau Oulipien », in *Atlas de littérature potentielle*, *op. cit.*, p. 23.

'Pataphysique, invente la première « machine » pour lire le roman : le « Rayuel-o-matic », incarnation des retrouvailles entre Raymond Roussel et Marcel Duchamp. Le lien entre cette machine à lire et les deux grands maîtres cortazariens sont évoquées dans « *Julios en acción* » et « *De otra maquina célibe* », parus dans *La vuelta al día en ochenta mundos*[49].

Pour revenir au lien avec *LVME* de Perec et étant donné que Cortázar ne propose que deux lectures possibles de *Rayuela*, son caractère véritablement multiple peut être mis en doute. Toutefois, le « mode d'emploi » qui sert de préface au roman montre à quel point les contraintes et les protocoles de lecture s'y trouvent tout à fait imbriqués. Dans son étude de critique génétique *Masques et mirages : genèse du roman chez Cortázar, Perec et Villemaire*, Danielle Constantin propose une analyse en miroir des méthodes de composition employées dans *Rayuela* (1963) et *La Vie mode d'emploi* (1978). Constantin souligne l'importance que la métaphore du « jeu » soit mise en avant lors de la présentation même des « protocoles de lecture » placés en guise de préface. Or, il faut distinguer les contraintes soigneusement cherchées et mises à l'œuvre par Perec et le refus explicite de tout plan chez Cortázar qui défend le caractère non-programmatique de l'écriture et la liberté créatrice.

Rappelons que le défi de concevoir un roman qui briserait la linéarité romanesque n'est pas sans antécédents chez Cortázar qui, dans « Continuité des parcs » (« *Continuidad de los parques* ») publié dans *Fin d'un jeu* (1956), se sert du modèle du ruban de Moebius pour proposer une intrigue narrative qui s'ouvre et se referme sur elle-même. Ainsi, même avant l'invention du mot « hypertexte[50] » compris dans le sens d'une structure textuelle combinatoire, l'Argentin y réfléchit. Cette longue réflexion et expérimentation littéraire sur l'hypertexte aboutit à *Rayuela* mais aussi aux miscellanées. Sylvie Protin mentionne l'importance de ses années de formation dans le développement de cette réflexion.

49 Pour plus d'information sur l'influence de Marcel Duchamp sur l'œuvre de Cortázar, voir G. Speranza, « Facetas de Cortázar, su lado Duchamp », in *Fuera de campo…*, *op. cit.*, p. 181-188.

50 Cette notion est théorisée à partir de 1965 par des penseurs comme Ted Nelson ou Yuri Lotman. Suivant Ted Nelson : « *By 'hypertext' I mean non sequential writing– text that branches and allows choices to the reader, best read at an interactive screen. A popularly conceived this is a serie of text chunks connected by links which offer the reader different pathways* ». *Cf. Literary Machines* (1981), Mindful Press, Sausalito, California, 1993, p. 12.

Tout d'abord, dans les années 1930 et jusqu'au début des années 1940, il faut tenir compte des traductions de l'anglais et du français qu'il publie dans *Leoplán*. À chaque numéro, la revue propose un grand texte de littérature présenté avec l'ergonomie du journal, c'est-à-dire, entrecoupé « de renvois, de publicités, de dessins humoristiques [...] qui provoquent des effets de télescopages non souhaités[51] ». Une deuxième étape correspond aux années 1944 à 1949, moment où Cortázar conçoit sa « Théorie du tunnel » (1947). Ce texte programmatique publié dix ans après sa mort proposait déjà de transgresser le « culte du Livre » à partir d'un renouvellement de ses outils expressifs et formels. Enfin, la réflexion sur les possibilités expressives du roman se poursuit dans les années 1950 avec *El Examen* – roman inédit jusqu'après sa mort – et *Diario de Andrés Fava*, « journal de bord » d'*El Examen*, écrit par l'un de ses personnages. Comme le signale Sylvie Protin, le personnage d'Andrés Fava préfigure celui de Morelli dans *Rayuela*. *El Examen* décrit alors « un premier fonctionnement hypertextuel à travers la métaphore de la Maison[52] ». En traversant d'une salle à l'autre de la Maison, ce lieu où le public assiste à une série de lectures à voix haute, les personnages associent les fragments épars des textes lus à partir d'un itinéraire spatial aléatoire. Protin conclut, enfin, que même si Cortázar ne parvient pas « complètement à le mettre en marche[53] », son projet d'hypertexte relève de ces premières étapes d'exploration thématique et formelle.

Par ailleurs, parmi les antécédents les plus célèbres d'expérimentation hypertextuelle *avant la lettre* dans la littérature argentine, il suffit de mentionner les nouvelles de Jorge Luis Borges « *El jardin de los senderos que se bifurcan* », construit à la manière d'un labyrinthe où les parcours se dédoublent à l'infini, ou bien « *Examen de la obra de Herbert Quain* » où l'auteur décrit une œuvre régressive, ramifiée (*Ficciones*, 1944). De même, en France, les *Cent mille millards de poèmes* de Queneau est un bon antécédent d'écriture combinatoire. Comme Queneau l'annonce dans la préface, ces poèmes permettent « à tout un chacun de composer à volonté cent mille milliards de sonnets ». Cela va sans oublier une œuvre moins connue publiée la même année que *Rayuela* : *Composition n° 1* de Marc Saporta. Ce roman « permutationnel » composé d'une pile

---

51 *Cf.* S. Protin, « Introduction. Exercice de lecture », in *Produit du hasard*, *op. cit.*, p. 13.

52 *Ibid.*., p. 18.

53 *Idem.*

de 149 feuilles mobiles racontait l'histoire d'un groupe de parisiens gravitant autour de la Sorbonne. Pour sa part, Cortázar assure qu'il n'a appris l'existence de l'ouvrage de Saporta, qui ressemble au livre de feuilles mobiles imaginé par Morelli, qu'après la sortie de *Rayuela.* Il faudra autrement attendre quelques années pour que des véritables « hyper-romans » comme *Le Château des destins croisés* (1973) ou *Si par une nuit d'hiver un voyageur* (1979) d'Italo Calvino voient le jour.

Anti-roman ou roman « à rebrousse-poil[54] », *Rayuela* se propose de faire éclater l'objet livre conçu comme un tout linéaire. Suivant les techniques du *collage* dont les poètes cubistes ont été des précurseurs[55], Cortázar vise à créer un effet de lecture alinéaire, discontinu et fragmentaire où les chapitres littéraires alternent avec des passages plus théoriques – des « *Morellianas* » –, des citations et des transcriptions de matériaux factuels. Dans le *Cuaderno de bitácora* de Rayuela[56], un carnet de travail autographe offert à la critique littéraire argentine Ana María Barrenechea en 1963 et composé de 164 feuillets recto-verso, l'auteur exprime le souhait que son texte ne soit pas appelé « *roman* ». Ainsi, il considère successivement les noms de « *Mandala* » ; « *Almanaque* » ; « *log-book* » et « *Disculibro*[57] » avant de se décider pour le titre définitif.

Cortázar revendique aussi le « désordre organisé » comme méthode de composition[58]. L'agencement des divers matériaux qui intègrent *Rayuela* nous confronte à un long processus d'écriture qui n'aboutira qu'une fois

54 *Cf.* J. Cortázar « Lettre à Paco Porrúa », 5 janvier 1963, in *Cartas*, vol. II, *op. cit.*, p. 335-339.

55 Pour une étude des influences des techniques du collage littéraire chez Cortázar *Cf.* J. Alazraki, « Esthétique du discontinu et du fragmentaire, le collage », *Cahiers de Poétique comparée*, Paris, Institut National des Langues et Civilisations Orientales, vol. 9, p. 101-121.

56 Le dossier génétique de *Rayuela* est constitué d'un dactylogramme rédactionnel avec 653 feuillets – dont deux pages incluent des coupures de journaux et de magazines – ; de deux feuillets de notes ; de quatre chapitres supplémentaires repris en fac-similé dans l'édition critique de la collection Archives sous les titres « *Para Oliveira* », « *Maga* », « *Maga II* » et « *No todo el mundo* » – de deux à six pages, feuilles volantes dactylographiées données à Barrenechea par Cortázar en 1976 – ; d'un dactylogramme de mise au net et des épreuves corrigées. À propos du dossier génétique de *Rayuela* voir D. Constantin, « *Rayuela* de Julio Cortázar : intertexte, avant-texte, épitexte », in *Le moi et ses modèles. Genèse et transtextualités* (V. Montémont et C. Viollet, dir.), Louvain-la-Neuve, Academia Bruylant, 2009, p. 155-165.

57 J. Cortázar, *Cuaderno de bitácora* dans *Rayuela*, *op. cit.*, p. 79 ; p. 488.

58 Le 14 août 1961, Cortázar écrit à son éditeur Paco Porrúa : « *Terminé la obra gruesa del libro, y lo estoy poniendo en orden, es decir, lo estoy desordenando de acuerdo con unas leyes especiales cuya eficacia se verá luego, cuando tenga el coraje de leer de un tirón las 600 paginas* ». *Cf. Cartas II*, *op. cit.*, p. 249.

la première ébauche du texte finalisée. Comme l'auteur l'explique dans son cours de littérature à Berkeley :

> Entre l'année 52 et 55 ou 56 je n'ai écrit que des contes mais en différentes circonstances et à différents endroits je commençais à remplir des pages avec des instantanées, des souvenirs des choses, des inventions parfois, tout très inspiré de mon expérience quotidienne dans la ville, en France, à Paris précisément. Je n'avais pas la moindre idée qu'un jour ces papiers allaient faire partie d'un livre : ils restaient comme tous nos papiers restent quand quelque chose nous traverse l'esprit et nous aimons d'habitude le noter et on le garde sans savoir très bien pourquoi, mais il reste là-bas[59].

La méthode de composition s'est vite vue sous l'influence de ces écrits parcellaires que l'auteur accumulait depuis 1951, « de tas de petits papiers et des petits carnets où, notamment dans les cafés, j'avais peu à peu noté des choses, des impressions » (« *montones de papelitos y libretitas donde, sobre todo en los cafés, había ido anotando cosas, impresiones*[60] »). Cortázar décrit alors un travail « en parallèle », une imbrication entre l'écriture littéraire et le collage de documents divers : « Lorsque j'interrompais la partie narrative je lisais le journal et je tombais sur quelque chose qui attirait mon attention, je le collais et le copiais en "morelliana" » (« *Cuando interrumpía la parte narrativa leía el diario y me encontraba con algo que me llamaba la atención, lo pegaba y lo copiaba en "morelliana"* »). Il parlera, de même, de « *un mosaico, como un* patchwork[61] ». Cortázar affirme en ce sens :

> Lorsque j'ai fini d'écrire le roman j'avais proprement dit une pile d'éléments accessoires : citations littéraires, fragments de poèmes, des coupures de presse, des infos de la police ; il y avait un peu de tout. [...] Je ne peux pas les mettre à la fin comme un appendice [...] J'ai compris que le seul système viable était de créer un système d'intercalation de ces éléments dans le récit romanesque[62].

59 « *Entre el año 52 y el 55 o 56 no escribí nada más que cuentos pero en distintas circunstancias y en distintos lugares iba llenando páginas con instantáneas, recuerdos de cosas, invenciones a veces, todo muy calcado de mi experiencia cotidiana en la ciudad, en Francia, en París concretamente. No tenía la menor idea de que alguna vez esos papeles iban a formar parte de un libro : se iban quedando como quedan todos nuestros papeles cuando se nos cruza algo por la cabeza y nos gusta con frecuencia anotarlo y lo guardamos no sabemos bien por qué, pero ahí queda* ». *Cf.* J. Cortázar, « Sexta clase. Lo lúdico en la literatura... », in *Clases de literatura*, *op. cit.*, p. 204-205.

60 J. Cortázar, *Entrevistas con Omar Prego*, *op. cit.*, p. 144, p. 52.

61 J. Cortázar, « Sexta clase. Lo lúdico en la literatura... », *op. cit.*, p. 206.

62 « *Cuando terminé de escribir la novela propiamente dicha tenía una pila de elementos accesorios : citas literarias, fragmentos de poemas, anuncios periodísticos, noticias de policía ; había de todo. [...]*

Il s'agit d'un travail de relecture et de réagencement des divers matériaux épars et fragmentaires qui font éprouver à l'auteur « le besoin d'y mettre un ordre relatif[63] ». Comme le signale le critique argentin Saúl Yurkievich, Cortázar est ainsi « le premier romancier hispano-américain à avoir exploité sérieusement la technique du collage-montage-assemblage de matériaux textuels composites[64] ». Paradoxalement, ce sont les parties les plus métatextuelles du roman qui s'avèrent les plus perméables à l'intrusion du réel sous forme de transcriptions de documents ou de citations.

Le *Cuaderno de bitácora* garde la trace de ces multiples ébauches d'écriture et montre à quel point *Rayuela* peut être considéré comme une œuvre-archive de la quotidienneté de l'écrivain. Suivant le commentaire de Beatriz Sarlo :

> [L]e Cahier est un réservoirf de matériaux : des citations, des réflexions, des noms, des rêves, des cartes, des itinéraires, des pianos. C'est le *scrapbook* de l'écrivain de *Rayuela*, qu'après d'une certaine manière, deviendra la zone *scrapbook* des chapitres (in)dispensables du roman. Il y a de nombreux témoignages sur le goût cortazarien pour la parole et l'*objet trouvé*[65].

De même, nous lisons dans le *Cuaderno* : « journal de bord d'aucune façon je n'admets que ceci puisse s'appeler un roman. Je l'appellerai (sous-titre) ALMANACH » (« *Log book [d]e ningún modo admito que esto pueda llamarse una novela. Llamaré (subtítulo) ALMANAQUE*[66] »). En effet, cette idée du livre « almanach » accompagne l'auteur déjà depuis la conception de *Rayuela*. Rappelons ainsi que ses deux miscellanées, *La vuelta al día en ochenta mundos* et *Ultimo Round*, publiées après *Les discours*

No los puedo poner al final como un apéndice [...] Comprendí que el único sistema viable era crear un sistema de intercalación de esos elementos en la narración novelesca ». *Ibid.*, p. 207.

63 « *Sólo cuando tuve todos los papeles de Rayuela encima de una mesa, es decir, toda esa enorme cantidad de capítulos y fragmentos, sentí la necesidad de ponerle un orden relativo* ». *Cf.* O. Prego, *La fascinación de las palabras*, *op. cit.*, p. 151.

64 S. Yurkievich, « El collage literario : genealogía de *Rayuela* », in *Julio Cortázar : mundos y modos*, Madid, Anaya & M. Muchnick, 1994, p. 107-127.

65 « *[E]l Cuaderno es un depósito de materiales : citas, reflexiones, nombres, sueños, mapas, itinerarios, pianos. Es el scrapbook [álbum de recortes] del escritor de Rayuela, que luego, en parte, se convertirían en la zona scrapbook de los capítulos (im)prescindibles de la novela. Abundan los testimonios sobre el gusto cortazariano por la palabra y el* objet trouvé ». *Cf.* B. Sarlo, « Releer *Rayuela* desde *El cuaderno de bitácora* », *Revista Iberoamericana*, vol. LI, n° 132-133, juillet-décembre 1985, p. 941.

66 *Cf. Cuaderno de bitácora*, in *Rayuela*, *op. cit.*, p. 44 ; p. 473.

du pince-gueule (1966) – un texte écrit en français avec des illustrations du peintre Julio Silva –, ne font qu'accentuer les expérimentations autour du *collage*, technique que Cortázar reprend des dadaïstes, voire des surréalistes[67].

Par ailleurs, dans un entretien avec Marcel Béranger, il présente ce besoin de liberté formelle comme un trait majeur de sa personnalité, presque comme une fatalité :

> Tu sais, moi, je ne suis pas un homme systématique, je ne fais pas de plan de travail. [...] [J]e me mets à ma machine à écrire, et je commence soit un roman, soit une nouvelle, la plupart du temps sans savoir comment ça va finir[68].

Cette prétendue absence de plan est aussi mise en avant dans les entretiens réalisés avec Ernesto González Bermejo et avec Omar Prego, où l'auteur explique : « Aucun plan ; s'il y a une chose qui n'a pas résulté d'un plan, c'est bien *Rayuela.* Les chapitres s'accumulaient progressivement » (« *Ningún plan ; si alguna cosa no ha respondido a un plan es Rayuela. Los capítulos se fueron acumulando*[69] »). Il s'agit ainsi davantage d'un travail de relecture et de réagencement des divers matériaux. Comme l'auteur l'explique :

> C'est seulement quand j'ai eu tous les papiers de *Rayuela* étalés sur une table, c'est-à-dire toute cette énorme quantité de chapitres et de fragments, que j'ai ressenti le besoin d'y mettre un ordre relatif. Mais je n'ai jamais eu cet ordre en tête ni avant ni durant l'exécution de *Rayuela*[70].

---

67 Pour des études sur la technique du collage chez Cortázar ainsi que sur ses influences, voir S. Yurkievich, « El *collage* literario... », art. cité ; C. Orloff, « The politics of collage », in *The Representation of the political in selected writings of Julio Cortázar*, Woodbridge, Suffolk, UK/Rochester, NY, Tamesis, 2013, p. 133-155 ; M. Lourdes Dávila, « El pintoresco almanaque "posmoderno" : *La vuelta al dia en ochenta mundos* y *Ultimo Round* », in *Desembarcos en el papel. La imagen en la literatura de Julio Cortázar*, Rosario, Beatriz Viterbo, 2001, p. 77-178.

68 *Cf.* Entrevue de Marcel Bélanger, « Julio Cortázar et la réalité en forme d'éponge », Réseau français de Radio-Canada, 19 *février 1980. Cité par D.* Constantin dans *Masques et mirages*, *op. cit.*, p. 41. Les citations de Cortázar et de Perec qui suivent ainsi que leurs traductions au français sont tirées du travail de Constantin.

69 E. González Bermejo, *Revelaciones de un cronopio. Conversaciones con Cortázar*, Montevideo, Ediciones de la Banda Oriental, 1986, p. 54.

70 « *Sólo cuando tuve todos los papeles de Rayuela encima de una mesa, es decir, toda esa enorme cantidad de capítulos y fragmentos, sentí la necesidad de ponerle un orden relativo. Pero ese orden no estuvo nunca en mí antes y durante la ejecución de* Rayuela ». *Cf.* O. Prego, *Julio Cortázar (la fascinación de las palabras)*, *op. cit.*, p. 151.

Cortázar revendique ainsi la mise en ordre ou plutôt le « désordre organisé » comme méthode de composition. Inversement, Perec se sert pour *La Vie mode d'emploi* d'un ensemble d'avant-textes, de programmes et de cahiers de bord fixant les contraintes à l'avance. Dans une entrevue, Perec affirme à ce propos : « L'histoire devait suivre un certain nombre de règles [...] [c]elles-ci fixées, je me suis jeté à l'eau, et tout le romanesque, tous les rebondissements sont entrés[71] ». La structure de *LVME* est en effet construite à partir d'un nombre assez impressionnant de contraintes[72] dont les principales sont la polygraphie du cavalier, le carré bi-latin orthogonal et la pseudo-quenine d'ordre dix. Pour l'expliquer brièvement, il s'agit d'un échiquier, construit sur un carré latin orthogonal – au total de 100 carrés, soit 10 par 10 –, qu'il faut parcourir entièrement selon le mouvement du cavalier aux échecs, sans passer deux fois par la même case[73].

Si l'idée initiale était de représenter la vie d'un immeuble parisien en enlevant sa façade extérieure, Perec se sert pour cela du bicarré, une grille de dix cases par dix, où chacune renvoie à une pièce en particulier de l'immeuble. En ce qui concerne l'ordre des chapitres, la polygraphie du cavalier lui permet de « faire parcourir tout l'échiquier à la pièce du cavalier sans jamais qu'elle ne s'arrête plus d'une fois sur la même case ». Enfin, concernant les contraintes thématiques, Danielle Constantin signale qu'

---

71 G. Perec, « Georges Perec *: le grand jeu, propos recueillis par* Francine Ghysen » (*Femmes d'aujourd'hui*, 1978), in *EC.*, vol. I., *op. cit.*, p. 256.

72 Pour une analyse plus détaillée des contraintes mathématiques dans cette œuvre, voir G. Arnaud, « Des maths, G. Perec et *La Vie, Mode d'emploi* », Bulletin de l'APMEP n° 511, 2014, p. 551-558.

73 Suivant les mots de Perec à propos de cette contrainte : « Il aurait été fastidieux de décrire l'immeuble étage par étage et appartement par appartement. Mais la succession des chapitres ne pouvait pas pour autant être laissée au seul hasard. J'ai donc décidé d'appliquer un principe dérivé d'un vieux problème bien connu des amateurs d'échecs : la polygraphie du cavalier (*cf.* F. Le Lionnais, *Dictionnaire des Échecs*, PUF, 1974, p. 304-305) ; il s'agit de faire parcourir à un cheval les 64 cases d'un échiquier sans jamais s'arrêter plus d'une fois sur la même case. Il existe des milliers de solutions dont certaines, telle celle d'Euler, forment de surcroît des carrés magiques. Dans le cas particulier de *La Vie mode d'emploi*, il fallait trouver une solution pour un échiquier de 10 x 10. J'y suis parvenu par tâtonnements, d'une manière plutôt miraculeuse. La division du livre en six parties provient du même principe : chaque fois que le cheval est passé par les quatre bords du carré, commence une nouvelle partie. On remarquera cependant que le livre n'a pas 100 chapitres, mais 99. La petite fille de la page 295 et de la page 394 en est seule responsable ». *Cf.* G. Perec, « Quatre figures pour *La Vie mode d'emploi* », *L'Arc*, n° 76, « Georges Perec », 1979.

> afin de générer le contenu des chapitres, il permute vingt et une fois deux séries de dix éléments selon la méthode combinatoire du bicarré latin orthogonal d'ordre dix, une opération qui a généré pour chacun des quatre-vingt-dix-neuf chapitres une liste de quarante-deux termes distribués selon quarante-deux catégories[74].

S'opposant à l'éloge de la spontanéité qu'on a retracé chez Cortázar, Perec passe plusieurs années à créer l'échafaudage de contraintes de son roman avant de se lancer dans sa rédaction. Il signale : « Pendant des années, j'ai fait des plans, des graphiques. Je me suis imposé des contraintes très strictes : permutations, recoupements[75] ». Contrairement à *Rayuela* où le travail d'agencement des divers matériaux factuels s'est fait seulement une fois la première ébauche du texte finalisé, chez Perec les procédés de collecte et de réagencement se sont faits en amont et en suivant des règles précises.

Proches des notions de contrainte et de protocole, d'autres notions plus spécifiques seront développées pour chacun des écrivains, à savoir : celle de « mode d'emploi » et de « travaux pratiques » chez Perec ; celle d'« instruction » et de « règle du jeu » chez Cortázar.

GENRES PERFORMATIFS : « INSTRUCTIONS », « MODES D'EMPLOI », « EXERCICES »

Les notions de contrainte et de protocole vont de pair avec la remise en question de l'idée de génie, un trait typique des œuvres oulipiennes. Proches de ce que des critiques comme Marjorie Perloff ou Kenneth Goldsmith appellent les « *uncreative writings* », les micro-genres littéraires comme les « exercices », les « instructions » ou les « travaux pratiques » nous confrontent à un auteur-opérateur accomplissant une série de consignes et de procédés standardisés et facilement reproductibles par quiconque. Les auteurs oulipiens incorporent ainsi les protocoles comme une partie centrale de leurs œuvres, désormais présentées comme des

74 *Cf.* D. Constantin, *Masques et mirages*, *op. cit.*, p. 83-84.

75 G. Perec, « Entretien avec Gérard Dupuys » (*Libération*, 1978), in *EC.*, vol. I, *op. cit.*, p. 233-234.

« projets » reposant sur un ensemble de « travaux pratiques » et invitent le lecteur à les reproduire. Cette vision antiromantique de l'acte d'écriture s'accompagne parallèlement d'une revalorisation de la lecture comme activité créatrice.

Dans cette approche et s'inspirant du texte-manifeste de Sol LeWitt sur l'art conceptuel, l'américain Goldsmith définit les écritures « conceptuelles » et explique :

> *In conceptual writing the idea or concept is the most important aspect of the work. When an author uses a conceptual form of writing, it means that all of the planning and decisions are made beforehand and the execution is a perfunctory affair. The idea becomes a machine that makes the text*[76].

En effet, revalorisant la prépondérance du concept et du processus d'exécution de l'œuvre sur le résultat final, des auteurs comme Georges Perec et Julio Cortázar se font les porte-paroles d'un art réalisable par tous, démocratique en ce qu'ils s'inspirent du principe du *Do it yourself !* (« Faites-le vous-même ! »), récurrent dans l'art conceptuel.

Certains micro-genres littéraires utilisés par ces écrivains mettent l'accent sur l'aspect le plus performatif de la contrainte : celui qui pousse le lecteur à imiter un certain nombre d'« exercices » ou de « travaux pratiques ». Le paradigme de l'œuvre comme expérience, au sens du mot anglais *experiment*, devient alors indispensable pour comprendre l'adoption d'une posture de « participant-observateur » de la part des lecteurs. Ces « modes d'emploi » et « instructions », placés en guise de préface, jouent avec la visée scientifique des œuvres, tout en imprégnant le jargon supposément savant d'un ton ludique. En ce sens, ces formes brèves – « exercices », « instructions », « travaux pratiques » – « rusent » avec les clichés du discours scientifique, les remplaçant souvent par des expériences « sur le terrain ».

Deux versants s'articulent ainsi dans ces textes : l'un ludique, dans le sillage des « instructions » et des « connaissances utiles » de la 'Pataphysique de Jarry, l'autre celui des explorations *dépaysantes* du quotidien dans la lignée des travaux pionniers de Henri Lefebvre, Guy

---

76 K. Goldsmith, « Paragraphs on Conceptual Writing », *Open Letter : A Canadian Journal of Writing and Theory*, ser. 12, n° 7, Fall 2005, p. 98. Dans sa définition de la littérature conceptuelle, Goldsmith s'inspire du texte de S. Lewitt « Paragraphs on Conceptual Art » (*Artforum*, 1967).

Debord ou Michel de Certeau. Dans le sillage de ces penseurs, faire la théorie des pratiques quotidiennes implique de repérer différentes « manières de faire » et « styles d'action[77] ». Ce n'est pas par hasard si dans les ouvrages de Perec appartenant au versant infra-ordinaire l'écrivain procède comme un participant-observateur engagé dans une expérience de connaissance du monde. Abandonnant tout désir d'inspiration ou de créativité, l'auteur de ces textes se rapproche d'un opérateur qui répète une série de protocoles fixés à l'avance. Le caractère inventif de ces démarches se situe donc plutôt dans la conception de l'expérience et dans la formulation de ces protocoles.

Parallèlement, l'intérêt sociologique pour le quotidien de Perec s'avère être complémentaire de certaines techniques d'étrangement propres au fantastique quotidien de Cortázar. S'opposant à la logique d'utilité et de productivité qui régit la société de consommation, le modèle des « Instructions » présent dans *Cronopes et fameux* mais aussi dans *Un certain Lucas*, conduit le lecteur à questionner les « choses communes » dans une optique semblable à celle de l'infra-ordinaire. Ces textes annoncent un véritable programme centré autour du dépaysement du regard assommé par les répétitions et les cycles du quotidien. Plusieurs textes de ces recueils reviennent sur l'oscillation entre le respect des routines journalières, souvent associées au milieu bourgeois, et le désir de casser le sens de ces rituels par une réflexion critique et joyeuse sur le quotidien.

Dans cette optique, *Cronopes et fameux* constitue un recueil central pour comprendre l'évolution de la pensée du quotidien chez Cortázar, spécialement sous le prisme des « instructions ». Chacune des quatre parties du recueil « Manuel d'instructions » (« *Manual de Instrucciones* »), le « Matériel Plastique » (« *Material plástico* »), les « Merveilleuses occupations » (« *Maravillosas ocupaciones* ») et, enfin, les « Histoires de cronopes et de fameux » (« *Historias de cronopios y de famas* »), propose des tactiques pour ruser avec le quotidien. Texte programmatique, « Manuel d'instruction » revient sur ce *dépaysement* du regard. On y lit :

> Ce travail de ramollir la brique chaque jour, ce travail de se frayer passage dans la masse gluante qui se proclame monde, tous les matins se heurter au parallélépipède au nom répugnant avec la satisfaction minable que tout est

77 L. Giard, « Introduction », in *L'invention du quotidien. I. Arts de faire*, vol. I, *op. cit.*, p. XI.

> bien à sa place, la même femme à ses côtés, les mêmes souliers, le même goût du même dentifrice [...][78].

L'attention s'oriente ici sur le rythme répétitif – « tous les matins » (« *cada mañana* »), « le même goût du même dentifrice » (« *el mismo sabor de la misma pasta* ») – et l'aspect lénifiant, rassurant et méprisable à la fois – « avec la satisfaction minable » (« *con la satisfacción perruna* ») – des routines. Plusieurs indicateurs d'oralité et de familiarité viennent renforcer ce sentiment de routine : « À tout à l'heure, chérie, bonne journée » (« *Hasta luego, querida. Que te vaya bien* ») ; « Oh, comme on chante à l'étage au-dessus ! » (« *¡Oh cómo cantan en el piso de arriba!* »). En outre, l'impersonnalité des actions, renforcée par l'usage de l'infinitif et de constructions avec le pronom réflexif « se » souligne l'aspect répétitif et récurrent du quotidien.

Les ressemblances avec un texte comme « Approches de quoi ? » de Georges Perec sont remarquables. Perec y souligne, par exemple :

> Ce qu'il s'agit d'interroger, *c'est la brique, le béton*, le verre, nos manières de table, nos ustensiles, nos outils, nos emplois du temps, nos rythmes[79].

Outre la prépondérance des infinitifs et des constructions impersonnelles, la présence dans les deux textes de la même métaphore de la « brique » pour faire allusion aux piliers de la vie quotidienne attire notre attention. Parallèlement, ces deux textes-programme partent de l'impersonnel pour aboutir à la première personne du pluriel. Chez Cortázar, par exemple :

> Comme un taureau rétif *pousser* de la tête contre la masse transparente au cœur de laquelle *nous prenons* notre café au lait et *ouvrons* notre journal pour savoir ce qui se passe aux quatre coins de la brique de verre[80].

---

78 « *La tarea de ablandar el ladrillo todos los días, la tarea de abrirse paso en la masa pegajosa que se proclama mundo, cada mañana topar con el paralelepípedo de nombre repugnante, con la satisfacción perruna de que todo esté en su sitio, la misma mujer al lado, los mismos zapatos, el mismo sabor de la misma pasta dentífrica, la misma tristeza de las casas de enfrente, del sucio tablero de ventanas de tiempo con su letrero Hotel de Belgique* ». J. Cortázar, « Manuel d'instructions », in *Cronopes et fameux* (1962), recueil inclu dans *Nouvelles, histoires et autres contes*, Gallimard, 2008, p. 363, trad. de L. Guille-Bataillon.

79 G. Perec, « Approches de quoi ? », art. cité, p. 12. Nous soulignons.

80 « *Meter* la cabeza como un toro desganado contra la masa transparente en cuyo centro *tomamos* café con leche y *abrimos* el diario para saber lo que ocurrió en cualquiera de los

Chez Perec, le passage de l'impersonnel à la première personne du pluriel est utilisé pour interpeller directement le lecteur :

> Interroger ce qui semble avoir cessé à jamais de nous étonner [...]. Comment ? Où ? Quand ? Pourquoi ? [...] Il m'importe peu que ces questions soient, ici, fragmentaires, à peine indicatives d'une méthode, tout au plus d'un projet. Il m'importe beaucoup qu'elles semblent triviales et fútiles : c'est précisément ce qui les rend tout aussi, sinon plus, essentielles que tant d'autres au travers desquelles nous avons vainement tenté de capter notre vérité[81].

Soulignons aussi la présence constante dans les deux textes d'adresses au lecteur, d'apostrophes du narrateur au narrataire, que ce soit à travers le discours direct ou en faisant de lui un personnage. Ces adresses au lecteur réapparaissent à travers les questions du type : « Pourquoi serait-ce mal ? [...] Pourquoi te les donnerait-il ? » (« *¿ por qué estaría mal? [...] ¿Por qué te los daría ?* »). Et, chez Perec : « Combien de gestes faut-il pour composer un numéro de téléphone ? Pourquoi ? ». L'utilisation de l'impératif est une autre stratégie afin d'insister sur l'aspect performatif du texte. « Approches de quoi » encourage ainsi le lecteur, en lui donnant des instructions précises : « Questionnez vos petites cuillers. [...] Décrivez votre rue. [...] Faites l'inventaire de vos poches, de votre sac[82] ».

Cet aspect injonctif, présent aussi dans les « travaux pratiques » d'*Espèces d'espaces*, revient chez Cortázar. Toutefois, ce dernier souligne davantage l'opposition entre l'usage utilitariste fait des choses communes et le type d'expérience « étrange » qui attend le lecteur dès lors que son attention s'oriente vers les moindres détails. Le narrateur s'attarde, par exemple, sur les sensations que l'on peut ressentir en serrant une petite cuillère entre deux doigts. Il signale comment la conscience du « battement de métal », l'« éveil inquiet » de cette petite cuillère peut souvent faire du mal, et il ajoute : « C'est tellement plus commode d'accepter la facile sollicitude de la cuillère, de l'utiliser pour tourner son café[83] ».

---

rincones del ladrillo de cristal ». J. Cortázar, « Manuel d'instruction », in *Cronopes et fameux*, *op. cit.*, p. 363. Nous soulignons.

81 G. Perec, « Approches de quoi ? », art. cite, p. 13.

82 *Ibid.*, p. 12.

83 « *Apretar una cucharita entre los dedos y sentir su latido de metal, su advertencia sospechosa. Cómo duele negar una cucharita, negar una puerta, negar todo lo que el hábito lame hasta darle suavidad satisfactoria. Tanto más simple aceptar la fácil solicitud de la cuchara, emplearla para revolver el café* ». J. Cortázar, « Manuel d'instruction », *ibid.*, p. 363.

En effet, si l'étrange peut se cacher dans le familier, Cortázar montre que c'est précisément dans les choses communes que nous pouvons saisir notre vérité et trouver des espaces de convivialité. L'objectif de ces textes est donc de questionner notre rapport aux choses communes et aux autres, de refuser de faire partie de ceux qui « ignorent leur étage en dessous » (« *no sospecha[n] su piso de abajo* »).

Le tournant vers le quotidien se caractérise enfin par le refus du discours médiatique qui prétend réduire le quotidien à ce qu'on lit dans les journaux. Chez Perec, la critique du discours journalistique vise notamment les approches qui transforment l'information en spectacle. Cette question est soulevée dans « Approches de quoi » où l'auteur critique le fait que les « journaux parlent de tout, sauf du journalier », ils ne nous apprennent rien, ne nous interrogent pas ni répondent aux questions que nous souhaiterons poser[84]. Chez Cortázar, le geste d'ouvrir le journal « pour savoir ce qui se passe au quatre coins de la brique de verre » (« *para saber lo que ocurrió en cualquiera de los rincones del ladrillo de cristal* ») s'oppose aux dangers d'une vie mise en jeu pendant que nous avançons « pour aller acheter le journal au kiosque du coin » (« *para ir a comprar el diario a la esquina*[85] »).

Or, dans la quête d'une « méthode » d'observation du quotidien, la démarche de Perec reste bien plus programmatique que celle de Cortázar. Si chez Cortázar, l'utilisation de métaphores, du langage des sentiments et de l'affectivité relève d'un souci poétique voire ludique, Perec privilégie une approche analytique, imitant le jargon scientifique dans sa quête d'un ton neutre et objectif. Malgré ces différences, la visée cognitive des techniques liées à la méthode infra-ordinaire ainsi qu'à l'*étrangement* cortazarien rappelle les principes de ce qu'Ivan Jablonka nomme des « fictions de méthode » ; des textes qui « servent à créer des connaissances par le fait même de poser des questions, mobiliser des concepts, proposer des hypothèses, élaborer des méthodes[86] ». En effet, conçus comme des expériences visant à articuler l'art et la vie, ces textes visent à transformer la praxis vitale des lecteurs tout en bousculant leur perception anesthésiée de la réalité.

84 G. Perec, « Approches de quoi ? », art. cité, p. 10.

85 J. Cortázar, « Manuel d'instruction », *op. cit.*, p. 364.

86 *Cf.* I. Jablonka, « Les fictions de méthode », in *L'histoire est une littérature contemporaine*, Paris, Seuil, 2014, p. 197.

PREMIÈRE OUVERTURE

Cartographier la ville

Dans les années 1960 et 1970, les « instructions » et les « modes d'emploi » utilisés par Cortázar et Perec ont une influence importante sur les arts plastiques. Ces textes brefs peuvent être rapprochés d'une série d'expériences d'artistes conceptuels qui proposent des performances visant à investir autrement l'espace urbain, le lieu du quotidien par excellence.

Comme le souligne Tania Ørum, le désir d'abolir les frontières entre l'art et le quotidien est l'une des problématiques permettant de faire converger la littérature de Perec, en particulier ses écrits sur l'infra-ordinaire, et certaines expériences avant-gardistes des années 1960 et 1970[1]. L'« intérêt pour les systèmes, la production de séries [...] les processus de catégorisation » ainsi que l'« intérêt phénoménologique pour les modes de perception de base[2] » sont quelques-uns des procédés que partagent Perec et des artistes conceptuels, minimalistes ou situationnistes.

Ørum signale, par exemple, les points communs entre un texte comme « Approches de quoi » et un essai d'Allan Kaprow paru dans la revue *Artnews* en 1958 et intitulé « The Legacy of Jackson Pollock ». Kaprow y signale :

> Nous devons prendre conscience, être éblouis même, par l'espace et les objets de tous les jours, qu'il s'agisse de notre corps, de nos vêtements, des pièces où nous habitons, voire de l'immensité de la Quarante-deuxième rue [...] toutes ces manifestations dont on ne parle pas, à chercher dans les poubelles, les dossiers de police [...] Les jeunes artistes découvriront dans ces

---

1 *Cf.* T. Ørum, « Perec et l'avant-garde dans les arts plastiques », in *Georges Perec et l'Histoire*, Actes du colloque international, Copenhague, du 30 avril au 1er mai 1998. Études recueillies par B. Jøgersohn et C. Sestoft, *Études Romanes*, nº 46, 2000, p. 201-213.

2 *Ibid.*, p. 204. Parmi les artistes cités dans cette étude, nous trouvons Richard Long, artiste associé au Land Art qui « effectue des allées et venues répétées sur un morceau de pelouse et en fait photographier les traces » (*A Line made by Walking*, 1967) ; les « happenings » des membres de Fluxus dont notamment la *Topographie anecdotée du hasard* (1961) de Daniel Spoerri, qu'elle rapproche des « Tentatives d'épuisement » de Perec.

> choses ordinaires le sens de l'« ordinarité ». À partir de rien ils vont trouver l'extraordinaire et alors peut-être aussi le néant[3].

Proche de l'art concret qui constitue pour Kaprow le point de départ de l'« alchimie des années 1960 », la prospection programmatique et méthodique du quotidien devient également un sujet littéraire majeur pour nos auteurs. Réinvestir l'ordinaire avec une volonté artistique ne va pas sans briser l'aura magique de l'art pour la remplacer par celle, plus prosaïque, des objets journaliers. Aussi bien dans le domaine des arts plastiques que dans celui de l'écriture, l'interrogation sur le « sens réel » des choses communes semble s'imposer.

D'une manière similaire, certains artistes du collectif néo-dadaïste Fluxus se servent de la méthodologie des « instructions » et des « modes d'emploi », afin de rendre les spectateurs de leurs performances davantage conscients du cadre et des règles qui entourent leurs interventions. Même s'ils explicitent les repères spatio-temporels dans lesquels ces performances prennent place, le modèle de l'instruction laisse les spectateurs-participants libres d'entamer ou de répéter les actions à leur guise. Comme dans les « travaux pratiques » ou dans les pseudo-instructions que Perec propose dans ses textes infra-ordinaires, la programmation d'un *modus operandi* reflète la tension entre les contraintes qui se trouvent au point de départ de l'expérience et la spontanéité de ses réalisations concrètes. Puisque l'auteur opère à la fois comme un individu créatif et un membre quelconque d'un corps social mécanisé, l'expérience se façonne entre la rigidité du programme et le hasard de sa mise en œuvre. Ainsi, le format-instruction souligne les liens entre les pratiques, les choses journalières et leur investissement artistique lors d'une manifestation particulière.

Comme Perec, Cortázar connaît les travaux de Fluxus et notamment les expériences de Nam June Paik, membre du groupe. Dans ses « *event*

---

3 « *We must become preoccupied with and even dazzled by the space and objects of our everyday life, either our bodies, clothes, rooms, or, if need be, the vastness of Forty-second Street [...] the world we have always had about but ignored, but they will disclose entirely unheard-of happenings and events, found in garbage cans, police files [...] They [young artists] will discover out of ordinary things the meaning of ordinariness. They will not try to make them extraordinary but will only state their real meaning. But out of nothing they will device the extraordinary and then maybe nothingness as well* ». *Cf.* A. Kaprow, « The Legacy of Jackson Pollock », in *Essays on the Blurring of Art and Life*, Berkeley, CA, University of California Press, 1993, p. 9 [1958].

pieces », Paik utilise la stratégie des « instructions » dans une perspective politique visant à dévoiler par l'absurde les conditions d'oppression subies au quotidien. Dans « What happens Minerva ? », un texte du recueil *LVDOM*, Cortázar signale :

> [J]'ai lu quelque part que l'allemand Paik (s'il est allemand) a laissé des instructions détaillées pour que quiconque puisse faire du théâtre pour peu qu'il s'y sente disposé. Partant du principe que la distance qui sépare la scène de l'orchestre réponde à cette fuite pratique et bourgeoise qui donne bonne conscience sans plus d'effort que d'acheter un billet et s'installer pour voir la pièce, Paik estime que l'opposition la plus radicale à cette institution pourrie consiste à abolir la différence entre les acteurs et le public (idéal jamais atteint dans les happenings traditionnels) au point d'arriver à un théâtre anonyme [...] Ainsi, pour donner un exemple embryonnaire, vous pouvez jouer une pièce de théâtre qui consiste à prendre le métro à la station Vaugirard et descendre au Châtelet. Il ne s'agit pas d'un voyage ordinaire mais d'un travail d'acteur qui doit obéir exactement aux instructions de Paik (qui sont celles-ci et rien d'autre). De la même manière, si vous lisez *Le Monde* pendant que vous vous promenez sous les arcades rue de Rivoli vous aurez aussi fait du théâtre anonyme, chaque fois que votre lecture et votre promenade respectent les instructions de Paik[4].

Le commentaire sur l'œuvre de Paik rapproche Cortázar des méthodes infra-ordinaires de Perec. Ce type d'expérience artistique se répand aussi en Argentine dans les années 1960 et 1970, notamment au cours d'interventions urbaines comme celles de Carlos Ginzburg, Marta Minujin, Edgardo Antonio Vigo, Ricardo Carreira ou Federico Peralta Ramos[5].

Certaines expériences réalisées par des collectifs d'artistes argentins installés à Paris peuvent s'inscrire particulièrement bien dans la logique

---

4 « *En alguna parte he leído que Paik ha dejado instrucciones detalladas para que cualquiera pueda hacer teatro apenas se sienta bien dispuesto. Paik estima que la oposición más radical a esta podrida institución consiste en abolir la diferencia entre los actores y el público al punto de llegar a un teatro anónimo [...]. Así, para dar un ejemplo embrionario, usted puede representar una pieza de teatro que consiste en tomar el metro en la estación Vaugirard y bajarse en la del Chatelet. No se trata de un viaje ordinario sino de un trabajo de actor que debe obedecer exactamente a las instrucciones de Paik (que son estas y nada más). De la misma manera, si usted lee Le Monde mientras se pasea bajo las arcadas de la rue de Rivoli, también habrá hecho teatro anónimo siempre que su lectura y su paseo se ajusten a las instrucciones de Paik.* » J. Cortázar, « *What happens Minerva ?* », in *LVDOM*, *op. cit.*, p. 117.

5 Pour un panorama approfondi des artistes argentins proposant ce type d'interventions urbaines dans les années 1960, voir A. Longoni, *Vanguardia y revolución. Arte e izquierda en la Argentina de los sesenta-setenta*, *op. cit.* et I. Katzenstein (éd.), *Escritos de vanguardia. Arte argentino de los años '60*, *op. cit.*

des instructions cortazariennes. Tout d'abord, l'expérience intitulée « Une journée dans la rue », réalisée par le Groupe de recherche d'Art Visuel en 1966. Ce groupe qui compte parmi ses membres des artistes comme Garcia Rossi, Le Parc, Morellet, Sobrino, Stein et Yvaral, propose une série de manifestations urbaines visant à mettre en question les rapports traditionnels entre l'œuvre d'art et le public. Tout en investissant certains lieux de la ville par une série réglée de micro-interventions, les artistes proposent de mettre en lumière le « réseau des faits répétés et retrouvés d'une journée à Paris[6] ». Les routines quotidiennes constituent ainsi le point de départ d'une série d'actions visant à briser la passivité des passants. Les artistes suggèrent ainsi que la rue « est tramée d'un réseau d'habitudes et d'actes chaque jour retrouvés[7] » susceptible de donner lieu à des « manières de faire » créatrices.

Ensuite, l'invention des « Vivo-Ditos » par l'artiste argentin Alberto Greco mérite d'être rappelée. Sa première action, réalisée à Paris le 12 mars 1962, consistait ainsi à signaler la présence de l'artiste Alberto Heredia en dessinant un cercle autour de lui sur la chaussée, à l'aide d'une craie. Un mois plus tard à Gênes, Greco rédige et publie en italien le Manifeste « Dito dell'ARTE VIVO ». Voici un extrait du texte daté du 24 juillet 1962 :

> L'art vivant est l'aventure du réel. L'artiste enseignera à regarder, non pas avec le tableau mais avec le doigt. Il enseignera à regarder de nouveau ce qui arrive dans la rue. L'art vivant cherche l'objet, mais le laisse à sa place, ne le transforme pas, ne l'améliore pas, ne le conduit pas dans une galerie d'art. L'art vivant est contemplation et communication directe. Il veut en finir avec la préméditation, qui signifie galerie et exposition. Nous devons nous mettre en contact avec les éléments vivants de la réalité. Mouvement, temps, gens, conversations, odeurs, rumeurs, lieux et situations. Art Vivo, Mouvement Dito. Alberto Greco. 24 juillet 1962. Heure : 11 h 30[8].

---

6 AA. VV., « Une journée dans la rue » (Avril, 1966), pamphlet du Groupe de recherche d'Art Visuel, Paris 1964-1966. Intervenants : Garcia Rossi, Le Parc, Morellet, Sobrino, Stein, Yvaral, Archive Julio Le Parc.

7 *Ibid.*

8 « *El arte vivo es la aventura de lo real. El artista enseñará a ver no con el cuadro sino con el dedo. Enseñará a ver nuevamente aquello que sucede en la calle. El arte vivo busca el objeto pero al objeto encontrado lo deja en su lugar, no lo transforma, no lo mejora, no lo lleva a la galería de arte. El arte vivo es contemplación y comunicación directa. Quiere terminar con la premeditación, que significa galería y muestra. Debemos meternos en contacto con los elementos vivos de nuestra realidad. Movimiento, tiempo, gente, conversaciones, olores, rumores, lugares y situaciones. Arte*

Les principes et objectifs de l'« Arte Vivo » ne sont pas éloignés des démarches d'observation et de dépaysement du quotidien défendues par Cortázar et Perec. C'est précisément par son inscription dans ces espaces quotidiens que l'art arrive à bousculer l'attention ankylosée, transformant le lecteur ou le spectateur de simple consommateur en un véritable « usager » de l'espace.

Enfin, une dernière expérience intitulée « Un arte de los medios de comunicación », réalisée par Eduardo Costa, Raúl Escari et Roberto Jacoby en 1966, vient s'inscrire, de manière spontanée, dans la ligne du projet cortazarien. Les artistes sont partis de l'idée que les moyens de communication de masse construisent des « événements ». À cet égard, ce groupe se propose de créer toute une série de documents apocryphes censés documenter ou laisser un témoignage sur un *happening* qui n'a, en réalité, jamais eu lieu. La volonté de dénoncer à la fois le caractère mensonger des informations transmises par les médias ainsi que leur capacité à créer ce que nous considérons comme la « réalité » rapproche cette démarche de celle de Cortázar[9].

Dans cette optique, la notion de « situation », telle qu'elle a été théorisée par Debord et les situationnistes depuis les années 1950, est aussi centrale pour comprendre le questionnement ludique et pragmatique du quotidien que Cortázar met en place dans cette première période de son œuvre.

Nous aborderons, en guise d'« ouverture », l'œuvre *Buenos Aires tour* (2004) conçu par l'artiste argentin Jorge Macchi et l'écrivaine María Negroni.

Vivo, Movimiento Dito. Alberto Greco. 24 de julio de 1962. Hora 11 : 30 ». F. Rivas (dir.), *Alberto Greco*, Valencia, IVAM Centre Julio González, 1991, p. 291.

9 E. Costa, R. Escari et R. Jacoby, « Un arte de los medios de comunicación » (1966), Archive personnelle de Jacoby à Buenos Aires. Soulignons que cette même matrice sera récupérée seulement deux années plus tard sous un angle nettement plus politique pour le projet de l'œuvre-installation *Tucumán Arde* (1968).

JORGE MACCHI ET MARÍA NEGRONI, *BUENOS AIRES TOUR*

Buenos Aires Tour[10] (2004) de Jorge Macchi est un livre-objet réalisé en collaboration avec le musicien Edgardo Rudnitzky et l'écrivaine María Negroni. Originalement présenté comme une installation à la Biennale d'Istanbul en 2003, *Buenos Aires Tour* proposait au spectateur de suivre un tour composé de huit itinéraires à travers la ville de Buenos Aires. Un protocole rigoureux caractérisait ces déplacements : il s'agissait de suivre différents parcours dessinés par les fissures d'une vitre cassée qui avait été posée sur un plan de la ville. Le travail sur des vitres fracturées, brisées, est d'ailleurs une constante de l'œuvre de Jorge Macchi ; la fissure rend le matériel transparent à nouveau visible en même temps qu'elle souligne la fragilité des choses qui, en apparence, semblent pourtant stables. Ces fissures dans la vitre déterminent donc quarante six points d'intérêt sur la carte de Buenos Aires, quarante-six haltes qui servent à guider les parcours explorés par les auteurs de *Buenos Aires Tour*. Ils y recueillent de la documentation et en donnent des informations en support écrit, photographique et sonore. Le protocole suivi consiste à enregistrer leurs parcours tout en prenant des photographies, qui deviendront ensuite des « cartes postales » incorporées au livre. Il s'agit de conserver des traces des points choisis mais aussi des différents objets trouvés lors des déplacements.

Même si ces déchets jouent un rôle considérable dans l'expérience, Macchi se concentre moins sur l'idée de « résidu » que sur celle des objets perdus puis retrouvés grâce au hasard de la marche. Dans un esprit qui ressemble à celui des déambulations citadines des personnages de Cortázar – nous pensons à la Sibylle et à Oliveira dans *Rayuela* –, le procédé utilisé par Macchi vise à articuler le hasard des « dérives » situationnistes et l'aspect programmatique du parcours réglé à l'avance, typique de l'Oulipo. À propos de cette rencontre entre hasard et contrainte dans l'œuvre de Macchi, la curatrice, chercheuse et critique d'art Inés Katzenstein note :

---

10 J. Macchi, *Buenos Aires Tour* (Collab. avec E. Rudnitzky et M. Negroni), Madrid, Editorial Turner, 2004.

> [c]hez Macchi, les œuvres ne se construisent pas à partir d'un processus d'invention libre (où le surréaliste est ce qui se trouve le plus loin de l'existant), mais de procédés d'observation de la réalité et d'un mouvement postérieur de celle-ci vers la fiction[11].

L'observation du réel quotidien entraîne ainsi chez Macchi un mouvement vers la fiction, notamment dans le sens où elle rendrait lisibles des aspects cachés, voire énigmatiques de la réalité.

Enfin, tandis que dans son format d'exposition, l'installation proposait aux spectateurs des parcours virtuels interactifs, le livre dispose d'une carte et d'un CD-ROM avec les itinéraires, de sorte que l'utilisateur puisse établir des liens entre différents points de la ville, à travers des images qui reviennent à différents endroits. Le livre-objet est donc présenté comme une boîte rouge, contenant les reliquats de l'expérience : une carte, un petit livret qui sert de « guide » des différentes haltes dans les itinéraires décrits et documentés par Negroni et Macchi ; un CD-ROM et des « cartes postales » avec des reproductions en fac-similé des objets textuels trouvés pendant les itinéraires – par exemple un carnet de timbres, des images (« *estampitas* ») d'Eva Perón, un cahier, des cartes à jouer ou un missel avec des annotations.

Se faisant le chiffonnier de ces objets imprimés trouvés par hasard, l'artiste réinvestit les parcours habituels d'un sens nouveau et revendique l'idée que la rencontre avec l'inattendu peut contribuer à percer la surface de l'habituel. À travers les textes rédigés par Negroni et grâce au collage de ces « bribes du réel », le lecteur accède à une vision poétique de la ville, une vision traversée par l'étrangement.

11 « *[E]n Macchi las obras no se construyen a partir de un proceso de invención libre (en el que lo surrealista es aquello que más lejos está de lo existente), sino de procedimientos de observación de la realidad y de un posterior traccionamiento de ésta hacia la ficción* ». I. Katzenstein, « Jorge Macchi surrealista o la perseverancia en lo imposible ». Texte publié dans le catalogue de l'exposition « Perspectiva », MALBA, 2016 [en ligne].

PHILIPPE VASSET, *UN LIVRE BLANC*

Un livre blanc est le récit d'une expérience cartographique entreprise par Philippe Vasset et qui consiste à parcourir à pied des zones vierges sur quelques cartes de la ville de Paris. Le but de l'auteur est ainsi de découvrir l'espace et les choses qui peuvent se trouver dans ces « zones », énormes trous ou taches blanches sur les cartes. Le texte qui en résulte n'est autre que le récit de la mise en place du protocole, du déroulement des différentes promenades et des obstacles surmontés au cours de l'expédition. Par ailleurs, le texte inclut également des reproductions facsimilées en couleurs des cartes utilisées lors de ses promenades ainsi que des extraits de texte en italique, qui reproduisent les divers documents trouvés ou utilisés pendant ces expéditions.

Si le récit de l'expédition se présente comme un texte factuel, ces derniers paragraphes en italique semblent plutôt répondre à des élans poétiques. L'auteur y glisse des réflexions plus personnelles et lyriques sur les événements survenus lors de ces flâneries ainsi que sur la documentation utilisée. L'un des sujets qui reviennent souvent est donc son envie de conserver des traces matérielles des parcours entamés. Le protagoniste est, en effet, souvent saisi d'un furieux besoin de description et de notation ; il décrit les déchets, les bribes d'objets trouvés et parfois conservés comme s'ils étaient de véritables témoins de ses multiples allées et venues.

Le lecteur est informé dès le début des protocoles adoptés pour l'expédition :

> Pendant un an, j'ai donc entrepris d'explorer la cinquantaine de zones blanches figurant sur la carte n° 2314 OT de l'Institut géographique national, qui couvre Paris et sa banlieue. Au cours de cette quête, j'espérais, comme les héros de mes livres d'enfant, mettre au jour le double fond qui manquait à mon monde[12].

Une fois posés les cadres temporels et spatiaux, il faut toutefois établir les règles qui déterminent le déroulement de l'expérience. Vasset explique alors qu'« une fois la zone blanche localisée », il s'agit de « décrire le plus précisément possible [...] la configuration des lieux[13] » :

---

12 Philippe Vasset, *Un livre blanc*, Paris, Fayard, 2007, p. 10.

13 *Ibid.*, p. 35.

> Je prenais ma mission très au sérieux et m'étais muni de tous les outils de l'exploration traditionnelle : une balise GPS, un appareil photo, ainsi qu'un carnet de croquis sur lequel je prenais des notes, effectuais des relevés et dessinais des plans sommaires[14].

Décrire de manière précise et objective le paysage qui l'entoure, prendre des notes sur place, enregistrer avec différents outils – magnétophone, vidéo, photographies – les résultats de l'expédition… : on peut s'interroger sur le but de ces démarches. En effet, les raisons du projet ne répondent pas à une quelconque utilité. Lors d'une rencontre avec des jeunes qui se promènent, comme lui, parmi les ruines de la ville, l'écrivain entreprend malgré tout d'expliciter sa démarche : « j'ai tenté d'expliquer mon projet : carte en main, moulinant les bras j'ai parlé de fantastique urbain et de ces excès de réel qui, soudain, submergent le promeneur[15] ».

S'il a d'abord cru pouvoir faire émerger le « merveilleux[16] » au sein de ces espaces, Vasset comprend aussitôt que ces paysages « vides » ne cachent rien d'autre que la pauvreté extrême, la misère, la violence, la clandestinité, l'« en dehors » de la loi. Plusieurs tentations l'assaillent : l'envie de faire un photoreportage ou un « documentaire engagé », de converser avec les habitants de ces lieux de l'exclusion, de transformer le récit en une critique, en une dénonciation de la gestion problématique de ces territoires.

Finalement, deux options finissent par se dessiner comme les plus adaptées à ces objectifs multiples et hétérogènes. La première consiste à inscrire son projet dans le cadre d'une généalogie critique et littéraire pouvant justifier ses efforts par son incorporation dans un paysage de filiations intellectuelles communes. En effet, gêné de ne pas réussir à expliquer correctement l'objet de son enquête, l'écrivain signale : « Embarrassé, je déballais des références allant des *Non-lieux* de Marc Augé à *Mille plateaux* de Gilles Deleuze et Félix Guattari[17] ». Les réflexions de Jean Baudrillard et de Georges Perec, les dérives des situationnistes, mais aussi l'exploration du RER réalisée par François Maspero et Anaïk Frank dans *Les Passagers du Roissy-Express* (1990) ou, plus récemment, par

14 *Ibid.*
15 *Ibid.*, p. 50.
16 *Ibid.*, p. 49.
17 *Ibid.*, p. 51.

Jean Rolin dans *Zones* (1995) ou *La Clôture* (2002) et par François Bon dans *Paysage Fer* (2003) sont autant de « sources » citées. L'explicitation de ce réseau d'ouvrages qui lui ont servi de modèles vise ainsi à créer un lignage de prédécesseurs mais aussi d'interlocuteurs[18].

Ensuite, la deuxième solution consiste à ne plus s'interroger sur ses objectifs mais à considérer plutôt cette expérience comme un possible « mode d'emploi » des promeneurs, une ébauche pour une littérature potentielle dont l'auteur ne fournirait que les protocoles et les principales consignes de sa mise en route. Vasset revendique, en ce sens, le caractère collectif fantasmé d'une telle démarche :

> Au fur et à mesure de la rédaction s'est en effet imposé le sentiment que l'art en général et la littérature en particulier feraient bien mieux d'inventer des pratiques et d'être explicitement programmatiques plutôt que de produire des objets finis et de courir après les tout derniers spectateurs pour qu'ils viennent les admirer. *On pourrait même envisager une nouvelle discipline artistique, faite d'énoncés et de formules : charge aux amateurs s'ils le désirent, de réaliser les projets décrits, sachant que la majorité n'en fera rien, se contentant d'imaginer, à partir d'instructions, de possibles aboutissements, l'œuvre elle-même étant cette oscillation, ce précaire équilibre au seuil de l'expression*[19].

C'est là un véritable « art du projet », un bon exemple de littérature-*prospectus*, de cette œuvre-à-venir que nous analyserons en détail dans la deuxième partie de ce livre. Une double tentation traverse aussi ce projet : celle de détruire ou d'abandonner l'œuvre, puis celle de la conserver dans sa qualité d'archive du quotidien. En effet, l'écrivain songe parfois à abandonner ses « pages noircies, les laisser là, au sommet des tas d'ordures[20] », dans un clin d'œil à ces lieux dépotoirs.

À l'extrême opposé, une volonté d'archivage plane au-dessus du texte. Vasset explique, par exemple : « J'aurais voulu trouver un texte, une lettre, voire des vieilles photos tombées d'un album de famille pour les incorporer à mon manuscrit[21] ». Cette envie de construire une archive à partir de toute la documentation recueillie se fait encore plus concrète quand le narrateur-auteur évoque son désir d'arriver un jour à trouver un manuscrit qu'il pourrait incorporer à son récit. Si jamais il arrivait

---

18 *Cf. ibid.*, p. 64, 78 et 80.
19 *Ibid.*, p. 54.
20 *Ibid.*, p. 105.
21 *Ibid.*, p. 112.

à incorporer un texte issu du réel au sein de son œuvre, cela serait en effet la preuve du caractère « factuel » de son propre récit, du fait que ces expériences ont vraiment eu lieu telles qu'il les décrit.

Le but véritable de cette entreprise commence ainsi enfin à s'esquisser. D'une manière similaire à *TELP*, Vasset devient participant-observateur dans une expérience littéraire à la lisière de l'expérimentation scientifique. Il signale : « J'étais, voyeur sans objet, devenu transparent : libre de tout rôle, j'observais tout ce qui venait s'encadrer dans ma mire, sans rien décrire ni recenser[22] ». Amener cette « apnée urbaine » vers une écriture du vide, déplacer le regard en le forçant à s'étayer sur le rien, tel est le projet de l'écrivain : « porter le texte là où il n'a aucune place, où il est, au mieux, incongru, déplacé, et observer ce qui se passe[23] ».

22 *Ibid.*, p. 64.
23 *Ibid.* p. 104.

DEUXIÈME PARTIE

PROJETS DE VIE ET D'ÉCRITURE

J'aspire à traiter mon existence même
comme une œuvre à composer.
Kafû NAGAÏ, 1916.

Après l'analyse des deux versants critique et ludique dans l'approche du quotidien chez nos auteurs, ce chapitre entame une réflexion sur les modalités que l'« œuvre-projet » exhibe dans leurs textes. Conciliant un programme de travail et une « forme de vie[1] », le projet brouille les limites entre la dimension textuelle et performative des œuvres. De même, l'œuvre-projet nous confronte aux nouvelles modalités à travers lesquelles la littérature contemporaine déborde le support du livre imprimé pour s'hybrider avec d'autres pratiques artistiques – performances, installations, lectures publiques, travaux articulant des médias textuels, visuels, sonores ou numériques, interventions dans des espaces publics. En effet, depuis au moins une dizaine d'années, des notions comme celles de « littérature exposée » (O. Rosenthal & L. Ruffel, 2010 ; M.-J. Zenetti, 2014[2]), « littérature contextuelle ou relationnelle » (D. Ruffel, 2010, d'après la notion d'« art contextuel[3] ») ou « littérature expérimentale » (M. Nachtergael, 2017[4]), essaient d'éclairer

1 Cette expression s'inscrit dans une longue tradition qui va de Musil et Wittgenstein jusqu'à Giorgio Agamben. Nous comprenons par là le fait que toute vie est indissociable de sa forme et entraîne avec elle un certain nombre de pratiques et de formes d'organisation qui déterminent les caractéristiques de la vie commune dans une culture donnée : des actions, des croyances, des valeurs, des institutions, etc.

2 O. Olivia et L. Lionel, « Introduction », in *Littérature*, n° 160, *La littérature exposée. Les écritures contemporaines hors du livre*, Armand Colin, 2010, p. 3-13.

3 Pour un aperçu de la notion d'« art contextuel », voir : J. Swidzinski, « L'art comme art contextuel » (manifeste), in *Inter : art actuel*, n° 68, 1997, p. 46-50 ; P. Ardenne, « L'art dans l'espace public : un activisme » in *Les Plumes*, Dépôt légal Bibliothèque et Archives nationales du Québec, 2011, p. 1-24. Voir aussi : M.-J. Zenetti, « Réinvestir le littéraire depuis l'art contemporain : mutations d'un imaginaire (Autour de Philippe Vasset et de quelques contemporains) ». Article issu d'une communication au colloque « Création, intermédialité, dispositif », 2-14 février 2014, Université Toulouse II – Le Mirail et D. Ruffel, « Une littérature contextuelle », *Littérature*, vol. 160, n° 4, 2010, p. 61-73.

4 M. Nachtergael, « Présentation », in *Itinéraires* [en ligne, 2017-3, 2018].

ces phénomènes esthétiques et sociaux qui relèvent de la « sortie » de la littérature en dehors du livre. La notion d'œuvre-projet éclaire enfin les manières dont le quotidien devient un champ fertile pour l'émergence de diverses formes d'activisme artistique. En effet, la question du tournant « pragmatique », voire « éthique » de la littérature, abordée par la critique depuis les années 2000, est indissociable de celle des « pouvoirs » de la littérature contemporaine[5].

Tout d'abord, la conception de l'œuvre comme un projet suppose un changement de statut dans la mise en scène de soi que l'auteur livre à ses lecteurs, dans la « posture » qu'il assume au sein du champ littéraire. Suivant une approche articulant les dimensions rhétorique et sociologique de la littérature, la notion de « posture littéraire » de Jérôme Meizoz permet de mesurer les différents facteurs textuels et contextuels qui interviennent dans la mise en scène contemporaine de l'auteur[6]. Le projet semble indissociable de cette « posture » textuelle et performative assumée par l'écrivain. D'abord, celle qui concerne la dimension rhétorique ou discursive – touchant à *l'inscripteur*, à l'énonciateur textuel – et ensuite, celle qui s'oriente vers la dimension actionnelle ou performative – relative à la « *personne* », *i. e.* l'être civil de l'écrivain[7].

En ce qui concerne la dimension discursive, nous pouvons interroger la prédominance de certains genres littéraires « factuels » susceptibles

5 À ce propos, voir, parmi d'autres : J. Kaempfer, S. Florey & J. Meizoz (dir.), *Formes de l'engagement littéraire (XVe-XXIe siècles)*, Lausanne, Antipodes, coll. « Littérature, culture, société », 2006 ; E. Bouju, « Oui, mais (encore). Puissance du roman contemporain », in *Que peut (encore) la littérature ?*, *nrf*, sept. 2014, p. 1-9 ; Fr. Lavocat, *Fait et fiction. Pour une frontière*, Paris, Seuil, coll. « Poétique », 2016 ; M. Nachtergael (dir.), *Itinéraires. Littérature, textes, cultures*, n° 2017-2, « Littératures expérimentales. Écrire, créer, performer à l'ère numérique » ; J.-P. Bertrand, Fr. Claisse et J. Huppe, « Opus et modus operandi : agirs spécifiques et pouvoirs impropres de la littérature contemporaine (vue par elle-même) », *COnTEXTES*, 2019 ; E. Bouju, Y. Parisot et C. Pluvinet, « *Avant propos.* Power (on/off) », in *Pouvoir de la littérature*, PUR, 2019, p. 1-11.

6 Nous suivons ici la notion de « posture littéraire » telle qu'elle est définie dans : J. Meizoz, « Qu'entend-on par "posture" ? », in *Postures littéraires. Mises en scène modernes de l'auteur*, Genève, Slatkine, 2007, p. 15-32.

7 Dominique Mainguenau identifie trois instances imbriquées dans la figure et la posture d'auteur, à savoir : la *personne*, ou l'être civil ; *l'écrivain* ou la « fonction-auteur » dans le champ littéraire au sens foucaldien et, enfin, l'*inscripteur* ou l'énonciateur textuel. *Cf. Le discours littéraire. Paratopie et scène d'énonciation*, Paris, A. Colin, 2014. La référence à Mainguenau est reprise de J. Meizoz, « Ce que l'on fait dire au silence. Posture, *ethos*, image d'auteur », in *La fabrique de singularités. Postures littéraires II*, Genève, Slatkine, 2011, p. 83.

de mieux incarner les exigences de l'œuvre-projet. En effet, le projet entraîne avant tout une réflexion sur la forme. Cette notion autorise l'auteur à parler de manière programmatique de ses textes, tout en guidant le lecteur vers une certaine image fantasmée de l'« œuvre-à-venir ». La mise au point du programme d'écriture replace ainsi l'œuvre dans la temporalité d'un projet conçu sur le long terme. Le projet exige, de même, l'adoption d'une certaine posture littéraire relevant de la notion d'*ethos*, « l'image de soi que l'énonciateur impose dans son discours afin d'assurer son impact[8] ». Cette aspiration à contrôler les modalités d'auto-figuration littéraire permet de postuler l'émergence d'un microgenre littéraire à part entière : celui de l'œuvre-à-programme. D'un point de vue actionnel ou performatif, le projet demande une implication existentielle et intellectuelle de l'écrivain. Il relève d'une éthique créative indissociable de l'impératif moderne que Nicolas Bourriaud résume par la formule : « fais de ta vie une œuvre d'art[9] ». Faisant de la vie de l'auteur le moyen de production plutôt que le sujet de l'œuvre, ces textes expriment « des dispositions éthiques à travers des formes[10] ». L'œuvre-projet repose sur une discipline de vie caractérisée par une série de « protocoles d'écrivain » liés aux « conditions strictement matérielles » qui entourent « l'acte d'écriture[11] ». L'articulation d'une forme littéraire expérimentale et de cette discipline constitue ainsi une dimension essentielle de l'œuvre-projet.

Or, si l'œuvre-projet suppose une certaine « mise en scène » de l'écrivain en train de produire son œuvre, l'ensemble des dispositions permettant de créer un environnement favorable à l'écriture doit être pris en compte. En ce sens, ces œuvres se rapprochent de certaines expériences issues de l'art conceptuel tel qu'il se développe à l'échelle internationale entre 1966 et 1972[12] et notamment d'un certain type de performance. Ce rapprochement entre art et littérature entraîne des transformations à la fois dans les modes de production et de circulation des œuvres.

8 *Ibid.*, p. 22. Meizoz signale qu'il suit dans cette définition de l'*ethos* la réflexion de R. Amossy dans *Images de soi dans le discours. La construction de l'ethos* (1999).

9 *Cf.* N. Bourriaud, *Formes de vie. L'art moderne et l'invention de soi*, Paris, Denoël, 1999.

10 *Ibid.*, p. 17.

11 *Cf.* A. Jefferson, « L'écriture de vie : Roger Laporte et Jacques Roubaud », art. cité, p. 376.

12 Il s'agit de la périodisation proposée par Lucy Lippard. *Cf. Six years : the dematerialization of the art object from 1966 to 1972 ; a cross-reference book of information on some esthetic boundaries*, New York, Praeger, 1973.

À ce propos, Michael Sheringham et Johnnie Gratton soulignent que le brouillage des frontières entre le domaine de l'art et celui du réel permet à l'œuvre-projet de diriger « notre attention de l'art vers la vie, de l'esthétique vers l'extra-esthétique, du personnel vers le collectif[13] ».

Par ailleurs, défendant l'idée d'un art démocratique et accessible à tous, ces œuvres provoquent une réflexion sur les pratiques liées à l'expérience quotidienne, dans le sens de ce que Michel de Certeau définit comme « des arts de faire[14] ». En ce sens, la notion de « dispositif » développée par Michel Foucault puis par des penseurs comme Giorgio Agamben ou Gilles Deleuze, peut s'avérer utile pour notre analyse[15]. Rappelons que, dans la conception foucaldienne, les dispositifs englobent un ensemble d'éléments matériels – institutions, éléments architecturaux, espaces, pratiques, gestes et réactions des corps – ainsi qu'immatériels ou discursifs – pensées et propositions philosophiques, morales et scientifiques. L'efficacité et le caractère mobile des dispositifs résident ainsi dans le réagencement et dans les nouveaux rapports de force que ces divers éléments, objets et pratiques entretiennent entre eux. Le dispositif implique alors le développement de stratégies qui, orientées vers un but précis, déterminent le champ d'action des sujets ainsi que les vies qui y sont mises en jeu. Analysées sous le prisme d'un dispositif de vie et d'écriture, les différentes notions de projet qui émergent chez nos écrivains nous conduisent à questionner l'intentionnalité et les tactiques qu'y sont mises en œuvre.

---

13 M. Sheringham et J. Gratton, *The Art of the Project*, London, Berghahan Books, 2006, p. 2 [Notre traduction]. Les auteurs font référence au virage ethnographique décrit par H. Foster dans « El artista como etnógrafo », in *El retorno de lo real*, *op. cit.*, p. 175-208.

14 M. Sheringham, « Projects of attention », dans *Everyday Life*, *op. cit.*, p. 390.

15 La notion de dispositif apparaît chez Michel Foucault dans *Surveiller et punir* (1975) et dans *La volonté de savoir* (1976), mais elle sera reprise dans de nombreux textes postérieurs. Nous suivons notamment ici la définition qui apparaît dans un texte de 1977. *Cf.* M. Foucault, « Le jeu de Michel Foucault » (1977), in *Dits et écrits II*, Paris, Gallimard, 2001, p. 298-329. Les textes principaux où Deleuze, Agamben ou Tiqqun abordent cette notion sont respectivement : G. Deleuze, « Qu'est-ce qu'un dispositif ? », in *Michel Foucault. Rencontre inter-nationale*, Paris, Seuil, 1989 ; G. Agamben, *Qu'est-ce qu'un dispositif ?*, Paris, Rivage, 2007 et Tiqqun, *Contributions à la guerre en cours*, Paris, La Fabrique, 2009.

L'ŒUVRE À L'ÉPREUVE DU PROJET

Revenons à la notion de projet telle qu'elle a été abordée dans le champ des sciences humaines et sociales. Dans *Anthropologie du projet*, Jean-Pierre Boutinet propose un aperçu de l'évolution du concept dans les sphères de la sociologie et de la philosophie depuis les années trente[1]. L'auteur rappelle que, par son étymologie latine « *projicio* », le projet renvoie à l'idée de « jeter en avant » et s'associe aux figures de la projection dans un sens aussi bien physique que mental, concret qu'abstrait. En ce qui concerne la philosophie, Boutinet montre comment l'existentialisme de Sartre propose une théorie du « projet originel » permettant de mesurer et de rendre compte des interactions entre l'individu et son environnement. Parallèlement, un intérêt renouvelé pour le projet se produit dans le champ de la sociologie, où cette notion permet de dépasser l'idée de déterminisme social pour mettre l'accent sur l'action, sur l'aspect pragmatique et les stratégies que les différents acteurs peuvent déployer pour transformer la réalité.

Or, au-delà de cette constellation de nouvelles problématiques qui apparaissent dans le champ des sciences humaines, le projet est d'une nature intrinsèquement paradoxale : « [sa nature est] destinée à rester toujours en pointillés puisqu'elle se détruit par le fait même qu'elle se réalise[2] ». Situé à mi-chemin entre l'intention et sa réalisation, entre le virtuel, le possible et son actualisation, tout accomplissement de l'intention première du projet conduit à une aporie. En ce sens, Boutinet propose une définition large du projet comme « anticipation opératoire partialement déterminée[3] ». Toutefois, l'avenir que le projet cherche à appréhender semble *a priori* s'opposer à son caractère « opératoire ». Le projet se situe donc entre deux pôles : entre la rigueur excessive

1 *Cf.* J.-P. Boutinet, *Anthropologie du projet*, Paris, PUF, 2005 [1988].

2 *Ibid.*, p. 6-7.

3 *Ibid.*, p. 64.

de ce qui est entièrement réglé à l'avance et le caractère indéfini du purement potentiel.

Par ailleurs, dans le domaine littéraire la notion de projet suppose une défense de l'inachèvement considéré comme une autre « manière de faire ». Contrairement aux notions de plan ou de programme, le projet s'appuie davantage sur un postulat mental que sur l'idée d'achèvement ou de réussite, tout en privilégiant le processus au détriment du résultat et en questionnant la pertinence des critères de finalité et de productivité dans le domaine artistique[4]. L'œuvre apparaît alors comme le compte-rendu ou l'enregistrement d'une expérience et non comme un tout achevé. Son succès ou son échec éventuel deviennent dès lors accessoires au regard du chemin parcouru par l'artiste.

Ainsi, les liens que l'œuvre-projet entretient avec le domaine de l'art sont soulignés par Lucy Lippard qui revient sur l'aspect secondaire de la matérialité des œuvres contemporaines, sur leur caractère éphémère et presque dématérialisé. Lippard signale, en ce sens : « l'art conceptuel signifie, pour moi, un travail où la forme matérielle est secondaire, légère, éphémère, bon marché, modeste et/ou "dématérialisée"[5] » (« *conceptual art, for me, means work in which the material form is secondary, lightweight, ephemeral, cheap, unpretentious and/or "dematerialized"* »). Dans la ligne des *ready-mades* de Marcel Duchamp, la logique « conceptuelle » du projet déplace notre attention du produit littéraire vers les procédés qui interviennent dans sa création. Comme l'explique l'artiste conceptuel américain Sol LeWitt dans un texte qui est pratiquement devenu un manifeste de l'art conceptuel : « le plan désignerait l'œuvre » (« *the plan would design the work*[6] »). Selon ce principe, dès lors que la programmation précède l'exécution de l'œuvre, c'est l'idée ou le concept qui l'emporte, tandis que le résultat occupe un rôle superficiel et accessoire.

4 *Cf.* M. Sheringham, « Projects of attention », in *Everyday Life*, *op. cit.*, p. 388.
5 L. Lippard, « Escape attempts », in *Six years*, *op. cit.*, p. VII.
6 S. LeWitt, « Paragraphs on conceptual art », *Artforum*, juin, 1967.

QUEL RAPPORT AUX SAVOIRS DANS LE PROJET ?

Dans l'œuvre-projet, l'aspect ludique et didactique s'articule souvent avec une ambition scientifique manifeste. Ces œuvres se veulent aussi le compte-rendu ou le bilan d'expériences articulées autour de certaines performances vitales. Suivant la réflexion de Michael Sheringham, à partir d'une « fusion de l'esthétique et du documentaire », le « Projet » fournit « une alternative aux modes de connaissance et de compréhension strictement scientifiques ou abstraits[7] ». Cet amalgame entre le champ esthétique et celui du documentaire favorise la rencontre de modes de connaissance alternatifs et complémentaires au savoir scientifique.

Suivant cette ligne de réflexion, le critique Warren Motte inclut l'œuvre de Georges Perec dans le cadre des poétiques de l'expérimentation [*experiment*] et, plus largement, de la littérature expérimentale. Cette approche relève d'une inquiétude sur la vitalité de la forme liée au besoin d'établir des pactes de lecture actifs et participatifs. Parmi les caractéristiques de ces poétiques de l'expérimentation, Motte souligne par exemple la quête d'une « plus grande implication du lecteur dans le texte[8] ». Des stratégies comme « l'intrusion narrative, l'ironie soutenue » ou l'élaboration, fort perecquienne, d'un « texte-puzzle qui lui-même offre les pistes et les suggestions de sa propre solution[9] » sont quelques-uns des procédés employés dans les textes.

De même, le travail à partir d'un plan préétabli permet d'éviter la subjectivité de l'artiste qui devient dès lors un simple opérateur cherchant la plus grande économie des moyens de production. Un des paradoxes du projet consiste ainsi dans le fait que même s'il peut être conçu et réalisé avec une exactitude confinant presque à la manie, la personne qui mène l'expérience n'est pas forcement un spécialiste. Suivant ce raisonnement, dans le recueil sur « l'Art du Projet » en littérature, Michael Sheringham et Johnnie Gratton soulignent le fait que l'individu qui mène l'expérience

7 M. Sheringham, « Epistemologies of the Project », *AA Files*, n° 60, 2010, p. 4 [Notre traduction].

8 W. Motte, « Conclusion », in *The Poetics of experiment : a study of the work of Georges Perec*, Lexington, Ky, French Forum publishers, 1984, p. 135.

9 *Ibid.*, p. 136-137.

peut souvent être un simple « amateur », quelqu'un de « rigoureux et discipliné » aussi bien « qu'amusant et irrévérencieux[10] ». Ainsi, malgré l'exactitude et la rigueur dont il peut faire preuve, l'écrivain-à-Projet devient le praticien d'une « inter-*in*-disciplinarité », « un non-spécialiste qui mélange subjectivité et objectivité, spéculation intellectuelle élevée et subversion parodique[11] ». Cette confrontation entre l'ambition strictement scientifique et l'aspect officieux et informel du projet ne représente pas une contradiction puisque les deux formes de connaissance semblent être guidées par une même curiosité pour le savoir. En ce sens, la figure de l'artiste comme « amateur » – *l'amateurisme* étant vu comme l'une des forces cachées du projet – met l'accent sur l'attrait que les voies indirectes de connaissance éveillent en lui. La figure barthésienne de l'« amateur[12] » relève, par exemple, d'une fascination pour les moindres détails de la vie quotidienne, ce qui le conduit à prendre ses distances avec la scientificité pour explorer des moyens de connaissance alternatifs.

En somme, le projet peut être envisagé comme un terrain de convergence entre l'abstrait et le concret, l'art et la science, le matériel et l'intangible, le mental et le physique. Faisant de la vie elle-même un champ expérimental d'observation et une source où puiser sa matière, le projet efface les frontières entre expérience et expérimentation[13]. Si ce versant expérimental rapproche les textes des comptes rendus et des bilans, nous pouvons cependant nous interroger sur la perméabilité de certains genres littéraires aux exigences formelles de l'œuvre-projet. Certaines formes d'écriture de soi telles que les journaux, les carnets de notes ou encore les journaux de bord semblent, en effet, répondre à cette double exigence esthétique et documentaire du projet. Le modèle d'écriture en temps réel et l'utilisation de genres « factuels » rendent ces œuvres plus adaptées aux besoins du projet.

10 M. Sheringham et J. Gratton, « Towards an Art of the Project », in *Tracking the Art of the Project*, *op. cit.*, p. 10 [Notre traduction].

11 *Ibid.*

12 *Ibid.* Pour une analyse de la notion de l'« amateur » chez Roland Barthes et des implications sur la notion de Projet dans son œuvre, voir : A. Chassain, « Roland Barthes : "Les pratiques et les valeurs de l'amateur" », article publié en ligné sur le site *Fabula-LhT*, n° 15, « "Vertus passives" : une anthropologie à contretemps », octobre 2015.

13 *Cf.* « Towards an Art of the Project », art. cité, p. 9.

GENRES PROGRAMMATIQUES ET ÉCRITURES DE SOI

Dans les ouvrages que nous analyserons dans cette deuxième partie, le journal donne lieu à des variantes plus ou moins expérimentales à travers lesquelles les écrivains présentent leurs conceptions de l'œuvre-projet. Les raisons de cet intérêt pour le journal seront donc analysées au cas par cas tout en distinguant les stratégies spécifiques à chaque texte. Mais, avant d'entamer cette analyse, il peut être nécessaire de rappeler certaines distinctions conceptuelles autour des genres autobiographiques et notamment du journal.

Tout d'abord, en ce qui concerne le vaste domaine du champ autobiographique, Philippe Lejeune avance un critère de définition simple fondé sur l'identité onomastique de l'auteur, du narrateur et du personnage principal. Ce critère permet de regrouper un ensemble très varié d'écrits autobiographiques selon le principe d'une instance d'énonciation textuelle qui renverrait, en dernier lieu, au nom de l'auteur placé sur la couverture du livre[14]. Les récits autobiographiques se présentent donc souvent comme des récits racontés à la première personne et régis par une structure rétrospective. Des motifs comme celui de la confession, de l'apologie ou de l'enquête mémorialiste peuvent souvent s'associer à ce type de récits caractérisés par le désir « d'imposer une forme, signifiance et cohérence aux expériences passées[15] ». La célèbre notion de « pacte autobiographique » popularisée par Lejeune insiste aussi sur le fait que ces textes demandent une suspension volontaire de l'incrédulité qui conduit le lecteur à admettre la sincérité du narrateur et le caractère véridique des faits et des anecdotes relatées.

En revanche, si nous considérons des critères permettant plutôt de discriminer les écrits qui n'appartiendraient pas au registre autobiographique, la fiction et le « pacte romanesque » apparaissent comme pertinents pour trancher la question. Contrairement au genre autobiographique, le roman se définit par son caractère narratif, fictionnel

14 *Cf.* Ph. Lejeune, *Le Pacte autobiographique*, Paris, Seuil, 1991, p. 26.

15 *Cf.* M. Sheringham, « Intentions and transactions », in *French Autobiography. Devices and desires : Rousseau to Perec*, Oxford, Clarendon Press, 1993, p. 1.

et littéraire. Dans cette optique, c'est la « fictionnalité » d'un récit qui garantit sa littérarité, son statut littéraire. Selon Gérard Genette, la fiction se présente comme un aspect caractéristique des récits considérés par définition comme « littéraires » :

> une œuvre (verbale) de fiction est presque inévitablement reçue comme littéraire, indépendamment de tout jugement de valeur, peut-être parce que l'attitude de lecture qu'elle postule (la fameuse « suspension volontaire de l'incrédulité ») est une attitude esthétique au sens kantien, de « désintéressement » relatif à l'égard du monde réel[16].

Le Pacte autobiographique s'oppose en ce sens au pacte romanesque. Toutefois, Lejeune souligne une distinction concernant la catégorie équivoque du « roman autobiographique », au double registre romanesque et autobiographique. Interrogeant cette « caisse aveugle » de la théorie selon laquelle le héros d'un roman déclarerait avoir le même nom que l'auteur[17], Serge Doubrovsky propose dans *Fils*, paru en 1977, une définition du célèbre néologisme « autofiction ». Cette notion l'aide à distinguer et à analyser une « [f]iction d'événements et de faits strictement réels[18] ». Ni autobiographie ni roman, l'autofiction se situe précisément dans cet entre-deux, dans un renvoi constant entre les deux pôles du spectre. De même, l'autofiction semble selon Doubrovsky incorporer l'expérience de la psychanalyse « non point seulement dans la thématique, mais dans la production du texte[19] ». Sans renoncer alors au trait distinctif de la « littérarité » déjà perceptible dans le style, la composition et la structure soignée du texte, l'autofiction incorpore des éléments typiquement issus de l'autobiographie.

Pour sa part, Vincent Colonna situe ce genre à l'opposé de la fiction d'inspiration autobiographique. Il souligne ainsi que « la fictionnalisation de soi consiste à s'inventer des aventures que l'on s'attribuera, à donner son nom d'écrivain à un personnage introduit dans des situations

---

16 G. Genette, *Fiction et diction*, Paris, Seuil, coll. « Poétique », 1991, p. 8.

17 *Cf. Le Pacte autobiographique*, *op. cit.*, p. 31.

18 S. Doubrouvsky, *Fils* (1977), Paris, Gallimard, coll. « Folio », 2001. La définition de ce néologisme figurait, dans l'édition de 1977, comme un prière d'insérer, sur la quatrième de couverture.

19 S. Doubrovsky, « Autobiographie/vérité/psychanalyse », *in Autobiographiques : de Corneille à Sartre*, Paris, PUF, coll. « Perspectives critiques », 1988, p. 70 et 77. Cité par Ph. Gasparini, *Est-il je ? Roman autobiographique et autofiction*, Paris, Seuil, 2004, p. 23.

imaginaires[20] ». Afin que cette fictionnalisation de soi soit efficace, elle demande à l'écrivain d'écarter toute interprétation figurale ou métaphorique ainsi que toute « lecture référentielle qui déchiffrerait dans le texte des confidences directes[21] ».

En contraste avec l'autobiographie et l'autofiction, c'est précisément le caractère anti-fictionnel qui distingue le journal. Afin de mieux saisir la spécificité de ce genre, Lejeune propose de l'observer à travers le prisme du roman en forme de journal. Tandis que le journal se propose de saisir le « vécu immédiat, la contingence, le temps non dominé, l'indifférence à la communication littéraire[22] », le roman met l'accent sur la reconstruction, le sens et la communication des événements suivant une logique chronologique. La question du réel et du lien avec l'expérience vécue est aussi mise en avant dans les propos de Michel Braud qui définit le journal comme une « [é]vocation journalière ou intermittente d'événements extérieurs, d'actions, de réflexions ou de sentiments personnels et souvent intimes [...] », capable de construire un pacte de véridicité qui permettrait de rendre visible la « trame de l'existence du diariste[23] ».

L'ambition principale du diariste serait de conserver une trace du réel immédiat, d'enregistrer le passage du temps, mais aussi de transcrire une expérience quotidienne limitée dans le temps. Or, si l'intention du journal n'est pas tant de devenir une œuvre que de constater l'authenticité de la trace produite en temps réel, ce genre peut aussi être conçu comme une « pratique » ayant pour finalité de régler la vie de son auteur. Voici le point de vue de Lejeune qui affirme que le journal est « avant tout une pratique, côté écriture, et une conduite, côté vie[24] ». Il explique que le journal constitue une « œuvre éventuellement posthume et perpétuel *work in progress* » qui aboutit à une « production de vie[25] ». Grâce à cette imbrication du temps vécu et

20 V. Colonna, *L'Autofiction. Essai sur la fictionnalisation de soi en littérature* [Thèse sous la dir. de Gérard Genette], Paris, EHESS, 1989, p. 3. Publié sous le titre : *Autofiction & autres mythomanies littéraire*, Auch, Tristram, 2004. Cité par Ph. Gasparini, *Est-il je ?*, *op. cit.*, p. 24.

21 *Ibid.*

22 Ph. Lejeune, *Signes de vie. Le Pacte autobiographique 2*, Paris, Seuil, 2005, p. 65-66.

23 *Ibid.*

24 Ph. Lejeune, « Genèse du journal », in *Autogenèses 2. Les brouillons de soi*, Paris, Seuil, 2013, p. 334 et 336.

25 *Ibid.*

du temps d'écriture, les journaux permettent d'explorer de nouveaux points de passage entre art et vie[26].

Le genre du journal partage également avec les « écritures du quotidien » une tendance à la récurrence et à l'accumulation, tout en présentant souvent une forme discontinue, lacunaire et fragmentaire. Le journal se caractérise également par la présence de structures non narratives dans le sens où il n'adopte souvent pas de repères chronologiques classiques du type : début, milieu et fin[27]. En outre, la thématique du quotidien, de tout ce qui revient de manière récurrente et habituelle, semble être intrinsèquement liée à l'écriture du journal. Maurice Blanchot explique qu'écrire un journal équivaut à « se mettre sous la protection des jours communs » en s'enracinant « bon gré mal gré, dans le quotidien et dans la perspective que le quotidien délimite[28] ». Dans le journal, l'ancrage dans le présent immédiat de l'écriture empêche la distanciation réflexive qui caractérise les écrits autobiographiques. Dans le flux impassible de la quotidienneté enregistrée, le lecteur a donc, parfois, l'impression que rien ne se passe, la perception temporelle étant dès lors réduite à l'immédiateté de ce qui est en train d'advenir.

Selon la logique du journal, chaque petit changement ou écart dans la routine est vécu comme un micro-événement à part entière. Si le journal est susceptible d'éveiller ou de saisir une forme spécifique de mémoire, il s'agira alors plutôt de celle des souvenirs quotidiens et banals de l'écrivain « quand il n'écrit pas, quand il vit la vie quotidienne[29] ». L'ancrage dans le quotidien éloigne le journal de l'enregistrement historique des grands événements tout en plaçant le diariste « à la demande de son histoire quotidienne et en accord avec la préoccupation des jours[30] ». Quelle forme de mémoire peut donc bien être mise en œuvre dans ces expérimentations autour du journal comme *Espèces d'espaces* ou *Corrección de pruebas en Alta Provenza* ? Comment saisir et conserver ces bribes d'un temps répétitif ? Étant donné que le temps du journal est

26 Pour un panorama des « pratiques du présent » dans l'art du vingtième siècle, voir la sous-partie consacrée à « La valorisation du présent » dans l'ouvrage de N. Bourriaud, *Formes de vie*, *op. cit.*, p. 26-35.

27 *Ibid.*, p. 66.

28 M. Blanchot, « Le journal intime et le récit », in *Le Livre à venir*, Paris, Gallimard, 2008, p. 252.

29 M. Blanchot, « La solitude essentielle », in *L'espace littéraire*, Paris, Gallimard, 1955, p. 19.

30 *Ibid.*, p. 20.

essentiellement anti-événementiel, rythmé par la régularité et par la répétition, la mémoire ne semble pas y être sollicitée.

Par ailleurs, les journaux laissent aussi transparaître des autoportraits d'écrivain sous forme d'annotations ordinaires ou factuelles. Une distinction conceptuelle proposée par Antoine Compagnon entre deux grands types de récits de vie peut être utile pour comprendre les principaux enjeux de ce sous-genre autobiographique. Compagnon distingue d'abord les récits « *organiques* », comme les autobiographies, qui privilégient une approche totalisante, une continuité et une progression narrative. Ensuite, il identifie une deuxième forme de récits de vie, de récits « épisodiques », fragmentaires, qui rappellent la discontinuité du moi comme par exemple l'autoportrait[31]. On verra comment les expérimentations autour du journal se rapprochent dans notre corpus de l'idée de l'autoportrait d'écrivain articulant à la fois une dimension intime et une facette plus impersonnelle liée à l'expérience quotidienne.

CARNETS, JOURNAUX « EXTIMES »

Ce mélange du personnel et du banal rapproche le journal du carnet de notes, ce « mélange de pensées éparses, notes de lecture, fulgurances poétiques… tout s'y mêle[32] ». Suivant la distinction proposée par Dominique Viart et Bruno Vercier, le carnet n'est soumis à « aucune régularité quotidienne de la notation[33] » et il présente plus de plasticité que le journal. De même, contrairement à l'écriture « du premier jet » de ce dernier, le carnet présuppose un travail de reprise de notes et de regroupement de fragments épars afin de déterminer ce qui va être retenu. Si le journal porte sur la vie de l'auteur, le carnet dessine plutôt une « véritable autobiographie de l'œuvre ». Les deux genres donnent ainsi un aperçu du processus d'écriture en jetant un regard sur l'atelier de production de l'écrivain. Pour sa part, le journal se penche davantage sur l'intimité de la vie de l'écrivain dans son aspect le plus domestique tandis que le carnet se situe plutôt « à la frontière de l'intime et de

31 *Cf.* A. Compagnon, « Cours : Écrire la vie : Montaigne, Stendhal, Proust » (6 janvier 2009). Brochures de la collection *Cours et travaux* du Collège de France. Résumés 2008-2009, Annuaire 109e année, Paris, Collège de France, 2012, p. 873.

32 *Ibid.*, p. 70.

33 D. Viart et B. Vercier (avec la collaboration de Fr. Evrard), *La littérature française au présent*, *op. cit.*, p. 69.

l'extime[34] », se focalisant autant sur l'auteur que sur l'œuvre elle-même. En outre, le carnet de notes ne porte pas de manière exclusive sur le *je* qui écrit mais aussi sur les autres, sur le dehors, sur les événements qui s'accumulent dans la vie quotidienne ainsi que sur les lectures que l'écrivain fait au fur et à mesure qu'il bâtit son œuvre.

La notion d'« extimité » peut donc aider à comprendre le type d'écriture que ces journaux de la vie banale mobilisent. Ajoutons encore une précision terminologique pour distinguer l'*extimité*, que nous rapprocherons des « journaux du dehors », comme celui de Cortázar et Dunlop dans *Los Autonautas de la cosmopista* ou de Perec dans *Tentative d'épuisement d'un lieu parisien*. Les catégories de « journal du dehors », telle qu'elle est conçue par Annie Ernaux, et celle de « journal extime » de Michel Tournier peuvent aider à mieux comprendre les démarches entamées dans ces textes. Dans *Journal du dehors* (1993), Annie Ernaux se propose, par exemple, de « voir ce qui est proche, que tout le monde voit sans voir, sans vouloir voir[35] ». Ces textes se prêtent à l'exercice d'une écriture démocratique, abordable par tous et qui consiste notamment à décrire « des scènes quotidiennes, de la rue, des magasins, du bus, impliquant des rapports sociaux[36] ». Ce mélange de quotidienneté et d'écriture de soi est aussi le sujet de Michel Tournier dans *Journal extime* (2002). En se servant de la distinction de Michel Butor entre exploration et *imploration*[37], Tournier explique comment la vie extérieure et prosaïque constitue l'objet du journal.

Cette envie d'enregistrer le quotidien produit des transformations intéressantes dans le genre du journal dont les questionnements passent du personnel au collectif, de l'intime à l'ordinaire, de l'intérieur à l'extérieur[38]. L'enregistrement personnel et intime semble alors être

---

34 *Ibid.*

35 *Cf.* « Au sujet des journaux extérieurs. Entretien d'Annie Ernaux et Marie-Madeleine Million-Lajoinie (*sociologue*) », dans *Annie Ernaux : une œuvre de l'entre-deux* [Études réunies par F. Thumerel : préface d'Annie Ernaux], Arras, Presses Universitaires d'Artois, 2004, p. 265.

36 *Ibid.*

37 Selon M. Tournier, « La première correspond à un mouvement centrifuge de découvertes et de conquêtes. L'imploration au contraire à un repliement pleurnichard sur nos "petits tas de misérables secrets", comme disait André Malraux ». *Cf. Journal extime*, Paris, La Musardine, 2002, p. 11-12.

38 Pour un aperçu des évolutions du journal dans la littérature française depuis les années 1980, voir le chapitre consacré à ce sujet dans l'ouvrage de D. Viart et B. Vercier, *La littérature française au présent*, *op. cit.*, p. 62-75. Deux tendances en particulier peuvent

remplacé par une exploration de ce qu'il y a de plus commun et de partagé dans la mémoire de la vie quotidienne.

DES « JOURNAUX-À-PROJETS » : UNE MISE AU POINT DU PROJET D'ÉCRITURE

Par leurs emprunts au journal compris dans un sens large – journal intime, journal de voyage, journal littéraire, mais aussi carnet de notes –, les textes que nous analyserons conduisent le lecteur à s'interroger sur ce que le quotidien fait aux écritures de soi. En effet, ces œuvres en disent plus sur le projet d'écriture que sur l'intimité du diariste. Elles cèdent à l'envie, identifiée par Blanchot, de tenir le journal de l'œuvre qu'on est en train d'écrire. Il s'agit donc de « journaux de projet » ; des journaux où le diariste questionne ses projets à la manière « d'un livre de bord dans lequel au jour le jour s'inscriraient les bonheurs et les erreurs de la navigation[39] ». Le journal-à-projet appartiendrait ainsi à cette catégorie dilatoire des « Livres annoncés », des œuvres *prospectus* que Barthes définie comme des « méta-livres » faisant « (le commentaire provisionnel) d'une œuvre à venir[40] ».

Chez nos auteurs, l'« œuvre-projet » mobilise une vue d'ensemble sur l'œuvre passée, en cours et à venir. Cette notion autorise l'écrivain à aborder les difficultés et les limites de sa démarche littéraire et offre un aperçu de son atelier de production, de ses projets en cours ainsi que de ses méthodes et protocoles d'écriture. C'est, par exemple, le cas d'*Espèces d'espaces* où, sous la forme d'une interrogation sur les manières d'habiter, Perec propose une mise au point de plusieurs de ses projets à portée mémorielle et autobiographique. C'est aussi le cas de *Corrección de pruebas en Alta Provenza*, où Cortázar révise les épreuves du *Libro de Manuel*. Se positionnant en tant que correcteur et lecteur critique de son œuvre, le choix du genre du « journal de bord » prend une résonance particulière chez Cortázar. En effet, de même que le *Libro de Manuel*

être soulignées, celle qui conduit les récits autobiographiques à « basculer vers la forme du Journal, journal d'écriture puis journal de la vie quotidienne » et celle des journaux qui détournent le regard vers l'extérieur, comme c'est le cas de Marguerite Duras dans : *L'Été 80* (1980), *Outside* (1981) ou *La Vie matérielle* (1987) ; puis d'Annie Ernaux dans *Journal du dehors* (1993) et de Michel Tournier dans *Journal Extime* (2002).

39 M. Blanchot, « Le journal intime et le récit », art. cité, p. 257.

40 R. Barthes, *Roland Barthes / par Roland Barthes*, Paris, Seuil, 1995, p. 209 [1975].

questionne les limites de toute écriture aspirant à devenir un document du présent, *Correción de pruebas* reprend cette problématique tout en articulant la réflexion essayistique avec une exploration ludique de l'écriture et de la lecture.

Tant chez Perec que chez Cortázar, le recours au « journal d'un usager de l'espace » ou au « journal de bord » contribue à replacer l'enquête mémorielle sous le prisme de la quotidienneté. Ces journaux laissent alors transparaître des autoportraits des écrivains en tant que lecteurs critiques de leurs œuvres.

Cette obsession pour les textes programmatiques et pour le méta-livre est révélatrice d'une volonté des écrivains de se définir par rapport au cheminement de leurs œuvres. Par exemple, dans un texte qui joue avec l'idée de l'autoportrait d'écrivain, « Les gnocchis en automne... », Perec s'exclame : « Puis-je mesurer quel chemin parcouru ? Ai-je rempli quelques-uns des buts que je m'étais fixés, si vraiment je me suis un jour fixé des buts[41] ? ». Signalant l'indissociabilité entre vie et œuvre, il souligne : « J'écris pour vivre et je vis pour écrire, et je n'ai pas été loin d'imaginer que l'écriture et la vie pourraient entièrement se confondre... ». Il rajoute, enfin, « c'est sans doute, aujourd'hui, ainsi que je peux dire que c'est mon projet[42] ». Or, si écrire devient le projet majeur d'une vie, il ne semble pas étonnant que la tâche de l'écrivain soit dès lors décrite comme une activité de survie. Comme le personnage de Bartlebooth de *La Vie mode d'emploi* qui « décida un jour que sa vie tout entière serait organisée autour d'un projet unique dont la nécessité arbitraire n'aurait d'autre fin qu'elle-même » (*LVME*, p. 152), nos écrivains dédient leurs vies entières à la réalisation de ces œuvres-projet.

Par ailleurs, la question de la « survie » évoque immanquablement chez le lecteur le fait que Perec est un « enfant de la Deuxième Guerre mondiale » dont la vie a été marquée à jamais par la guerre et la Shoah et que Cortázar est non seulement un témoin mais qu'il deviendra un fervent détracteur des dictatures latino-américaines depuis son « exil » parisien.

41 Georges Perec, « Les gnocchis en automne ou réponse à quelques questions me concernant » [*Cause commune*, n°1, mai 1972, p. 19-20], dans *Je suis né*, *op. cit.*, p. 70.

42 *Ibid.*, p. 71 et 74.

PEREC ET LE GENRE DU « BILAN-PROGRAMME »

À partir des années 1960 Perec conçoit son œuvre sous la forme d'un ensemble de projets de court et de long terme[43]. Il rédige plusieurs textes qui expliquent en détail cette manie des programmes. Suivant la logique du « bilan-programme[44] », ces textes se présentent comme des « sorte[s] de résumé de tout ce que j'ai en train[45] », ou ce que la critique désigne comme des « autobibliographies » prospectives[46].

La lettre-programme à Maurice Nadeau (juillet 1969), reprise dans le recueil *Je suis né* ou la feuille non-datée « Autoportraits[47] » contenant une liste de neuf projets à portée plus ou moins autobiographique, font partie de ces textes où l'auteur esquisse un programme de travail pour les années à venir. De même, la « Tentative de description d'un programme de travail pour les années à venir[48] » (décembre 1976), les « Notes sur ce que je cherche » où l'auteur mentionne les quatre grands « champs » que son œuvre vise à parcourir, et encore les « Quelques-unes des choses qu'il faudrait que je fasse avant de mourir » (1981) sont autant d'exemples de ces textes programmatiques. Perec explique pourtant que « le propre des plans et des programmes, c'est de ne jamais les respecter[49] ». Le fait de travailler de manière presque systématique sur plusieurs projets à la fois ainsi que la propension à inclure des références aux projets en cours ou à venir dans ses œuvres publiées, dans ses entretiens et même

43 D. Rabaté situe Perec parmi les représentants postmodernes de l'art du projet. *Cf.* « Programming and Play : Life Drive and Death Drive in the Work of Georges Perec, Roman Opalka and Jean-Benoît Puech », in *Tracking the Art of the Project*, *op. cit.*, p. 81-95. La notion de « projet » chez Perec, Barthes, Roubaud et d'autres est aussi l'objet d'étude de la thèse d'Adrien Chassain intitulée : *Fragments d'avenir. Le livre à venir et son annonce aux seuils du régime moderne d'historicité (XVIe-XXe). Une poétique sociale du projet.* Pour une étude approfondie sur la « rhétorique du projet » chez Perec voir aussi son article « Perec et la rhétorique du projet », in *Relire Georges Perec*, *Cahiers de la Licorne*, n° 122, Poitiers, PUR, 2016, p. 27-39.

44 *Cf.* E. Beaumatin, cité par Ph. Lejeune dans *La Mémoire et l'Oblique*, *op. cit.*, p. 98.

45 G. Perec, « En dialogue avec l'époque (1979) », dans *EC.*, vol. II, *op. cit.*, p. 65.

46 *Cf.* E. Beaumatin, « L'autobibliographie ; notes préliminaires à l'étude d'un corpus et d'un genre », *Cahiers Georges Perec*, n° 1, Bordeaux, Le Castor Astral, 1985, p. 281-288.

47 Ph. Lejeune signale que ce texte pourrait dater des années 1963-1965.

48 Texte reproduit dans David Bellos, *Georges Perec : une vie dans les mots*, *op. cit.*

49 G. Perec, « Entretien Georges Perec / Bernard Pous » (1981), dans *EC.*, vol. II, *op. cit.*, p. 152.

dans sa correspondance restent des traits caractéristiques de son œuvre. Cette réflexion sur ses projets en cours acquiert une importance majeure dans *EE* où Perec utilise ces textes « potentiels » comme l'une de ses matières premières.

Déjà la « Lettre à Maurice Nadeau » met en évidence le fait que derrière la redistribution et l'arrangement de ces multiples projets d'écriture, Perec cherche une structure d'ensemble pour son œuvre. L'auteur y procède à la description d'un grand ensemble de quatre projets autobiographiques dont la réalisation devrait s'étaler sur au moins douze ans : *L'Arbre. Histoire d'Esther et de sa famille* – une enquête à visée généalogique sur son histoire familiale –, *L'Âge* – un genre d'autobiographie romancée, « une sorte de remise à jour, un "portrait de l'artiste" complétant celui esquissé par *Un homme qui dort*[50] » –, *Lieux où j'ai dormi* et *W ou le souvenir d'enfance*[51].

Comme le précise son biographe David Bellos, au delà du fait qu'il se livre à un bilan de sa carrière « d'un strict point de vue éditorial », cette lettre propose une « mise au point sur l'auteur », une « mise au point sur l'époque » et enfin une « mise au point sur l'écriture ». Ces démarches sont respectivement matérialisées dans *Un homme qui dort* (1967), dans *Les Choses* (1965) et dans *La Disparition* (1969). Perec précise :

> en fait il faut surtout y voir le désir de savoir un peu mieux où j'en suis et de développer mes projets selon un axe d'ensemble où la quasi totalité de mes productions passées n'est qu'une suite d'échelons permettant d'aborder, enfin quelque chose d'un peu plus ambitieux : Le Livre, qu'il soit *Recherche du temps perdu*, ou *Règle du jeu* [...] *c'est maintenant ou jamais que je peux envisager sans trop de frayeur un projet de quelque envergure*[52].

Ce projet d'ensemble est placé sous le signe d'une contrainte temporelle soigneusement établie, comme Perec le signale : « le temps s'accroche à ce projet, en constitue la structure et la contrainte[53] ». La rédaction du projet *Lieux* doit se dérouler pendant douze ans, un temps « qui encadre

50 G. Perec, « Lettre à Maurice Nadeau » (1969), in *Je suis né*, Paris, Seuil, 1990, p. 55.

51 *Ibid.*, p. 57. Ce projet abandonné devait d'une certaine manière s'accoler au projet duodécennal des *Lieux*. Perec explique, en ce sens : *L'Âge* – « je tentais de saisir, de décrire, de saturer ces sentiments confus de passage, d'usure, de lassitude, de plénitude liés à la trentaine (le premier titre était *Les Lieux de la trentaine*) ». *Cf. Ibid.*, p. 55.

52 *Ibid.*, p. 57. Nous soulignons.

53 *Ibid.*, p. 60.

le temps nécessaire de la réalisation des 3 autres[54] ». Presqu'une décennie plus tard, dans « Notes sur ce que je cherche », Perec revient sur son obsession pour ces textes-programmes et explique :

> Je n'ai jamais été à l'aise pour parler d'une manière abstraite, théorique, de mon travail ; *même si ce que je produis semble venir d'un programme depuis longtemps élaboré, d'un projet de longue date, je crois plutôt trouver – et prouver – mon mouvement en marchant* : de la succession de mes livres naît pour moi le sentiment, parfois réconfortant, parfois inconfortable (parce que toujours suspendu à *un « livre à venir », à un inachevé désignant l'indicible vers quoi tend désespérément le désir d'écrire), qu'ils parcourent un chemin, balisent un espace,* jalonnent un itinéraire tâtonnant, décrivent point par point les étapes d'une recherche dont je ne saurais dire le « pourquoi » mais seulement le « comment »[55].

À cet égard *EE* constitue l'exemple paradigmatique de l'œuvre-programme. Cet ouvrage vise à rendre compte de l'« espace » parcouru, balisé par ses multiples textes mais aussi d'une trajectoire intellectuelle. Selon Perec, il évoque : « une manière de marquer mon espace, une approche un peu oblique de ma pratique quotidienne, une façon de parler de mon travail, de mon histoire[56] ». Cette conception de l'œuvre comme un « projet » d'ensemble et de longue durée devient indispensable pour comprendre le nouveau travail mémoriel que Perec se propose d'explorer dès 1973. En effet, *EE* rend compte du déplacement qui s'opère chez lui depuis la réflexion mémorialiste et autobiographique plus classique vers l'apparition du quotidien comme déclencheur d'autres formes de mémoire.

ESPÈCES D'ESPACES, L'ŒUVRE-PROGRAMME

Commandé par Paul Virilio pour intégrer la collection « L'Espace critique » chez Galilée, *Espèces d'espaces* est indissociable de la réflexion entamée par Perec autour de la revue *Cause commune.* Déjà en septembre 1972 l'auteur évoque ce projet : « un travail à faire [...] sur l'origine des objets (tout un chapitre d'*Espèces d'espaces*) (57, 21, 4)[57] ». Comme

---

54 *Ibid.*, p. 58.

55 *Cf.* G. Perec, « Notes sur ce que je cherche », art. cité, p. 11-12. Nous soulignons.

56 G. Perec, « Notes concernant les objets qui sont sur ma table de travail », in *Penser/Classer, op. cit.*, p. 23.

57 La citation est reprise de *Portraits Georges Perec, op. cit.*, p. 88. Une autre citation provenant de sa correspondance indique qu'en septembre 1973 Perec « avance prudemment dans le livre promis à Virilio (*Espèces d'espaces*) ». *Ibid.*, p. 92.

nous l'avons suggéré à propos de l'émergence de la notion d'« infra-ordinaire » dans le premier chapitre de cette thèse, 1973 est une année clé pour comprendre le changement d'orientation de son écriture : « du temps vers l'espace, du passé vers le présent, et de l'autobiographie vers le quotidien[58] ». *EE* se construit, en effet, à partir d'une mise en abîme des espaces depuis celui de la page jusqu'à l'univers.

En ce qui concerne la genèse d'*EE*, Philippe Lejeune signale qu'une première ébauche de quelques pages seulement est rédigée à partir du 12 janvier 1973 dans un grand registre de commerce relié, dont la page de titre indique : « 1973. Choses communes. Espèces d'espaces », mais où Perec avait déjà commencé à rédiger *Je me souviens* (1978) (*JMS*) et quelques « listes des "Notes de chevet" à écrire[59] ». La présence sur le même carnet de commerce des deux esquisses de ce qui deviendra plus tard *EE* et *JMS* conforte l'hypothèse que c'est à cet instant que l'auteur commence à explorer les liens entre mémoire autobiographique et collective.

À la manière des « modes d'emploi », la « Prière d'insérer » d'*EE* résume les ambitions « littéraires » de Perec et les principaux enjeux du texte :

> Le problème n'est pas d'inventer l'espace, encore moins de le ré-inventer (trop de gens bien intentionnés sont là aujourd'hui pour penser notre environnement…), mais de *l'interroger, ou, plus simplement encore, de le lire ; car ce que nous appelons quotidienneté n'est pas évidence, mais opacité : une forme de cécité, une manière d'anesthésie* […] C'est à partir de ces constations élémentaires que s'est développé ce livre, *journal d'un usager de l'espace* (*EE*, « Prière d'insérer ». Nous soulignons).

Perec joue sur les clichés qui caractérisent les récits de voyage tout en démontant la rhétorique typique des guides touristiques. Dans un dialogue implicite avec son texte programmatique « Approches de quoi ? » de 1973, *EE* démontre que lire l'espace est une façon de questionner tout ce qui constitue une forme d'opacité dans notre vécu quotidien.

Par ailleurs, ce « journal d'un usager de l'espace » se propose de transformer l'idée même du journal en tant que genre intrinsèquement perméable au quotidien. En ce sens, il convient de rappeler que Perec

58 M. Sheringham, *Everyday Life*, *op. cit.*, p. 260-261.
59 Ph. Lejeune, *La Mémoire et l'Oblique*, *op. cit.*, p. 242.

tient, tout au long de l'année 1974, ce qu'il désigne comme un « journal factuel » : le journal d'un « vécu à ras de terre ». Comme il l'explique dans un entretien célèbre avec Frank Venaille, ce journal factuel relevait d'une véritable crainte d'oublier qui s'étendait jusqu'aux choses les plus anodines de son existence. Perec signale qu'il a tenu son journal pendant deux ans mais qu'il ne s'agissait pas d'un journal introspectif : « c'était un journal factuel où je notais tous les repas que je faisais. [...] C'est une manière d'écrire l'autobiographie, une autre manière de le faire[60] ».

En outre, ce journal inspire aussi sa « Tentative d'énumération de tous les aliments liquides et solides que j'ai ingurgités au cours d'une année ». Ce texte où Perec note systématiquement tous ses repas est paru dans *Action Poétique*. L'auteur signale qu'il s'agit d'un journal dont l'effet est « à la fois monstrueux et tout à fait curieux » et il ajoute : « j'ai noté tous les événements, pas du tout des pensées, non, des faits du genre "J'ai mangé un gigot d'agneau et j'ai bu une bouteille de gigondas"[61] ». La notation presque maniaque de ce journal cherche, en effet, à combattre la peur d'oublier, mais aussi à lutter contre ce que Perec ressent comme une « faillite » de sa mémoire. Dans une perspective similaire, l'auteur explique dans son texte « Les lieux d'une ruse » que, chaque soir, « scrupuleusement, avec une conscience maniaque, je me mis à tenir une espèce de journal » qui était tout le contraire d'un journal intime. En effet, Perec n'y consignait que ce qui lui était arrivé d'« objectif » : « l'heure de mon réveil, l'emploi de mon temps, mes déplacements, mes achats, le progrès – évalué en lignes ou en pages – de mon travail, les gens que j'avais rencontrés [...][62] ».

D'une façon comparable, *EE* joue avec les différents sens du mot « journal » tout en cherchant à conduire le genre bien au-delà de sa dimension purement intime et personnelle. Par exemple, Perec rappelle au lecteur « qu'un *journal* est une unité de surface [...] la superficie qu'un ouvrier agricole peut labourer en une journée » (*EE*, p. 168). De même, l'organisation et la structure même d'*EE* suivent une logique spatiale de « taille » ou de « dimension », allant du plus modeste espace de la « page » jusqu'à celui de l'« ESPACE » en majuscules et dans un sens large. L'ordre chronologique ou causal typique des récits est alors

60 G. Perec, « Le travail de la mémoire. Entretien avec Frank Venaille », entretien cité, p. 65.
61 *Ibid.*, p. 87.
62 G. Perec, « Les lieux d'une russe », in *Penser/Classer*, *op. cit.*, p. 68-69.

remplacé par une logique spatiale. Cette métaphore agricole est reprise par Perec des années plus tard dans « Notes sur ce que je cherche » pour signaler les divers « champs » qu'il souhaite « cultiver » par son écriture. Tout en réfléchissant à la « versatilité systématique » que la critique lui a souvent attribuée comme écrivain, il se compare à un paysan qui cultiverait plusieurs champs. D'une manière similaire, ses livres « se rattachent à quatre champs différents, quatre modes d'interrogation[63] », ils posent souvent la même question « mais la posent selon des perspectives particulières correspondant chaque fois pour moi à un autre type de travail littéraire[64] ». Considéré au travers de cette métaphore *EE* incarne aussi une tentative de parler des ouvrages et des projets qui se dégagent de ces différents « champs » d'écriture. Les descriptions des projets y occupent, en effet, une place capitale, faisant d'*EE* un véritable chantier d'exploration pour ses œuvres en cours ou à venir. De même, Perec glisse dans ces pages des commentaires sur la manière dont il voudrait que son œuvre soit abordée et s'interroge sur la réception de ses projets autobiographiques du fait de leur inscription dans un programme plus vaste comme celui de « Choses communes ».

JOURNAL-À-PROJETS ET AUTOBIOGRAPHIE DISCRÈTE

Tout en dessinant les contours de l'œuvre sans passer par la théorie ou le métadiscours, le projet permet d'esquisser un autoportrait en creux de l'écrivain. Dans cette optique, *Espèces d'espaces* de Perec et *Corrección de pruebas* de Cortázar sont traversés par le modèle de l'autoportrait d'écrivain. Se positionnant en commentateurs et lecteurs de leurs propres textes, ils en orientent la lecture tout en essayant de répondre aux possibles reproches qu'ils anticipent de la part des lecteurs.

Le fil conducteur de l'espace permet à Perec d'esquisser un autoportrait d'écrivain en creux dans *EE*. Présentant et commentant certains de ses projets littéraires déjà entamés ou dans lesquels l'écrivain envisage de s'investir dans le futur, *EE* revient sur les différentes facettes de son œuvre tout en proposant une imbrication originale entre l'écriture autobiographique et celle de l'infra-ordinaire. Dans un entretien avec Ewa Pawlikowska, Perec explique qu'*EE* se présente sous la forme d'une

63 G. Perec, « Notes sur ce que je cherche », art. cité, p. 9-10.
64 *Ibid.*

série de récits emboîtés, suivant une logique proche de celle des poupées russes. De cette manière, à travers un jeu de mots, le texte se déplace depuis l'espace littéraire de la « page » vers celui du lit – « le "page" en argot = le lit ». Ce procédé d'emboîtement lui permet d'« approcher l'espace par un bout[65] » en se servant de toute une série de citations et d'allusions plus ou moins explicites. L'espace intime de la chambre suscite, par exemple, une réflexion sur le projet littéraire inabouti « *Lieux où j'ai dormi* », tandis que l'espace de l'immeuble déclenche la présentation du projet de *La Vie mode d'emploi*. Finalement, la sous-partie consacrée à la rue convoque une description du projet également inabouti *Lieux*.

Ces réflexions sur les espaces quotidiens mobilisent donc implicitement une pensée sur les chemins empruntés par son œuvre et suggèrent des pistes pour mieux comprendre l'articulation entre autobiographie et intérêt infra-ordinaire. Le chapitre consacré au « Lit » est un exemple représentatif de cette articulation. Ce chapitre rend compte d'un changement significatif dans la manière dont Perec aborde la question de l'espace, passant d'un point de vue privilégiant le quotidien à une exploration autobiographique centrée sur des procédés d'anamnèse. Cet « espace individuel par excellence » qu'un Perec moqueur désigne comme le « lit-monade », donne lieu à la première bifurcation autobiographique du texte. Le narrateur décrit une image de son enfance, « couché à plat ventre » sur son lit en train de lire « *Vingt ans après, L'île mystérieuse* et *Jerry dans l'île* » (*EE*, p. 34).

En ce sens, l'épigraphe de Michel Leiris qui ouvre cette section avec la curieuse expression « Lit = île » est doublement significative pour cet autoportrait discret de l'écrivain. Tout d'abord, du fait de l'association entre ethnologie et autobiographie incarnée par la figure de Leiris et ensuite par la place centrale que le motif de l'« île » occupe dans l'ouvrage le plus autobiographique de Perec : *W ou le souvenir d'enfance*. Dans cette « autobiographie critique », suivant la terminologie proposée par Lejeune, l'espace de l'île de « W » évoque les romans d'aventures lus pendant l'enfance mais aussi le jeu de mots « île/il/elle » qui ramène le lecteur au fantasme du père et de la mère disparus. La référence à Leiris est d'autant plus significative que le sens de l'allégorie du village olympique de « W » est seulement accessible à celui qui adopterait « le ton froid et serein de l'ethnologue » (*W*, p. 10) pour relater l'horreur.

65 G. Perec, « Entretien Georges Perec / Ewa Pawlikowska » (1981), *Littératures*, n° 7, printemps 1983, p. 72.

Toujours dans la partie consacrée au « Lit », la citation de *Trophées* de José María de Heredia révèle d'autres résonances autobiographiques :

> *Heureux qui peut dormir sans peur et sans remords*
> *Dans le lit paternel, massif et vénérable*
> *Où tous les siens sont nés aussi bien qu'ils sont morts* (*EE*, p. 35).

En effet, la référence au lit paternel et à la lignée de la descendance confronte le lecteur au manque et au vide qui marquent tragiquement son histoire familiale. En outre, ce « lieu improbable de l'enracinement » (*EE*, p. 35) autorise Perec à présenter « Lieux où j'ai dormi » : « (J'écrirai un jour – voir le chapitre suivant – l'histoire, entre autres, de mes lits) » (*EE*, p. 35). Quelques pages plus tard, sous le titre « Fragments d'un travail en cours » (*EE*, p. 43), ce projet est décrit comme un travail d'anamnèse ayant pour déclencheur l'espace de la chambre. Le narrateur explique : « je garde une mémoire exceptionnelle [...] assez prodigieuse, de tous les lieux où j'ai dormi, à l'exception de ceux de ma première enfance » (*EE*, p. 43).

Placé sous le signe de cette « mémoire prodigieuse », le projet de « Lieux où j'ai dormi » porte la signature d'un Perec aux capacités d'anamnèse surhumaines décrit par son psychanalyste Jean-Bertrand Pontalis sous le pseudonyme de « Pierre G. ». Pontalis signale ainsi que la grande mémoire de son patient était « prête à accueillir – non : à enregistrer – toutes sortes d'informations » comme si elle était « [u]ne inépuisable banque de données en désordre, un ordinateur facétieux sans mode d'emploi, un Pécuchet privé de son Bouvard[66] ». Néanmoins, un détail significatif sur cette « mémoire fabuleuse » est précisé dans *EE* ; une trace autobiographique anticipant la reconstruction mémorielle entreprise plus tard dans *W ou le souvenir d'enfance*. Le narrateur explique que, jusqu'à l'irruption de la Deuxième Guerre mondiale, le souvenir des chambres où il s'est un jour endormi se confond « dans la grisaille indifférenciée d'un dortoir de collège[67] » (*EE*, p. 43), comme si le début de la guerre et sa fuite à Villard-de-Lans marquaient le commencement de cette mémoire de ses chambres. Considéré sous cette optique, le projet « Lieux où j'ai dormi » vient lui aussi affirmer que la mémoire de l'enfance ne peut être

66 J-B. Pontalis, *L'Amour des commencements*, Paris, Galimard, 1986, p. 165-166.

67 Ce dortoir qui est, d'ailleurs, évoqué dans la partie autobiographique de *W ou le souvenir d'enfance*.

reconstituée qu'à partir de cet événement tragique et fondateur qu'est la violence de la guerre, avec toutes les conséquences que l'on connaît dans la vie du jeune Perec. L'intrusion de l'histoire et la décision de « devenir écrivain » se mêlent ainsi dans cet exercice d'anamnèse. Le narrateur signale en ce sens : « On se souvient sans doute que c'est cet été là que [...] la planète entière [...] connut la paix » (*EE*, p. 45).

C'est peut-être aussi parce que ses souvenirs sont liés à ce grand marqueur chronologique qu'est la guerre que l'espace de la chambre permet à l'écrivain d'articuler ses souvenirs personnels avec ceux issus de la mémoire collective. Perec signale que l'espace de la chambre fonctionne chez lui « comme une madeleine proustienne (sous l'invocation de qui tout ce projet est évidemment placé) » (*EE*, p. 47). Ces espaces quotidiens lui permettent ainsi de réveiller « les souvenirs les plus fugaces, les plus anodins comme les plus essentiels » (*EE*, p. 46). Un bilan du projet « Lieux où j'ai dormi » accompagne, enfin, ces souvenirs. Le narrateur explique que, même s'il n'a pas encore commencé et qu'il n'est pas sûr de la manière dont il va procéder au classement, il a entrepris « depuis plusieurs années déjà, de faire l'inventaire, aussi exhaustif et précis que possible, de tous les Lieux où j'ai dormi » (*EE*, p. 47).

Anamnèse, inventaire exhaustif et réflexion sur les possibles formes de classement des souvenirs des chambres ; voici les lignes conductrices de ce « catalogue de chambres, dont l'évocation minutieuse (et celle des souvenirs s'y rapportant) esquissera une sorte d'autobiographie vespérale[68] ». Toutefois, ce projet qui était censé lui « demander de retrouver, de rassembler, de mettre à jour d'innombrables agendas, carnets, etc.[69]. » sera finalement remplacé par celui de *Lieux*.

Par ailleurs, si la partie consacrée au lit permet d'aborder des projets au croisement de l'autobiographique, de l'anamnèse et du quotidien, le chapitre sur l'immeuble donne à Perec l'occasion d'annoncer un ambitieux « *Projet de roman* » inspiré de la vie quotidienne dans un immeuble parisien. Selon les mots du narrateur, « J'imagine un immeuble parisien dont la façade a été enlevée » de telle sorte que « toutes les pièces qui se trouvent en façade soient instantanément et simultanément visibles »

68 « Lettre à Maurice Nadeau », p. 61. En contraposition avec ce qu'il appelle son « autobiographie nocturne », faisant référence à *La Boutique obscure*. *Cf.* « Le rêve et le texte », in *Je suis née*, *op. cit.*, p. 75.

69 *Ibid.*, p. 62.

(*EE*, p. 81). En effet, cette description coïncide avec le dessin de Saül Steinberg paru dans « *The Art of Living* » (Londres, Hamish Hamilton, 1952) qui aurait servi de source à la confection de l'immeuble de *La Vie mode d'emploi*. Suivant la description de ce dessin, le narrateur précise qu'il n'a décrit « que la partie "défaçadée" de l'immeuble ». La partie qui reste sans description correspond à « un morceau de trottoir jonché de détritus (vieux journal, boîte de conserve, trois enveloppes), une poubelle trop pleine » (*EE*, p. 85). Cette énumération des détritus qui constituent l'un des quarts « restants » du dessin n'est pas anodine, surtout si l'on pense à *La Vie mode d'emploi* comme une description démésurée de tout ce que l'on ne relève pas d'habitude dans le quotidien d'un immeuble. Considérés depuis cette perspective, les détritus constituent l'un des aboutissements possibles de cette « vie tranquille des choses » qui est racontée dans *LVME*. Ils se rapprochent de « tous ces gestes infimes en quoi se résumera toujours de la manière la plus fidèle la vie d'un appartement » et donnent à voir les « brusques cassures d'un quotidien sans histoire » (*LVME*, XXVII, p. 165)

De manière similaire, dans la section sur la rue, le narrateur s'attarde sur ces « paniers réservés aux papiers usagés et autres détritus, et dans lesquels nombre de personnes jettent compulsivement, en passant, un regard furtif » (*EE*, p. 96). Même si *La Vie mode d'emploi* s'inscrit dans la lignée du « goût du romanesque », il partage avec les projets de « Choses communes » le désir de sauver de l'oubli quelques bribes d'une mémoire prosaïque et quotidienne. Comme dans « Choses communes », cette mémoire construite à partir des « restes » et des « déchets » de la quotidienneté[70] permet de tisser des liens entre la mémoire autobiographique et la mémoire collective. En même temps, ce premier plan orienté vers la poubelle met en évidence, comme en miroir, le caractère hybride de tout journal qui incorpore des « banalités » (*EE*, p. 38), de « petites pensées placides » (*EE*, p. 51) mais aussi de nombreuses citations[71] et

---

70 La question des « écrivains rudologues » qui opèrent à partir des techniques de bricolage et de « recyclage » des détritus est aussi abordée dans la partie consacrée à *Tokyo infra-ordinaire* de Roubaud.

71 Parmi les nombreuses citations qui apparaissent dans ce texte, on reconnaît celles de : Borges, Calvino, Dante, Éluard, Flaubert, Joyce, Proust, Queneau, Lawrence Sterne Swift, Roubaud, Roussel, David Rousset, Jules Verne, Tardieu, parmi d'autres auteurs qui seront cités de manière plus ou moins explicite dans ce texte. Pour approfondir le travail citationnel de ce texte, voir D. Schilling, *Mémoires du quotidien*, *op. cit.*, p. 110.

transcriptions de documents issus de ce que Le Lionnais nomme le « Troisième secteur ».

Finalement, dans la section consacrée à la rue, le narrateur décrit les protocoles de l'expérience *Lieux* sous le titre « les lieux » : « (Notes sur un travail en cours) ». Ce projet commence le 27 janvier 1969 et s'achève le 27 septembre 1975. Cependant, l'élan initial avait déjà faibli en 1972 tandis qu'une tentative d'abandon avait eu lieu durant l'été 1973[72]. Déjà dans sa lettre à Nadeau, Perec esquisse les ambitions de ce livre « à venir » né d'une « idée assez monstrueuse, mais [...] assez exaltante ». Ce projet qui s'étend sur douze ans donnerait comme résultat vingt-quatre fois douze textes sur douze lieux parisiens. Nous sommes ici face à une inversion de la conception classique de composition littéraire où la vie semble se plier aux exigences de l'écriture. Lejeune signale cette contradiction apparente dans *Lieux*, ouvrage qu'il définit comme un « anti-journal[73] ». Perec semble y emprunter certains protocoles du journal comme le fait de dater et de localiser les écrits ainsi que l'impossibilité de faire des corrections ou des modifications sur le texte. Néanmoins, le temps présent, temporalité classique du journal, y est systématiquement contourné.

Dans une première description du projet issue de la même lettre, Perec explique avoir choisi à Paris douze lieux « liés à des souvenirs, à des événements ou à des moments importants de [s]on existence ». Dans un premier temps, il s'agit de décrire chaque mois ce que le narrateur voit « de la manière la plus neutre possible », comme Perec l'explique : « j'énumère les magasins, quelques détails d'architecture, quelques micro-événements[74] ». Dans un deuxième temps, l'auteur décrit le lieu de mémoire, « n'importe où (chez moi, au café, au bureau) » et ensuite, une fois le texte terminé, il le conserve dans une enveloppe cachetée à la cire. De cette manière, Perec observe qu'« au bout d'un an, j'aurai décrit chacun de mes lieux deux fois, une fois sur le mode du souvenir, une fois sur place en description réelle[75] ».

En ce qui concerne la structure temporelle, une lettre du 10 juin 1969 adressée par Perec au mathématicien Chakravarti nous apprend

72 Pour une analysée détaillée de la chronologie du projet, voir Ph. Lejeune, *La Mémoire et l'Oblique*, *op. cit.*, p. 141-208.

73 *Ibid.*, p. 169-171.

74 G. Perec, « Lettre à Maurice Nadeau », lettre citée, p. 59.

75 *Ibid.*

que ce dernier lui a fait découvrir les deux carrés latins orthogonaux d'ordre 12 qui sont au cœur de *Lieux*. Si le projet initial devait uniquement se concentrer sur les descriptions *in situ* des « Réels[76] », la lettre à Nadeau met en évidence une évolution inattendue : *Lieux* va finalement se dédoubler en une série de « Réels » et en une série de « Souvenirs » enregistrées entre janvier 1969 et décembre 1980. Les « Réels » s'éloignent de l'expérience et du vécu quotidien de l'écrivain pour se consacrer davantage au réel extérieur tandis que la partie « Souvenirs » présente une description mémorielle de ces mêmes lieux.

La description du projet incorporée dans *EE* donne quelques précisions supplémentaires, le narrateur explique :

> J'ai entrepris de faire, chaque mois, la description de deux de ces lieux. L'une de ces descriptions se fait sur le lieu même et se veut la plus neutre possible : assis dans un café, ou marchant dans la rue, un carnet et un stylo à la main, je m'efforce de décrire les maisons, les magasins, les gens que je rencontre, les affiches, et, d'une manière générale, tous les détails qui attirent mon regard. L'autre description se fait dans un endroit différent du lieu : je m'efforce alors de décrire le lieu de mémoire, et d'évoquer à son propos tous les souvenirs qui me viennent, soit des événements qui s'y sont déroulés, soit des gens que j'y ai rencontrés (*EE*, p. 108-109).

Après une première étape de collecte, d'enregistrement et de conservation du matériel, l'auteur ouvrirait finalement les enveloppes cachetés, « les relirai[t] soigneusement, les recopierai[t], établirai[t] les index nécessaires[77] ». Ce long protocole permettrait de mettre en évidence « la trace d'un triple vieillissement : celui des lieux eux-mêmes, celui de mes souvenirs et celui de mon écriture » (*EE*, p. 110). En ce sens, ces 288 textes rendent compte de la transformation des intérêts de Perec : d'une interrogation initiale sur l'espace à l'exploration de la mémoire qui s'y associe[78]. Toutefois, la partie la plus intime et personnelle des « Souvenirs » reste inédite à l'exception de quelques extraits reproduits par Lejeune dans *La Mémoire et l'Oblique*.

Même si l'auteur explique que 1973 est une année sabbatique, une année « sautée » en raison d'autres projets professionnels, le projet reste

76 Ph. Lejeune, *La Mémoire et l'Oblique*, *op. cit.*, p. 153.

77 G. Perec, « Lettre à Maurice Nadeau », lettre citée, p. 59.

78 C. Burgelin, « Les espaces perecquiens : *Espèces d'espaces* (1974) », in *Georges Perec*, Paris, Seuil, 1988, p. 135.

inabouti. Selon son biographe David Bellos l'abandon est lié au fait qu'à cette époque l'attention de Perec se tourne vers le projet du bi-carré multiple d'ordre dix de *La Vie mode d'emploi*[79]. *Lieux* connaît cependant quelques suites. Dans « Tentative de description d'un programme de travail pour les années à venir », Perec revient sur de possibles prolongements du projet, à savoir : le poème (*La Clôture*), rédigé sur la rue Vilin, le film *Les Lieux d'une fugue* sur le carrefour Franklin-Roosevelt ou l'émission de radio sur Mabillon. Perec met ainsi en avant l'intérêt de rassembler les textes qui existent déjà et insiste sur l'importance « de les trier et d'en commenter quelques uns[80] ». En effet, à partir de 1976 l'auteur envisage d'intégrer une partie des « Réels » dans un nouvel ensemble qui aurait pour titre *Tentative de description de quelques lieux parisiens.* Au total, cinq des vingt-quatre textes des « Réels » sont publiés de manière indépendante dans diverses revues entre 1977 et 1980. Il s'agit de : « Guettée » (*Les Lettres nouvelles*, janvier-février 1977, n° 1), « Vues d'Italie » (*La Nouvelle Revue de psychanalyse*, n° 16, 1977, p. 239-246), « La rue Vilin » (*L'Humanité*, 11 novembre 1977, p. 2), « Allées et venues rue de l'Assomption » (*L'Arc*, n° 76, 1979, p. 28-34) et « Stations Mabillon[81] » (*Action poétique*, n° 81, mai 1980, p. 38-39).

EE propose ainsi plusieurs pistes pour mieux comprendre les projets que Perec envisage d'intégrer à la série « Choses communes ». Ce « journal-de-projets » offre une alternative littéraire aux « bilan-programmes » tout en se situant à mi-chemin entre l'essai, l'autoportrait d'écrivain et l'œuvre-programme. Dans cette perspective, ce texte peut être confronté à *Corrección de pruebas en Alta Provenza*, un carnet de route et de lecture qui met en scène l'écrivain en tant que lecteur critique de son œuvre.

---

79 D. Bellos, *Georges Perec : une vie dans les mots*, *op. cit.*, p. 539. Pour réfléchir de manière plus détaillée au lien entre le projet *Lieux* et *La Vie mode d'emploi*, voir : Ph. Lejeune, *La Mémoire et l'Oblique*, *op. cit.*, p. 147-151.

80 Décembre 1976, publié en 1985 à la fin de : *Cahiers Georges Perec*, n° 1, Colloque de Cerisy (1984). Sous la direction de B. Magné, Paris, P.O.L., 1985.

81 Pour une analyse détaillée de ces cinq textes, voir : A. Leak, « Écrire le banal : Les "lieux" communs de Georges Perec », in *Écritures blanches* (D. Rabaté et D. Viart dir.), Publications de l'Université de Saint-Etienne, 2009, p. 137-154. Pour une analyse des techniques narratives mises en place lors de la description de ces lieux, voir : J.-P. Thibault et N. Tixier, « L'ordinaire du regard », in *Le Cabinet d'amateur*, n° 7-8, « Perec et l'image », 1998, p. 51-67.

CORRECCIÓN DE PRUEBAS EN ALTA PROVENZA

Corrección de pruebas en Alta Provenza[82] (dès à present noté *CP*) est publié en 1973 par la maison d'édition Tusquets dans un volume portant le titre *Convergencias/Divergencias/Incidencias.* Il intègre ainsi une collection dirigée par le critique péruvien Julio Ortega qui s'intéresse à l'œuvre « *in progress* » des écrivains hispano-américains et espagnols. Dans une lettre à Ángel Rama envoyé depuis Saignon, le 5 septembre 1973, Cortázar fait référence à ce « long texte que j'ai écrit pendant que je corrigeais les dernières épreuves et que Julio Ortega pense inclure dans un ouvrage sur la cuisine des écrivains[83] ». Même si cette « cuisine » de l'œuvre devait permettre de jeter un regard sur l'atelier de création avant les résultats définitifs, *CP* se présente plutôt comme un journal ou un carnet de notes de l'écrivain en tant que « lecteur » de son œuvre. Cortázar y raconte ses tâtonnements et ses hésitations avant d'envoyer le *Libro de Manuel* à l'impression : il revient sur les problèmes et les points faibles de son dispositif littéraire, tant du point de vue esthétique que du point de vue de son efficacité politique. Oscillant entre l'analyse et la critique de sa propre œuvre, *CP* propose un aperçu des objectifs que *Manuel* s'était fixé, mais aussi des failles techniques et des limitations que l'auteur a rencontrées lors de son écriture. En effet, *Manuel* se posait comme défi de faire un roman avec le présent tel qu'il apparaît dans les coupures de presse de l'époque. Le roman est donc traversé par des questionnements sur la violence quotidienne qui a marqué le présent de cette génération de jeunes latino-américains entre la fin des années 1960 et le début des années 1970.

Cortázar se lance alors dans un voyage solitaire en autocar – du 4 au 12 septembre 1972 – pendant lequel il se propose de créer un environnement de travail adéquat pour entamer la révision des épreuves de *Manuel.* En ce sens, le voyage et le déplacement « réel » prennent une dimension métaphorique : ils déclenchent un changement de

82 Texte originalement paru dans *Convergencias/Divergencias/Incidencias*, Julio Ortega éd., Barcelone, Tusquets Editores, 1973. Nous suivons ici l'édition *Corrección de pruebas en Alta Provenza* (1972), Buenos Aires, Herederos de Julio Cortázar, 2012. Prologue de Juan Villoro.

83 J. Cortázar, *Cartas 1969-1976*, vol. IV, *op. cit.*, p. 393 [Notre traduction].

perspective nécessaire pour analyser les problèmes *a priori* insolubles de ce roman expérimental.

Comme dans les textes programmatiques de Perec, *CP* propose une mise au point sur l'œuvre et l'écrivain. Comme Cortázar l'indique, il s'agira de « mesurer de plus près ce qui a déjà été fait et ce qu'il reste à faire » (« *medir más de cerca lo ya hecho y lo que queda por hacer* ») (*CP*, p. 18). Corriger *Manuel* va, en ce sens, bien au-delà d'une simple vérification des « accents, coquilles, erreurs et ratures » (« *acentos, gazapos, erratas y tachaduras* ») (*CP*, p. 18) étant donné que « corriger un livre, c'est aussi se confronter à lui en tant qu'épreuve, vérifier s'il est vraiment une preuve de quelque chose » (« *corregir un libro es también enfrentarlo como prueba, verificar si de veras es prueba de cualquier cosa* ») (*CP*, p. 17).

Le texte se veut ainsi le « journal d'une routine d'écrivain » (« *diario de una rutina de escritor* »), mais aussi une « confrontation de ce qui arrive pendant que l'on travaille » (« *confrontación de lo que ocurre mientras se trabaja* ») (*CP*, p. 18). Comme dans *La Vie mode d'emploi*[84], Cortázar se propose d'incorporer les conditions et les événements qui adviennent lors du processus d'écriture, de se rendre perméable aux événements quotidiens dans une espèce d'« osmose avec l'environnement » (« ósmosis con lo circundante ») (*CP*, p. 18). L'écrivain fait alors de temps en temps le récit de ses escapades dans les petits villages qui l'entourent. Il explique par exemple : « je m'en vais par les rues, j'entre dans un bar, regarde ce qui se passe dans la ville, je dialogue avec un vieux qui me vend des saucisses pour le déjeuner » (« *me voy por las calles, entro en un bar, miro lo que ocurre en la ciudad, dialogo con el viejo que me vende salchichas para almorzar* ») (*CP*, p. 19). Si le désir d'incorporer à chaque paragraphe ce qui est en train de se passer semble être une entreprise chimérique, ces micro-événements quotidiens peuvent aussi devenir la « matière et [la] concomitance du sujet, [la] convergence mystérieuse de faits et [de] résonnances qui succèdent au sujet et l'accompagnent » (« *materia y concomitancia del tema, convergencia misteriosa de acaecimientos y resonancias que suceden al tema y lo acompañan* ») (*CP*, p. 29).

84 En effet, interrogé sur le processus d'écriture de *LVME* et sur l'incorporation de certains documents et faits faisant allusion à la période d'écriture, Perec explique : « [...] quand j'écrivais, tous les événements quotidiens étaient répercutés dans le livre [...] d'une manière ou d'une autre pour moi, *La Vie mode d'emploi* fonctionne quelque part comme une espèce de journal des deux années où je l'ai écrite ». *Cf.* G. Perec, « Entretien Georges Perec/ Bernard Pous », in *EC.*, vol. II, *op. cit.*, p. 188.

Il ne semble dès lors pas étonnant que l'écrivain renonce au calme et à la solitude de sa maison de Saignon pour venir s'installer sur des parkings d'Avignon ou de Vaison-la-Romaine. Cortázar est d'ailleurs accompagné de son camping-car *Fäfner* et s'est bien pourvu de sa machine à écrire, de lectures et de musiques, de quelques victuailles ainsi que de la radio qui transmet l'actualité politique européenne et latino-américaine. La lecture des épreuves commence alors à se mêler à la rédaction d'un nouveau texte. Même si l'écrivain avait prévu d'écrire ce carnet de notes « sans quitter le temps du livre, de son dernier contact avec moi avant de se convertir en un fait inaliénable pourvu d'une couverture » (« *sin salirme del tiempo del libro, de su ultimo contacto conmigo antes de convertirse en un hecho irrenunciable y con tapas* ») (*CP*, p. 21), lecture et écriture y deviennent simultanées.

Se situant dans un contexte différent et ayant incorporé le point de vue ironique et impitoyable du correcteur d'épreuves, cette confrontation avec sa propre créature littéraire provoque un effet de « décalage » (« *desajuste* »). Cortázar parlera alors du sentiment de *dépaysement* suscité par sa relecture, notamment du fait de se savoir déjà en dehors des événements autour desquels *Manuel* s'était construit :

> Deux ans ont passé depuis que j'ai commencé le livre et pendant ces deux ans il y a eu des guerres, des triomphes, des hôpitaux (même pour moi, et à deux reprises), et pendant les derniers mois j'ai joué une course contre la montre car la règle du jeu vieillissait prodigieusement le livre et c'était le contraire d'avec les bons vins, si je ne le finissais pas il allait devenir aigre, il ne servirait qu'à des lecteurs littéraires, des gens qui croient encore en des valeurs pérennes, exclues de la violente conjoncture quotidienne[85] (*CP*, p. 22).

Cette quête d'une convergence entre le temps romanesque et celui du présent immédiat de l'écriture implique un changement radical de perspective, un désir de rendre la fiction perméable au temps historique. Nous sommes, en ce sens, bien éloignés de cette quête anthropologique hors du temps qui caractérisait *Rayuela* ; *Manuel*, au contraire, ne peut malheureusement pas attendre. L'écrivain ajoute : « dans cet adverbe

---

85 « *[H]an pasado dos años desde que empecé el libro y en esos dos años hubo guerras, triunfos, hospitales (incluso para mi y dos veces), y que en los últimos meses corrí una carrera contra el reloj porque la regla del juego envejecía prodigiosamente el libro y era al revés de los buenos vinos, si no lo terminaba se iba a agriar, sólo serviría para lectores literarios, gentes que todavía creyeran en valores perennes con exclusión de la violenta circunstancia cotidiana* ».

se déverse ma tristesse et ma résignation, le prix que je dois payer [...] ; mais la joie de le payer est aussi là, dans le présent de ces pages [...] » (« *en este adverbio se descarga mi tristeza y mi resignación, el precio que debo pagar [...] pero la alegría de pagarlo está también aquí, en el presente de estas páginas [...]* ») (*CP*, p. 26).

À la différence des romans précédents, la nécessité d'être publié de manière immédiate empêche tout travail minutieux sur les personnages de *Manuel*. Par ailleurs, Cortázar constate aussi le retour des « climats » narratifs de ses anciens romans, ce qu'il attribue à une profonde fatigue. Au-delà de ces éléments ludiques et presque surréalistes qui le rapprochent d'un roman comme *Rayuela* ou de *62. Modelo para armar*, *Manuel* se propose de parcourir une route encore inexplorée. Il s'agira de raconter « une histoire qui prétend refléter aussi notre histoire de ce matin même » (« *una historia que pretende reflejar también nuestra historia de esta misma mañana* ») (*CP*, p. 25).

Comme dans tout journal de bord, Cortázar s'attarde sur des descriptions du paysage et de son environnement proche et s'autorise souvent des détours narratifs à propos du climat et des tempêtes qui s'abattent sans pitié sur *Fäfner*. En ce sens, une mention de Shelley peut éclairer les intentions de ce curieux texte. Le sentiment d'effroi éprouvé par Cortázar face à l'idée quelque peu absurde de mourir noyé à l'intérieur de *Fäfner* alors qu'il est garé sur les rives d'un fleuve pendant une nuit de tempête permet de tracer un parallèle avec la mort tragique de Shelley. La mention du nom du poète dans le texte de Cortázar lors de cet épisode orageux évoque aussi chez le lecteur la préface de *Frankenstein* (1818) de Mary Shelley. Dans cette celèbre préface, l'auteure s'excuse et se défend des reproches d'avoir engendré un ouvrage défectueux, voire même monstrueux du point de vue de sa composition. *Manuel* est lui aussi le fruit imparfait d'un collage, d'une juxtaposition de matériaux divers à laquelle il faut ajouter d'autres failles dues au manque de temps, à cette course contre la montre qui s'est imposée à lui depuis le commencement.

Par exemple, Cortázar essaye de justifier la confusion du début du roman, avec des personnages qui y sont introduits et ne réapparaissent jamais, tandis que d'autres rentrés bien plus tard dans l'intrigue finissent par y jouer un rôle décisif. Il évoque alors la méthode très libre de composition de *Los Premios*, de *Rayuela* ou de *62. Modelo para armar* (*Cf. CP*, p. 24), ces « vieux trottoirs » (« *antiguas veredas* ») relèvent en plus d'une certaine évolution dans l'image de l'écrivain qu'il vise à présenter. Cortázar explique, à ce propos :

> Fini l'écrivain araignée, l'écrivain Bernard l'Hermite, le monsieur qui face au chaos extérieur revendique un humanisme du dix-neuvième siècle, louable en son temps, mais pulvérisé par les détergents du XXe siècle[86] (*CP*, p. 28).

En effet, la relecture de *Manuel* lui permet de pointer du doigt les transformations de son image d'écrivain, du « solitaire des années cinquante » à l'auteur de plus en plus engagé dans son histoire et son présent. L'écrivain comprend chaque jour de mieux en mieux que sa tâche n'implique pas seulement un voyage « du dedans vers le dehors » (« *de adentro para afuera* »), mais aussi de comprendre « que le dehors est juste là, comme il l'était pour mordre chaque jour dans la ration d'avancée du *Livre de Manuel* » (« *que las afueras están ahí, como lo estaban para morder cada día en la ración de avance del* Libro de Manuel ») (*CP*, p. 28). Considéré sous cet angle, *CP* incarne une forme de mise au point sur l'écriture et sur l'auteur, un combat entamé contre soi-même le conduisant à porter un regard historicisant et critique sur son œuvre. La métaphore de la boxe qui apparaît vers la fin du texte semble ainsi être un reflet de ce combat entre les multiples images d'écrivain qui cherchent à s'imposer dans son œuvre, mais aussi du combat spécifique de *Manuel*. Cette confrontation entre la temporalité immédiate de la prose journalistique et le temps long de la durée historique – à laquelle toute œuvre littéraire, aspire dans une certaine mesure – constitue ainsi la difficulté, mais aussi la richesse du texte.

Comme dans *EE* de Perec, les allusions à certains événements historiques ayant laissé une trace inaltérable dans la mémoire de l'auteur – la guerre subtilement évoquée dans le récit sur les lits de l'enfance, les camps d'extermination convoqués dans la sous-partie intitulée « L'inhabitable » à travers le texte de David Rousset *Le pitre ne rit pas* (*Cf. EE*, p. 177-178) – permettent de façonner un autoportrait oblique. Comme le Perec des « Choses communes », Cortázar place aussi la réflexion sur l'histoire et la mémoire du présent au centre de son projet. *CP* finit, comme nous le verrons plus tard dans les *Autonautas de la cosmopista*, par établir un

86 « *Se acabó el escritor araña, el escritor cangrejo ermitaño, el señor que frente al caos exterior reivindica un humanismo decimonónico, loable en su tiempo, pero pulverizado por los detergentes del vigésimo* ».

dialogue avec la radio. Cependant, cette radio qui transmet les matchs de boxe est aussi celle qui laisse entendre un silence symptomatique concernant la violence d'État qui se répand dans le territoire du Cône Sud. En effet, Cortázar confronte le flux constant des informations transmises par la radio française sur les attentats terroristes des jeux olympiques de Munich au silence qui entoure le « massacre de Trelew[87] » en Argentine. L'intrusion tangentielle de l'histoire replace ce texte dans la perspective d'une mémoire non plus uniquement autobiographique mais adoptant également peu à peu un point de vue collectif et générationnel.

87 Également évoqué dans la préface du *Libro de Manuel*, cet événement se produit pendant le mandat du Général Lanusse, chef de la dictature connue sous le nom de « Revolución argentina » (1966-1973). En août 1972, un groupe de prisonniers membres de l'« Ejército Revolucionario del pueblo » (ERP), de Montoneros et des « Fuerzas armadas revolucionarias » (FAR) sont capturés après une tentative d'évasion de la prison de Rawson, et le 22 août, seize guérilleros sont réveillés pendant la nuit, sortis de leurs cellules et mitraillés sommairement.

DEUXIÈME OUVERTURE

Du rien transformé en « manière de faire » artistique

Loin de toute conception monumentale de l'« Œuvre », les projets analysés dans ce troisième chapitre se présentent comme les témoignages d'un échec qui inclut aussi bien la vie des écrivains que leurs textes : celui du projet initial. La pulsion de destruction devient dans ces textes une face complémentaire du travail d'écriture. L'idée que l'œuvre peut être construite à partir du vide, du manque ou encore de reliquats d'autres œuvres abandonnées parcourt ainsi ces projets. Dans cette optique, cette « ouverture » est consacrée à deux types de journaux, celui de l'écrivain uruguayen Mario Levrero et celui du français Édouard Levé, des textes qui proposent d'autres « *manières de faire* » avec le « rien ». Proches des démarches de Perec et de Cortázar, ces auteurs choisissent de mettre les « petits riens » de l'existence quotidienne au centre de leurs projets.

En effet, à partir des années 2000, le genre du journal intime donne lieu à une série d'expérimentations autour de sujets faisant partie du répertoire classique des « écritures du quotidien ». Il suffit de penser à la transcription et à la mise en récit des interactions banales, à ces « instantanées de la vie quotidienne collective » qui intègrent l'« au-dehors » de notre intimité dans *Journal du dehors* (1993) d'Annie Ernaux ; au récit, raconté depuis un point de vue extérieur à la personne du diariste, des petits événements de notre quotidienneté dans *Journal extime* (2002) de Michel Tournier ; ou bien aux aventures et mésaventures qui composent le jour après jour d'un corps, de l'adolescence aux derniers instants d'une vie, dans *Journal d'un corps* (2012) de Daniel Pennac. Contrairement à ces explorations qui font de l'écriture journalière un moyen d'exploration du quotidien dans sa dimension la plus prosaïque, les « journaux » de Mario Levrero se rapprochent des « exercices pratiques » d'amélioration de soi. Pour sa part, la réécriture à partir d'articles de presse proposée par l'écrivain et plasticien Édouard Levé dans *Journal* (2004) soulève un questionnement sur la manière dont les médias, et notamment la presse écrite, interviennent dans la création d'une mémoire du présent.

LES JOURNAUX « LUMINEUX » DE MARIO LEVRERO

Encore assez méconnue dans le champ littéraire français, l'œuvre de l'uruguayen Mario Levrero (1940-2004) reste incontournable pour comprendre l'évolution de la pensée du quotidien dans la littérature du *Río de la Plata.* Une première étape de sa production commence dans les années 1960 et 1970. Particulièrement influencé par la lecture de Kafka, cette étape se caractérise par une prédominance du fantastique qui se clôt avec la « trilogie involontaire » : *El lugar*, *La ciudad* et *París*. Ensuite, une deuxième période commence dans les années 1980 avec ce que la critique reconnaît comme « la production *porteña* », notamment « Apuntes bonaerenses » (1988) et *Diario de un canalla* (1988), publiés dans le recueil *El portero y el otro* (1992), textes qui inaugurent l'écriture de journaux. *La banda del ciempiés* (1988), *Caza de conejos* (1986), les recueils de récits *Los muertos* (1986), *Espacios libres* (1987) ou les deux nouvelles *Fauna/Desplazamientos* (1987) et la première version de *La novela luminosa* (2004) appartiennent aussi à cette période marquée par le motif de la sincérité que l'écrivain se doit à lui-même. Enfin, des textes comme *El discurso vacío* (1996) ou la version finale de *La novela luminosa*, reprennent l'idée d'une écriture thérapeutique basée sur une discipline du corps et de l'esprit à partir d'exercices calligraphiques.

Souvent associé à Julio Cortázar, l'œuvre tardive de Levrero relève d'une démarche inédite d'observation et de notation de la vie de tous les jours, proche du « fantastique quotidien ». D'une part, ses journaux de « la vie fade » (« *la vida sosa* ») peuvent s'inscrire dans la continuité de certaines pratiques avant-gardistes des années 1970. Comme le signale Reinaldo Laddaga, ses journaux peuvent être rapprochés des réflexions de Cortázar et de Macedonio Fernandez, pour qui l'œuvre constitue davantage un processus et une pratique de vie[1] qu'un produit achevé. D'autre part, considérée dans une approche historique, cette dernière période de son œuvre s'inscrit dans le cadre de ce que Fernando Aínsa nomme « l'auto-exil » ou bien l'« insile » (« *insilio*[2] »). Il s'agit d'un mouvement de repli sur soi qui ne se limite pas uniquement aux années de la dictature, mais qui les précède et se poursuit ensuite, et marque l'avènement d'un courant de la littérature uruguayenne toujours actif aujourd'hui. À partir d'une description minutieuse de la routine quotidienne de l'auteur, le « réalisme introspectif[3] » des journaux aspire à laisser une trace documentaire du présent. Un présent qui, comme dans l'infra-ordinaire perecquien, parvient à se placer à l'écart des grands événements, mais aussi du devoir de mémoire qui plane sur la génération des écrivains *rioplatenses* de l'après-dictature.

En ce qu'ils enregistrent le présent comme s'il faisait déjà partie du passé, les journaux de Levrero constituent un outil précieux pour accéder à une mémoire qui ne soit pas celle des discours officiels mais anti-événementielle, tissée à partir de bribes éparses de souvenirs et de matériaux banals. Comme chez Perec et Cortázar, un des objectifs centraux des journaux de Levrero est aussi de faire une mise au point sur l'œuvre et sur l'écrivain. Par un processus d'« *im*ploration » – une exploration interne et intime de soi – ses journaux transforment la vie prosaïque en champ d'observation, en terrain expérimental. Les journaux peuvent ainsi être perçus comme les différents volets d'un autoportrait où l'auteur cherche à transmettre certaines expériences intimes en construisant un « *je* » narratif à la lisière du documentaire. *Diario de un canalla* (1988), *El discurso vacío* (1996) et le « *Diario de la beca* » de *La novela luminosa* (2004) se présentent comme des alternatives à la poursuite du projet inabouti du roman « lumineux ». Jouant sur la tension entre le pacte de véridicité et le désir de récit, les narrateurs de ses journaux s'identifient avec l'auteur sans pour autant retomber dans

1 *Cf.* R. Laddaga, « La vida observada », *in Espectáculos de la realidad : ensayo sobre la narrativa latinoamericana de las últimas dos décadas*, Rosario, Beatriz Viterbo, 2007.

2 F. Aínsa, *Del canon a la periferia. Encuentros y transgresiones en la literatura uruguaya*, Montevideo, Trilce, 2002.

3 *Cf.* M. Levrero, « Entretien avec Pablo Rocca », *in La máquina de pensar en Mario. Ensayos sobre la obra de Levrero* (Sélection et prologue d'E. De Rosso), Buenos Aires, Eterna Cadencia, 2013.

un pacte autobiographique sans ambigüité[4]. Le principal attrait de la prose de Levrero se fonde ainsi sur l'expérimentation avec différents versants de l'autobiographie, en reprenant les modèles du journal, de la prose mémorialiste et du document de soi.

Par ailleurs, au-delà du registre ludique qui caractérise ses journaux, Levrero affirme que les exercices pratiques auxquels il s'adonne ne sont qu'une « maladroite substitution de la littérature » (« *torpe sustitución de la literatura* ») (*DV*, p. 25). En effet, leur but premier est de mettre en place une discipline de vie visant à reconduire l'auteur vers une écriture proprement littéraire. De ce point de vue, les exercices ne sont pas très éloignés de l'écriture sous contrainte de l'Oulipo, à cela près que, chez Levrero, ces contraintes apparaissent souvent associées à un certain imaginaire de violence. Sous la forme d'un journal d'anti-écrivain, *Diario de un canalla*, premier volet de la « trilogie lumineuse », propose une mise au point sur l'auteur qui s'appuie sur la confession de son devenir « canaille » et l'abandon de ses ambitions littéraires. Pour sa part, *El discurso vacío* se présente plutôt comme une mise au point sur l'écriture – où en est l'auteur par rapport à ses projets littéraires – et avance l'idée que les « exercices calligraphiques » peuvent faire advenir la « vraie » écriture littéraire. Finalement, « *El diario de la beca* » est conçu comme une mise au point sur le projet de *La novela luminosa*. Dans le prolongement de *Diario de un canalla*, premier échelon d'un processus thérapeutique de longue durée, *El discurso vacío* propose aussi un dispositif original d'écriture ayant pour objectif de discipliner la vie de l'auteur.

Dans une note intitulée « El texto » – note qui précède le prologue de l'ouvrage –, *El discurso vacío* est présenté comme un « roman » écrit « à la manière d'un journal intime » (« *a semejanza de un diario íntimo* »). Ce journal est composé de deux matériaux distincts : une série de textes nommés « *Ejercicios* » et un texte intitulé « *El discurso vacío* ». Au-delà de sa structure, la principale nouveauté du texte réside dans des exercices calligraphiques aux fins « thérapeutiques ». C'est précisément le caractère fade de l'écriture et le manque d'attention porté au contenu qui garantissent le caractère thérapeutique du travail sur le « dessin » de la lettre. Cette « auto-thérapie graphologique » (« *autoterapia grafológica* »)

4 Parmi les nombreux textes qui abordent cette problématique chez Levrero, voir notamment le recueil de C. Bartalini (éd.), *Escribir Levrero. Intervenciones sobre Jorge Mario Varlotta Levrero y su literatura*, Buenos Aires, Universidad Nacional de Tres de Febrero, 2016.

se fonde ainsi sur le présupposé qu'il existe une « relation profonde entre la calligraphie et les traits de la personnalité » (« *profunda relación entre la letra y los rasgos del carácter* ») (*DV*, p. 17). Prudent, le narrateur explique qu'à ce stade l'objectif principal consiste à « unifier le style des lettres » en essayant de ne plus mélanger le style manuscrit des cursives et celui des lettres d'imprimerie. L'ambition est de se discipliner ou, comme le narrateur l'explique, de : « me centrer sur mon *moi* et de me préparer à une journée plus ordonnée, plus volontaire et plus équilibrée » (« *centrar a mi* yo *y a prepararme para una jornada de mayor orden, voluntad y equilibrio* »)] (*DV*, p. 19).

En ce sens, la calligraphie ne constitue pas un but en soi mais un moyen d'accéder à un perfectionnement spirituel plus profond. Énoncés souvent sous la forme de devoirs – « je ne dois pas mélanger les deux plans de travail, et je dois m'en tenir à ce que je me suis proposé, c'est-à-dire, à une espèce d'écriture quelconque mais lisible » (« *no* debo *mezclar los dos planos de trabajo, y debo ceñirme a lo que me he propuesto, es decir, una especie de escritura insustancial pero legible* ») (*DV*, p. 20) ; « Je dois, alors, commencer par me limiter à des phrases simples, même si elles me semblent vides ou quelconques » (« Debo, *pues, comenzar a limitarme a frases simples, aunque me suenen vacías o insustanciales* ») (*DV*, p. 22) –, ces règles deviennent de véritables protocoles d'écriture.

Par ailleurs, la rédaction des « Exercices » permet au narrateur d'entamer un dialogue implicite avec Alicia, sa femme. Au départ, il laisse les feuilles d'exercices sur la table de chevet afin qu'Alicia puisse contrôler ses progrès, mais le lecteur apprend plus tard que, avec le temps, cette activité s'est tout naturellement transformée « en un moyen de communication » (« *en un medio de comunicación* ») (*DV*, p. 82) entre eux. Concernant les résultats des exercices, le lecteur n'a d'autre choix que de faire confiance aux appréciations du narrateur sur ses progrès[5]. Par exemple, les protocoles peuvent être énoncés sous forme de prescriptions thérapeutiques que le narrateur s'adresse à lui-même :

> Attention à ne pas écrire trop petit. Bien. Maintenant, faisons attention au dessin de chaque lettre. Je dessine chaque lettre. Je dessine chaque lettre. Sans me presser. Mais de quelle foutue manière s'écrit le S majuscule ? S. L. §. E. Il n'y a pas moyen. Je ne peux pas m'en souvenir. A B C D E F G H I J K L

5 Le texte imprimé ne reproduit pas la lettre manuscrite de l'auteur.

> M N O P Q R S T U V W X Y Z. Enfin, je ne me souviens ni du K ni du S, et je ne suis pas non plus très sûr du Q[6]. (*DV*, p. 25)

Comme le signale Fatiha Idmhand, ces apostrophes récurrentes au lecteur qui « abuse[nt] de l'interruption et de l'irruption[7] » visent à créer une *captatio ludique*. Par exemple, le narrateur anticipe qu'un « lecteur hypothétique plus malin » (« *lector hipotético más astuto* ») (*DV*, p. 44) découvrirait les procédés d'identification opérant au niveau inconscient dans son écriture. De manière similaire, le métadiscours qu'il s'adresse – « Je me dis cordialement au revoir à moi-même, jusqu'à demain à la même heure ou bien, si c'est possible, avant » (« *Sin otro particular me despido de mí mismo atentamente hasta mañana a la misma hora o, si es posible, antes* ») (*DV*, p. 19) – relève de cet élan ludique.

Puisqu'ils se présentent comme une excuse pour repousser année après année ce que le narrateur appelle l'« acte narratif libre » (« *acto narrativo libre* »), ces exercices questionnent la limite entre écriture sous contrainte et écriture libre. D'autant plus que la tentation de transformer les exercices calligraphiques en littérature guette constamment le narrateur. L'envie de transformer la « prose calligraphique » en « prose narrative » s'accentue du fait qu'il perçoit les exercices comme des « marches d'un escalier qui m'élèverait à nouveau vers les hauteurs nostalgiques que j'avais su côtoyer il y a bien longtemps » (« *peldaños de una escalera que me elevara de nuevo a las añoradas alturas que había sabido frecuentar hace ya mucho tiempo* ») (*DV*, p. 36). Les journaux de la « trilogie lumineuse » se donnent ainsi pour objectif de « mettre l'écriture en route » (« *poner en marcha la escritura* »), de maintenir un rythme jusqu'à créer une forme d'habitude. De même, par le biais des exercices calligraphiques, ils visent à élargir la dimension spirituelle du narrateur en le prédisposant à sa rencontre avec l'« Esprit ».

---

6 « *Cuidado con achicarse. Bien. Ahora, a prestar atención al dibujo de cada letra. Dibujo de cada letra. Dibujo de cada letra. Sin apuro. ¿ Pero cómo carajo era que se escribía la S mayúscula ? S. L. §. E. No hay caso. No puedo recordarla. A B C D E F G H I J K L M N 0 P Q R S T U V W X Y Z. En fin, no recuerdo ni la K ni la S, ni estoy muy seguro de la Q.* » [Notre traduction].

7 F. Idmham, « L'écriture ludique de Mario Levrero », in Anne Gimbert, *Le jeu : ordre et liberté*, Le Mans, Éditions Cenomane, 2014, p. 9.

LE *JOURNAL* FACTUEL D'ÉDOUARD LEVÉ

Plutôt connu comme artiste conceptuel et photographe que comme écrivain, Édouard Levé a publié cinq livres chez P.O.L. avant de se donner la mort en octobre 2008, après l'envoi à son éditeur de son dernier manuscrit intitulé *Suicide*, publié de manière posthume en 2008. Comme dans ses séries photographiques, la plupart de ses textes explorent l'univers des œuvres et des vies possibles. Or, au lieu d'entamer un récit sur des projets artistiques envisagés – *Œuvres*, 2002 –, sur sa vie – *Autoportrait*, 2005 – ou sur des situations de vie potentielles – *Fictions*, 2006 –, Levé semble affirmer que toute représentation du réel n'est que mise en scène, fourberie et artifice. Toute tentative de dire vrai et tout pacte de véridicité se voient ainsi contaminés par les réverbérations de l'autofiction, par la reconstitution imaginative d'un réel fantasmé.

En ce sens, l'originalité de *Journal* repose sur le célèbre « effet de réel » qui s'en dégage. L'objectif n'est pas tant ici de représenter le réel que de saisir le réel brut, tel qu'il apparaît dans la presse quotidienne. Pour cela, le processus de réécriture consiste, tout d'abord, à effacer les référents, à supprimer les noms propres ainsi que tout indice référentiel (spatio-temporel) concret. Levé respecte le ton froid et neutre de l'écriture journalistique et nous redonne à lire sous forme de texte littéraire, une série d'événements quotidiens classés par rubriques : « International, Société, Fait divers, Économie, Sciences-Technologies, Annonces, Météo, Sports, Culture, Guide, Télévision ». Aucune date, aucun nom propre, titre d'œuvre, de film ni de pièce de théâtre ne permet de situer ni de contextualiser les informations[8]. Or, cette transformation des articles de presse en matière première du livre n'empêche pas un questionnement sur le statut générique du texte qui en résulte. Doit-on, en effet, le lire comme un matériel factuel et, dans ce cas, quel type de connaissance, voire même d'intérêt, tire-t-on de cet amoncèlement d'informations éparses ? Et, par ailleurs, le procédé de montage et l'effacement des noms propres et des référents concrets ne tendent-ils pas à déréaliser,

8 *Cf.* D. Briand, « Un retrait de l'auteur, Édouard Levé entre photographie et littérature », in E. Bouju (dir.), *L'autorité en littérature*, Rennes, PUR, 2010 [en ligne].

à créer un « effet de fictionnalité » qui finit par éloigner le texte de sa matière première factuelle ?

Le gommage des référents donne à *Journal* quelque chose d'universel ou plus exactement de « générique », à la manière des images génériques qui composaient déjà en 2001 sa série photographique des *Actualités* : un inventaire visuel des cérémonies ordinaires de la vie politique comme, par exemple, une visite officielle, une inauguration d'usine ou une conférence de presse. Dépouillant l'événement de son contexte, *Journal* transforme son caractère singulier et spectaculaire par des procédés textuels – la répétition, le continuum ou la ritournelle, la classification dans des rubriques ou séries, la quête d'une prose neutre voire blanche – qui rappellent d'autres formes d'écriture du quotidien. Suggérant un parallélisme entre photographie et écriture, Denis Briand signale : « [...] les photographies deviennent de plus en plus "épurées" : prise de vue frontale, disparition de la profondeur, absence de décor et de fond, inexpressivité des modèles, abstraction de l'action[9] ». En somme, Levé tire d'une foule de faits singuliers un ensemble de caractéristiques communes, des « stéréotypes » qui règlent le traitement de l'information et dévoilent le dispositif rhétorique de production des événements par la presse.

Dans le sillage de Georges Perec, l'auteur attire notre attention sur le fait que le discours des médias confond le significatif avec l'extraordinaire, avec l'événement exceptionnel, perturbant ainsi notre conception de ce qui devrait être conservé dans nos mémoires. Le rythme à la fois effréné et monotone du journal nous conduirait alors vers une sensibilité mémorialiste privilégiant le présent immédiat sous la forme du scandale, du spectaculaire. Ainsi, les violences commises contre les femmes, la brutalité conjugale, la maltraitance de personnes âgées, la situation affligeante du système hôspitalier ou le cas d'une mutinerie éclatant dans une maison d'arrêt cohabitent avec les bilans de sécurité routière, les expulsions de personnes sans domicile fixe ordonnées par le maire d'une ville. On trouve aussi quelques nouvelles moins graves mais pas moins exceptionnelles ou étonnantes dans leur banalité. Nous lisons, par exemple : « Une enquête révèle que 57 % des skieurs ignorent les balises » (*J*, p. 38) ou bien que « Dans une ville de proche banlieue

9 *Ibid.*

se déroule la septième rencontre de collectionneurs d'échantillons de parfum » (*J*, p. 39).

Par ailleurs, *Journal* relève de la manie de conservation et d'enregistrement du présent qui caractérise notre société-mémoire. Ce collage de titres de presse laisse entrevoir la « petite histoire », celle qui, par un changement d'échelle et de focale, accorde plus d'attention au détail minuscule et au fait divers qu'aux grands événements. Selon la logique accumulative et répétitive de la presse, même les événements les plus significatifs deviennent anecdotiques, comme si, par un effet d'homogénéisation, le sens s'évanouissait.

Enfin, la question de la temporalité, celle éphémère et cyclique de la presse, et celle longue des œuvres littéraires, y est mise en question. Détournant la logique de fonctionnement des médias, *Journal* réussit le pari barthésien de « remanier la grille des intensités ». Selon une métaphore empruntée au langage musical, ce texte très expérimental transforme le « mode majeur » de l'événement et sa logique du spectaculaire pour le faire entrer dans le « mode mineur » de l'« incident[10] ».

Explorant toujours de nouvelles facettes du quotidien, les textes que nous analyserons dans le chapitre suivant peuvent s'inscrire dans le champ de ce que Dominique Viart nomme des « littératures de terrain[11] ». Malgré l'hétérogénéité de leurs objets et des thèmes auxquels ils s'intéressent, ces textes partagent une même ambition expérimentale : ils font le récit de leur recherche et se présentent comme le résultat ou le compte-rendu d'une expérience de terrain. Par le biais de l'enquête, ils visent à « produire des connaissances *in situ,* contextualisées, transversales, visant à rendre compte du "point de vue de l'acteur" [...][12] ». Mettant l'accent sur leur rôle « approximatif » d'ethnographes ou

10 R. Barthes, « Incidents » [1969-1970 (?)], *in Œuvres complètes*, nouv. éd. rev., corr. et éd. par É. Marty, Paris, Éd. du Seuil, 2002, t. V (1977-1980), p. 955-976.

11 D. Viart, « Les Littératures de terrain », *Revue de Fixxion française contemporaine*, n° 18, « Littératures de terrain », 2019, p. 9. Voir aussi D. Viart, « Les littératures de terrain : dispositifs d'investigation en littérature française contemporaine (de 1980 à nos jours) », Séminaire collectif du CRAL « Art et littérature : l'esthétique en question », 7 décembre 2015 ; « Les littératures de terrain. Enquêtes et investigations en littérature française contemporaine », in *Repenser le réalisme*, Montréal, Centre Figura de recherche sur le texte et l'imaginaire, *Cahier ReMix*, n° 7, 2018.

12 *Ibid.*, p. 10.

d'archivistes du quotidien, Georges Perec et Julio Cortázar postulent des modes de connaissance alternatifs à ceux des sciences sociales, bien que complémentaires. Plus spécifiquement, nous nous concentrerons par la suite sur des œuvres où les narrateurs adoptent le point de vue de l'« ethnographe de proximité ».

ETHNOGRAPHES DU PROCHE

> Ce n'est pas parce que le récit raconterait des événements extraordinaires qu'il se distingue du journal. L'extraordinaire fait aussi partie de l'ordinaire.
> Maurice BLANCHOT, *Le Livre à venir*

Mai 1968 marque l'entrée dans une nouvelle phase de la pensée du quotidien en France, une phase dans laquelle ce n'est plus la théorie qui mobilise la pratique – comme c'était le cas dans les écrits d'Henri Lefebvre ou de Roland Barthes – mais plutôt les pratiques qui véhiculent la réflexion théorique[1]. Avec les écrits de Michel de Certeau et de Georges Perec, la pensée du quotidien s'éloigne peu à peu de la critique de l'aliénation pour proposer des pratiques d'appropriation et d'invention capables de transformer les conditions de vie réelles. Sous le prisme d'un art quotidien démocratique, réalisable et mis à disposition de tous et de chacun, l'individu abandonne son rôle passif de consommateur pour devenir l'« usager » et le producteur du quotidien.

À mi-chemin entre l'écrivain et l'enquêteur, Georges Perec est l'un des premiers à explorer ce terrain de contact entre la littérature et d'autres champs disciplinaires. À ce propos, Derek Schilling identifie une série de « comportements analogiques » dans sa production infra-ordinaire par lesquels l'écrivain imite le « savoir-faire » de l'ethnologue, du sociologue voire de l'anthropologue. Selon Schilling, un comportement analogique

> se résume à prélever, de manière discriminatoire et souvent syncrétique, des techniques d'observation, de notation et de mise en forme dans le répertoire d'une ou de plusieurs disciplines constituées[2].

1 *Cf.* M. Sheringham, *Everyday Life*, *op. cit.*, p. 292-293.
2 D. Schilling, *Mémoires du quotidien*, *op. cit.*, p. 23.

En ce sens, nous pouvons nous interroger sur les méthodes d'observation, de description et d'enregistrement du réel qui rapprochent les démarches littéraires de Perec et de Cortázar de celles de l'« ethnographe de proximité ». Avec des narrateurs à la première personne identifiés par le nom de l'auteur, ces textes se présentent comme un terrain propice au transfert de savoirs.

Rappelons que dans *The return of the real*, Hal Foster identifiait déjà le « tournant vers l'ethnographie[3] »comme une tendance dominante dans l'art et la littérature contemporains. Notamment depuis les années 1980, Foster parle de « l'artiste comme ethnographe [...] maintenant, l'artiste se bat pour l'autre culturel et/ou ethnique[4] ». De nombreux artistes et écrivains trouvent dans l'anthropologie et l'ethnographie des disciplines « modèles » pour aborder le sujet de l'« altérité ». Ce point de vue ethnographique demande aussi une prise de position politique favorisant des micro-actions et des stratégies de soulèvements démocratiques facilement reproductibles à l'échelle du quotidien.

Dans un article intitulé « L'ethnographie française *"at home"* », Christian Bromberg propose de retracer les avancées de l'ethnologie du proche en France. Dès les années 1930, cette discipline connaît un essor puis, ensuite, jusqu'aux années 1980, s'oriente vers des phénomènes sociaux massifs et aussi divers que « les campagnes présidentielles, les institutions européennes, les grands matchs de football, le travail industriel [...] [ou] les usages de la machine à laver[5] ». Ces nouveaux objets d'étude posent de nouveaux défis méthodologiques et conceptuels. Comment décrire, analyser et comprendre ces manifestations souvent éphémères, ces pratiques habituelles et ordinaires avec des méthodes qui exigent « une immersion de longue durée et une vue synoptique[6] » ? Bromberg souligne le besoin d'articuler des « analyses à échelles multiples,

---

3 Reprenant le propos de Foster : « *Today there is a related paradigm in advanced art on the left : the artist as ethnographer. The object of contestation remains, at least in part, the bourgeois institution of autonomous art, its exclusionary definitions of art, audience, identity. But the subject of association has changed : it is now the cultural and/or ethnic other in whose name the artist often struggles* ». *Cf.* H. Foster, « The Artist as ethnographer », in *The Return of the Real : the Avant-Garde at the End of the Century*, Cambridge, London, MIT Press, 1996, p. 302.

4 *Ibid.*, p. 302.

5 C. Bromberger, « Anthropologie française "at home" », in *FCS*, n° VI, Angleterre, 1995, p. 289.

6 *Ibid.*, p. 290.

embrassant histoires individuelles et collectives, conjuguant approches "micro" et "macro"[7] ».

En ce qui concerne le champ littéraire de l'Argentine, c'est seulement au début des années 2000 que la critique littéraire commence à parler d'un « tournant ethnographique ». Même si cela peut paraître de prime abord paradoxal, l'émergence d'une littérature adoptant un point de vue ethnographique sur le présent y a été associé à une transformation dans la réflexion sur le passé récent. Les « représentations ethnographiques du présent » semblent prendre la place auparavant occupée par les romans historiques de la post-dictature et leur impératif d'interprétation du passé. Beatríz Sarlo constate que dans la fiction argentine contemporaine l'intérêt pour l'histoire semble peu à peu céder la place à un point de vue ethnographique sur le présent. Pour reprendre sa réflexion : « si le roman des années 1980 fut "interprétatif", une ligne visible du roman actuel est "ethnographique"[8] ». En effet, si le passé récent était au centre de la littérature argentine des années 1980, celle qui s'écrit aujourd'hui, affirme Sarlo, privilégie le présent et le quotidien passés au crible d'un regard ethnographique. Dans une approche similaire, Ariel Schettini signale : « s'il y a un trait définitif des romans du XXIe siècle, c'est le regard exotique qu'ils portent sur l'univers familier et immédiat[9] ». Ce tournant vers l'ethnographie se présente alors comme ce qu'il y a de « neuf » dans la littérature argentine du début des années 2000.

Or, le fait que ce phénomène ne devienne « lisible » qu'assez récemment n'invalide pas la dimension innovante des écrivains se servant déjà bien auparavant de la figure de l'ethnographe de proximité. Chez nos auteurs, l'adoption de la posture de l'ethnographie de proximité est indissociable d'une prise de position politique. Tant Perec que Cortázar semblent convaincus que la possibilité de transformation politique ne se situe pas dans un « ailleurs » mais dans la réalité prosaïque, dans la vie urbaine et les espaces « communs » qui constituent désormais leur terrain d'enquête.

7 *Ibid.*

8 B. Sarlo, « Sujetos y tecnologías. La novela después de la historia », *Punto de vista*, Revista de cultura, Année XXIX, n° 86, Buenos Aires, décembre 2006, p. 2 [Notre traduction].

9 Le critique mentionne, par exemple, des textes de Washigton Cucurto, Fabián Casas, Sergio Bizzio, Aira ou Juan Diego Incardona. *Cf.* A. Schettini, « Escribir en la precariedad fugaz del presente », *Bazar Americano*/ *Punto de Vista*, novembre-décembre 2006 [Notre traduction].

LE MOTIF DU VOYAGE

La thématique du voyage et des déplacements apparaît chez nos écrivains tantôt comme une possibilité d'échapper à un ordre des choses oppressant, tantôt comme une promesse de changement, de liberté face aux contraintes du quotidien. En effet, la problématique de l'ancrage personnel ainsi que l'idée du voyage comme stratégie qui permettrait de faire face à des situations biographiques douloureuses, parcourt leurs œuvres. Le déplacement spatial s'associe souvent à une quête identitaire. Si les raisons des voyages ne sont certes pas les mêmes dans chaque texte, l'idée du déplacement engage un processus interne de récupération de l'identité, de retour à soi-même. Deux aspects complémentaires caractérisent alors ce motif littéraire : celui de la récupération de l'identité et celui du voyage comme possibilité de survie.

Pour ce qui est de Perec, le thème du voyage se transforme dans le laps de temps qui va de la publication de *W ou le souvenir d'enfance* à *Récits d'Ellis Island*. En premier lieu, la métaphore du voyage apparaît dans *W* liée à un long et douloureux processus de récupération des souvenirs d'enfance. Dans sa lettre à Maurice Nadeau, Perec signale à propos de *W* qu'il s'agit d'un « roman d'aventures [...] né d'un souvenir d'enfance » ou plutôt d'un fantasme développé autour de ses douze ou treize ans lorsqu'il suivait une psychothérapie avec Pontalis[10]. D'abord conçu comme un roman d'aventures, *W* est aussi un roman de voyage et un *Bildungsroman* ou roman d'apprentissage. L'auteur s'exclame : « *W* me passionne [...] Jules Verne, Roussel et Lewis Carroll[11] ». Quels peuvent pourtant être les fils subtils qui conduisent Perec de ce récit de voyage imaginaire à l'enquête mémorielle autobiographique qui deviendra *W* dans sa version finale ? Rappelons, en ce sens, un extrait de *La Disparition*, roman à contraintes lui aussi paru en 1969, la même année que la lettre-programme à Nadeau. Le narrateur de *La Disparition* souligne la présence d'un manque, d'un « oubli, un blanc, un trou qu'aucun n'avait

10 Il signale : « Je l'avais complètement oublié ; il m'est revenu, un soir, à Venise, en septembre 1967, où j'étais passablement saoul ; mais l'idée d'en tirer un roman ne m'est venue que beaucoup plus tard ». G. Perec, « Lettre à Maurice Nadeau », in *op. cit.*, p. 61.

11 *Ibid.*, p. 62.

vu, n'avait su, n'avait pu, n'avait voulu voir[12] ». Il répète que quelque chose a disparu, qu'eux-mêmes ont peut-être disparu et il ajoute : « [i]l y aura un grand trou qui s'agrandira, pas à pas, oubli colossal, puits sans fond, invasion du blanc. Un à un, nous nous tairons à jamais[13] ».

De manière similaire, Perec signale dans « Les lieux d'une ruse » : « Il fallait que je revienne sur mes pas, que je refasse ce chemin parcouru dont j'avais brisé tous les fils[14] ». Cet oubli ou ce trou de mémoire n'est certes pas éloigné du sentiment éprouvé par l'auteur de *W* d'avoir une mémoire atrophiée. En effet, c'est l'absence de souvenirs qui le pousse à inventer une histoire qui prendra, plus tard, la forme du récit de voyage dans l'« île de W ». Perec revient à plusieurs reprises sur les phases de ce long processus qui commence à l'âge de 15 ans et qui aboutit à la rédaction de *W*. Cependant, au moment d'inventer cette histoire, l'auteur ne savait pas qu'elle allait remplacer *son* histoire. C'est seulement bien plus tard, vers l'âge de trente ou de trente-cinq ans qu'il s'aperçoit « qu'à travers cette histoire de W je racontais quelque chose qui m'était arrivé à moi[15] ». Dès lors, le récit de la lente et laborieuse reconstruction des souvenirs fait aussi partie de *W*. L'enquête mémorielle assume alors la forme d'un voyage et se reflète dans cet autre voyage que Gaspard Winckler doit entreprendre afin de retrouver le personnage homonyme ; celui du petit garçon disparu pendant la tempête qui a fait sombrer son bateau quelque part dans les îles chiliennes proches de la Terre de Feu.

Contrairement à cette quête autobiographique, *Récits d'Ellis Island* se sert de la thématique du voyage pour réfléchir aux liens entre ancrages personnels, espaces et identité. Ce texte est, d'ailleurs, le produit d'un travail d'enquête minutieux sur la mémoire de l'exil – basé sur des entretiens avec des immigrés installés à New York ainsi que sur des documents témoignant de leur passage par Ellis Island. La triple reconstruction cinématographique, littéraire et photographique[16] de leurs parcours entraîne une discussion autour de ce que Perec nomme la quête des « mémoires possibles ». Dans l'optique de l'auteur, Ellis

12 G. Perec, *La Disparition, roman*, Paris, Les Lettres nouvelles/Denoël, 1969, p. 31.

13 *Ibid.*, p. 32.

14 G. Perec, « Les lieux d'une ruse », in *Penser/Classer*, *op. cit.*

15 G. Perec, « Entretien Georges Perec / avec Ewa Pawlikowska », art. cité, p. 74-75.

16 Au texte rédigé par Perec s'ajoutent les enregistrements filmiques de Bober ainsi qu'une série de trente-neuf polaroïds pris par Perec lors du voyage en ferry qui les conduit sur l'île.

Island est un lieu privilégié pour contenir une série de souvenirs qui, sans être strictement personnels ou autobiographiques, appartiennent à une collectivité.

Lors d'un entretien avec Franck Venaille, l'auteur explique que *Récits d'Ellis Island* aspire à approcher « quelque chose que l'on peut appeler une mémoire fictionnelle, une mémoire qui aurait pu [nous] appartenir[17] ». Quelles sont, en ce sens, les causes qui amènent Perec et Robert Bober à aller chercher aussi loin pour retrouver quelque chose de personnel ? Comme l'auteur l'explique : « loin de nous dans le temps et dans l'espace, ce lieu / fait pour nous partie d'une mémoire potentielle, d'une autobiographie probable » (*REI*, p. 41). Perec signale enfin : « Ellis Island est pour moi le lieu même de l'exil [...] comme si la recherche de mon identité / passait par l'appropriation de ce lieu dépotoir » (*REI*, p. 42). À l'opposé de cette expérience, *TELP* présente le voyage comme une instance davantage symbolique que réelle qui consiste à simuler une distance, à regarder l'habituel à travers les yeux d'un voyageur étranger.

De manière similaire, le voyage constitue un *topos* littéraire majeur chez Cortázar[18] – depuis le voyage transatlantique au bord du « Malcolm » dans *Los Premios* (1960) jusqu'au « voyage intemporel » des *Autonautas de la cosmopista*. Or, déjà dans *Rayuela*, l'idée du déplacement détermine la structure du roman – « *Del lado de allá* », « *Del lado de acá* », « *De otros lados* » – et semble indissociable de la quête identitaire du protagoniste. Le voyage d'Horacio Oliveira est à la fois spatial et interne, il entraîne une quête métaphysique, existentielle et mémorielle de récupération de son identité.

Si dans *Rayuela* le motif du voyage se reflète dans la structure bifurquée du roman entre Paris et Buenos Aires, il relève aussi d'une transformation du regard. Il permet de créer une distance grâce à laquelle le familier devient étrange. L'idée de l'« ailleurs » – la supra-réalité ou le « *Yonder* » (*Rayuela*, 99, p. 367) que les protagonistes aspirent à atteindre –, n'est pas tant liée au lointain qu'au développement d'un regard « étranger » porté sur le quotidien. En effet, un simple changement d'approche peut nous amener à percer la surface de l'habituel pour y découvrir la figure

17 G. Perec, « Le travail de la mémoire », in *EC.*, vol. II, *op. cit.*, p. 49.

18 Sur le rôle des voyages dans la biographie de Cortázar, voir l'introduction à cette étude ainsi que l'article de R. Ferro, « Julio Cortázar entre viajes y bibliotecas », *Revista Letral*, nº 12, 2014.

cachée dans le tapis, le « mandala » ou le « Centre ». Horacio évoque, en ce sens, ces moments « de dépaysement, d'aliénation heureuse qui lui font atteindre par brèves intermittences ce qui pourrait être son paradis » (« *de extrañamiento, de enajenación dichosa lo precipitan a brevísimos tactos de algo que podría ser su paraíso* [...] ») (*Rayuela*, 74, p. 426 ; p. 317). Ce besoin de renouveler notre regard réapparaît dans un essai sur le photographe brésilien Alécio d'Andrade. Cortázar y signale que la ville « ne nous sera révélée qu'au terme d'une tenace fidélité, quand elle saura que nous ne l'avons pas vécue pour la vivre, que nous ne l'avons pas parcourue par routine[19] ». Abandonner la routine constitue le premier pas pour nous rendre attentifs aux micro-révélations quotidiennes.

L'idée du voyage comme quête identitaire occupe aussi un rôle déterminant dans *Los Autonautas de la cosmopista*. Si, cette fois-ci, le but de l'expédition consiste à porter un regard « étranger » sur le quotidien, les protagonistes doivent vite se rendre à l'évidence qu'ils n'avaient jamais « vraiment regardé l'autoroute » (« *mirado verdaderamente la autopista* ») (*LAC*, p. 37). Sur un ton ludique, les écrivains se proposent ici de subvertir le modèle du journal de bord et ses clichés[20]. Or, déjà, dans un texte de 1950 Cortázar aborde la question du voyage et de son lien paradoxal avec l'inconnu mais aussi avec ce qui est le plus enraciné en nous :

> Le plaisir de voyager ne naît pas tant d'une entrée dans l'inconnu que du refus de l'habituel, ce qui dépasse le géographique et fait déjà partie de nous[21].

Si l'envie d'échapper à l'habituel fait souvent le plaisir du voyage, *Los Autonautas* propose, au contraire, un déplacement au cœur d'un espace ordinaire. L'organisation du temps en fonction d'un programme de vie rigoureux éloigne ce texte de la littérature de voyages classique ainsi que du modèle du tourisme, un sujet littéraire central à partir du XIXe siècle[22].

19 J. Cortázar, « Paris ou la vocation de l'image » (extraits), trad. par Fr. Campos-Timal, *Europe*, 92e année, n° 1020, Paris, avril 2014, p. 198 [1981].

20 Cette définition correspond à la notion de « *travel writing* » proposée par J. Forsdick dans son article : « Projected Journeys. Exploring the Limits of Travel », in *The Art of the Project*, *op. cit.*, p. 51-63.

21 « *El placer de viajar no nace tanto del ingreso en lo desconocido como del rechazo de la circunstancia habitual, lo que excede lo geográfico y forma ya parte de nosotros* ». Julio Cortázar, *Diario de Andrés Fava* (rédigé pour *El Examen* en 1950, 1re éd. 1986), 2e éd., Buenos Aires, Aguilar/Altea/Taurus/Alfaguara, 2013, p. 81.

22 *Cf.* J. Forsdick, art. cité, p. 53.

À propos de la nature des voyages, Patrick Holland et Graham Huggan expliquent qu'avant d'être l'accomplissement d'« une réalité spatiale », tout voyage est d'abord une idée, une image ou un projet, « une dimension de l'esprit au regard de laquelle les mobiles avancés font figure de rationalisations secondaires[23] ». Le voyage se trouve, en ce sens, moins liée à un phénomène spatial qu'à l'apparition d'une disposition particulière dans l'esprit des voyageurs.

En ce sens, les motifs du voyage de *Los Autonautas* se révèlent être moins ludiques et innocents que les auteurs ne semblent vouloir. On apprend déjà dans les « prolégomènes » que l'un des objectifs du voyage est d'échapper aux démons et aux « forces obscures » qui menacent les vies des protagonistes. Le lecteur découvre ainsi que : « quatre ans après avoir essayé de s'emparer de l'Oursine, les forces obscures se sont lancées, sauvages et indomptables, sur le Loup » (« *a cuatro años justos de haber intentado apoderarse de la Osita, las fuerzas oscuras se lanzaron, salvajes e implacables, sobre el Lobo* ») (*LAC*, p. 42). Il s'agissait d'« une époque de tourbillons néfastes » (« *una época de torbellinos nefastos* »), dans laquelle les protagonistes « avaient été sur le point de perdre leurs respectives humanités » (« *habían estado a punto de dejar sus respectivas humanidades* ») (*LAC*, p. 29). Le jeu doit dès lors être pris au sérieux puisqu'il vise à opérer un retour des protagonistes vers eux-mêmes. Paradoxalement, la fragilité du corps renforce l'esprit d'aventure des expéditionnaires. Les narrateurs, s'identifiant alternativement à Cortázar et à Dunlop, signalent à plusieurs reprises la portée de ces dangers : « Sache, pâle lecteur, que chaque fois que l'on s'abstient délibérément de mourir, une véritable naissance en résulte » (« *Sabe, pálido lector, que cada vez que uno se abstiene deliberadamente de morir, resulta de eso un verdadero nacimiento* ») (*LAC*, p. 34). La maladie de Julio est alors vécue comme un « avertissement » : « ne pas vivre sa vie en ce qu'elle a de plus *réel* est un crime, non seulement envers soi même, mais aussi envers les autres » (« *no vivir su vida en lo que tiene de más real es un crimen, no sólo con respecto a uno mismo, sino a los otros* ») (*LAC*, p. 43).

Le lecteur apprend seulement à la fin du livre le tournant tragique de leur histoire d'amour. Après la maladie de Julio, c'est finalement

23 P. Holland et G. Huggan, *Tourist with Typewriters* (1998, p. 61-62), cité par J. Forsdick, art. cité, p. 53.

Carol qui s'en va, laissant à son compagnon la tâche de donner forme au livre qui consigne leurs aventures. Tout en documentant le déroulement de l'expérience, ce journal de bord présente donc l'œuvre à la fois comme un *work in progress* et comme le dernier témoignage de leur histoire d'amour.

PARCOURS CONTRAINTS

L'espace urbain devient aussi un terrain d'expérimentation grâce à la pratique des parcours contraints ou « *obligés* », un motif récurrent chez nos écrivains. En ce sens, Richard Long présente la marche comme une forme d'art et signale qu'elle lui permet d'« explorer les rapports entre temps, distance, géographie et dimensions[24] ». L'enregistrement et la description des promenades sous différents formats – cartes, photographies ou œuvres-textes – « nourrissent l'imagination, sont la distillation de l'expérience[25] ». Ces itinéraires plus ou moins programmés incarnent, d'ailleurs, des modèles pour un ensemble d'« écrivains promeneurs » dont les œuvres vont éclore tout au long des années 1990[26]. Un trait partagé dans ces œuvres est leur dimension pragmatique, voire performative qui, sous la forme d'injonctions, propose aux lecteurs des « instructions », « modes d'emploi » ou « travaux pratiques » pour s'approprier leur environnement.

Chez Perec, les « Travaux pratiques » d'*Espèces d'espaces* incarnent un modèle privilégié des protocoles à suivre afin de faire l'apprentissage du regard infra-ordinaire. On y lit :

24 Pour d'autres études sur la pratique de la marche voir T. Davila, *Marcher, créer. Déplacements, flâneries, dérives dans l'art de la fin du XXe siècle*, Paris, Éditions du Regard, 2002 et *Les Figures de la marche, un siècle d'arpenteurs de Rodin à Neuman* (Exposition, Antibes, Musée Picasso), Réunion des musées nationaux, 2000 ; ou K. O' Rurke, *Walking and Mapping : Artists as Cartographers*, Cambridge Massachusetts, London, England, MIT Press, 2013.

25 *Ibid.*

26 D. Viart et B. Vercier, « Écrire le réel », in *La littérature française au présent : héritage, modernité, mutations*, Paris, Bordas, 2008, p. 378. Viart cite, par exemple, les travaux de Jean Rollin (*Zone*, 1995), de Jacques Réda (*Le Méridien de Paris*, 1997) ou de Denis Tillinac (*Boulevards des Maréchaux*, 2000).

> Observer la rue, de temps en temps, peut-être avec un souci un peu systématique.
> S'appliquer. Prendre son temps
> Noter le lieu [...]
> L'heure [...]
> La date [...]
> Le temps [...]
> Noter ce que l'on voit (*EE*, p. 100)

Observation, prise en compte des repères spatio-temporels, notation ; les champs lexicaux de la vision et de la durée constituent les pôles principaux de ces travaux pratiques. Comment, en effet, observer le quotidien, comment « voir plus platement » si, comme le souligne le narrateur d'*EE*, « on n'a encore rien regardé, on n'a fait que repérer ce que l'on avait depuis longtemps repéré » (*EE*, p. 101). Les promenades dans la ville et la passion pour la flânerie occupent ainsi une place centrale dans l'autoportrait de l'écrivain qui se dessine en creux dans *EE*. Le narrateur y explique : « J'aime marcher dans Paris. Parfois pendant tout un après-midi, sans but précis, pas vraiment au hasard, ni à l'aventure, mais en essayant de me laisser porter » (*EE*, p. 124). Ces contraintes peuvent être plus ou moins rigides, Perec peut ainsi décider de prendre « le premier autobus qui s'arrête (on ne peut plus prendre les autobus au vol) » ou il peut préparer « soigneusement, systématiquement, un itinéraire » (*EE*, p. 124).

Les parcours contraints apparaissent aussi dans le recueil *Perec/rinations* (1997). Perec y analyse différentes « manières de se promener dans Paris » et explique qu'on peut « se fixer des buts précis, ou aller à la dérive ; on peut vouloir, un guide à la main, explorer systématiquement un quartier, ou bien prendre le premier autobus qui passe[27] ». De même, les itinéraires peuvent se composer à partir de règles arbitraires comme, par exemple, celle qui consisterait à emprunter « exclusivement des rues dont les noms commenceraient par la même lettre, ou suivraient l'ordre alphabétique, ou évoqueraient une chronologie particulière[28] ». On pourrait aussi, comme Perec le propose dans *EE* : « essayer de calculer, en s'aidant de cartes et de plans adéquats, un itinéraire qui permettrait de prendre successivement tous les autobus de la capitale » (*EE*, p. 130). Proche de la poétique du quotidien de Raymond Queneau dans *Courir*

27 G., Perec, « Enrichissez vos itinéraires », in *Perec/rinations*, Paris, Zulma, 1997, p. 12.
28 *Ibid.*

les rues[29] (1967), Perec exalte l'imprévisibilité de la rue mais diminue la place que le hasard occupait chez les surréalistes. L'auteur propose alors, dans le sillage de Queneau, des manières de « lire les rues » : « Lire ce qui est écrit dans la rue : colonnes Morris, kiosque à journaux, affiches, panneaux de circulation, graffiti, prospectus jetés à terre, enseignes des magasins » (*EE*, p. 102). D'autres stratégies mises en œuvre dans ce texte consistent également en des descriptions de la rue, en des classements des gens, des voitures, des immeubles. Dans le continuum urbain, la seule manière d'observer consiste à trouver des exemples concrets, des détails microscopiques et des exceptions attirant notre attention par rapport aux constantes du routinier.

Par ailleurs, ce n'est pas un hasard si l'image d'un Paris souterrain revient dans l'œuvre de Perec, de la description des entrailles souterraines de l'immeuble de *La Vie mode d'emploi* jusqu'aux « travaux pratiques » d'*Espèces d'espaces.* Dans ce dernier, le narrateur propose, par exemple, de « s'efforcer de se représenter, [...] sous le réseau des rues, l'enchevêtrement des égouts, le passage des lignes de métro, la prolifération invisible et souterraine des conduits » (*EE*, p. 105). Il s'agit d'aller « en dessous, juste en dessous, ressusciter l'éocène » (*EE*, p. 105), même si cette activité ne produit rien, même si elle ne manifeste aucune utilité pratique.

Enfin, les parcours contraints sont aussi une pratique récurrente chez Cortázar qui se sert de l'espace du métro, à Paris et à Buenos Aires, afin d'expliciter ses règles « du jeu ». Dans des textes comme « Manuscrit trouvé dans une poche », « Cou de petit chat noir » ou « Texte sur un carnet », le métro est décrit comme suit :

> Un plan de métro de Paris enserre dans son squelette mondrianesque, dans ses branches rouges, jaunes, bleus, et noires, une surface vaste mais limitée de tentacules étendus, et cet arbre est vivant vingt heures sur vingt-quatre, une sève tourmentée le parcourt à ces fins bien précises[30].

---

29 Reprenons, par exemple un extrait de la « Prière d'insérer » de ce recueil de poésie : « Ceci n'est pas un recueil de poèmes, mais le récit d'allées et venues dans un Paris qui n'est ni le "Paris mystérieux", ni le "Paris inconnu" des spécialistes. Il n'y est question que de petits faits quotidiens, des pigeons, du nom des rues, de touristes égarés : une sorte de promenade idéale dans un Paris qui ne l'est pas, une promenade qui commencerait à la Pentecôte et finirait à la Toussaint, avec les feuilles mortes ». R. Queneau, *Courir les rues / Battre la campagne / Fendre les flots* (1967), Paris, Gallimard, 1989, p. 10-11. Cité dans la « Préface » de C. Debon.

30 « *Un plano del metro de París define en su esqueleto mondrianesco, en sus ramas rojas, amarillas, azules y negras una vasta pero limitada superficie de subtendidos seudópodos : y ese árbol está vivo veinte horas de cada veinticuatro, una savia atormentada lo recorre con finalidades precisas* ».

Comparé à un arbre plein de branches ou à un monstre à tentacules, le réseau du métro contient des possibilités presque incalculables de combinaisons. Dans « Manuscrit… », le métro inaugure l'espace d'un jeu dont la règle « était maniaquement simple, belle, stupide et tyrannique » (« *era maniáticamente simple, era bella, estúpida y tiránica*[31] »). Par exemple, si l'on trouve une femme plaisante assise pas loin de nous, il s'agira de regarder son reflet dans la vitre en attendant que son regard croise le nôtre. Nous devons ensuite imaginer son itinéraire et le respecter jusqu'au bout. Le narrateur n'est pourtant pas autorisé à suivre une femme si le hasard veut que son itinéraire ne corresponde pas à celui qu'il avait imaginé.

« Texte sur un carnet », en revanche, fait du métro de Buenos Aires entre 1946 et 1947 le lieu de rencontre d'une communauté étrange qui habite ces profondeurs et y circule en suivant une série de protocoles de déplacement rigoureux. Le narrateur de cette nouvelle mène une enquête sur la vie de ces gens au sein de « l'Anglo ». Il se rapproche alors d'un détective qui, se concentrant sur l'observation des faits, éliminerait une à une les fausses hypothèses jusqu'à la résolution de l'énigme. Il s'efforce de connaître leurs ruses pour éviter de se faire expulser vers le dehors. Dans ces textes, la scène souterraine agit ainsi comme un envers de la vie ordinaire avec ses « enchaînements stupides d'une logique quotidienne » (« *cadenas estúpidas de una causalidad cotidiana*[32] »), elle devient le lieu d'un hasard contrôlé.

Plutôt qu'à des parcours contraints, *TELP* et *LAC* nous confrontent à une série de protocoles qui visent à délimiter le temps et l'espace de l'expérience. Davantage conçues comme des « projets » que comme des textes, ces deux expériences supposent des contraintes temporelles, dans le sens de la durée et de la fréquence, et des contraintes spatiales qui délimitent des itinéraires précis tout en transformant notre perception des décors quotidiens. En même temps, ces œuvres-projets privilégient la quête d'un temps ralenti, régulier, soumis aux cycles répétitifs du journalier. Maîtriser et réguler cette temporalité quotidienne, l'intégrer à un régime d'existence devient ainsi une des préoccupations centrales des auteurs. Fondamentalement faite de répétitions, la temporalité

Cf. J. Cortázar, « Manuscrito hallado en un bolsillo » (« Manuscrit trouvé dans une poche »), in *Octaedro*, Madrid, Alianza, 1974, p 54 / *Octaèdre*, trad. de L. Guille-Bataillon, Paris, Gallimard, 2003, p. 49 [1976].

31 *Ibid.*

32 J. Cortázar, « Manuscrito hallado en un bolsillo », in *op. cit.*, p. 49.

quotidienne assume la forme de la périodicité et souligne les coïncidences entre le temps calendaire et le temps historique : les mêmes choses se succèdent hier, aujourd'hui et demain. Dans cette optique, tout changement devient uniquement perceptible depuis le prisme de la longue durée qui crée l'impression d'une « patine du temps[33] ».

Concentrons-nous, par la suite, sur les changements qui se produisent avec le passage de l'ethnographie traditionnelle à l'ethnographie « de proximité ». Tout en refusant l'exotique et l'étranger, *TELP* et *LAC* revendiquent un regard dépaysant porté sur les choses ordinaires. L'attitude ethnographique des narrateurs se déplace ainsi de l'« autre », l'étranger ou le dehors vers le paysage de notre quotidienneté. De même, par son éloge de la lenteur et de l'attente ces textes fournissent des modèles pionniers de l'importation littéraire des méthodes issues de l'ethnographie de proximité.

AVENTURES DU RIEN

> « *Just emptiness. Nothing seems to me the most potent thing in the world.* »
> Carl ANDRE et Robert BARRY, *Arts Magazine*, n° 47, 1972.

Selon l'anthropologue Jean Bazin, la création d'une distance est une des conditions de possibilité de la connaissance ethnographique. Cependant, cette distance peut aussi être interprétée comme un changement dans l'économie de notre attention, dans l'« ensemble des conditions et des opérations qui contribuent à [...] rendre non familier un monde quelconque[34] ». Il n'y aurait pas, en ce sens, de véritable différence

33 *Cf.* B. Bégout, *La Découverte du quotidien*, Paris, Éditions Allia, 2005, p. 456.

34 J. Bazin, « Interpréter ou décrire. Notes critiques sur la connaissance anthropologique », in *Une école pour les sciences sociales. De la VIe section à l'École des hautes études en sciences sociales* [J. Revel et N. Wachtel éd.], Paris, Éditions du Cerf-EHESS, 1996, p. 402.

épistémologique entre l'ethnographie « du proche » et celle, traditionnelle, « du lointain ». Selon l'argumentation de Bazin, « [i]l suffit d'un déplacement minime et occasionnel » pour qu'« [...] une activité qui m'est ordinairement familière [...] me devienne sinon énigmatique du moins assez étrange pour pouvoir faire l'objet d'une description[35] ». En effet, le fait que l'observateur connaisse les gestes d'une certaine pratique familière n'implique pas pour autant qu'il comprenne le véritable sens de la situation. Par un geste de déplacement, à la fois du centre d'intérêt et de la cible de son regard, l'ethnographe de proximité se concentre sur ce qui, à force d'être considéré comme connu et évident, devient invisible.

En outre, si l'ethnologie traditionnelle trouve son objet d'étude dans l'ailleurs et dans l'exotique, l'ethnologie de proximité vise une « re-potentialisation exotique de l'Ici-Maintenant[36] ». Ce rapatriement de l'enquête ethnologique de l'altérité vers le chez soi suppose une inversion de la démarche infra-ordinaire de Perec[37]. En effet, « exotiser l'endotique[38] » implique une prise de position consistant à rendre le familier étrange. Dans son entretien avec Franck Venaille, Perec se demande à ce propos : « Est-ce qu'on pourrait construire quelque chose qui serait informé, disons, par l'ethnologie contemporaine, par l'exploration de l'espace, par des choses comme ça[39] » ?. Comme le souligne Georges Condominas, ethnologue avec qui l'auteur a collaboré notamment pour le documentaire *Aho ou les hommes de la forêt*[40] *!* (1975), la démarche ethnographique prend des détours autobiographiques chez Perec. Les ancrages et les « encryptages » biographiques s'inscrivent ainsi, de manière oblique, dans ses explorations ethnographiques du quotidien[41].

---

35 *Ibid.*, p. 410.

36 J-D. Urbain, *Ethnologue mais pas trop*, Paris, Payot & Rivages, 2006, p. 74.

37 Pour une analyse de cette nouvelle économie de l'attention chez Perec voir M. Heck, « "L'infra-ordinaire", une poétique du regard », *Europe*, vol. 90, n° 993-994, Paris, janvier-février 2012, p. 62-70 et « Pour un Perec politique », in *Relire Perec*, *op. cit.*, p. 73-88.

38 *Ibid.*

39 G. Perec, « Le travail de la mémoire », in *EC.*, vol. II, *op. cit.*, p. 57.

40 *Cf.* Commentaire de l'auteur pour le film de Daniel Bertolino et François Floquet Productions Via Le Monde. Montréal, Canada. Tapuscrit dans le Fonds Georges Perec, côte 22.8.20 0210, BD 1.

41 *Cf.* G. Condominas : « Ethnologie mode d'emploi », *Cahiers Georges Perec*, n° 4, *Mélanges*, Paris, Ed. du Limon, 1990, p. 69-74. Condominas propose dans cet article un panorama des divers versants que l'envie ethnographique acquiert dans l'œuvre de Perec, du personnage de l'anthropologue incompris Marcel Appenzzell de *La Vie mode d'emploi* qui fait de l'ethnologie un « mode de vie », en passant par le versant ethnographique de la

En outre, si la possibilité de saisir les nuances du « rien » parcourt la pensée de l'infra-ordinaire, cette problématique est aussi un sujet privilégié de l'art contemporain. Dans son ouvrage *De l'infra-mince. Brève histoire de l'imperceptible de Marcel Duchamp à nos jours*, Thierry Davila propose un parcours autour de ces œuvres d'art du XXe et du XXIe siècle lesquelles, toujours à l'aide de protocoles singuliers, sont traversées par l'ambition de « parcourir l'imperceptible, [d]'en faire l'expérience[42] ». En effet, tout un pan de l'art contemporain depuis Duchamp s'attache à explorer les manières les plus ténues et minces de percevoir les différences, les moindres variations au sein d'un système. Suivant la réflexion de Davila, il s'agit pour ces formes d'art d'« ouvrir le sensible à un devenir labile et subtil par la détermination d'un seuil de perceptibilité qui est aussi un seuil possible de disparition du donné, l'exposer à une manière de finesse par un travail de nuances et de variations infinitésimales[43] ».

Dans une étude sur les faibles intensités dans le domaine artistique, Vincent Broqua reprend des notions telles que l'« infra-mince » de Duchamp ou celle du *punctum* barthésien pour réfléchir à la manière dont certains artistes cherchent à produire des effets par le biais de la pure soustraction. L'infra-mince de Duchamp vise à saisir les différences minuscules qui se produisent dans les choses et les modifient en une « seconde d'intervalle[44] » par la disparition ou l'ajout de petits riens. Considéré à travers ce prisme, l'infra-ordinaire cherche aussi à rendre perceptibles les détails anodins que Barthes nomme, à propos de la photographie, le *punctum*[45]. « *Voir* » le rien implique donc de le singulariser en distinguant l'instant éphémère de son apparition de celui de son imminente disparition.

Proche du *punctum* de Barthes, la notion d'« infra-mince » de Duchamp nous confronte à la perception de l'imperceptible. Duchamp signale dans ses notes : « le possible impliquant le devenir – le passage de l'un

---

sociologie d'un livre comme *Les Choses*, jusqu'au savoir-faire de l'ethnologue imité lors des prises de notes qui font partie du projet inabouti *Lieux*.

42 T. Davila, « Conclusion : l'invention de l'infra-mince », in *De l'inframince. Brève histoire de l'imperceptible, de Marcel Duchamp à nos jours*, Paris, Éd. du Regard, 2010, p. 271.

43 T. Davila, « Introduction », in *De l'inframince*, *op. cit.*, p. 20.

44 R. Barthes « Qu'est-ce que l'écriture ? », art. cité, p. 14.

45 R. Barthes, *La Chambre claire* (1980, p. 87). *Cf.* V. Broqua, *À partir de rien : esthétique, poétique et politique de l'infime*, Paris, Michel Houdiart, 2013, p. 8-10.

à autre a lieu dans l'infra-mince[46] ». L'infra-mince semble avoir lieu dans l'instant fragile qui sépare le possible de l'actuel ou de l'effectif. De même, la notion de « neutre » telle qu'elle est théorisée par Barthes se situe dans la continuité des travaux de ces artistes du « rien ». Selon Broqua, il s'agit d'un « neutre qui, à force d'accumulation, s'est constitué en figure d'apparition positive, comme les élevages de poussière de Duchamp photographiés par Man Ray[47] ».

Cette aporie du regard qui s'efforce de percer les apparences avait déjà été abordée dans *Espèces d'espaces* où on lisait : « Lorsque rien n'arrête notre regard, notre regard porte très loin. Mais s'il ne rencontre rien, il ne voit rien » (*EE*, p. 159). En effet, faute d'obstacles, de quelque chose qui s'interpose entre l'espace et notre vue, le regard perd de sa force et devient aveugle. Au départ, il n'y a pas grande chose : « du rien, de l'impalpable, du pratiquement immatériel : de l'étendue, de l'extérieur, ce qui est à l'extérieur de nous » (*EE*, p. 13). Or, comment penser le rien « sans automatiquement mettre quelque chose autour [...] une pratique, une fonction, un destin, un regard, un besoin, un manque, un surplus... ? » (*EE*, p. 67). Malgré nos efforts, les tentatives de décrire et de conceptualiser le vide font souvent de lui un synonyme de l'inutile, voire de l'inutilisable.

Or, comment transformer l'activité *a priori* passive de l'observation en une manière de faire ? Chez Cortázar et Perec, cet apprentissage du regard myope, voire microscopique va de pair avec le développement d'une certaine posture caractérisée par la lenteur, l'attente et les cadences longues et sans sursauts. Dans un monde marqué par la vitesse, ces écrivains font un éloge des vertus passives. Même si ces modes de vie contemplatifs semblent *a priori* dénués d'une dimension créative, l'attente et la contemplation deviennent chez eux des outils capables de transformer la valeur des choses banales. Une des questions récurrentes dans ces textes porte sur la façon de réussir, par la seule répétition de gestes familiers, à saisir ces manifestations du vide ou du « presque rien » ? Cette contemplation désintéressée du monde repose sur une esthétique des vertus passives. Certes, des postures comme l'ataraxie, l'acédie, l'érémitisme ou l'indifférence peuvent devenir des facteurs de déstabilisation d'une attention paralysée.

46 M. Duchamp, *Notes* (p. 21). Cité par V. Broqua, *op. cit.*, p. 12.
47 *Ibid.*.

Les petites différences qui émergent dans le flux du quotidien peuvent alors être analysées à partir de l'idée d'« insistance » de Gertrude Stein. Selon l'autrice, « quel que soit le nombre de fois où vous racontez la même histoire, s'il y a quelque chose de vivant dans la manière de la raconter, l'accent est différent[48] ». Même quand on se propose de se répéter, l'« insistance » est à chaque fois différente, et de ce fait la répétition – au sens du retour du même – n'est strictement pas possible. Investis en ethnographes du proche, le pari de nos écrivains consiste alors à trouver des techniques pour rendre perceptibles ces variations infimes, ces « presque-rien » qui constituent le point de départ de l'expérience quotidienne.

Par ailleurs, l'idéal d'une écriture capable de saisir le réel à la manière d'un appareil photographique est la cible des projets de Perec et Cortázar. Or, l'écriture plate n'équivaut pas à une absence de style mais plutôt à un désir de rendre invisibles les mécanismes subjectifs qui interviennent dans l'écriture. Comme le signale Roland Barthes dans *Le Degré zéro de l'écriture*, dans toute forme littéraire il y a le choix « d'un ton, d'un éthos » à partir duquel « l'écrivain s'individualise clairement parce que c'est ici qu'il s'engage[49] ». Le choix d'un ton neutre implique donc d'assumer un éthos particulier.

DOCUMENTATION ET ENREGISTREMENT DU PRÉSENT

Parmi les techniques littéraires d'enregistrement du présent utilisées par nos écrivains, la notation – comprise comme l'énonciation et la mise par écrit de faits de nature visuelle – et la transcription – le « prélèvement d'énoncés préalablement entendus ou lus avant d'être recopiés[50] » – occupent un rôle essentiel. Dans ses écrits des années 1970, Barthes réfléchit à la « *notatio* », ce procédé situé « à l'intersection problématique d'un fleuve de langage » – indissociable du flux de la « vie » – et du

48 *Cf.* G. Stein, « Portraits and Repetition », in *Stein. Writings 1932-1946*, USA, Penguin, 2001, p. 288 [Notre traduction].

49 R. Barthes « Qu'est-ce que l'écriture ? », in *Le Degré zéro de l'écriture*, *op. cit.*, p. 14.

50 *Cf.* M.-J. Zenetti, *Factographies. L'enregistrement littéraire à l'époque contemporaine*, Paris, Classiques Garnier 2014, p. 55-60.

geste de « marquer[51] ». Cette technique reste ainsi liée aux formes brèves qui rapportent des micro-événements et des perceptions subtiles avec la plus grande simplicité stylistique.

Dans le sillage de Barthes, la notation semble indissociable du romanesque compris comme un « mode de notation, de fragmentation du réel quotidien », capable de transformer l'intensité de nos perceptions. Le « *moment* romanesque » est donc comparé à « un morceau de vie » qui serait à peine suffisant pour être noté ou remémoré, « une "bouffée" de réel, hors signification, captée plutôt que produite, pas encore transformée en matériau de roman[52] ». D'un point de vue formel, le romanesque s'associe également à des discours qui ne sont pas « structuré[s] selon une histoire » dans le sens chronologique du terme. Selon les mots de Barthes, il s'agit d'« un mode de notation, d'investissement, d'intérêt au réel quotidien, aux personnes, à tout ce qui se passe dans la vie[53] », d'un discours sur tout ce « qui peut être à peine noté[54] ».

Parmi les genres qui seraient les plus perméables à cette pratique, Barthes distingue celui des « incidents », celui des « chroniques » et celui du « journal » personnel ou intime. Ces genres partagent le désir de saisir l'instant éphémère, des petites situations où l'intrigue narrative est minimale ou bien inexistante. Ils ne répondent ainsi à aucune fonction au-delà de ce que Barthes nomme le « vertige de la notation ». Ils s'éloignent des « impératifs structuraux de l'anecdote (fonctions et indices) » et ne sont pas soumises à des choix esthétiques ou rhétoriques. Par le biais de la notation, ces petits genres littéraires deviennent de véritables instruments « présentistes », selon la notion de Hartog. Examinons par la suite le cadre spatial et temporel qui détermine le contour de ces expériences.

---

51 R. Barthes, *La Préparation du roman I et II. 1978-1979 et 1979-1980*, Paris, Seuil, IMEC, 2003, p. 46.

52 *Cf.* M. Macé, *Le Temps de l'essai*, Paris, Ed. Belins, 2006, p. 255. Nous soulignons.

53 R. Barthes, *Œuvres Complètes*, tome II, Paris, Seuil, 1994, p. 327.

54 R. Barthes, « Pierre Loti : *Aziyadé* », in *Œuvres Complètes*, *op. cit.*, p. 1402-1403.

TENTATIVE D'ÉPUISEMENT D'UN LIEU PARISIEN : LE VOYAGE IMMOBILE

La première publication de *TELP* date de 1975, dans un numéro de la revue *Cause commune* intitulé le *Pourrissement des sociétés*[55] (n° 1/1975). Ce texte va de pair avec les questionnements sur la vie quotidienne de référents théoriques comme Henri Lefebvre, Maurice Blanchot ou Marcel Mauss avec leurs études sur l'anthropologie descriptive[56]. « Que faisons-nous d'une de nos journées banales ? » : l'entreprise de *TELP* pourrait bien être envisagée comme une réponse à ce problème postulé par Lefebvre. Comme le signale Howard Becker, à travers une accumulation quelque peu exorbitante de détails, les textes de « Choses communes » documentent et décrivent diverses facettes de la vie commune de toute une génération[57]. Dans le sillage de ces penseurs, le Perec de l'infra-ordinaire conçoit l'urbain comme un enjeu politique de premier ordre. Son principal pari consiste à affirmer que c'est seulement en analysant et en améliorant la compréhension des échanges sociaux que l'art peut trouver des antidotes efficaces contre l'aliénation quotidienne.

D'un point de vue générique, *TELP* se situe au croisement du journal factuel, de la chronique en temps réel et des « incidents » au sens barthésien du terme, *i. e.* des formes brèves engagées dans l'enregistrement et dans la notation du présent. Conçu comme un journal de bord qui documente le déroulement de l'expérience, les comportements des gens, les habitudes des passants et tout ce qui fait partie de l'environnement urbain, *TELP* constitue l'exemple le plus abouti de cette ethnologie du proche visée par Perec dans « Choses communes ». Dans la version

55 Perec fait parti du comité éditorial de cette revue avec le philosophe Paul Virilio et le sociologue Jean Duvignaud. Pour plus d'information sur la participation de Perec à cette revue, voir le chapitre 1 de la présente étude. Une édition indépendante de *TELP* apparaît, d'ailleurs, en 1982.

56 Par exemple, « Les techniques du corps » semble avoir aiguisé la pensée de Perec et contribué à la mise en forme d'une technique et d'un lexique d'approche. Mauss sera ainsi cité dans « Lire : esquisse socio-physiologique » et dans *Espèces d'espaces* (*cf. EE*, p. 29). Pour une analyse des apports de l'« ethnographie descriptive » chez Perec voir D. Schilling, *Mémoires du quotidien*, *op. cit.*, p. 61 et 180.

57 *Cf.* H. Becker, « Sociologie, sociographie, Perec et Passeron », in *Paroles et musiques*, Paris, L'Harmattan, coll. « Logiques sociales », 2003.

radiophonique postérieure intitulée *Tentative de description des choses vues au Carrefour Mabillon le 19 Mai 1978*, Perec enregistre six heures de descriptions de tout ce qu'il voit à travers la fenêtre d'une voiture de la radio. De la même façon, *TELP* se propose d'enregistrer l'infra-ordinaire et tout ce qui reste inchangé dans un espace restreint pendant trois jours.

Ce « travail de terrain » visant à décrire et à noter tout ce que l'auteur observe depuis différents emplacements place Saint-Sulpice se déroule ainsi les 18, 19 et 20 octobre 1974, du vendredi au dimanche. Le texte final est constitué de neuf prises d'écriture « directes » qui créent un effet de simultanéité entre le temps de l'observation et celui de la rédaction. En outre, ces enregistrements, prélevés à partir de différents postes d'observation – trois cafés situés dans des endroits différents et un banc situé en plein milieu de la place –, correspondent à des durées qui vont d'une cinquante de minutes, dans le cas de la dernière, jusqu'à deux heures et demie pour ce qui est de la septième[58].

Perec oppose à la tradition des récits de voyage une épreuve d'immobilité qui consiste en un apprentissage du regard et de l'attention. *TELP* déjoue, en ce sens, les stéréotypes des récits ethnographiques classiques et se propose d'observer le familier en simulant le regard distancié d'un étranger[59]. Ce texte rejoint sur ce point les « Travaux pratiques » d'*Espèces d'espaces*. En effet, l'auteur y explique la méthode qui lui permet de regarder et de parcourir l'espace « [j]usqu'à ce que le lieu devienne improbable jusqu'à ressentir, pendant un très bref instant, l'impression d'être dans une ville étrangère », ou mieux encore, jusqu'à devenir nous-mêmes étrangers, jusqu'à ce que « l'on ne sache même plus que ça s'appelle une ville, une rue, des immeubles, des trottoirs… » (*EE*, p. 105). Une technique similaire consistant à porter le regard sur un détail insignifiant est également suggérée dans *TELP*. Par exemple, il s'agira d'observer « la rue Férou […] pendant suffisamment de temps (une à deux minutes) » pour imaginer « que l'on est à Étampes ou à Bourges, ou même quelque part à Vienne (Autriche) où je n'ai d'ailleurs jamais été » (*TELP*, p. 49-50). Il s'agit de reproduire le sentiment que nous pouvons éprouver dans des villes étrangères dont on garde « le souvenir […] de notre indécision, de nos pas hésitants,

58 *Ibid.*, p. 118.

59 Pour une analyse plus détaillée des rapports de Perec à l'ethnographie, voir G. Condominas, « Ethnologie mode d'emploi », art. cité.

de notre regard qui ne savait vers quoi se tourner et que presque rien suffisait à émouvoir » (*EE*, p. 125).

Jouant sur l'idée du tourisme, l'auteur propose ironiquement une autre méthode : « Plutôt que visiter Londres, rester chez soi, au coin de sa cheminée et lire les irremplaçables renseignements que fournit le Baedeker (édition de 1907) » (*EE*, p. 127). Dans un clin d'œil aux lectures enfantines et notamment au personnage de Passepartout de Jules Verne, Perec décrit une autre stratégie qui consiste à faire comme une certaine « race d'Anglais qui font visiter par leur domestique les pays qu'ils traversent » (*EE*, p. 127).

Dans un hommage publié dans *L'Arc*, Paul Virilio reprend une célèbre citation de Paul de Tarse : « Ce monde tel que nous le voyons est en train de passer ». Cette citation illustre la profonde peur de l'oubli et de la déperdition qui marque l'œuvre de Perec, mais qui devient aussi une inquiétude récurrente tout au long des années 1970 en France[60]. Le désir de conserver des traces du présent est une des problématiques perecquiennes qui reviennent fréquemment dans *Cause commune.* Dans un article paru dans le numéro cinq de la revue en 1973, Virilio revient sur l'obsession que cette époque montre envers la préservation de l'immédiat et le présent fuyant et observe le danger des « faux inhabituels », ces grands événements racontés et transmis par les médias, qui nous empêchent de mieux regarder et comprendre le quotidien. Selon le philosophe, cet « empaysement dans l'infra-ordinaire » implique de « regarder à côté, toujours à côté, rejeter la fixité de l'attention, dériver de l'objet au contexte, échapper à l'origine des habitudes : l'accoutumance[61] ». Du présent des années 1960 qui fait la toile de fond des *Choses*, en passant par le présent neutre d'*Un homme qui dort*, jusqu'aux quelques secondes qui précèdent la mort de Bartlebooth cristallisant la totalité du temps de *La Vie mode d'emploi*, la volonté de laisser un registre du présent parcourt l'œuvre de Perec.

Tandis que la première journée de *TELP* est consacrée à repérer les uniformités qui font le « tissu » invisible du quotidien, la deuxième est plutôt orientée vers la mise en évidence des différences. Dans un milieu hautement uniforme, le narrateur se lance ainsi « À la recherche d'une différence » (*TELP*, p. 35). Il se demande alors : « Par rapport à la veille,

60 *Cf.* P. Virilio « La défaite de faits », *Cause commune*, 2e année, n° 5, février 1973.

61 *Ibid.*, p. 4.

qu'y a-t-il de changé ? Au premier abord, c'est vraiment pareil » (*TELP*, p. 33). La répétition est certes moins repérable que la nouveauté. Comme dans le cas des « travaux pratiques » d'*EE*, le narrateur regrette le fait que « (malgré soi, on ne note que l'insolite, le particulier, le misérablement exceptionnel : c'est le contraire qu'il faudrait faire) » (*EE*, p. 100). *TELP* s'attarde sur cette difficulté à percevoir le temps lorsqu'« il ne se passe rien, en somme/ Du temps passe » (*EE*, p. 104). En ce sens, l'ordinaire entraîne un effet de « lassitude de la vision » et une « curiosité inassouvie » (*TELP*, p. 38). Le pari consiste alors à « ne pas voir les seules déchirures, mais le tissu », même si le narrateur se demande : « mais comment voir le tissu si ce sont seulement les déchirures qui le font apparaître » (*TELP*, p. 38). Cet apprentissage du regard exige également une « vocation morale » et une discipline consistant à « donner à voir, [à] demander aux gens de regarder, peut-être différemment, ce qu'ils sont habitués à voir[62] ». Suivant les principes des « travaux pratiques » : « Il faut y aller plus doucement, presque bêtement. Se forcer à écrire ce qui n'a pas d'intérêt, ce qui est le plus évident, le plus commun, le plus terne » (*EE*, p. 100). L'écriture doit se faire lente afin de saisir les rythmes récurrents, comme par exemple ceux du passage des autobus qui « découpent le temps, [...] rythment le bruit de fond ; à la limite ils sont prévisibles » face au reste qui « semble aléatoire, improbable, anarchique » (*TELP*, p. 28).

Perec signale que « [p]our voir quelque chose dans le quotidien, il faut une déchirure[63] » capable de nous renvoyer à « notre cécité quotidienne[64] ». Il ne semble alors pas étonnant qu'un sentiment de ne « rien » voir parcoure tout le texte. Par exemple, lorsqu'il essaie de lire l'annonce du plat du jour sur une ardoise de la Fontaine Saint-Sulpice, le narrateur se confronte aux limites de sa vision, il explique : « je suis trop loin pour déchiffrer ce qu'il y a écrit sur l'ardoise où on l'annonce » (*TELP*, p. 35) et, ensuite, « même en me fixant comme seul but de regarder, je ne vois pas ce qui se passe à quelques mètres de moi » (*TELP*, p. 21). Un changement d'échelle est également nécessaire afin de rendre perceptible l'insignifiant. Comme le signale Virilio, la vitesse de sélection modifie l'enregistrement des « prises de vue » et fait que que le crucial

62 G. Perec, « Le travail de la mémoire », in *EC.*, vol. II, *op. cit.*, p. 59.
63 *Ibid.*, p. 83.
64 *Cf.* G. Perec et C. White, « Ceci n'est pas un mur », in *L'Œil ébloui*, Paris, Chêne, 1981.

finit par s'imposer sur l'anecdotique[65]. Un ralentissement du regard devient donc nécessaire.

Au-delà des classements – trajectoires, couleurs, modifications de la lumière du jour – et des inventaires proposés par le narrateur – symboles, chiffres, slogans –, un type particulier de micro-événement est privilégié dans *TELP*. Perec y observe : « plusieurs dizaines, plusieurs centaines d'actions simultanées, de micro-événements dont chacun implique des postures, des actes moteurs » (*TELP*, p. 15). Ces petites scènes et échanges répondent à la logique des « incidents » : « ce qui advient, l'aventure minuscule, infinitésimale [...] un détail qui touche le sujet dans la saisie immédiate du monde[66] ». Argumentant contre le discours de la presse, Barthes se demandait s'il n'existait pas aussi des « événements faibles », « dont la ténuité ne laisse pas pour autant d'agiter du sens, de désigner ce qui dans le monde "ne va pas bien"[67] ». Faire le pari de ces faibles intensités peut constituer aussi un acte politique, une forme de révolte discrète et simple mais non moins effective, notamment en ce qu'elles nous conduisent à « remanier la grille des intensités[68] ». *TELP* partage avec les « incidents » barthésiens l'idée d'une notation sur le vif qui permettrait d'exposer le temps dans l'inexposable de son passage. Est-il possible d'observer et de définir une *présence* comprise en tant que qualité actuelle des choses qui « sont là » ? Représenter par l'écriture le temps de la pure présence semble, en effet, une démarche vouée à l'échec. *TELP* se présente donc comme la manifestation la plus aboutie de l'œuvre-document, une œuvre qui pourrait être considérée comme un registre ou comme un fragment directement prélevé dans le réel des années 1970.

Au contraire de Perec, le binôme Cortázar-Dunlop se propose d'« *exotiser* » l'ordinaire, de retrouver le merveilleux dissimulé sous l'apparence de l'habituel.

65 P. Virilio, « L'inertie du moment », *L'Arc*, n° 76, « Georges Perec », 1980, p. 20.

66 *Cf.* R. Barthes, « Pause », dans *Chroniques*, in *Œuvres complètes*, *op. cit.*, t. V, p. 652.

67 *Ibid.*

68 *Idem.*

LOS AUTONAUTAS : ETHNOGRAPHES DE PROXIMITÉ AVANT LA LETTRE

Jouant avec les postures du scientifique et de l'enquêteur, *Los Autonautas* transforme l'espace de l'autoroute en un terrain d'expérimentation[69]. Décrit à la fois comme une « expédition » et comme un « projet littéraire-anthropologique » (« *proyecto literario-antropológico* »), le livre se divise en plusieurs grandes sections qui documentent les différentes étapes d'écriture. En premier lieu, les « Remerciements » sont destinés aux personnes réelles qui interviennent dans le déroulement de l'expédition et mettent l'accent sur le caractère collaboratif et pluriel du projet. Ensuite, une longue série de « Préliminaires » rend compte des phases qui précédent la mise en route du voyage : les origines du projet, leurs objectifs et les décisions prises au moment de concevoir le « programme de vie et d'écriture » exigé par l'œuvre.

En outre, l'insertion d'une lettre, présentée comme un document non fictionnel, souligne le caractère véridique de l'expédition. Par ce mélange de fiction et de factuel, les auteurs défendent le caractère hybride du texte, à mi-chemin entre le journal de bord, le carnet de notes et le récit de voyage. On trouve enfin le texte intitulé « La Expedición » qui se divise en une série d'entrées précédées à chaque fois par un « journal de route ». Ce journal présente une liste scrupuleusement datée des trente-deux arrêts du voyage, qui incluent le détail des aliments consommés, des descriptions générales sur le climat et le paysage ainsi que des anecdotes sur les autres « visiteurs » des parkings. Après chaque entrée du journal, nous trouvons aussi un ou plusieurs textes de natures diverses et non signés, qui intègrent des réflexions sur l'expédition. Certaines rubriques réapparaissent plusieurs fois créant des motifs littéraires reconnaissables. C'est, par exemple, le cas des « Lettres d'une mère » (« *Cartas de una madre* »), des entrées fictionnelles écrites par Carol, ou des réflexions de

69 Pour une analyse des contraintes et des protocoles mis à l'œuvre dans cet ouvrage, voir P. Klein, « La vida escrita : productividad y recepción de *Los Autonautas de la cosmopista* (1983) en el campo literario francés del extremo contemporáneo », Colloque international « Centenaire de Julio Cortázar » organisé par le CRLA-Archivos à l'université de Poitiers, MSHS, du 17 au 19 septembre 2014 (sous presse).

l'« Osita » et du « Lobo », des textes courts rédigés à la manière de lettres qui ne seraient partagées qu'une fois l'expédition achevée.

Ce livre est décrit comme le fruit d'un « projet dementiel », conçu cinq ans avant la mise en route de l'écriture. En effet, l'idée naît lors d'une halte que Cortázar fait avec son épouse sur un parking de l'autoroute : « pourquoi ne ferait-on pas un été, un voyage, en suivant une règle de jeu très stricte ? » (« *¿ por qué no hacemos un verano un viaje, siguiendo una regla de juego muy estricta*[70] *?* »). Dans une lettre à Eduardo Jonquières intitulée « Autopista del Sur, Aire d'Epoisses, 1° junio / 82 », il est précisé que le voyage – qui commence le 23 mai 1982 et finit trente trois jours plus tard – est la « réalisation d'un plan muri pendant trois ans ». Cortázar s'empresse pourtant de signaler : « Je ne vais pas t'embêter avec un mémoire académique à propos d'une si singulière entreprise (malgré son mérite 'pataphysicien de précéder le fait même, à peine initié) » (« *No te voy a aburrir con una memoria académica sobre tan singular empresa (aunque tendría el mérito patafísico de anteceder al hecho mismo, apenas iniciado)*[71] »).

L'esprit de recherche et le désir de réflexion scientifique se trouvent ainsi au point de départ du projet, de « sa lente élaboration et sa sinueuse maturation ». Ce voyage est censé pouvoir « transformer la vision du monde » des voyageurs (*LAC*, p. 22 ; p. 26). Cette ambition expérimentale réapparaît dans les nombreuses « observations scientifiques » et « descriptions topographiques, climatiques et phénoménologiques » (*LAC*, p. 29 ; p. 37) intercalées tout au long du texte. Dans une lettre à José Antonio Sánchez, Cortázar fait mention aux mesures et gestes qui précèdent l'installation dans les parkings lors de chaque arrêt : « température, orientation, plan général, rapport phyto et zoologique, tout cela suivi de la préparation d'un bon café » (« *temperatura, orientación, plano general, informe fito y zoológico, todo eso seguido de la preparación de un buen café*[72] »). Cette double impulsion ludico-scientifique détermine la forme même du projet, à savoir : « un livre de voyage » où de manière similaire aux anciens explorateurs, les protagonistes tentent de décrire « chaque parking, ses aventures, les gens qui y passent » (« *cada paradero, sus aventuras, las gentes que pasan* ») (*LAC*, p. 29 ; p. 36).

70 J. Cortázar, *Entretiens avec Omar Prego*, Paris, Gallimard, 1986, p. 184.
71 J. Cortázar, « Carta a Eduardo Jonquières (1982) », in *Cartas 1977-1984*, vol. V, *op. cit.*, p. 483.
72 *Ibid.*, p. 482.

Or, la mort plane sur les *Autonautas*, comme la contrepartie de son aspect ludique. En effet, le « Post-scriptum » rédigé par Cortázar introduit la dimension du deuil après la mort de Carol en décembre 1982. Des commentaires qui rendent compte de cette proximité de la mort parcourent ainsi le livre depuis le début. À cet égard, la référence à l'émouvant journal de voyage de l'écrivain et réalisateur Werner Herzog intitulé *Sur le chemin des glaces* (1974) acquiert de nouvelles résonances après la lecture du « Post-scriptum » (*LAC*, p. 65). Le journal de ce voyage à pied entre Munich et Paris que le réalisateur entame dans l'espoir mystique de maintenir en vie son amie, la réalisatrice Lotte Eisner gravement malade, est lui aussi une preuve d'amour et d'amitié.

Si l'expédition des *Autonautas* est censée mettre la vie des écrivains « en jeu », les chances de réussite sont elles aussi soumises à une série de contraintes et de protocoles. Dans une lettre adressée aux représentants légaux de l'institution-autoroute insérée ensuite dans les « Prolegómenos », Cortázar explique les objectifs de ce projet « surréaliste » :

> Avec ma femme, Carol Dunlop, également écrivain, nous envisageons une « expédition » un peu folle et pas mal surréaliste, qui consisterait à parcourir l'autoroute entre Paris et Marseille à bord de notre Volkswagen Combi, équipée de tout le nécessaire, en nous arrêtant sur les 65 parkings de l'autoroute à raison de deux par jour, c'est-à-dire en mettant en peu plus d'un mois pour faire le trajet Paris-Marseille sans quitter *jamais* l'autoroute[73] (*LAC*, p. 15).

Les expéditionnaires signalent leur intention de rédiger un livre qui raconterait de façon littéraire, poétique et humoristique les différentes « étapes, événements et expériences diverses que [leur] offrira sans doute une expédition si étrange » (« *etapas, acontecimientos y experiencias diversas que sin duda nos ofrecerá tan extraña expedición* ») (*LAC*, p. 18). Sous le titre « *Le plan se concrétise* », les protagonistes décrivent les règles qui définissent le projet :

73 « *Junto con mi esposa Carol Dunlop, igualmente escritora, estudiamos la posibilidad de una 'expedición' un tanto alocada y bastante surrealista, que consistiría en recorrer la autopista entre París y Marsella a bordo de nuestro Volkswagen Combi ; equipado con todo lo necesario, deteniéndose en los 65 paraderos de la autopista a razón de dos por día, es decir empleando algo más de un mes para cumplir el trayecto París-Marsella sin salir jamás de la autopista* ». (*LAC*, p. 18).

1. Faire le voyage de Paris à Marseille sans quitter l'autoroute une seule fois.
2. Prendre connaissance de chaque parking, à raison de deux par jour, en passant toujours la nuit dans le deuxième quel qu'il soit.
3. Faire des relevés scientifiques de chaque parking, et prendre note de toute autre observation pertinente.
4. S'inspirant peut-être des récits de voyages des grands explorateurs du passé, écrire le livre de l'expédition (modalités à déterminer)[74] (*LAC*, p. 30).

Les protocoles et les nombreuses injonctions et adresses au lecteur insistent d'ailleurs sur l'impossibilité de juger ce texte selon des critères esthétiques. Les auteurs revendiquent aussi le caractère partagé et participatif de l'expérience ainsi que leur ambition de mener les lecteurs à une participation plus active. Comme le signale Carol : « ce voyage, sans sa règle, ne serait que stupidité [...] Mais faut-il croire qu'une règle perd de sa force pour avoir été transgressée ? » (« *este viaje, sin sus reglas, no pasaría de una estupidez [...] ¿ Pero hay que creer que una regla pierde su fuerza por haber sido transgredida ?* ») (*LAC*, p. 49 ; p. 68). En ce sens, les règles incarnent aussi une « invitation à franchir le passage et à violer, sans que personne ne le sache, la règle du jeu, pour rien, pour le plaisir d'avancer de dix ou de vingt mètres et de revenir à notre territoire » (« *invitación a franquear el pasaje y violar, sin que nadie lo [sepa], la regla del juego* ») (*LAC*, p. 47 ; p. 67).

En effet, cette expérience peut être perçue comme un antécédent de ce que Diana Klinger désigne, dans un essai sur le tournant ethnographique dans une série d'autofictions latino-américaines contemporaines, comme des performances d'écrivain. Selon Klinger, les auteurs de ce genre de textes exposent publiquement leur intimité, ils « joue[nt] un rôle dans leur propre "vie réelle" » (« *representa[n] un papel en la propia "vida real"*[75] »). La subjectivité de l'écrivain semble désormais soumise à un *work in progress*, essentiellement inachevé et subordonné à l'improvisation de l'écriture. L'expédition est, en ce sens, indissociable de leur décision de faire « *comme si* » ils écrivaient un livre sur l'autoroute. Il s'agit de représenter le réel de manière à ce que les autres « ne soupçonnent pas

74 « *1. Cumplir el trayecto de París a Marsella sin salir ni una sola vez de la autopista. 2. Explorar cada uno de los paraderos, a razón de dos por día, pasando siempre la noche en el segundo sin excepción. 3. Efectuar relevamientos científicos de cada paradero, tomando nota de todas las observaciones pertinentes. 4. Inspirándonos en los relatos de viaje de los grandes exploradores del pasado, escribir el libro de la expedición (modalidades a determinar)* » (LAC, p. 38-39).

75 *Cf.* D. Klinger, *Ecritas de si, escritas do outro : autoficcao et etnografia na narrativa latino-americana contemporânea*. Thèse de doctorat, p. 57-59 [En ligne].

ce que nous sommes vraiment en train de faire : écrire un livre sur l'autoroute » (« *no sospechen lo que estamos haciendo realmente : escribir un libro sobre la autopista* ») (*LAC*, p. 152 ; p. 217).

REGARD GÉNÉRIQUE, FIGURES, MICROSCOPIE

Même *Los Autonautas* se déroule pendant trente-trois jours, la logique de la journée détermine ce récit de manière comparable à *TELP*. Or, étant donné que l'expérience se déroule pendant un temps très long, la mutation du regard des expéditionnaires se produit avec une plus grande souplesse. En effet, les voyageurs n'aperçoivent pas au départ les différences de chaque parking. Dans le paysage générique de l'autoroute, la continuité semble s'imposer sur le changement :

> Dans cette reptation imperceptible où tout s'inverse, le véhicule perd de son importance car à peine sorti d'un parking, il lui faut jeter l'ancre sur le suivant [...] les zones de repos deviennent infiniment plus importantes que le ruban blanc tendu sur un espace qui dévore l'automobiliste en train de le dévorer[76] (*LAC*, p. 90).

Cette lente transformation de la perception est maintes fois soulignée dans la section « Journal de route ». L'autoroute produit « l'impression d'une continuité ininterrompue » (« *la impresión de una continuidad interrumpida* ») où même les êtres humains au volant de leurs voitures intègrent une « grande totalité impersonnelle recherchée par toutes les religions » (« *gran totalidad impersonal* ») (*LAC*, p. 22 ; p. 27). De même, les observations faites sur la route se font de plus en plus maigres, tandis que l'attention se déplace vers les micro-événements qui arrivent pendant les haltes dans les parkings.

Cette transformation du regard est mise en relief par la présence d'une série de figures qui rythment leurs déplacements : « le triangle arbre-chaleur-voyageur se compose une fois de plus ici, tout comme en de nombreux autres points de la vaste sphère[77] » (*LAC*, p. 84. Nous

76 « *En esa reptación imperceptible en la que todo se invierte : el vehículo pierde su importancia pues apenas ha salido de un paradero tiene que echar el ancla en el siguiente [...] las zonas de repose se vuelven infinitamente más importantes que la cinta blanca tendida en un espacio que devora al automovilista que lo está devorando* » (LAC, p. 97).

77 « *La realidad es bastante euclidiana, y esta expedición comprueba diariamente su tendencia a constituirse en figuras, que no por intangibles dejan de repetirse obstinadamente. [...] triángulo*

soulignons). Aussi, dans le sous-chapitre intitulé « Où l'on voit comment nous sommes déjà un espace sans limites où cristallise la réalité » (« *De cómo somos ya un espacio sin límites donde cristaliza la realidad* »), Cortázar évoque une citation de Diana Cooper qui explique comment, lorsque nous regardons deux objets séparés, « on commence à regarder l'espace entre les deux objets » (« se *empieza a observar el espacio entre los dos* »). L'attention passe ainsi de l'espace au vide qui l'entoure. Le narrateur observe, en ce sens :

> Les villes, surtout quand pour les besoins de la cause on les réduit à deux points sur la carte, peuvent, j'imagine, représenter les deux objets, et le trajet entre les deux, le vide qui les sépare [...] Peu à peu nous apprenons non seulement à regarder l'espace dont parlait l'hypothétique philosophe indien, mais à l'être avec tout ce que nous sommes[78] (*LAC*, p. 111-113).

Selon une expression de James Clifford, les écrivains se proposent donc de « voyager-en-habitant et habit[er]-en-voyageant[79] ». Cette expérience de l'espace devient indissociable de l'apprentissage du regard qui permet de percevoir les différences dans le décor répétitif de l'autoroute. Ces figures forcent les narrateurs à regarder de plus près leur environnement et à y percevoir des « révélations ». Ils découvrent alors la vie des insectes et le comportement des chiens et des enfants, les seuls êtres qui semblent conserver un certain quota de liberté et de spontanéité dans cet espace impersonnel. Le regard sur ces formes de vie minimales permet aux écrivains de se situer au ras de sol, de changer les échelles habituelles d'observation mais aussi les hiérarchies de valeurs traditionnelles.

Par ailleurs, cette transformation du regard entraîne une réflexion sur la photographie comme outil de documentation. Les photographies donnent à voir les coulisses du voyage et montrent les écrivains en train de produire leur œuvre. Dans les photographies prises par Carol,

---

calor-árbol-viajero se cierra una vez mas aquí como se estará cerrando en tantos otros puntos de la vasta esfera » (*LAC*, p. 118). Nous soulignons.

78 « *Me imagino que las ciudades, sobre todo cuando se las reduce a dos puntos sobre el mapa por razones prácticas, pueden representar los dos objetos, y el trayecto entre ambas representa el vacío que las separa [...] Poco a poco aprendemos no sólo a mirar el espacio [...] sino a serlo con todo lo que somos* » (*LAC*, p. 158).

79 J. Clifford souligne, en ce sens, « *I'm trying to sketch a comparative cultural studies approach to specific histories, tactics, everyday practices of dwelling and traveling : traveling-in-dwelling, dwelling-in-traveling* ». *Cf.* « Traveling cultures », in *Cultural Studies* [Grossberg *et al.* éd.], New York, Routledge, 1992, p. 108.

Julio apparaît souvent accompagné de sa machine à écrire, papier et stylo à la main, en train de donner forme à son texte. Les légendes qui accompagnent ces photographies soulignent, sur un ton moqueur, leur fonction d'attestation et le caractère « sérieux », voire « scientifique » de l'aventure. On lit, par exemple : « Le loup se concentre avant de consigner les observations scientifiques de la journée » (« *El lobo se concentra antes de consignar las observaciones científicas de la jornada* ») (*LAC*, p. 60 ; p. 87) ; ou « Regard annonçant une découverte scientifique d'importance » (« *La mirada qua anuncia algún descubrimiento científico de importancia* ») (*LAC*, p. 118 ; p. 164).

Dans le même temps, la photographie fournit des preuves de tous ces signaux mystérieux que les expéditionnaires interprètent comme des messages dissuasifs de la part de la Compagnie d'autoroute. En effet, les personnages sont convaincus que des forces obscures complotent pour leur faire abandonner l'expédition. Ainsi, plusieurs « tentations » ou « ruses » semblent avoir été prévues afin de faire tomber les voyageurs dans le piège du manquement aux règles établies. On lit, par exemple, sur la légende d'une photo avec un détail quelque peu curieux « Le jardin de la Tentation, avec un message codé (chiffon bleu). La Compagnie a-t-elle cru que, désespérés, nous donnerions dans le piège de la fuite ? » [« *El jardín de la Tentación, con un mensaje cifrado (trapo azul). ¿ Creyó la Compañía que, desesperados, caeríamos en la trampa de la fuga ?* ») (*LAC*, p. 64 ; p. 91). Le lien entre photographie et écriture est ainsi constamment interrogé dans le livre. Carol se demande, par exemple : « Dans le fond, le photographe et l'écrivain ne participent-ils pas d'une même démarche en adoptant des outils différents ? » (« *En el fondo, ¿ no participan el fotógrafo y el escritor de un mismo proceso, sólo que utilizan útiles diferentes ?* ») (*LAC*, p. 241 ; p. 329).

Toutefois, malgré l'éloge de la lenteur et de la décélération qui meut ce projet, quelque chose de l'ordre de l'aventure et de l'imprévu cherche à s'imposer dans ce récit. Abandonner la routine est le premier pas pour percevoir d'autres aspects de la ville, tout en se rendant perméables aux petites révélations quotidiennes. Le pouvoir de l'imagination est ainsi revendiqué par nos écrivains, qui se demandent s'ils ne sont pas « en train de donner à cette France d'aujourd'hui un bon exemple de ce que peut l'imagination, prendre *réellement* le pouvoir si elle oublie les routines[80] »

80 « *¿ No estamos dando a esta Francia de hoy un buen ejemplo de que la imaginación puede realmente tomar el poder si se olvida de las rutinas ?* » (LAC, p. 320).

(*LAC*, p. 234). Cortázar et Dunlop ne sont, en ce sens, pas éloignés des héros ordinaires, « casaniers et bohèmes », de ces « aventuriers-minute (comme les cocottes du même nom) » qui tentent de saisir l'aventure « au coin de la rue ». Se proposant d'élever le menu au rang d'événement, ce projet s'inscrit dans un climat d'époque. Ces aventures du minuscule s'éloignent des grandes épopées, mais aussi d'une conception de l'Histoire qui ne ferait pas de place au quotidien. Comme le rappelle Dunlop, il suffit de « (se secouer de temps en temps) pour nous rappeler que c'est là une aventure et non une autre version de la vie quotidienne… » (« *sacudirse de vez en cuando para acordarse de que es una aventura y no solamente otra versión de la vida de todos los día…* ») (*LAC*, p. 91 ; p. 127).

L'ÉCRITURE QUI DOCUMENTE LE VOYAGE

L'incorporation de matériel factuel sur le voyage contribue à renforcer l'idée du livre comme le compte-rendu d'une expérience. À propos de la collecte et l'assemblage de cette documentation, Cortázar explique qu'il s'est inspiré de la logique des « albums » ou « almanachs », sous-genres qui seront abordés dans le prochain chapitre. Dans une lettre du 9 août 1981 adressée à Laure Guille-Bataillon, il précise :

> Ce sera un almanach de plus, avec tout ce qu'on souhaitera mettre dedans, mais en plus il sera très scientifique, oui madame, des comptes rendus sur les parkings, des photographies documentaires, quelque chose comme une chronique d'explorateurs polaires […][81].

Il ajoute ensuite : « un almanach colossal contenant tout ce qui fait référence à l'expédition en soi, plus des poèmes, contes, dialogues, essais, etc. » (« *[será] un descomunal almanaque que contenga todo lo que se refiere a la expedición en si, más poemas, cuentos, diálogos, ensayos, etc.*[82]. »). Suivant le modèle des miscellanées, *LAC* apparaît comme un compendium des reliquats du présent. Par des procédés comme le montage et le collage, le livre incorpore de la documentation à propos de l'exploration : des

81 « *Será un almanaque más, con todo lo que se nos ocurra poner dentro, pero además será muy científico, sí señora, informes sobre los parkings, fotografías documentales, algo así como una crónica de exploradores polares […] estamos organizándonos con gran espíritu científico, y eso deberá quedar reflejado en el libro* ». J. Cortázar, « Lettre à Laure Guille-Bataillon du 9 août 1981 à Aix-en-Provence », in *Cartas*, vol. V, *op. cit.*, p. 386.

82 *Ibid.*, p. 478.

photographies[83], des feuilles du « journal de route », des dessins du fils de Carol Dunlop, de la correspondance et une coupure de presse qui établit les objectifs de leur expérience (*LAC*, p. 319), des reproductions facsimilaires des tickets de péage qu'ils croyaient perdus (*LAC*, p. 356-357). Le produit qui résultera d'une telle expérience est défini comme un « un journal de voyage, des rapports scientifiques (*sic*) sur l'autoroute, des textes poétiques, des contes, des réflexions de sociologie des parkings [...] et du matériel photographique complémentaire » (« *diario de viaje, informes científicos (sic) sobre la autopista, textos poéticos, cuentos, reflexiones de sociología de los parkings [...] y material fotográfico complementario*[84] »).

La décision de respecter l'aspect matériel et visuel des documents en imitant leur typographie reste un autre point important pour l'auteur en ce qu'il donne une sensation de « spontanéité » ainsi qu'un « effet de réel » au livre. Par exemple, le « journal de route » se différencie du reste du texte par sa typographie imitant le style dactylographique d'une machine à écrire. Dans une lettre à Mario Muchnik, Cortázar explique : « J'adore le journal de route écrit à la machine, je pense que cela lui donne une très grande spontanéité vis-à-vis des textes en eux-mêmes[85] ».

Par ailleurs, la volonté de rendre compte de l'histoire au temps présent constitue un questionnement central de l'œuvre. La guerre des Malouines est en effet l'événement qui préoccupe le plus les deux écrivains et les oblige à mettre en question le sens d'une entreprise d'ordre ludique et presque 'pataphysique. À travers le récit spectaculaire des médias, notamment de la radio et des journaux, l'ombre des Malouines transforme le climat ludique de l'autoroute en quelque chose de menaçant. En effet, les auteurs ne peuvent ignorer l'histoire au temps présent, ni la violence de cette guerre où « les Anglais et les Argentins s'entretuent de plus en plus sauvagement » (« *los ingleses y los*

83 À propos du processus d'incorporation des photographies, Cortázar explique à son ami l'artiste Julio Silva : « *Las fotos ya están listas en Paris, y vos y yo podremos hacer sesiones de trabajo tan pronto hayas leído el original. Creo haberte dicho que Gallimard y Seix Barral esperan el manuscrito en mayo, para sacar el libro este mismo año* ». *Cf.* « Lettre à Julio Silva, Managua, enero de 1983 », *ibid.*, p. 551.

84 « Lettre à Guillermo Schavelzos, En algún lugar de la autopista del sur, cerca de Montelimar, 16/6/82 », *ibid.*, p. 487.

85 « *Me encanta el diario de ruta a máquina, creo que le da una espontaneidad muy grande con relación a los textos en sí. No me molesta que los menús vayan incorporados al diario de ruta en vez de ir en columna aparte. Gallimard puede mantener este sistema pero no es importante* ». « Lettre à Mario Muchnik, 7/7/83 », *ibid.*, p. 589.

argentinos se matan cada vez más salvajemente ») (*LAC*, p. 59). L'intrusion de la violence dans le cadre de ce « voyage atemporel » est abordée par Cortázar comme s'il s'agissait d'une fatalité : « La télé au pied du lit nous présente des scènes de la guerre des Malouines » (« *la TV al pie de la cama nos puso ante los ojos escenas de la guerra de las Malvinas* ») (*LAC*, p. 49 ; p. 69). Étant donnée la nouveauté technique de la retransmission télévisée des événements des Malouines, cette présence constante des médias amène les auteurs à réfléchir à leur capacité à « produire » le réel. Les protagonistes suggèrent ainsi de curieux parallélismes entre ce qu'ils écoutent dans les émissions informatives et l'expérience plus « réelle » de l'autoroute. Par exemple, à propos de la surprenante augmentation de touristes anglais à un certain endroit de l'autoroute, le « Loup » compare « cette invasion britannique » à celle, simultanée, des Malouines, dont ils suivent « les aléas toutes les deux ou trois heures sur les ondes courtes [...][86] » (*LAC*, p. 92).

Or, la présence de la radio et des journaux entraîne aussi des contreparties indésirables. L'objectif de créer un temps de loisir et une parenthèse dans la vie routinière se voit, en partie, frustré par ces irruptions du monde extérieur qui mettent les auteurs face à l'évidence du cours du monde au-delà de leur expédition : « guerres, festivals, assassinats, critiques littéraires et conflits syndicaux » (« *guerras, festivales de cine, asesinatos, críticas literarias y conflictos sindicales* ») (*LAC*, p. 111 ; p. 80). Les auteurs se défendent toutefois des accusations sur le caractère « d'évasion » (« *escapista* ») (*LAC*, p. 116) de leur voyage en soulignant le rôle central que la radio y occupe. La guerre des Malouines suscite ainsi à la fois l'intérêt et le désir d'évasion. Après l'écoute de la version de la guerre donnée par la BBC de Londres, les écrivains se lancent dans une dénonciation virulente :

> Comment ne pas éprouver d'amertume devant la sinistre pantomime d'une junte militaire qui, se sachant rejetée par la population civile, décide une fuite en avant et une reconquête des Malouines en sachant parfaitement que cela envoie à la mort des milliers de conscrits mal entraînés et mal équipés ? Comment ne pas avoir de la nausée devant l'adhésion imbécile d'une majorité d'Argentins qui ont pourtant, ces dernières années, vécu jour après jour l'oppression au milieu des assassinats, des tortures et de la disparition de

86 « *[E]sta invasión británica, por lo demás simultánea a la de las islas Malvinas, cuyas alternativas seguimos cada tres o cuatro horas en las radios de ondas corta* » (*LAC*, p. 92).

milliers de leurs compatriotes (Fin du bulletin de dix-neuf heures, le prochain à vingt heures…)[87] (*LAC*, p. 83-84. « Où nous écoutons les bulletins d'information et ils ne nous plaisent guère »).

Le besoin de laisser un témoignage de la violence de leur présent est certes difficilement conciliable avec le côté « atemporel » et ludique du Paris-Marseille. Pourtant, contrairement au *Libro de Manuel*, Cortázar décide, après quelques tâtonnements, de ne pas mélanger dans ce livre l'enquête du quotidien avec la réflexion historique. Il affirme, ainsi : « Ce n'est pas ici que je vais m'occuper de cette guerre car ainsi que le dit la Bible, chaque chose en son temps et en son lieu » (« *No voy a ocuparme aquí de las Malvinas, pues como muy bien dice la Biblia en alguna parte, cada cosa tiene su tiempo y su lugar* ») (*LAC*, p. 64 ; p. 92).

Si le motif du « voyage de proximité » rapproche ces textes de l'« ethnographie du proche », Cortázar et Perec proposent surtout un déplacement du regard capable de transformer le lecteur en un observateur participant, sensible aux choses communes.

87 « *¿ Cómo no llenarse de angustia ante la siniestra pantomima de una junta militar que, sabiéndose rechazada por la población civil, opta por una fuga hacia delante y se lanza a la reconquista de Malvinas, sabiendo perfectamente que eso manda a la muerte a millares de conscriptos mal entrenados y equipados ? ¿ Cómo no sentir náuseas frente a la estúpida adhesión de una mayoría de argentinos que en estos últimos años han vivido día tras día la opresión, los asesinatos, la tortura y la desaparición de millares de compatriotas ?* » (*LAC*, p. 117, « *Donde escuchamos los boletines informativos y no nos gustan ni medio* »).

TROISIÈME OUVERTURE

Un regard ethnographique sur le présent

At home perhaps nowhere, perhaps anywhere.
Stanley CAVELL

Ce redevenir transitif de la littérature qui prend la réalité sociale comme cible de ses explorations, suppose un dialogue renouvelé avec les sciences sociales. Des notions comme celle de « fiction critique » de Dominique Viart – des textes critiques et méta-réflexifs qui « associent la fiction comme procédé d'élucidation d'un objet donné (le réel, le sujet, l'Histoire, la mémoire…)[1] » –, ou ce qu'Ivan Jablonka nomme des « fictions de méthode », contribuent à décrire et à analyser ces textes littéraires où l'ambition cognitive prend une place non négligeable. La littérature se présente alors comme un outil herméneutique favorisant le dialogue avec les savoirs d'autres disciplines.

Or, il faudra attendre deux décennies pour que les expériences de Perec, Cortázar et Dunlop soient revalorisées par des ethnologues français comme Jean-Didier Urbain, Marc Augé, Christian Bromberg ou Pascal Dibier, qui visent à repérer une source d'étrangeté et de nouveauté au sein du « familier ». Dans le champ littéraire, l'influence de ces écrivains pionniers est visible dans des textes aussi divers que *Les Passagers du Roissy-Express* (1990) de François Maspero et Anais Frank ; *Zones* (1994) de Jean Rollin ; *La liberté des rues* (1997) de Jacques Réda ; *Autoroute* (1999) de François Bon et sa version hypertextuelle de 2014 ;

1 *Cf.* D. Viart, « Fictions en procès », in *Le roman français au tournant du XXIe siècle*, (B. Blanckeman, A. Mura-Brunel, et M. Dambre dir.), Paris, PSN, 2004, p. 296. Voir aussi I. Jablonka, « Les fictions de méthode », in *L'histoire est une littérature contemporaine*, Paris, Seuil, 2014, p. 187-216.

Un livre blanc (2007) de Philippe Vasset ou dans le projet intermédial *Laisse venir* (2012) d'Anne Savelli et Pierre Ménard. De manière plus ou moins explicite, ces artistes et écrivains rendent hommage à l'œuvre des précurseurs.

L'ouverture qui suit se concentre sur un original journal de voyage du poète et mathématicien oulipien Jacques Roubaud ainsi que sur deux textes brefs de l'écrivain chilien Gonzalo Maier. Élargissant le dialogue avec les œuvres analysées, ces textes proposent d'autres réappropriations des principes de l'ethnologie du proche et soulignent l'actualité des démarches de Perec et de Cortázar.

TOKYO INFRA-ORDINAIRE DE JACQUES ROUBAUD

L'exploration de la mémoire et les procédés de notation de l'infra-ordinaire permettent de tracer des parallèles entre la démarche de Georges Perec et celle de son ami Jacques Roubaud (1932). Le motif de la vie quotidienne réapparaît sous différentes formes dans la production poétique et romanesque de ce dernier[2]. Or, même si l'intérêt pour l'infra-ordinaire traverse la quasi-totalité de son œuvre, c'est dans sa multi-prose « *le grand incendie de londres* » (« *gril* ») que le quotidien est mis à l'épreuve dans un projet centré sur la mémoire.

Inspiré par le Perec de l'« infra-ordinaire » mais aussi par les « poèmes de métro » de l'oulipien Jacques Jouet, *Tokyo-infraordinaire* (dès à présent noté *TIO*) propose une pragmatique du quotidien orientée vers la quête des « aventures tout à fait ordinaires » (*TIO*, p. 23). Roubaud cherche dans cette chronique de voyage et de l'échec du projet du « Mississippi Haïbun » – projet raconté dans la cinquième branche du « *gril* » *La Bibliothèque de Warburg* (2002) – une écriture qui puisse rendre compte des « Choses communes ». *TIO* est donc censé conduire le lecteur vers le *Mono no aware*, le « sentiment des choses » qui demande une attention particulière aux moindres détails de la quotidienneté.

2 Pour une étude sur le rôle du quotidien chez Jacques Roubaud voir M. Sheringham, *Everyday Life*, *op. cit.*, p. 350.

Parmi les nombreuses techniques d'enregistrement du présent mises à l'œuvre dans ses textes, Jacques Roubaud attribue un rôle essentiel à celles empruntées à la tradition japonaise. Par exemple, l'importance du modèle du haïku dans *TIO* peut être reconsidérée au prisme des réflexions de Barthes dans *L'Empire des signes* (1970) et *La Préparation du roman*. « Vous avez le droit, dit le haïku, *d'être futile, court, ordinaire*; enfermez ce que vous voyez, ce que vous sentez dans un mince horizon de mots, et vous intéresserez [...][3] ». C'est ainsi que Barthes décrit cette forme poétique dont la simplicité et le caractère évanescent permettent de mettre en mot quelque chose « d'ordre infinitésimal », des événements qui ne « brillent qu'au moment où on les lit, dans l'écriture vive de la rue[4] ». Cette forme poétique – un tercet constitué de trois vers de cinq, sept et cinq syllabes – est capable de saisir les apparences banales, la « surface » de l'expérience quotidienne. Comme dans le geste de celui qui pointe une chose du doigt pour la désigner, le haïku repousse deux fonctions centrales de l'écriture occidentale : la description et la définition. Il permet de restituer le réel sans faire appel aux effets de représentation langagiers et rend accessible le présent à travers une « forme exemplaire de Notation du Présent[5] ».

Toutefois, plus que la forme concrète du haïku, c'est son modèle de captation du présent qui agit comme modèle dans *TIO*. L'ambition de « présentifier » de minuscules scènes quotidiennes, d'immobiliser par l'écriture un geste ou une image fugace est l'un des paris relevés par Roubaud. En outre, le haïku mobilise une forme particulière de mémoire, une « "mémoire immédiate" comme si la *Notatio*, le fait de noter, permettait de se souvenir *sur-le-champ*[6] », transformant le présent en une espèce de « déjà-vu ». En même temps qu'il fige le présent, le haïku actualise le passé dans le laps d'un instant.

Dès le début de *TIO*, le narrateur se présente comme quelqu'un qui fait une collecte, un assemblage : « [c]e que je fais : j'assemble du matériau en vue du *haïbun*, plus tard » (*TIO*, p. 23). Cette « collecte » consiste en une série de notations et transcriptions de matériaux documentaires

3 R. Barthes, *L'Empire des signes* (1970), Paris, Seuil, 2005, p. 94. Nous soulignons.

4 *Ibid.*, p. 109.

5 R. Barthes, *La Préparation du roman*, *op. cit.*, p. 53.

6 *Ibid.*, p. 86. Barthes ajoute qu'il ne faut pas confondre cette « mémoire immédiate » avec la « mémoire involontaire » de Proust, « la mémoire immédiate ça ne prolifère pas, ce n'est pas métonymique ».

qui vont servir à la mise en œuvre du texte « à venir ». La posture de l'ethnographe du proche apparaît ici à travers l'observation et la collecte de matériaux prélevés du réel. Concernant le procédé de la notation, Roubaud s'interroge :

> *Noter quoi ?*
> Soit des choses vues (moments présents) et *images-souvenirs* (moments passés)
> Soit des *images-mémoire*, qui sont des composites d'*images-souvenir*, assorties de méditations sur ces images (*TIO*, p. 23).

Ces « aventures tout à fait ordinaires » sont abordées à partir de certaines « variétés de poésie », principalement ce que l'auteur nomme des « pseudo-tankas, et des pseudo-haïkus » (*TIO*, p. 23). Une forme poétique originale inventée par l'auteur et nommée le « trident » intervient aussi dans ces captations :

> Le trident
> vers un : cinq syllabes
> vers deux : trois
> vers trois : cinq syllabes (*TIO*, p. 26).

Fidèle au style oulipien, l'auteur propose un « trident » qui se retourne sur lui-même offrant une réflexion sur sa propre forme. Outre ces formes poétiques, la pratique de la notation s'exprime aussi à travers la prose. Les différentes stations de métro du Haïbun sont ainsi dépeintes à partir de notations brèves, comme celle de la station 10 « Nishi Nippori », où le lecteur assiste à une description du paysage et des personnages qui peuplent la station : « Le garçon à vélo, la fille derrière debout sur des marchepieds latéraux (love-handles !), tenant un parapluie rouge » (*TIO*, p. 61). D'une manière similaire, nous lisons à propos de la station 13 « Ueno » :

> Ueno, Yamanote Line-Station – Ueno Park Plan : Main Gate – Tokyo métro Poritan – Métropolitan Festaval Hall
> sorte de marché, sorte de rue piétonnière – *goummi* apparentées griottes à peine plus grosses qu'un baie d'if rouge à taches comme de poussière pas noyau mais gousse (*TIO*, p. 62).

L'abondance des listes, les effets de parataxe, les abréviations, les descriptions plates prolifèrent également dans ce livre. *TIO* représente un matériel privilégié pour aborder le procédé de la transcription. Le narrateur-auteur observe, en ce sens, qu'il cède « à la coutume d'enregistrer quelques délicieuses enseignes », puis il transcrit :

> Coffee-shop DUG near Shinjuku : T-shirt with Lautreamont's Men... established 1984 –
> Gentille, Petit Bar –
> The Vampire, Public House –
> Urbane Building
> coffee house : Come la Kome
> Sucre neige : take out & delivery restaurant (*TIO*, p. 17-18)

Dans cette transcription, le mélange de l'anglais et du français provoque un effet d'« étrangeté » par rapport à la graphie du japonais et même au détriment du sens des deux langues. De manière similaire, sous une entrée intitulée « NATURE CONSERVATION » placée dans la sous-partie « Parcs & Jardins », le lecteur est confronté à la transcription d'un panneau informatif lu et recopié pendant un des arrêts « contemplatifs » :

> *Do not pick flowers, break off branches or take seeds*
> *Do not catch insects or throw stones at the birds*
> *Keep off the fenced-in sections*
> *Be careful of fire. Do not smoke when walking. Smoke only*
> *Where ashtrays are provided* [...] (*TIO*, p. 56)

La transcription porte aussi sur une grande quantité de matériau appartenant au « troisième secteur ». Par exemple, Roubaud incorpore dans son texte un long extrait en anglais transcrit d'une « précieuse petite brochure, qui ne paye pas de mine, offerte aux visiteurs occidentaux du Daimyo Clock Museum ».

De même, dans l'épisode de la coccinelle trouvée dans le métro, Roubaud incorpore un extrait d'une notice sur une anthologie de 39 poèmes du « Professor Mud Turtle », issu d'un numéro du *Japan Times*. Finalement, dans la partie consacrée aux sanitaires japonais nommés « TOTO », le narrateur se propose d'« emporter de la documentation » lui permettant plus tard « de venir en aide à [s]on souvenir » (*TIO*, p. 38). Après s'être procuré à cet effet un somptueux catalogue en version anglaise, il intègre au texte de longs passages, d'abord à l'aide d'une « traduction au correcteur orthographique » (*TIO*, p. 40) puis dans une traduction faite de manière « artisanale ». Cette transcription du catalogue des toilettes occupe ainsi plusieurs pages du texte (*TIO*,

p. 39-46) et s'accompagne de plusieurs digressions insérées à partir du système de couches parenthétiques[7].

La dimension performative et l'ambition de se servir de la documentation recueillie pendant l'expérience nous permettent d'inscrire ce texte dans le sillage des expériences de Perec et de Cortázar.

MATERIAL RODANTE ET *EL LIBRO DE LOS BOLSILLOS* DE GONZALO MAIER

À l'opposé du « voyage » compris comme une aventure, *Material rodante* (2015) propose une réflexion poétique et personnelle sur les déplacements programmés. Ce bref ouvrage assemble une série de réflexions rédigées pendant les déplacements habituels du narrateur à bord du train qui l'amène de la Hollande à la Belgique – un voyage que Maier lui-même réalisé à cause de son travail. Le voyage donne lieu à une réflexion sur ce temps vide et improductif, notamment occupé par une série de considérations sur des écrivains, des livres mais aussi sur de petites anecdotes quotidiennes.

Maier réfléchit à la frontière étroite qui distingue le voyageur du touriste et questionne le statut actuel du voyage par rapport à la place qu'il occupait, il y a peu de temps encore, dans toute « biographie d'écrivain ». Comme si le fait de voyager, ou plus simplement de changer d'adresse, avait forcément des incidences sur la vie des écrivains ; ou bien comme si ces périples étaient indissociables de l'activité d'écriture. Le prétexte du voyage programmé donne ainsi lieu à une écriture digressive qui s'élabore dans les creux de ce temps fait d'ennui et d'attente. Le narrateur signale, à ce propos :

> Écrire sur les trains frôle toujours le kitsch ou le snobisme [...] Mon seul espoir est que ces digressions ne portent pas vraiment sur les trains mais sur les voyages [...]
>
> Et mieux encore : sur des voyages répétés ; c'est pourquoi il ne s'agit pas vraiment d'un livre de voyages, parce que dans ce cas-là on découvre des

7 Ces niveaux « parenthétiques », désignées par des couleurs et des numéros, déterminent la structure du texte, l'échelonnant de manière similaire aux numéros des arrêts de métro.

> choses nouvelles et inconnues, alors qu'ici tout est copié, à la manière d'un mantra ou d'un livre de prières avec des chansons de messe[8].

Parmi les écrivains et les œuvres mentionnées, ce n'est pas un hasard que les noms de Georges Perec, Mario Levrero ou d'Eduardo Berti y occupent une place centrale. En effet, ces écrivains se font les porte-paroles de l'épopée moderne de l'attente, du voyage immobile et de l'attention détournée vers les petits riens quotidiens. Néanmoins, l'idée du « vrai » voyage, synonyme d'aventure et de mystère, traverse le livre. La citation de l'explorateur norvégien Roald Amundsen placée en épigraphe s'avère, en ce sens, révélatrice de la posture de l'auteur : « L'aventure est signe d'incompétence » (« *La aventura es señal de incompetencia* »). Contrairement aux grands explorateurs du passé, Maier fait le pari d'un déplacement sans nouveauté, d'une forme de voyage où la répétition et la routine finissent par s'imposer. Nous lisons ainsi :

> Ce qui est curieux dans ce parcours, ce qui fait son principal attrait, c'est qu'il n'y a pas de nouveauté. C'est toujours pareil. Copié. Les années passent, les présidents, les guerres, les coupes de cheveux, mais ce voyage que je répète chaque semaine, depuis quelques années déjà, reste toujours le même[9].

La possibilité de briser la monotonie de ces déplacements routiniers est toutefois présente à travers les petits détails qui, comme dans le cas des rencontres inattendues, peuvent éclairer un paysage connu d'une lumière nouvelle.

Par ailleurs, *El libro de los bolsillos* (2016) pourrait également s'inscrire dans la lignée de l'héritage de Perec et Cortázar. Ce livre s'articule autour d'une série de récits brefs où Maier tente de répondre à l'une des injonctions du programme infra-ordinaire : « Étudiez le contenu de vos poches ». Cette activité ne va pourtant pas sans réveiller des échos cortazariens. Comme nous lisons dans le dernier chapitre de *Rayuela* :

---

8 « *Escribir sobre trenes siempre bordea lo cursi o lo siútico. [...] Mi consuelo es que estas digresiones realmente no son sobre trenes sino sobre viajes. Y mejor : sobre viajes repetidos ; por lo mismo ni siquiera es un libro de viajes, porque en ellos se descubren cosas nuevas y desconocidas, y acá todo es calcado, tal como un mantra o un libro con rezos y canciones de misa* ». G. Maier, *Material rodante*, Barcelone, Minúscula, 2015, p. 90 [Notre traduction].

9 « *[L]o curioso de este recorrido, su principal gracia, es que no hay novedad. Es siempre igual. Calcado. Pasan años, presidentes, guerras y cortes de pelo, pero este viaje que repito todas las semanas, desde hace ya un par de años, es siempre el mismo* ». *Ibid.*, p. 12.

> C'est incroyable tout ce qui peut sortir d'un pantalon, des flocons de poussière, des montres, des coupures de journaux, de bouts d'aspirine, tu mets la main dans ta poche et tu en retires un rat par la queue, c'est parfaitement possible (*Rayuela*, 155, p. 617).

Tel est le point de départ du livre, même si, comme le narrateur l'explique : « [L]es poches sont anecdotiques et n'ont pas une once d'épique. Il s'agit de les regarder : déchets, petites pièces de monnaie, publicité de la rue » (« *[Los] bolsillos son anecdóticos y no tienen una gota de épica. Es cosa de mirarlos : basura, monedas chicas, publicidad callejera*[10] »). Ce recueil de micro-récits esquisse ainsi un paysage des choses que nous pouvons habituellement trouver dans nos poches, à chaque âge de la vie. Peu à peu, un autoportrait générationnel ou une autobiographie commune à la Perec se donne à lire derrière ces récits :

> Serviettes, tickets de caisse, briquets, peignes et petites pastilles à la menthe sont quelques-uns des objets à partir desquels Maier construit ses récits. Il construit ses – nos – vies, toujours décrites depuis un lieu personnel qui à son tour devient commun : "la meilleure manière d'écrire une autobiographie, c'est peut-être en collectant des tickets de caisse[11]".

Ces petites histoires entraînent aussi une réflexion autobiographique. Le souvenir de ces petits objets qui s'entassent dans nos poches et sont souvent destinés à la poubelle, conduit Maier à réfléchir sur les multiples manières dont la mémoire se façonne. Un exemple en particulier peut se révéler éclairant : celui des clés USB. En effet, ces outils ont su incarner pour les jeunes étudiants universitaires appartenant à la génération de l'auteur une promesse de savoir, la garantie d'un héritage culturel partagé et à portée de tous. Ces « clés USB » (« *memorias USB* ») intégraient ainsi pour les amis du narrateur une espèce de savoir commun et collectif. Le narrateur explique :

> Le monde rentrait dans ces petits rectangles de plastique, qui étaient le plus court chemin pour remédier aux connections internet lentes et chères. Au début, ces clés ne supportaient qu'un film ou une poignée de fichiers pdf [...]

---

10 G. Maier, *El libro de los bolsillos*, Barcelone, Minúscula, 2016, p. 85.

11 « *Servilletas, boletas, encendedores, peinetas, argollas y mentitas, son algunos de los objetos con los que Maier edifica sus narraciones. Siempre descritas desde un lugar personal, que a su vez pasa a ser común, va construyendo sus – nuestras – vidas : "Tal vez la mejor forma de escribir una autobiografía sea juntando boletas"* ». *Ibid.*, p. 102.

> Plus tard sont apparues de grandes clés, les connections haut-débit et ce monde a disparu comme tant d'autres[12].

Les techniques de la liste et de l'inventaire révèlent ici toute leur productivité : elles servent à éclairer les faits historiques tels qu'ils sont vécus au quotidien. Dans un autre exemple représentatif, le narrateur signale l'apparition de la « *Gameboy* » : « Elle est apparue en 1989 avec la chute du mur de Berlin, presque comme une confirmation du triomphe du capitalisme » (« *Apareció en 1989 junto con la caída del Muro de Berlín, casi como una confirmación del triunfo del capitalismo*[13] »). La mention de la console est prétexte à une réflexion sur l'évolution individualiste du divertissement dans la société de consommation. La politique et l'histoire ne sont donc pas absentes de ce texte où l'autoportrait se construit, comme chez Perec et Cortázar, à la lisière du personnel et du collectif.

Si la question de la documentation et de l'enregistrement du quotidien a occupé une partie centrale des analyses de ce chapitre, la dernière partie de ce livre se propose de quitter le cadre de l'ethnographie de proximité pour aborder une dernière posture littéraire : celle des « archivistes du quotidien ». L'adoption de cette posture est fondamentale pour comprendre l'objectif, présent chez Perec comme Cortázar, d'articuler l'exploration du quotidien avec une réflexion sur la mémoire du présent. En effet, le désir de rendre compte de la violence historique, mais aussi de laisser un registre du temps présent, conduit nos auteurs à s'approprier les méthodes des archivistes, en se concentrant cette fois-ci sur les aspects le plus souvent négligés.

---

12 « *El mundo cabía en esos pequeños rectángulos de plástico, que eran la vía rápida con la que uno remediaba conexiones a internet lentas y caras. Al comienzo las memorias apenas soportaban una película o un puñado de archivos en pdf [...] Más tarde aparecieron las memorias grandes y las conexiones rápidas y ese mundo desapareció como otros tantos* ». *Ibid.*, p. 89.

13 *Ibid.*, p. 54.

TROISIÈME PARTIE

ARCHIVISTES DE LA QUOTIDIENNETÉ

La gestion de la mémoire est au centre de l'intérêt archivistique contemporain. Après un processus d'instrumentalisation politique et historique qui s'accentue dans les années 1970 à 1990, l'époque contemporaine est marquée par le sentiment d'une faillite de la mémoire culturelle[1]. Dans cette conjoncture et grâce à leur capacité à modeler des mémoires alternatives, les archives deviennent des agents indispensables pour comprendre les nouvelles poétiques de la mémoire qui émergent dans la littérature contemporaine. La volonté de redécouvrir le passé à l'aide de sources documentaires semble ainsi indissociable du désir des écrivains de rendre la littérature perméable à la puissance du réel. Plus spécifiquement, les poétiques des archives amènent les chercheurs à interroger les territoires de partage et de scission entre les savoirs de la littérature et ceux de l'Histoire. En effet, l'importation des méthodes propres à l'enquête historique modifie le statut épistémique de l'objet littéraire, son rapport à la vérité.

En se cens, il ne semble pas étonnant que la critique actuelle se penche de plus en plus sur des récits qui miment les procédés des enquêtes indiciaires[2]. L'articulation entre littérature et archives donne ainsi lieu à deux grandes tendances littéraires. Tout d'abord, il est possible d'identifier une série de textes qui visent à rendre lisibles les traces du passé dans le présent. Par le biais de l'enquête archivistique, ces textes se proposent souvent de faire entendre des voix mineures et des événements passés sous silence lors des discours officiels. Néanmoins, ils peuvent se

---

1 Pour une étude sur l'avènement de cette industrie de la mémoire, voir A. Huyssen, « Memoria : global, nacional, museológica », in *En busca del futuro perdido. Cultura y memoria en tiempos de globalización*, México DF, Fondo de Cultura Económica, 2001 ; 2007, p. 11-73. Trad. de *Present pasts : Urban palimpseste and the politics of memory*, Standford, Stanford University Press, 2003.

2 Parmi les exemples les plus représentatifs de ces études, voir M.-P. Huglo, « Poétiques de l'archive » *Protée*, vol. 35, n° 3, 2007-2008 [en ligne] ; A. Louis « Ce que l'enquête fait aux études littéraires : à propos de l'interdisciplinarité », *Fabula*/ *Les colloques*, Littérature et histoire en débats. [en ligne] ; M.-J. Zenetti, « Les angles morts de l'enquête » et « Entretien avec Laurent Demanze par Pierre Benetti », *En attendant Nadeau*, dossier « Enquêtes » (été 2019), hors-série n° 4. [en ligne]. Voir aussi les ouvrages d'A. Caillet, *L'art de l'enquête : Savoirs pratiques et sciences sociales*, Paris, Mimésis, 2019 ou L. Demanze, *Un nouvel âge de l'enquête. Portraits de l'écrivain contemporain en enquêteur*, Paris, Éditions Corti, 2019.

présenter soit comme des enquêtes fictionnelles soit comme des œuvres avec une pulsion documentaire plus forte – elles s'appuient alors sur la consultation, la transcription ou la citation de sources documentaires et historiographiques diverses. Or, que le narrateur s'investisse en historien fictif ou bien qu'il propose au lecteur d'assumer un pacte de lecture documentaire, ces textes projettent notre regard vers le passé pour contribuer à le déchiffrer. Un deuxième type d'ouvrages se caractérise par le désir d'enregistrer et de conserver l'histoire immédiate, le passé récent, voire même le présent, eu égard aux générations à venir. Comme le signale Emmanuel Bouju, puisque le champ de l'histoire immédiate n'a pas encore été balisé, ces textes poussent dans d'autres ressources que celles de la « "bibliothèque" historiographique[3] ». Dans le but de saisir l'histoire du temps présent, ces œuvres se penchent alors sur les archives dites « mineures », celles qui ne possèdent pas le statut de véritables sources historiographiques.

Au-delà de ces deux grandes tendances, l'importation des méthodes de l'enquête en littérature implique un retour au document et une interrogation sur son rôle dans la construction du savoir historique. D'après l'historien et écrivain Ivan Jablonka, l'enquête désigne « un récit animé par un raisonnement, une activité cognitive[4] ». Elle repose sur la formulation d'un problème à résoudre à l'appui d'hypothèses et de preuves, d'une confrontation de sources et de documents[5]. Pour sa part, Marie-Jeanne Zenetti souligne que, malgré les différentes formes que l'enquête peut assumer – criminelle, judiciaire, politique, romanesque comme dans les fictions ou films de détectives, journalistique comme dans la tradition anglo-saxonne du *New Journalism* et de l'écriture de reportage – c'est celui de l'enquête historique qui s'ajuste le mieux à la figure de l'écrivain-chercheur[6]. D'une manière similaire, Laurent Demanze attire notre attention sur le phénomène contemporain d'« extension du domaine de l'enquête », comprise comme « un processus de création » qui « invente son protocole d'investigation[7] », dans divers champs

3 E. Bouju, « Accélérations », in *Épimodernes. Nouvelles « Leçons américaines » sur l'actualité du roman*, Québec, Codicille, 2020, p. 139.
4 I. Jablonka, *L'Histoire est une littérature contemporaine*, Paris, Seuil, 2014, p. 240.
5 *Ibid.*
6 M.-J. Zenetti, « Les angles morts de l'enquête », art. cité.
7 L. Demanze et P. Benetti, « Entretien avec Laurent Demanze », art. cité.

disciplinaires. Le développement d'un nouveau terrain de recherche et de création lié à l'enquête serait ainsi l'un des traits caractéristiques de l'art et la littérature contemporains.

En ce sens, les œuvres que nous analyserons dans cette dernière partie se présentent comme des enquêtes mémorielles menées à partir des « événements de peu ». Reprenons, en ce sens, la phrase de la fin d'*Espèces d'espace* où Perec explicite sa conception de l'écriture :

> Écrire : essayer méticuleusement de retenir quelque chose, de faire survivre quelque chose : arracher quelques bribes précises au vide qui se creuse, laisser, quelque part, un sillon, une trace, une marque ou quelques signes (*EE*, p. 179).

Cette inflexion infra-ordinaire dans la réflexion mémorielle constitue une des facettes les plus originales de la production tardive de nos auteurs. Ils se penchent alors non pas sur le passé, mais plutôt sur le présent qu'ils abordent sous forme d'archive. Face au sentiment que le temps l'emporte tandis que l'écrivain se bat pour sauver quelques « lambeaux informes » du passé, l'archive suscite l'idée de rendre le temps matériel et saisissable. S'investissant en archivistes, voire en chroniqueurs du présent, les auteurs tentent de préserver ces « petites mémoires » du quotidien qui leurs sont chères.

Or, contrairement aux archives institutionnelles où la valeur d'attestation historique est mise en avant, leurs œuvres se penchent plutôt vers des documents quotidiens proches de ce que Daniel Fabre nomme « écritures ordinaires », des écritures qui

> s'opposent nettement à l'univers prestigieux des écrits qui distinguent la volonté de faire œuvre, la signature authentifiante de l'auteur, la consécration de l'imprimé [...] la plupart de ces écritures-là [...] semblent vouées à une unique fonction qui les absorbe et les uniformise : *laisser trace*[8].

Qui plus est, la décontextualisation de ces documents par leur incorporation dans un univers fictionnel mine plus qu'elle n'assure leur fiabilité en tant que traces du passé. En ce qu'elles se proposent d'enregistrer le réel et de développer une écriture « sténographique », ces œuvres s'éloignent des esthétiques réalistes. En effet, elles ne cherchent pas à « représenter » le réel mais à l'incorporer sous forme de restes.

8 D. Fabre *et al.*, *Écritures ordinaires*, Paris, BPI, Centre Georges-Pompidou, P.O.L., 1993, p. 11.

À mi-chemin entre le fictionnel et le documentaire, ces œuvres jouent sur la polarité entre l'« effet document » et l'« effet littéraire ».

Par ailleurs, le travail sur des archives « mineures », appartenant « à tout le monde et à personne », met l'accent sur la « dialectique du personnel et de l'impersonnel[9] » qui intervient dans toute démarche de reconstruction mémorialiste. Relevant ainsi d'un désir d'élargir l'autobiographie vers « une généralité plus diffuse, plus anonyme », ces œuvres rendent compte des transformations que les écritures de soi connaissent aujourd'hui[10].

En ce qui concerne l'Oulipo, *Souvenirs de ma vie collective* (2000) de Michelle Grangaud, les *Poèmes portrait du jour* (1999) et les *Poèmes de métro* (2000) de Jacques Jouet ou bien *Sinon j'oublie* (2017) de Clémentine Mélois, sont autant d'exemples représentatifs de l'exploration des « mémoires communes » initiée par Perec. L'articulation du quotidien et des démarches autobiographiques constitue aussi une des démarches les plus innovantes du groupe « Les Moins-que-rien », une série d'écrivains désignés ainsi par la *Nouvelle Revue Française* (NRF) en 1998, parmi lesquels se trouvent : Philippe Delerm, Pierre Autin-Grenier, François de Cornière, Éric Holder, Gil Jouanard, Jean-Pierre Ostende[11]. De même, les journaux « transpersonnels » ou « *extimes* » d'auteurs comme Annie Ernaux et Michel Tournier ou les explorations des lieux quotidiens entamées par Jacques Réda, Olivier Rolin, François Maspero, Marc Augé ou Bruce Bégout rendent compte du caractère hautement productif de cette intrication.

---

9 *Cf.* D. Rabaté, « "Comme tout le monde, je suppose". L'individu collectif dans *Espèces d'espaces* », *Europe*, vol. 90, n° 993-994, Paris, janvier-février 2012, p. 48.

10 Pour une réflexion sur le panorama contemporain des écritures du quotidien en France voir M. Sheringham, « The Proliferation of the Everyday : Mutation, Enunciation and Genre », dans *Everyday Life*, *op. cit.*, p. 334-359.

11 *Cf. La Nouvelle Revue Française*, n° 540, Paris, Gallimard, janvier 1998.

POÉTIQUES ET POLITIQUES DE L'ARCHIVE

Depuis la promulgation de la loi de 1979 sur les archives en France, un point de vue d'historien semble être adopté dans le champ des études archivistiques. D'après cette loi et quels que soient leur date, leur forme ou support matériel, les archives se définissent comme un ensemble de documents, « produits ou reçus par toute personne physique ou morale, et par tout service ou organisme public ou privé, dans l'exercice de leur activité[1] ». Comme l'expliquent Etienne Anheim et Olivier Poncet, depuis l'entrée en vigueur de cette loi, l'archivage est perçu comme une opération historique « qui transform[e] le statut des documents auxquels elle s'appliqu[e][2] ». L'application de cette loi les transforme, en effet, en « objets de droit », c'est-à-dire : non pas en objets naturellement existants mais plutôt en produits « d'une construction juridique[3] ».

Par ailleurs, les principales définitions de l'archive relèvent de l'histoire et de la philosophie. Reprenant une formule célèbre de Michel Foucault dans *L'Archéologie du savoir*, l'archive « c'est le système général de la formation et de la transformation des énoncés », elle se présente comme la « bordure du temps qui entoure notre présent, qui le surplombe et qui l'indique dans son altérité ; c'est ce qui, hors de nous, nous délimite[4] ». L'archive est ainsi décrite comme un ensemble de formations discursives anonymes, changeantes et déterminées avant tout par leurs usages. Elle détermine les lois de conservation, de préservation et de transformation des énoncés qui définissent les conditions de possibilité d'une certaine

1 La citation est reprise de l'article d'E. Anheim et O. Poncet, « Fabrique des archives, fabrique de l'Histoire », *Revue de synthèse*, 5e série, année 2004, p. 7. Elle fait référence à l'article L211-1 du code du patrimoine.

2 *Ibid.*, p. 8.

3 *Ibid.*

4 *Cf.* M. Foucault, « L'*a priori* historique et l'archive », in *L'Archéologie du savoir*, Paris, Gallimard, 1969, p. 178 et 179.

épistémè[5]. D'autre part, une double pulsion de conservation et de destruction caractérise l'archive selon Jacques Derrida. Partant du constat d'une « défaillance originaire et structurelle de ladite mémoire[6] », le philosophe identifie un « mal d'archive ». En effet, même si l'archive agit comme un supplément mémoriel, elle ne permet pas de recomposer une expérience spontanée et vivante.

En outre, l'archive pose la question du statut épistémologique de la trace, comprise comme empreinte et comme preuve d'un passé disparu. Si la trace est indissociable de « l'idée du vestige d'un passage[7] » et qu'elle met en cause le rapport entre passé et présent, l'archive se dresse comme un garant de la prétention de l'histoire à se baser sur des faits. Selon Paul Ricœur, la trace s'associe ainsi à une présence palpable du passé dans le présent, mais aussi à ce qui n'est plus visible maintenant. Située à mi-chemin entre la présence et l'absence, ce double statut de la trace détermine la nature de l'archive[8].

Analysée du point de vue de sa production et de sa conservation, l'archive est souvent perçue comme le produit ou comme ce qui est reçu au travers d'une activité institutionnelle d'archivage. Cependant, il ne s'agit pas uniquement d'interroger les conditions de production des documents eux-mêmes, mais surtout les conditions de conservation et de transmission qui déterminent leur transformation depuis l'entrée dans un fond d'archives. Deux temps se distinguent ainsi dans le processus de « fabrication » des archives : celui où on les considère comme des documents puis celui de leur transformation en documents « conservés, classés, inventoriés[9] ». Concernant les procédés qui interviennent dans l'archivage, Harold Foster met l'accent sur les méthodes de connexion et

5 Nous comprenons par *épistémè* un ensemble de façons « de penser, de parler, de se représenter le monde, qui s'étendrait très largement à toute la culture » à une époque donnée. *Cf.* P. Juignet, « Michel Foucault et le concept d'*épistémè* », *Philosophie, science et société* [en ligne].

6 J. Derrida, *Mal d'archive : une impression freudienne*, Paris, Galilée, 1995, p. 26.

7 P. Ricœur, *Temps et récit*, vol. III, *op. cit.*, p. 213.

8 Sheringham souligne en ce sens : « L'importance du document repose sur le fait qu'il conserve une trace du passé. Mais une trace est double – elle est à la fois un vestige, une marque que nous pouvons voir ici et maintenant, grâce à l'archive, de ce que le passé a laissé derrière – elle possède un "caractère chosique", et en même temps elle est le symbole d'une action, d'un passage, d'un moment qui n'est plus visible. La trace conjugue présence et absence : elle est connecteur entre deux modes de pensée et deux perspectives temporelles ». *Cf. Everyday Life*, *op. cit.*, p. 51 [Notre traduction].

9 E. Anheim et O. Poncet, « Fabrique des archives », art. cité, p. 3.

d'assemblage de ce qui apparaît de prime abord comme désuni[10]. Bien qu'elle connecte des éléments hétérogènes, l'archive ne se propose pas de réconcilier les contraires ni d'effacer « les aspérités du réel ». Par sa nature incomplète, elle jette une lumière sur les manques et les irrégularités de tout processus historique. De même, comme le signale Arlette Farge, le travail d'archive se caractérise par une « lenteur créatrice[11] » : collecter, classer, conserver, communiquer sont autant de pratiques associées à l'enquête archivistique.

Par ailleurs, l'archive permet de donner forme à une histoire des « événements faibles et fragiles, sans grande ampleur les "un peu" de l'histoire[12] ». En effet, selon Arlette Farge, une histoire de « faibles intensités », de faits sociaux ordinaires peut être abordée grâce à l'enquête archivistique. La particularité de l'archive réside alors dans sa capacité à inscrire la longue durée dans le cadre de la sensibilité quotidienne, tout en interrogeant les liens entre le structurel et l'anecdotique.

Dans une définition proche de celle de la loi de 1979, Ricœur propose d'analyser les archives comme un ensemble de documents ou d'enregistrements qui ne cessent de croître[13]. Or, définie comme toute « pièce écrite servant d'information ou de preuve[14] », la notion de document n'en reste pas moins problématique. Suzanne Briet insiste ainsi sur le fait que le document se présente comme un prélèvement plus ou moins direct du réel[15]. Il s'agit d'un « indice concret ou symbolique, conservé ou enregistré » d'un fait ou d'une pensée dont il constitue la trace. Plus récemment, Jean-François Chevrier et Philippe Roussin ont défini le document comme un ensemble de formes plutôt qu'un genre, relevant à la fois « d'une activité de connaissance et d'une nécessité d'expression[16] ». Inséparable du présent dont il a

10 H. Foster, « The Archival Impulse », *October*, n° 110, MIT Press, automne 2004, p. 21.

11 *Cf.* A. Farge, *Le Goût de l'archive*, *op. cit.*, p. 71.

12 A. Farge, « Penser et définir l'événement en littérature », *Qu'est-ce qu'un événement ?*, *Terrain*, n° 38, mars 2002, p. 67-78.

13 La définition est reprise à André Jacques dans « De la preuve à l'Histoire. Les archives en France », *Traversée*, 1986. Article cité dans *Le Goût de l'archive*, *op. cit.*, p. 11.

14 Définition du document dans le *Larousse* en ligne.

15 S. Briet, « Qu'est-ce que la documentation », Texte revu et mis en ligne en juin 2008 par L. Martinet. Notes rédigées par R. Day et L. Martinet. Édition originale aux Éditions Documentaires Industrielles et Techniques, Paris, 1951 (n. p., § 4).

16 J-F. Chevrier et P. Roussin, « Présentation », *Communication*, n° 71, *Le Parti pris du document*, 2001, p. 6.

été prélevé[17], le document serait ainsi un objet « circonstanciel » et de « nature variable » puisque déterminé par ces « usages ». Sa force réside précisément dans cette instabilité, dans le caractère protéiforme de ses possibles définitions.

Enfin, considéré en tant que résultat du processus artistique de production d'un document, le « documentaire » cherche un « effet de réel » tout en se proposant de rendre un témoignage objectif de la réalité[18]. Comme le rappelle Zenetti, théorisé d'abord dans le champ des arts visuels, de la photographie, du cinéma ou des études théâtrales, l'adjectif « documentaire » contribue aussi bien « à la production d'un savoir » qu'à déconstruire « les représentations censées produire un discours de "vérité"[19] ». Suivant les réflexions d'Alice Caillet et de Frédéric Pouillaude, le documentaire requiert « un type d'ancrage dans le réel nettement plus empirique et plus factuel [...] une transitivité radicale qui oriente d'emblée la représentation vers l'extériorité et le non-soi [...][20] ». Plusieurs critères caractérisent ainsi l'« art documentaire », à savoir : la « non fictionnalité » – il est basé sur un pacte de référentialité – ; la « factualité de la représentation » – qui se reflète dans le rôle central qu'y acquièrent les détails et le particulier au détriment du général – ou « l'altérité de l'objet » qui relève de la logique réflexive du documentaire[21].

Le documentaire semble être également dominé par une ambition éthique, celle de la quête de vérité à partir d'un « rapport engagé et critique au réel[22] ». Le pacte de lecture documentaire repose ainsi à la fois sur un contrat de véridicité que sur certains traits formels qui produisent un « effet de document » – l'écriture plate ou neutre, la notation

17 Dans une ligne de pensée similaire, Tiphaine Samoyault signale que l'archive serait « un document auquel on a déjà conféré la qualité de la durée, dont on pressent l'utilité probable pour comprendre un petit pan de passé ». *Cf.* « Du goût de l'archive au souci du document », *Littérature*, « Usages du document en littérature », nº 166, 2012, p. 2.

18 *Cf.* S. Kracauer, *Théorie du film. La rédemption de la réalité matérielle*, trad. de l'anglais par D. Blanchard et C. Orsoni, Paris, Flammarion, 2010, p. 292 [1973].

19 M.-J. Zenetti, « Littérature contemporaine : un "tournant documentaire" ? », Colloque « Territoires de la non-fiction », P. Daros, A. Gefen et A. Prstojevic (organisateurs), Dec. 2017, Paris, France, p. 3-4. [en ligne].

20 A. Caillet et F. Pouillaude, « Introduction. L'hypothèse d'un art documentaire », in *Un art documentaire*, PUR, 2017, p. 11.

21 *Ibid.*

22 O. Lugon, « L'anonymat d'auteur », in *Le Statut de l'auteur dans l'image documentaire : signature du neutre*, Paris, Éd. du Jeu de paume, 2006, p. 7.

et la transcription ainsi que le refus de tout ce qui est grandiloquent[23]. Rappelons, en ce sens la définition de « factuel » proposée par Gérard Genette dans *Fiction et diction* (1991). Par factuel, Genette comprend tout un ensemble de textes qui, n'appartenant pas au domaine de la fiction ni de la poésie, entretiennent des rapports divers avec le réel[24]. Or, déjà à partir des années 1960, la notion de factuel apparaît dans les travaux de Roland Barthes sur l'« effet de réel », puis dans des travaux qui, comme *La Chambre claire* (1980), explorent la valeur indiciaire de la photographie[25]. Ce retour de l'intérêt pour le factuel se poursuit dans les années 1970, notamment par le biais du cinéma documentaire jusqu'à arriver, depuis 2000, à une troisième phase marquée par le tournant archivistique dans la ligne des œuvres de W. T. Vollmann, Jean Rolin, Svetlana Alexievitch, Jean Hatzfeld ou Roberto Saviano[26].

La catégorie de factuel permet, en outre, d'éviter un classement de type négatif comme celui qui oppose la fiction à la « *non-fiction* », et suggère que le degré de vérité des énoncés peut être mis à l'épreuve dans la réalité extra-littéraire. Les « genres factuels » – mémoires, correspondances, témoignages, autobiographies et autres formes de récits de soi – posent la question de la référentialité tout en visant à garantir la fidélité de leur contenu aux faits. Cependant, l'existence de critères formels permettant de distinguer le factuel pose problème. Si des approches narratologiques comme celles de Dorrit Cohn[27] ou de Käte Hamburger élaborent des typologies d'« indices de fictionnalité », ces analyses ne rendent pas compte des textes qui imitent les marqueurs de « factualité ». En ce sens, la possibilité de distinguer les écrits factuels

23 Sur l'importance du respect de certains traits formels lors de la production du témoignage, voir F. Detue et C. Lacoste, « Ce que le témoignage fait à la littérature », *Revue Europe*, n° 1041-1042, « Témoigner en littérature », 94e année, janvier-février 2016, p. 3-15.

24 *Cf.* G. Genette, « Récit fictionnel et récit factuel », in *Fiction et diction*, *op. cit.*, p. 66.

25 La question de l'« effet du réel » et du goût discursif de l'effectif réapparaît aussi dans un texte comme « Le discours de l'histoire ». *Cf.* R. Barthes, *Œuvres complètes*, t. II, 1966-1973, éd. E. Marty, Paris, Seuil, 1994. Même s'il s'agit d'une problématique qui traverse l'intégralité de son œuvre, la question de la capacité indicielle de la photographie est notamment abordée dans *La Chambre claire.*

26 Cette périodisation en trois grands mouvements est empruntée à J.-F. Chevrier et P. Roussin. « Présentation », *Communications*, « Le parti pris du document », art. cité, p. 5.

27 *Cf.* K. Hamburger, *Logique des genres littéraires*, trad. de l'allemand par P. Cadiot, Paris, Seuil, coll. « Poétique », 1986 [1957]. Voir aussi D. Cohn, *Le Propre de la fiction*, Paris, Seuil, coll. « Poétique », 2001. Traduction de *The Distinction of Fiction*, Baltimore, London, John Hopkins University Press, 1999.

de leurs possibles imitations fictionnelles est subordonnée à la présence d'un pacte documentaire. Ce pacte repose sur un ensemble de formes et de conventions qui déterminent les modes de circulation des écrits. Dans une ligne de réflexion similaire, l'idée d'« œuvre-document » de Jean Bessière s'écarte des critères de référentialité et de vraisemblance. Son contenu étant reçu par les lecteurs en tant qu'information, elle-même résulte des procédés de « *mimesis* de l'information[28] ». Pour sa part, Jean-Louis Jeannelle désigne comme « littératures factuelles » tout un ensemble de textes « en prose non fictionnels » associés à la catégorie des « genres factuels ». Parmi de nombreux exemples, Jeannelle distingue « les écrits scientifiques, l'histoire, la philosophie, la critique, les récits de soi, les récits de voyage » mais aussi « la littérature de témoignage, les genres oratoires ou les écritures ordinaires[29] ». Perméables aux mouvements et aux transformations de la vie sociale, ces genres semblent constamment s'adapter aux « cadres de réception contemporains[30] ».

Également proche de l'idée de littérature factuelle, la notion de « factographie » analysée par Marie-Jeanne Zenetti ouvre des pistes pour la compréhension de textes dont le statut générique reste problématique. Plus restreinte que celle de factuel, la catégorie de factographie fait référence aux « indices textuels ou paratextuels, formels et métadiscursifs qui affirment le rapport du discours au réel[31] ». Issue de la tradition littéraire russe – où elle évoque une « écriture des faits » –, cette notion relève cependant d'une longue histoire. Empruntant des techniques aussi diverses que le photomontage, la *faktura*[32] ou le collage, la capacité référentielle reste un de ses traits caractéristiques. Zenetti distingue aussi un ensemble de « techniques de captation du réel » et de « techniques de recomposition des informations prélevées[33] » mis à l'œuvre dans ces textes. En ce sens, les « factographies » suivent plutôt

---

28 J. Bessière, « Littérature : l'œuvre document et la communication de l'ignorance d'une archéologie (Daniel Defoe) et d'une illustration (Norman Mailer) », *Communications*, vol. 79, n° 1, 2006, p. 321.

29 J.-L. Jeannelle, « Histoire littéraire et genres factuels », *Fabula-LhT*, n° 0, « Théorie et histoire littéraire », février 2005 [en ligne].

30 *Ibid.*.

31 M.-J. Zenetti, « Factographies : "l'autre" littérature factuelle », in *Frontières de la non-fiction* (A. James et C. Reig dir.), Rennes, PUR, 2013, p. 28.

32 Par *faktura* on entend la « texture » qui émerge de l'assemblage des matériaux divers d'une œuvre.

33 M.-J. Zenetti, « Factographies : "l'autre" littérature factuelle », art. cité., p. 27.

un principe de « recomposition », de « présentation ou de re-présentation des fragments prélevés du réel » que de composition, dans le sens d'une création originale. Elles se présentent ainsi comme « des captations fragmentées du réel et des discours qui le constituent[34] ».

Malgré leur diversité, ces différentes notions permettent de mieux comprendre le tournant documentaire dans la littérature contemporaine. En ce sens, l'incorporation de documents dans les œuvres de Perec et Cortázar relève à la fois d'un désir de témoigner de la violence historique et de donner voix à une mémoire du présent et des « choses communes ». Les deux chapitres finaux s'interrogent, en ce sens, sur ces deux formes d'articulation entre littérature et archives dans leurs œuvres.

TÉMOINS DE LA VIOLENCE HISTORIQUE

La dénonciation de la violence historique parcourt les œuvres de Perec et Cortázar sous des modalités plus ou moins directes ou elliptiques. Ainsi, tandis que le sujet de la violence et des univers concentrationnaires est abordé par Perec dans plusieurs articles de jeunesse, les liens entre l'histoire au sens large et son histoire personnelle s'élabore tout au long de son œuvre. Pour ce qui est de Cortázar, les questionnements historiques et politiques occupent une place de plus en plus importante dans son œuvre, depuis ses textes de jeunesse jusqu'à la fin de sa vie. À partir des années 1970 notamment, le sujet de la violence et la dénonciation des crimes commis par les régimes dictatoriaux latino-américains commencent à occuper une place majeure. La publication de fictions coexiste, à cette époque, avec l'écriture des essais dénonçant la violence d'État. Plus spécifiquement, l'incorporation de matériaux factuels au sein des fictions, comme c'est le cas dans *Libro de Manuel* (1973), constitue une stratégie privilégiée par l'auteur.

Pour revenir à Perec, certains articles publiés pendant sa jeunesse rendent compte de sa quête de modalités littéraires pour dénoncer l'horreur des crimes de masse. Le choix des œuvres qui font l'objet de ses

34 M.-J. Zenetti, *Factographies*, *op. cit.*, p. 15.

premières analyses – *L'Espèce humaine* de Robert Antelme, *Hiroshima mon amour* d'Alain Resnais et Marguerite Duras, les impostures du Nouveau Roman et de *Tel Quel*, ou encore le réalisme critique socialiste – n'est pas anodin considéré au prisme de ses œuvres postérieures. Parmi les nombreux textes parus au cours des années soixante dans *Partisans* et d'autres revues – intégrés au recueil *LG. Une aventure des années soixante* –, l'article sur Robert Antelme reste particulièrement déterminant pour comprendre la place que Perec attribue au témoignage.

Dans « Robert Antelme ou la vérité de la littérature » (1963), Perec part de la lecture de *L'Espèce humaine* (1947) pour énoncer sa position sur les pouvoirs de la littérature face à la violence historique. Il défend ici le lien inhérent entre l'écriture et la vie et souligne l'importance de la littérature dans la reconfiguration de notre expérience historique. La littérature permettrait de tisser des liens « entre le fragmentaire et le total », entre « l'anecdotique et l'historique », « entre le général et le particulier, entre la sensibilité et la lucidité[35] ». Créant des médiations entre l'expérience directe de la réalité concentrationnaire et les discours qui pourraient la rendre intelligible, le témoignage apparaît pour Perec « comme l'exemple le plus parfait, dans la production française contemporaine, de ce que peut être la littérature[36] ».

En ce qui concerne Cortázar, son engagement politique s'intensifie à partir des années 1970. Toutefois, déjà à la fin des années 1960, les « miscellanées » *La vuelta al día en ochenta mundos* et *Último Round* proposent une utilisation politique et critique des documents factuels dans une ligne proche de celle de *Libro de Manuel*. Sous la forme de pastiches et de collages articulant fiction et documentation, ces ouvrages rendent compte de l'ambition de Cortázar de transformer la littérature en un véritable outil d'activisme artistique. Or, afin de comprendre l'engagement politique de Cortázar, il est important de considérer la place que l'auteur occupe déjà dans les années 1970 dans le champ littéraire international. En effet, sa position privilégiée lui permet de dénoncer assez ouvertement les crimes et la montée de violence qui s'empare de l'Amérique-Latine à la fin des années 1960. Plus spécifiquement, Cortázar adhère à la résistance chilienne en septembre 1973 : déplorant la mort d'Allende,

35 G. Perec, « Robert Antelme ou la vérité de la littérature » (*Partisans*, n° 8, janvier 1963), in *L. G. Une aventure des années soixante*, Paris, Seuil, 1992, p. 89.

36 *Ibid.*, p. 111.

il s'oppose au régime dictatorial d'Augusto Pinochet. Il rédige alors : « Chile : le dossier noir », un recueil d'essais paru en 1974, dénonçant les conditions de violence subies à l'époque au Chili. À propos de cet engagement politique progressif, le critique Saúl Sosnowski signale :

> Paris 1968, Allende et Pinochet au Chili, les Mères de la Plaza de Mayo en Argentine, la Révolution Cubaine et le triomphe sandiniste au Nicaragua, la menace vertigineuse qui se déployait sur plusieurs fronts, voilà qui poussa Cortázar à accroître toujours plus son action politique[37].

La volonté de restituer l'expérience personnelle dans une optique historico-politique plus large devient un sujet majeur des textes critiques que Cortázar publie durant cette période. Il n'est pas étonnant à cet égard de constater que, de pair avec la publication de *Manuel*, l'auteur procède aussi à des dénonciations politiques explicites dans plusieurs nouvelles et récits fictionnels parus entre 1977 et 1983. Dans *Façons de perdre* (1977) [*Alguien anda por ahí*], *Queremos tanto a Glenda* (1980) et *Heures indues* (1982) [*Deshoras*], la violence d'État et les crimes survenus pendant la dictature en Argentine constituent des problématiques centrales. Dans des récits comme « Apocalypse de Solentiname » (« *Apocalipsis en Solentiname* ») ou « La deuxième fois » (« *Segunda vez* ») du recueil *Alguien anda por ahí*, Cortázar aborde la situation des artistes au Nicaragua face à la violence de la dictature de Somoza, tout au début de la révolution sandiniste, ainsi que la disparition de personnes pendant la dictature argentine. Plus tard, « Coupures de presse » (« *Recortes de prensa* ») et « *Graffiti* » dans *Queremos tanto a Glenda*, ainsi que « L'école, la nuit » (« *Escuela de noche* ») et « Cauchemar » (« *Pesadilla* ») dans *Deshoras*, traitent aussi du sujet de la violence et la disparition de personnes pendant la dictature de Videla.

Pendant les années 1980, Cortázar renforce ses dénonciations par la publication de certains recueils d'essais. *Nicaragua si violemment doux* [*Nicaragua tan violentamente dulce*] (1983) est ainsi consacré au Nicaragua de la révolution sandiniste, tandis qu'*Argentine, années de barbelés culturels*

37 « *Paris 1968, Allende y Pinochet en Chile, Videla y las Madres de Plaza de Mayo en Argentina, la Revolución Cubana y el triunfo sandinista en Nicaragua, la vertiginosa amenaza que se desplegaba en diversos frentes, llevaron a Cortázar a incrementar cada vez mas su acción política* ». S. Sosnowski, « Julio Cortázar ante la literatura y la historia », in *Obra Crítica* (1983) (prologue au vol. II), *op. cit.*, p. 26-27.

[*Argentina años de alambradas culturales*] (1984) dénonce la dernière dictature argentine.

Toutefois, la fonction des documents incorporés dans ces œuvres n'est pas la même quand il s'agit des écritures ordinaires de Georges Perec dans *L'Herbier des villes* ou bien des miscellanées de Cortázar. L'utilisation de documents comme les coupures de presse dans *Libro de Manuel* ou ceux, plus personnels, incorporés dans *W ou le souvenir d'enfance*, sera également abordée dans ce chapitre.

PEREC : LES GESTES DE L'ENQUÊTE ARCHIVISTIQUE

Dans le catalogue de l'exposition *Voilà le monde dans la tête*, réalisée en 2000 au Musée d'Art moderne, Perec occupe dès l'ouverture une place centrale en tant que précurseur des écrivains dits « archivistes ». Dans le sillage perecquien, l'exposition regroupait plus de soixante artistes dont les travaux impliquent l'archivage, la classification, l'accumulation et l'inventaire de matériaux issus du quotidien. À la fin du texte, il est ainsi expliqué :

> « Je me souviens ». La mémoire, passée, mais aussi celle, sans nostalgie et non sans paradoxe du présent et du futur. [...] La mémoire, lien sensible, fugace ou durable, entre je et l'autre, entre le personnel et l'universel, entre l'individuel et le collectif[38]

Reprenant la célèbre formule de « Je me souviens », les commissaires de l'exposition soulignent l'importance de Perec pour un courant de l'art contemporain qui vise à saisir un présent évanescent. Perec s'impose ainsi comme un modèle pour toute une génération d'artistes qui, comme Christian Boltanski, Sophie Calle ou Annette Messager,

---

38 *Voilà le monde dans la tête : exposition*, Paris, Musée d'art moderne de la Ville de Paris, 15 juin – 29 octobre 2000. Exposition conçue par S. Pagé, B. Parent, C. Boltanski... *et al.*, Paris, Paris musées, 2001, p. 5. À propos des rapports entre l'œuvre de Perec et l'art contemporain, voire l'étude consacrée à la question : *Perec et l'art contemporain*, textes presentés et réunis par J-L. Joly, *Cahiers Georges Perec*, n° 10, Bordeaux, Le Castor Astral, octobre 2010.

réfléchissent à la question de la mémoire et de la Shoah à partir d'une enquête archivistique.

La figure de l'« écrivain-archiviste » est, en effet, essentielle pour comprendre l'œuvre de Perec et le projet « Choses communes ». Dans une oscillation constante entre la pulsion de conservation et de destruction de la mémoire, l'« œuvre-archive » met l'accent sur la capacité de conservation de l'écriture, tout en la confrontant au sentiment de précarité de la mémoire « naturelle ». En ce sens, Perec associe les notions de trace et d'écriture et signale comment la manie d'enregistrement qu'il éprouve à peu près à l'époque de la mise en route du projet *Lieux*, répond au sentiment d'une « faillite » de sa mémoire. Dans un entretien avec Bernard Pous, il explique :

> L'activité d'écrire, c'est d'abord la peur d'oublier, l'envie de garder des choses, de transcrire, de laisser des traces de quelque chose. Comme si, si je n'écrivais pas, ça allait complètement disparaître[39].

Si l'utilisation de sources documentaires et les procédés de l'enquête parcourent son œuvre, les images de l'« écrivain-archiviste » et de l'« archiviste conceptuel[40] » constituent aussi des motifs récurrents. Par exemple, face au caractère fragile des souvenirs, le narrateur de la partie « autobiographique » de *W* cherche « le secours de photos jaunies, de témoignages rares et de documents dérisoires » (*W*, p. 25). Or, il ne cesse pas pour autant de questionner la capacité d'authentification de ses sources. Ce souci documentaire rapproche *W* du témoignage d'une enfance brisée par le génocide et la guerre. Néanmoins, cette mémoire se situe aux antipodes de la mémoire autobiographique conventionnelle : il s'agit d'une mémoire fabriquée, construite à l'ombre de maigres documents que l'auteur conserve de son enfance, voire de son adolescence.

Toutefois, l'intérêt documentaire n'appartient pas uniquement à *W*, loin s'en faut. Par exemple, *Espèces d'espaces* proposait déjà une approche originale du lien entre trace et écriture par le biais des écritures ordinaires. En feuilletant les pages de ce « manuel d'un usager de l'espace », le lecteur trouve entre autres la transcription d'extraits du « Manuel du

39 G. Perec, « Entretien Georges Perec/Bernard Pous », in *EC*., vol. II, *op. cit.*, p. 190.

40 Il s'agit d'une expression de C. Prigent, *Ceux qui merdRent : essai*, Paris, P.O.L., 1991, p. 145.

Voyageur Baedeker (édition de 1907) » (*cf.* *EE*, p. 127-129), d'un texte journalistique sur Raymond Roussel (*cf.* *EE*, p. 169) et d'un texte de David Rousset reproduit dans la section sur « L'Inhabitable » (*cf.* *EE*, p. 177-178). Ce jeu sur des matériaux factuels est aussi un des principes des « bombes de temps », un procédé qui apparaît aussi bien dans le projet *Lieux*[41] que dans *La Vie mode d'emploi*. Ce dernier roman est, en effet, parsemé de divers imprimés – catalogues, cartes de visite, recettes de cuisine[42].

Le travail d'enquête devient encore plus explicite dans *Récits d'Ellis Island*, film commandé par l'INA, tourné en 1979 et diffusé en 1980. Ce film est divisé en deux parties : « Traces », des images filmées dans l'île par Robert Bober accompagnées d'un commentaire écrit et lu par Perec ; et « Mémoires », une série d'entretiens avec d'anciens témoins du passage par Ellis Island. Or, au moment de la sortie du livre édité par P.O.L. sous la forme d'un « journal de tournage », la structure originale du film se modifie. Le livre se compose ainsi de la façon suivante : une première partie intitulée « L'île des larmes », contenant un aperçu chronologique de l'histoire de l'île ; une deuxième nommée « Description d'un chemin », où l'élan poétique de Perec façonne les données documentaires et les photographies ; une troisième partie intitulée « Repérages », sous forme d'inventaire ou de liste, construite suivant les grands noyaux thématiques du voyage (« Lieux », « Manifestations », « Gens que nous avons vu », etc.) ; et enfin, une quatrième partie intitulée « Mémoires » racontant la recherche dans les archives d'Ellis Island ainsi que les entretiens avec des personnes contraintes jadis de séjourner un temps sur l'île. Cette dernière partie met l'accent sur le rapport entre photoreportage et reconstruction testimoniale tout en proposant des transcriptions d'interviews avec d'anciens exilés. « *Comment saisir ce qui n'est pas montré, ce qui n'a pas été photographié, archivé, restauré, mis en scène ?* ». Avec cette phrase, Perec nous confronte au pari qui se cache derrière les démarches d'archivage et de documentation infra-ordinaires.

41 Le procédé des « bombes de temps » sera analysé plus en détail par rapport à *L'Herbier des villes*.

42 Pour une analyse complémentaire de différents types de calligraphies utilisées dans les avant-textes de *La Vie mode d'emploi*, voir l'article de B. Magné, « Perec parapheur », in *Le pied de la lettre. Créativité et littérature potentielle*, vol. dirigé par H. Salceda et J.-J. Thomas, Ontario, Presses Universitaires du Nouveau Monde, 2010, p. 91-102.

En effet, c'est la sensibilité quotidienne, tout ce qui était « plat, banal, quotidien, ce qui était ordinaire, ce qui se passait tous les jours » que l'auteur cherche à restituer à travers ce documentaire.

Ce bref aperçu des modalités que l'enquête archivistique assume chez Perec nous permet à présent d'aborder *W ou le souvenir d'enfance* ainsi que son projet *L'Herbier des villes* et *Je me souviens*. Pour ce qui est des documents utilisés dans *W*, même s'ils n'évoquent la mémoire personnelle qu'en ce qu'elle est traversée par le quotidien de son époque, ils sont les seules traces qui restent de son archive familiale. Par exemple, le narrateur de la partie « autobiographique » ou « testimoniale » de *W* fait appel au journal du jour de sa naissance comme un instrument de véridicité historique[43] (*W*, p. 36). Quelques documents bureaucratiques sont également évoqués dans le texte : les actes de naissance et de décès du père « mort pour la France » en 1940, et les décrets relatifs à la mort de sa mère en déportation (*cf.* *W*, p. 62). Des textes de jeunesse de l'auteur sont également retranscrits dans le chapitre VIII avec une typographie en gras. La description de photos « jaunies » ainsi que la citation d'un extrait de *L'Univers concentrationnaire*[44] de David Rousset réaffirment, enfin, la dimension documentaire de *W*.

Pour sa part, *L'Herbier des villes* peut-être analysé comme une « œuvre-archive » constituée des écrits ordinaires qui s'entassent dans sa routine d'écrivain – des coupures de presse annonçant la sortie de ses livres mais aussi des documents personnels : lettres, photographies, cartons d'invitations, notes et brouillons. Suivant une expression de Raoul Delemazure, *L'Herbier* se rapproche d'un « reliquat » constitué de tout ce qui entoure l'écrivain dans son atelier de travail, de tout ce qui fait partie de son existence publique en tant qu'« homme de lettres ». Dans ce projet, Perec se questionne : que faire avec cet amoncellement de bribes, de résidus de tout ce qui *reste* après un travail littéraire et intellectuel ? En classant, en organisant et en conservant ses propres déchets textuels, l'auteur offre une réponse à cette interrogation et situe ses propres « archives d'écrivain » dans le spectre d'une œuvre « à venir ».

43 Le narrateur croit se souvenir que la date de sa naissance coïncidait avec le jour où Hitler était rentré en Pologne.

44 *L'Univers concentrationnaire* de Rousset est écrit en 1945, publié en 1946 et réédité en 1965. Perec s'inspire de l'ouvrage pour la représentation des règles et du système de violence qui règne dans l'île de W. Le chapitre XXXVII dévoile dans une citation le parallélisme entre les deux ouvrages.

W OU LE SOUVENIR D'ENFANCE : TÉMOIGNAGE D'ENFANCE ET DÉSIR D'ARCHIVE

W ou le souvenir d'enfance (1975) se situe à la charnière du témoignage, de l'archive familiale et de la fiction allégorique sur l'univers concentrationnaire qu'est l'île de W, « une cité régie par l'idéal olympique[45] ». Les trente-sept chapitres intercalés et divisés en deux grandes parties qui constituent le dispositif littéraire de *W* articulent ainsi le récit imaginaire et le témoignage d'une enfance brisée par la guerre[46]. Grâce à l'archive familiale, à des thérapies psychanalytiques et à une série de documents et de textes rédigés à différentes époques de sa vie, l'enquête mémorielle aide Perec à saisir quelques bribes de souvenirs refoulés. La logique de l'enquête opère donc à la fois dans l'assemblage et le montage de matériaux issus de son archive familiale et dans la construction de la fiction. Rappelons que le chapitre I s'inaugure avec le récit interrompu du voyage entrepris par Gaspard Winckler : « J'ai longtemps hésité avant d'entreprendre le récit de mon voyage à W » (*W*, chap. I, p. 659). Ce voyage rétrospectif est décrit dans « le ton froid et serein de l'ethnologue » (*W*, chap. I, p. 660). Le lecteur apprend ensuite que Winckler avait été convoqué pour mener une enquête sur un enfant disparu. En ce sens, il peut sembler étonnant que, dans ce premier récit, le personnage mentionne « les traces » de son histoire, la consultation « des carnets et des annuaires, des monceaux d'archives » (*W*, chap. I, p. 659). La quête de l'enfant disparu mêle ainsi la méthode archivistique – utilisée lors de la collecte et l'assemblage de l'archive personnelle – et celle, proche de l'infra-ordinaire, qui conçoit l'écriture comme le compte rendu d'une expérience.

---

45 G. Perec, « Texte de présentation de l'édition originale » de *W où le souvenir d'enfance* (Denoël, avril 1975). Dans G. Perec, *Œuvres I* (édition établie par C. Regianni), Paris, Gallimard, « Bibliothèque de la Pléiade », 2017, p. 791. Nous suivons ici cette édition qui suit le texte original de 1975.

46 La première partie du texte compte onze chapitres, le reste fait partie de la deuxième partie. Selon une note de C. Regianni : « Perec a presque systématiquement encrypté les chiffres rappelant la mort de sa mère (11 février 43, souvent monnayés dans une relation 4/3 ou 3/4) ou ceux de sa naissance (7/3 ou 3/7, 37 ou 73) ». *Cf.* C. Regianni, « Notes des pages 769 à 778 », in *Œuvres I*, *op. cit.*, p. 1093.

Parmi les documents qui interviennent dans la genèse de *W*, Philippe Lejeune mentionne le « petit carnet noir » de 1970[47] avec les listes de souvenirs et les premiers essais d'écriture ; le plan en trois séries – « w », « souvenirs », « intertexte » puis « w », « intertexte », « souvenir[48] ») ; les chapitres du feuilleton – soit dans la version dactylographiée, ou dans celle parue dans la *Quinzaine littéraire* – ; tous les éléments de son archive personnelle – des dessins, les sept photos choisies et décrites dans le carnet noir[49], etc. – et d'autres types de documentation comme les notes du journal *Le Temps* du jour de sa naissance et du lendemain, des textes anciens sur ses parents ainsi qu'une page dactylographiée faisant allusion au travail d'annotation [...] qui « clôt le chapitre VIII dans la version finale[50] ».

W, dont la rédaction a lieu entre 1969 et 1974, se situe ainsi entre le feuilleton d'aventures et l'autobiographie. Par ailleurs, deux typographies différentes servent à marquer la distinction entre le récit autobiographique – constitué de 18 chapitres en lettres romaines, celui de l'adulte Georges Perec – et la fiction, elle-même divisée dans deux parties. Dans la première, le narrateur Gaspard Winckler se voit confier la tâche de retrouver son homonyme, un enfant disparu lors d'un naufrage au Chili. Comme dans le récit autobiographique, l'adulte part ici chercher l'enfant disparu même si l'enquête n'aboutit finalement pas. En effet, après l'ellipse du chapitre 11 qui précède la deuxième partie du texte – constituée par l'alternance de deux modes de récits, l'un imaginaire en italique et l'autre biographique en caractères romains –, le récit sur l'enquête se voit remplacé par une fiction sur l'île de W. Par ailleurs, concernant la structure temporelle du texte, le lecteur assiste à une rupture chiasmatique du récit. La première partie du livre traite de l'enfance du petit Georges, passée avec sa mère entre 1936 et 1942[51], et

47 Le « petit carnet noir » a été publié par P. Lejeune dans les *Cahiers Georges Perec* n° 2 (1988). *Cf.* « Le petit carnet noir », 2 août-19 septembre 1970 (fonds privé Georges Perec, 116, 5).

48 Ce dispositif narratif tripartite était censé compter avec cinquante-sept chapitres. Regianni rappelle qu'en 1970, chaque partie avait une dédicace, la partie « W » pour Robert Antelme, la partie « souvenirs » pour « E » et la partie « intertexte » pour « S » (Suzanne Lipinska). *Cf.* C. Regianni, « Notice » sur *W ou le souvenir d'enfance*, in *Œuvres I*, *op. cit.*, p. 1066.

49 Finalement, huit photos sont décrites et évoquées dans le texte publié.

50 P. Lejeune, « La rédaction finale de W ou le souvenir d'enfance », art. cité, p. 85.

51 Rappelons, en ce sens, qu'à l'âge de 4 ans, Perec perd son père Icek Judko Peretz (1910-1940) qui s'était engagé comme soldat dans l'armée française lors de la deuxième Guerre mondiale. Plus tard, le 11 février 1943, sa mère Cyrla Schulewicz (1913-1943) est déportée à Drancy et ensuite à Auschwitz, lors de la deuxième rafle des juifs à Paris.

de la mission de Gaspard Winckler. En revanche, la deuxième partie traite de l'exil de Villard-de-Lans, entre 1942 et 1945, au-delà du temps qui correspond au fantasme olympique reconstitué par l'enfant entre 1946 et 1950. En ce sens, si d'une part le narrateur de la partie autobiographique tente de récupérer une partie de ses souvenirs enfouis, *W* peut aussi être interprété de plein droit comme un récit « politique ». À ce propos, Claude Burgelin montre comment la métaphore de la compétition sportive relève d'une double tension dans l'histoire : « celle qui s'instaure entre signifiant sportif et signifié social (et politique) ; et, d'autre part, entre fable politique et autobiographie[52] ». D'après Burgelin, « Perec a fait de cette île [...] une parabole de l'univers nazi[53] ». Il ajoute, à propos de l'apparition des thématiques nazies dans le texte, qu'elles font « apparaître la barbarie qui les sous-tend » : « le culte du corps et le dressage par le sport [...] signifiant sévices et terreur pour les vaincus ; l'eugénisme [...] ; l'embrigadement des enfants [...][54] ». En effet, la violence du texte augmente progressivement tout en accentuant l'opposition entre le « *Schnell, Schnell* ! » (« vite ! vite ! ») de l'île de W et le temps suspendu de l'enfance à Villard-de-Lans. L'allégorie des camps de concentration devient alors plus claire.

Comme dans « Choses communes », *W* se sert de l'infra-ordinaire et des archives familiales comme point de départ d'une enquête mémorialiste lui permettant de relier l'intime – un projet de long terme autour de sa famille – et le commun – la violence de la guerre et des camps. Rappelons, en ce sens, que la première parution du texte est annoncée en 1969 dans *La Quinzaine littéraire*. Comme le signale Lejeune, on annonce au départ un feuilleton, un roman policier ou un roman d'aventures. Néanmoins, Perec abandonne le projet en 1971 et ne le reprend qu'en 1974 après avoir entrepris une psychanalyse avec Pontalis[55]. Dans sa célèbre « Lettre à Maurice Nadeau », il envisage un ensemble de quatre projets autobiographiques – *L'Arbre*, *L'âge*, *Lieux ou j'ai dormi* et *W* – dont la réalisation va prendre au moins deux ans :

52 C. Burgelin, *Georges Perec*, *op. cit.* p. 154.
53 *Ibid.*, p. 159.
54 C. Burgelin, « Notice », in *W où le souvenir d'enfance* [*Œuvres I*], *op. cit.*, p. 1076-1077.
55 Lejeune signale aussi les avants-textes de *W* faisant partie du « petit carnet noir » dont « Je suis née » (publiée en 1988 dans les *Cahiers Georges Perec*, n° 2). *Cf.* P. Lejeune, *La Mémoire et l'Oblique*, *op. cit.*, p. 62.

> Le troisième livre [*W*] est un roman d'aventures. Il est né d'un souvenir d'enfance ; ou, plus précisément, d'un phantasme que j'ai abondamment développé, vers douze-treize ans, au cours de ma première psychothérapie [avec Pontalis]. Je l'avais complètement oublié ; il m'est revenu, un soir, à Venise, en septembre 1967, où j'étais passablement saoul ; mais l'idée d'en tirer un roman ne m'est venue que beaucoup plus tard[56].

Or, le septième chapitre du feuilleton paru en 1970 portait déjà une injonction forte : « lâchez toute mémoire » ; « Il n'y avait pas de chapitres précédents. Oubliez ce que vous avez lu [...][57] ». Dans le texte définitif, cet écart par rapport au roman d'aventures se produit entre les chapitres XI et XII avec les points « [...] » qui suspendent l'attente du lecteur et coupent l'alternance entre récit fictionnel et récit autobiographique.

En ce qui concerne la partie « autobiographique » Perec signale dans un entretien avec Ewa Pawlikowska :

> L'idée de ce livre est la suivante : il y a d'une part ce que je pourrais appeler la biographie. Et cette biographie était occultée, il n'y avait plus de souvenirs. Et pour remplacer cette occultation, j'ai inventé une histoire quand j'avais quinze ans. J'ai inventé une histoire qui était une sorte de *W*. Je l'ai inventée, je ne savais pas du tout au moment où je l'inventais que cette histoire remplaçait mon histoire[58].

L'auteur raconte le processus d'écriture et la conception d'un dispositif mixte. À partir du chapitre II, le narrateur évoque lui aussi le processus d'anamnèse qui le conduit à jeter de la lumière sur quelques parties « oubliées » de son enfance. Il y explique :

> « Je n'ai pas de souvenirs d'enfance » : je posais cette affirmation avec assurance, avec presque une sorte de défi. L'on n'avait pas à m'interroger sur cette question. Elle n'était pas inscrite à mon programme. J'en étais dispensé : une autre histoire, la Grande, l'Histoire avec sa grande hache, avait déjà répondu à ma place, la guerre, les camps (*W.* chap. II, p. 661).

L'écriture se présente ainsi comme l'enregistrement d'un souvenir flou mais aussi comme la trace d'une absence et d'un silence, d'un secret indicible. En effet, il faut reculer pour avancer, comme Perec l'explique

---

56 *Cf.* G. Perec, « Lettre à Maurice Nadeau », in *Je suis né*, *op. cit.*, p. 61.
57 Texte paru dans *La Quinzaine littéraire*. Cité dans *La Mémoire et l'Oblique*, *op. cit.*, p. 88.
58 G. Perec, « Entretien avec Ewa Pawlikowska », *L'Arc*, n° 76, 1979, p. 74-75.

dans « Les lieux d'une ruse », il faut revenir sur ses pas pour refaire « ce chemin parcouru dont j'avais brisé tous les fils. [...] Je sais qu'il eut lieu et que, désormais, la trace en est inscrite en moi et dans les textes que j'écris[59] ».

Parallèlement à cette démarche mémorielle, les ressemblances entre les personnages de la partie autobiographique et ceux de la partie fictionnelle sont tout aussi éclairantes. Tout d'abord, la figure d'Otto Apfelstahl renvoie à celle du psychanalyste de Perec, J.-B. Pontalis[60]. À ce propos, Winckler s'interroge sur les mystérieuses lettres « M. D. » et émet l'hypothèse d'une abréviation américaine « *Medical Doctor* » : « [...] *Il ne pouvait s'agir que de l'abréviation américaine de "Medical Doctor"* » (*W*, chap. III, p. 664). Souvenons-nous qu'Apfelstahl se présente aussi comme le représentant d'une mystérieuse « Société de Secours aux naufragés ». Les silences et les questions sans réponse entre les deux hommes évoquent aussi la procédure psychanalytique.

Pour sa part, Gaspard Winckler, à la fois l'enfant disparu et le déserteur du service militaire, nous ramène vers Perec lui-même et vers son père André. En effet, Winckler adulte avait un père de modeste condition, mort des suites d'une blessure alors qu'il allait avoir 6 ans et il finit par se faire adopter par un oncle. De même, Gaspard Winckler est un enfant malade qui s'est refugié dans le mutisme et la surdité. Aussi Caecilia Winckler, mère de l'enfant disparu, évoque Cyrla (Cécile) Schulewicz, la mère de Perec. Nous lisons :

> *Mais la mort la plus horrible fut celle de Caecilia ; elle ne mourut pas sur le coup, comme les autres [...] lorsque les sauveteurs chiliens la découvrirent, son cœur avait à peine cessé de battre et ses ongles en sang avaient profondément entaillé la porte de chêne* (*W*, chap. XI, p. 701).

Cette description éclaire celle, beaucoup plus sobre, de la partie autobiographique : « Ma mère n'a pas de tombe. C'est seulement le 13 octobre 1958 qu'un décret la déclara officiellement décédée, le 11 février 1943, à Drancy (France)[61] » (*W*, chap. VIII, p. 688). Dans cette non-mort, sans

59 G. Perec, « Les lieux d'une ruse », in *Penser/Classer*, *op. cit.*, p. 71.

60 À ce propos, voir aussi : J.-B. Pontalis, « Pierre G. », in *L'Amour des commencements*, Paris, Gallimard, 1986. Reproduit dans l'édition *Œuvres I*, *op. cit.*, p. 792-793.

61 Cependant Cyrla Perec n'est pas morte à Drancy le 11 février 1943. Elle arriva à Auschwitz dans un convoi le 16 février 1943 et la date de sa mort n'est pas connue. Pendant longtemps, Perec eut des doutes concernant le lieu de la disparition de sa mère, il croyait

cadavre ni sépulture, on retrouve le thème de l'enterrée vive, mentionné de manière fantasmatique dans le récit imaginaire. Pourtant, la révélation n'apparaît que vers la fin du livre où le narrateur adulte explique qu'il est allé, plus tard voir avec sa tante : « une exposition sur les camps de concentration. [...] Je me souviens des photos montrant les murs des fours lacérés par les ongles des gazés [...]. » (*W*, chap. XXXV, p. 775).

Par ailleurs, dans la partie imaginaire du récit, le devoir de mémoire est formulé en termes d'une mission, d'un impératif moral que Gaspard Winckler doit assumer. Le narrateur devra alors trouver le « ton juste », celui du témoin qui n'a pas été acteur mais uniquement participant – observateur des événements. On lit, à ce propos :

> [Mais] ce que mes yeux avaient vu était réellement arrivé [...] Quoi qu'il arrive, quoi que je fasse, j'étais le seul dépositaire, la seule mémoire vivante, le seul vestige de ce monde. [...] je fus témoin, et non acteur. [...] Même si les événements que j'ai vus ont bouleversé le cours, jusqu'alors insignifiant, de mon existence même s'ils pèsent encore de tout leur poids sur mon comportement, sur ma manière de voir, je voudrais, pour les relater, adopter le ton froid et serein de l'ethnologue (*W*, chap. I, p. 660).

Malgré cette quête d'un ton froid et neutre, les émotions se ressentent dans tout le texte. Nous lisons, par exemple : « J'écris : j'écris parce que nous avons vécu ensemble [...] j'écris parce qu'ils ont laissé en moi leur marque indélébile et que la trace en est l'écriture [...] ». Le narrateur affirme, enfin : « l'écriture est le souvenir de leur mort et l'affirmation de ma vie » (*W*, chap. VIII, p. 689). En effet, le double dispositif de *W* s'avère le seul moyen capable de reconstruire ce témoignage d'enfance.

Or, au-delà de l'autobiographie et de la fiction, l'auteur avait originellement envisagé une troisième partie « critique » qui visait à éclairer les autres, une sorte de méta-texte ou commentaire sur les difficultés rencontrées lors de la rédaction[62]. Les traces de ce projet apparaissent

---

qu'elle était morte à Ravensbrück. En 1958, il reçoit un avis officiel précisant qu'elle est morte « le 11 février 1943, à Drancy (France) ». *Cf.* C. Burgelin, *Album Georges Perec*, Paris, Gallimard, « Bibliothèque de la Pléiade », 2017, p. 52. L'acte de disparition de Cyrla Perec daté du 19 août 1947 y est reproduit dans la page 28.

62 À partir de juin 1970, lorsque Perec entame le second élan de rédaction, l'idée d'intégrer le feuilleton dans un ensemble plus vaste apparaît déjà. Il s'agirait de trois séries de chapitres : le feuilleton, les souvenirs d'enfance et l'histoire même de son rapport à W. *Cf. La Mémoire et l'Oblique*, *op. cit.*, p. 89.

dans le chapitre VIII, celui qui rend le mieux compte du travail d'enquête que Perec réalise par rapport à son archive familiale. Le système de montage et d'assemblage de citations mis en place dans ce chapitre répond, en effet, à une structure tripartite. Les différentes typographies : le texte principal, celui en gras et le système de notes, soulignent le fonctionnement de mise à l'épreuve de la mémoire. Trois procédés centraux opèrent ici : le montage des souvenirs, l'autocitation et les notes. À travers ce dispositif, le narrateur revient, avec un regard critique et méfiant, sur le texte rédigé pendant son adolescence et établit les bases d'une véritable poétique de la mémoire. En outre, le texte principal, rédigé par Perec adulte, lui permet d'établir les bases de cette poétique. Le texte en gras correspond à un écrit de jeunesse, un document externe utilisé comme une source d'appui mémoriel. Suite à une psychanalyse avec Michel d'Uzan en 1956, il rédige ce texte en 1959 où il présente son père et sa mère. La procédure choisie consiste à mettre à distance l'affectivité par un procédé d'« autocitation ». En effet, l'incorporation dans le texte principal d'un texte de jeunesse pointe vers deux moments distincts du processus d'anamnèse et d'écriture.

Enfin, le montage citationnel reflète le mode de fonctionnement sous-jacent aux deux parties principales du texte. Selon Philippe Lejeune : « Perec veut faire jaillir le sens et l'émotion d'un système de juxtaposition, en contraignant le lecteur à prendre en charge l'imagination de ce qui relie les éléments[63] ». Ce dispositif de notes mêlant différents textes – la fiction en forme de feuilleton, les souvenirs du carnet noir, des textes qui « datent de plus de quinze ans » (*W*, VIII, p. 676) pour s'expliquer l'apparition du fantasme de « W » – et documents – les sept photographies de famille décrites par un procédé d'*ekphrasis*[64], des dessins « faits vers treize ans » (*W*, II, p. 662) – aide Perec à modeler ce que Lejeune nomme son « autobiographie critique ».

---

63 *Ibid.*, p. 70-71.

64 On comprend par *ekphrasis* la description ou le commentaire détaillé sur quelque chose. Bernard Magné décrit cette liste de photographies dans : « Les Descriptions de photographies dans *W ou le Souvenir d'enfance* », *Le Cabinet d'amateur*, Toulouse, n° 7-8, décembre 1998, p. 9. Ces photographies seront publiées, quoique de manière incomplète, dans le numéro de *L'Arc* (1979) consacré à Perec, puis dans *Georges Perec. Images* (1993) de H. Hartje et J. Neefs. Pour une analyse exhaustive sur la poétique photographique de Perec, voir C. Reggiani, « Perec : une poétique de la photographie », *Littérature*, « Matières du roman », n° 129, 2003, p. 77-106.

D'après Lejeune, ce système des vingt-six notes du chapitre VIII – système qui réapparaît dans les chapitres IV, VI et X – confronte le lecteur à « un narrateur hypercritique, un narrateur qui traque l'erreur, l'inexactitude, l'affabulation, qui fait passer des interrogatoires sévères à ces souvenirs[65] ». Les notes, insérées en gras après le texte principal et dans la même police, possèdent différentes fonctions narratives. Parmi d'autres Lejeune signale la rectification des détails inexacts (notes 1, 2, 5, 6, 11, 13, 15 et 20) ; la critique du discours du narrateur (notes 7, 9, 18) ; la dénonciation des éléments inventés (notes 10, 19, 21, 24) ou le prolongement sur divers sujets du texte (notes 3, 4, 8, 11, 12, 14, 16, 17, 22, 23, 24, 25, 26). Contrairement à la fonction habituelle des notes de bas de page, celles-ci cherchent à mettre en doute les souvenirs plutôt qu'à les préciser. Néanmoins, grâce à une étude détaillée du manuscrit de travail, retrouvé récemment, Lejeune démontre qu'avant de choisir ce système de notes, l'auteur s'est servi « du registre pour mettre face à face le souvenir d'enfance (page de droite) et les notes critiques (page de gauche) [...][66] ». Il s'agit d'un « dispositif inversement symétrique à celui qui opposait aux pages précédentes la fiction (page de gauche) et l'intertexte (page de droite)[67] ». Cette disposition que Perec n'a finalement pas conservée « permet de visualiser les oppositions, d'avoir un coup d'œil synthétique[68] » et éclaire les parallélismes entre le dispositif « fiction/autobiographie » et « souvenirs/commentaires » présents dans le chapitre VIII.

En ce sens, l'archive familiale ne se dresse pas comme un garant de l'histoire mais comme le fondement d'une poétique de la mémoire et d'une éthique de l'écriture[69]. D'un point de vue formel, l'exigence du vrai repose sur un style neutre, sobre et méfiant vis-à-vis des efforts d'anamnèse. En même temps, pour « dire vrai », Perec doit faire passer le souvenir et l'archive au tamis du doute grâce à une enquête minutieuse mêlant l'écriture – autobiographique et imaginative –, l'analyse de documents

65 P. Lejeune, *La Mémoire et l'Oblique*, *op. cit.*, p. 67.

66 P. Lejeune, « La rédaction finale de W ou le souvenir d'enfance », *Poétique*, 2003/1 (n° 133), p. 90.

67 *Ibid.*

68 *Ibid.*

69 Ivan Jablonka parlera d'une éthique « factographique » caractérisant toute démarche visant à dire « L'expérience concentrationnaire ». *Cf. L'histoire est une littérature contemporaine*, *op. cit.*, p. 227.

et la psychanalyse. En ce qui concerne l'éthique de son écriture, il n'est pas anodin que la fin de *W* se situe sous l'influence de David Rousset, de *Nuit et Brouillard* d'Alain Resnais mais aussi du commentaire de Jean Cayrol, des œuvres qui dénoncent l'univers concentrationnaire :

> Celui qui pénétrera un jour dans la Forteresse n'y trouvera d'abord qu'une succession de pièces vides, longues et grises. Le bruit de ses pas résonnant sous les hautes voûtes bétonnées lui fera peur, mais il faudra qu'il poursuive longtemps son chemin avant de découvrir, enfouis dans les profondeurs du sol, les vestiges souterrains d'un monde qu'il croira avoir oublié : des tas des dents d'or, d'alliances, de lunettes, des milliers et des milliers de vêtements en tas, des fichiers poussiéreux, des stocks de savon de mauvaise qualité (*W*, chap. XXXVI, p. 777).

Néanmoins, conçu comme une parabole de l'univers concentrationnaire, le récit sur « W » dépasse la seule dénonciation du régime nazi pour s'étendre à toutes formes de régimes totalitaires et autoritaires imposant la violence comme politique d'État. Il ne semble ainsi pas étonnant que, vers la fin du livre, le narrateur attire notre attention sur le fait que l'île de « W » soit située au Chili. Il souligne alors :

> les fascistes de Pinochet se sont chargés de donner à mon fantasme une ultime résonance : plusieurs îlots de la Terre de Feu sont aujourd'hui des camps de déportation (*W*, chap. XXXVII, p. 778).

Dans une boucle historique surprenante, l'histoire de la Seconde Guerre mondiale rentre en contact avec cette autre violence qui s'impose dans le Cône Sud pendant les régimes dictatoriaux des années 1970.

Par l'articulation du récit fictionnel et du matériel documentaire *W ou le souvenir d'enfance* nous interroge sur la capacité de la littérature à devenir un outil d'activisme politique. En ce sens, Perec réussit là où le *Libro de Manuel* cède : sa méfiance vis-à-vis de la fiction le conduit à trouver un dispositif hybride, capable de saisir la vérité dans cette zone fragile où l'archive, le souvenir et l'imagination se mêlent.

LIBRO DE MANUEL : UNE FORME D'ACTIVISME ARTISTIQUE

À la charnière de la fiction et de l'« œuvre-document », *Libro de Manuel* est un cas pionnier d'une littérature à vocation politique s'interrogeant sur la capacité de l'art à rendre témoignage d'une époque. En effet, les documents et coupures de presse incorporés dans le livre pointent du doigt les stratégies de dissimulation de la violence d'État en Amérique-Latine, tant de la part des médias nationaux qu'internationaux.

Avant de nous pencher sur le texte, il convient de souligner la portée de la notion d'« activisme artistique », notion fondamentale pour comprendre les avant-gardes latino-américaines des années 1970 et 1980 avec lesquelles *Libro de Manuel* dialogue[70]. Proche de l'idée d'un « art d'action[71] » (1960-1990) capable de se libérer des impératifs de la représentation, la notion d'« activisme artistique » est intrinsèquement liée à la politisation des avant-gardes européennes de l'entre-deux-guerres (1918-1939). Sans perdre de vue la dimension artistique de certaines pratiques d'intervention sociale, c'est l'idée d'« activisme » qui prime ici, jusqu'au point de transformer l'idée même de l'« art ». Comme le signalent Marcelo Expósito, Ana Vidal et Jaime Vindel, dans les activismes artistiques, l'art est conçu comme un champ de confluence de pratiques spécialisées – issues des arts plastiques, de la littérature, du théâtre, de la musique, par exemple – et non spécialisées – des formes d'intervention inspirées des savoirs populaires, des pratiques quotidiennes et extra-institutionnelles. Face à une conception autonome de l'art, l'activisme artistique postule l'autonomie des pratiques et des sujets, non seulement envers les institutions auxquelles l'art s'attache traditionnellement, mais aussi « envers les partis politiques où ces mêmes sujets militaient ainsi qu'envers les contraintes esthétiques et budgétaires imposées par ces partis[72] [...] ».

---

70 Nous suivons ici la notion d'« activisme artistique » développée par M. Expósito, A. Vidal et J. Vindel, « Activismo artístico », in *Perder la forma humana*, Museo Nacional Centro de Arte Reina Sofia, Madrid, 2012, p. 43-50.

71 Pour une étude approfondie de la notion d'« art d'action » latino-américain, voir R. Alonso, « En torno a la acción », in *Arte de Acción* (catalogue de l'exposition), Buenos Aires, Museo de Arte Moderno, 1999.

72 *Ibid.*, p. 44 [Notre traduction].

Une triple transformation des pratiques artistiques se dégage alors de l'idée des « activismes ». La première concerne à la fois la figure de l'artiste et l'idée de création. S'agissant de manifestations oscillant entre l'individuel et le communautaire, on assiste souvent à l'effacement de la subjectivité de l'artiste et à l'émergence d'un nouveau lien entre artistes et spectateurs. La deuxième transformation porte sur les matériaux utilisés ainsi que sur la circulation des œuvres dans des espaces originellement non destinés à l'art. En effet, les activismes artistiques se caractérisent par le désir de transformer notre environnement immédiat et par l'idée d'un *art pauvre*, se servant du corps et des matériaux bon marchés facilement disponibles et reproductibles. Enfin, une troisième transformation attire notre attention sur la politisation progressive du champ esthétique. Reprenant la réflexion des chercheurs déjà cités, les activismes artistiques ont pour habitude de « thématiser la politique », mais surtout il « contribuent à produire de la politique [...][73] ». Plus particulièrement, ces pratiques se proposent de transformer les modalités de résistance face à la violence et toute forme de répression orchestrée par l'État.

Considéré sous ce prisme, *Manuel* – rédigé entre 1970 et 1972 et publié en 1973 –questionne la capacité de l'art à produire des effets sur la réalité. Il faut rappeler que 1973 marque la fin de la dictature connue sous le nom de « Révolution argentine » (1966-1973). Le « Processus de réorganisation nationale », la période la plus meurtrière du terrorisme d'État en Argentine, commence seulement trois ans plus tard. La fin des années 1960 dans le Cône Sud se caractérise ainsi par une montée généralisée de la violence et par une militarisation accrue des acteurs du champ politique. Le terrorisme d'État provoque, en retour, la violence des groupes d'insurrection révolutionnaires organisés sous forme de « guérillas urbaines ». S'inspirant de ces groupes, les personnages principaux de *Manuel* revendiquent la lutte armée comme seul moyen effectif de faire face à la violence d'État[74]. Le livre raconte les péripéties de « la Marre », un groupe de révolutionnaires latino-américains résidant à Paris. Parallèlement à cette intrigue fictionnelle, la lecture d'une série de documents complète les aventures des personnages. La

73 *Ibid.*, p. 46.

74 *Cf.* P. Calveiro, *Política y/ o violencia. Una aproximacion a la guerrilla de los años setenta*, Buenos Aires, Grupo editorial Norma, 2013 [2005].

confection de « fiches » concernant les différentes « micro-agitations » de « la Marre » intervient au niveau de l'intrigue narrative tout en imitant les modalités de fonctionnement de l'archive. Cortázar place alors l'expérimentation formelle au centre du *Libro de Manuel* sans oublier son objectif « pragmatique », à savoir : la conscientisation des lecteurs quant à la « la lutte pour le socialisme en Amérique Latine » (« *lucha en pro del socialismo latinoamericano* ») (*LM*, p. 8 ; p. 6).

Le rapport entre engagement politique et esthétique avant-gardiste reste ainsi une composante centrale du roman. Comme le souligne Claudia Gilman :

> La tentative de resituer la littérature dans l'horizon de l'avant-garde a introduit la problématique de la tension entre communicabilité et lisibilité, entre démocratisation et goût personnel, comme un problème pour les écrivains intellectuels[75].

En effet, le débat « autonomie artistique *versus* engagement politique » ou « avant-garde politique *versus* avant-garde esthétique » est au centre des préoccupations du Cortázar dès la fin des années 1960. Rappelons qu'au moins depuis *Rayuela*, l'auteur revendique un *ars poetica* presque avant-gardiste qui sera plus tard conceptualisé, selon ses propos, comme une « révolution dans la littérature[76] ». Son aspiration à ce que les écrivains et intellectuels puissent agir comme des « Che Guevara de la littérature » peut paraître un peu naïve aujourd'hui. Toutefois, depuis les années 1960 et dans un paysage de plus en plus marqué par la politisation de l'art, un climat anti-intellectuel commence à s'emparer de la culture latino-américaine de gauche[77].

L'engagement politique se matérialise aussi bien dans les convictions personnelles de l'écrivain que dans son œuvre. Tandis que Cortázar refuse l'étiquette d'écrivain engagé, il défend la nécessité historique pour l'homme de lettres d'« incopore[r], [de] mêle[r] des préoccupations d'ordre géopolitique à ses écrits littéraires[78] ». En ce sens, *Manuel* peut-être lu

---

75 « *El intento de recolocar la literatura en el horizonte de la vanguardia introdujo la problemática* [...] *de la tensión entre comunicabilidad y legibilidad, entre democratización y gusto personal como un problema para los escritores-intelectuales* ». C. Gilman, *Entre la pluma y el fusil*, *op. cit.*, p. 33.

76 J. Cortázar, « Revolución en la literatura y literatura en la revolución (I) », *Marcha* nº 1477, 9 janvier 1970, p. 30-31.

77 C. Gilman, *Entre la pluma y el fusil*, *op. cit.*, p. 143-232.

78 J. Cortázar, *Entretiens Omar Prego*, *op. cit.*, p. 172.

comme une archive – constituée de coupures de presse, télex, témoignages de prisonniers politiques ou encore des « fiches » réalisées par « la Marre » – de la violence d'État en Amérique Latine. Plusieurs stratégies narratives interviennent dans l'incorporation de ces documents. La plus simple consiste à affirmer qu'ils font partie des lectures quotidiennes des personnages. Par exemple, dans le texte qui sert de prologue au roman, Cortázar précise que la « règle du jeu » répond à des critères aléatoires et non pas programmatiques. Il explique que « des coïncidences et des analogies stimulantes [l]e conduisirent dès le début à accepter une règle du jeu des plus simples » : « celle de faire participer les personnages à cette lecture quotidienne de journaux sud-américains et français » (*LM*, p. 8). Il ajoute, enfin :

> En tout cas, je n'ai pas choisi les matériaux extérieurs, simplement, les nouvelles de lundi ou du jeudi qui coïncidaient avec les soucis des personnages à ce moment-là furent incorporées dans le cours de mon travail du lundi ou de jeudi[79] (*LM*, p. 8).

Tout en assimilant le factuel et le faisant participer de la logique de la fiction, les personnages traduisent et commentent les divers documents collés dans ce « livre-album » ou « manuel » créé pour le fils nouveau-né de Susana et Patricio, deux membres de « La Marre ». Le désordre, le caractère hétérogène et aléatoire caractérisent ainsi « cette espèce de malle ou de soupière géante » où le narrateur « jette à mesure ce qu'il appelle des fiches et qui sont en fait tous les bouts de papier qui lui tombent sous la main » [de « *esa especie de baúl o de sopera gigante en la que ha ido tirando lo que él llama fichas y que en realidad son cualquier papel a mano)* ») (*LM*, p. 240 ; p. 229).

Or, la confusion qui règne dans ce « coffre des coupures » est liée à la participation collective des personnages dans la confection du livre, ce qui empêche toute forme de regard unidirectionnel. À la fois chroniqueur des démarches insurrectionnelles du groupe et archiviste de tout un ensemble de documents, le narrateur procède à un réagencement de la fiction et du factuel par le biais du commentaire. Il souligne, par exemple :

79 « *En todo caso no escogí los materiales exteriores, sino que las noticias del lunes o del jueves que entraban en los intereses momentáneos de los personajes fueron incorporadas en el curso de mi trabajo del lunes o del jueves* » (*LM*, p. 6).

> Qui tu sais parfois se trompe ; au lieu de consigner les choses, mission qu'il s'est fixée et qu'il croit assez bien remplir, il s'installe à une table de café ou du living avec son maté et un marc et de là, non seulement il enregistre mais il analyse, le malheureux, il juge et il évalue, le répugnant personnage, compromettant ainsi le délicat équilibre qu'il avait jusqu'à présent obtenu en matière de compilation et mise en fiches[80] (*LM*, p. 100).

Alternant « l'utile et l'agréable » à partir de ce collage chaotique, le but pédagogique du livre consiste à donner un jour la possibilité au bébé Manuel de se faire une opinion avertie du monde de ses parents. Toutefois, au-delà de cette impression anarchique, le classement et la place que les documents occupent dans la fiction sont soigneusement pris en compte par l'auteur. Cortázar explique, par exemple, que « certaines informations furent délibérément réservées pour la partie finale, exception qui rendit cette règle plus acceptable » (« *algunas informaciones quedaron deliberadamente reservadas para la parte final, excepción que hizo más tolerable la regla* ») (*LM*, p. 8 ; p. 6). De même, l'alternance entre documents fictifs et documents réels participe d'une économie narrative précise.

Collecte, mise en ordre, réassemblage ; voilà les tâches mimant celles de l'enquête archivistique menées à bien par le narrateur et par certains personnages du roman. De même, deux procédés liés aux arts plastiques interviennent dans la confection du livre. Tout d'abord, le « montage », technique empruntée au langage cinématographique, et ensuite le collage dans la lignée des dadaïstes ou des surréalistes. Les deux techniques opèrent par décontextualisation d'éléments de nature hétérogène prélevés puis juxtaposés dans un nouveau cadre, mis en contiguïté. Le montage est notamment utilisé dans la partie fictionnelle afin de créer un effet de continuité entre les diverses actions du groupe des « révolutionnaires ». En ce qui concerne le collage, rappelons que son utilisation se répand depuis la fin du XIXe dans plusieurs courants littéraires visant à exhiber le réel de manière directe. Du réalisme aux « écritures du réel » et aux radiographies sociales plus contemporaines, en

80 « *De a ratos el que te dije comete un error : en vez de registrar, misión que se ha fijado y que a su parecer cumple bastante bien, se instala en cualquier mesa de café o de living con mate y grapa y desde ahí no solamente registra sino que analiza el muy desgraciado, juzga y valora, el repugnante, comprometiendo el nada fácil equilibrio que hasta ese momento conseguía en materia de compilación y de fichaje* » (LM, p. 98).

passant par la littérature factographique qui émerge dès 1920 en Europe, en URSS et aux États-Unis, l'usage littéraire du collage se popularise[81].

En communiquant des informations souvent oblitérées par les journaux et les grands médias de masse, le collage de coupures de presse renforce la dimension politique du roman. Ainsi, la présence des *mass-médias* et notamment des journaux et de la radio contribue à façonner l'intrigue narrative, tout en donnant une place centrale à des épisodes violents passés sous silence dans les discours informatifs officiels. Aussi, la décontextualisation de ces documents permet d'assembler ce qui semble décousu, tout en jetant de la lumière sur des événements qui n'occupent qu'une place périphérique dans les médias. Ces documents changent, par ailleurs, la perception des lecteurs quant à la temporalité de l'œuvre. La temporalité qui est la leur, ancrée dans le présent immédiat, devient désormais perméable à la longue durée propre à l'objet littéraire. L'articulation des deux temporalités constitue ainsi un des enjeux les plus novateurs de *Manuel*.

Pour ce qui est du contenu des coupures de presse, au moins trois thématiques reviennent de manière récurrente. Premièrement, la question des violations des droits de l'homme dans le Cône Sud se superpose aux nouvelles relatives à la violence vécue en France. En second lieu, on trouve des coupures concernent les actions insurrectionnelles menées par des groupes de guérilleros en Amérique-Latine et notamment en Argentine. Enfin, un troisième ensemble de coupures de presse est constitué de publicités et d'articles portant sur des faits divers ou sur des épisodes bizarres et excentriques. D'autres matériaux factuels se trouvent néanmoins insérés dans le livre. On peut notamment mentionner : les lettres « factuelles » (« facticias ») de « Sara » (*LM*, 48) ; la « Lettre à Dieu » d'un curé guérillero en Bolivie ; des télex de l'agence *Prensa Latina* ; des comptes rendus des organismes des droits de l'homme dont un tableau du Département de la Défense publié par le sénateur Ellender dans « *Congressional Record*, 1er avril 1969, p. 3510 » et un document sur l'entraînement de militaires étrangers ayant pour source le « Bureau du Secrétaire Adjoint de la Défense (Sécurité Internationale) : Military Assistance Facts (Washington, D.C.,

81 Ivan Jablonka propose un aperçu des apparitions de la technique du collage à des fins de témoignage ou de documentation de textes littéraires, allant de Martin du Gard à W. G. Sebald. *Cf. L'Histoire est une littérature contemporaine*, *op. cit.*, p. 271.

U.S., Dép. de la Défense, 1929), p. 21 ». Le lecteur accède, enfin, à la transcription des « Témoignages de prisonniers politiques où des cas de torture sont dénoncés », documents issus d'une conférence de presse du Forum pour les droits de l'homme.

Par ces stratégies, *Manuel* nous confronte à un pacte de lecture à cheval entre le romanesque et le documentaire. À ce titre, la catégorie de « factographie », dans l'acception déjà commentée de M.-J. Zenetti, peut se révéler utile pour aborder le statut « documentaire » du livre. Incorporant des matériaux directement prélevés du réel, les factographies semblent contester les procédés de représentation du réel qui prévalent dans le roman réaliste. Du fait de leur nature duale, leur force réside dans leur capacité à produire autant un « effet document » qu'un « effet de littéralité[82] ». La valeur documentaire des textes dépend donc du type de pacte de lecture qu'ils parviennent à fonder. Pour cela, il peut être utile de comprendre la courbe de réception du texte en Argentine. Cortázar souhaitait une diffusion rapide du roman dans le pays et se montrait confiant sur sa capacité à produire des effets sur le contexte politique de plus en plus violent.

En effet, la réception de *Manuel* en Argentine a suivi plusieurs phases. Du point de vue des ventes, la première période est favorable, un phénomène assurément lié au contexte du Cône Sud où l'art à vocation politique était considéré comme un moyen de lutte et de revendication sociale. Cependant, *Manuel* sera ensuite férocement critiqué par des détracteurs de l'art engagé. Reconstruisant le panorama de la « nouvelle littérature narrative argentine » (« *nueva narrativa argentina* ») (NNA), celle des écrivains et écrivaines né(e)s après 1960 et dont les œuvres commencent à se lire autour des années 1990, Elsa Drucaroff aborde la réception de *Manuel*. En ce sens, Drucaroff distingue deux champs principaux au sein de la « littérature des générations de l'après-dictature » (« *narrativa de las generaciones de post-dictadura* »), en fonction de leur soutien ou de leur refus de l'engagement politique et de leur espoir en la capacité de l'art à agir sur la réalité sociale[83]. Cette distinction implique aussi une coupure chronologique : les écrivains engagés sont ceux qui publient pendant les années 1960 et 1970, tandis

82 M.-J. Zenetti, « Factographies : "l'autre" littérature factuelle », art. cité, p. 30.

83 *Cf.* E. Drucaroff, *Los prisioneros de la torre. Politica, relatos y jóvenes de la postdictadura*, Buenos Aires, Planeta, Emecé, 2011.

que la génération de la NNA reste plutôt méfiante quant aux pouvoirs d'action concrets de la littérature[84].

Considéré dans l'optique de la NNA, *Libro de Manuel* provoque des mouvements d'adhésion ou de profond rejet parmi les jeunes écrivains. Vers la fin des années 1980 et au début des années 1990, l'articulation entre littérature et politique est en effet soumise à des questionnements critiques. De jeunes écrivains comme ceux qui intègrent le groupe *Babel*, parmi lesquels se trouvent Martín Caparrós, Daniel Guebel, Jorge Dorio ou Alan Pauls, font ainsi le pari de l'antiréalisme, de l'anti-narrativisme et de l'anti-engagement. En revanche, cette génération soutient les principes de l'autonomie littéraire et de non-soumission aux mandats externes.

Si le débat entre autonomie esthétique et engagement politique continue à occuper une place centrale dans les années 1980 et 1990, la réception de *Manuel* constitue un objet d'étude privilégié pour réfléchir aux repositionnements du champ littéraire argentin[85]. En effet, les diverses lectures du livre reviennent sur la question de la valeur littéraire se construisant à la croisée des critères esthétiques et des exigences sociales. De même, et malgré ses premières intentions, Cortázar finit par reconnaître le caractère esthétiquement raté du livre. Or, c'est précisément à ce moment que l'idée de sa valeur documentaire en tant que « témoignage d'une époque » prend le dessus dans les discussions sur la valeur littéraire qui lui fait défaut. Dans un entretien de l'INA, Cortázar revendique le double pari assumé

84 Pourtant, une division tacite se produit entre des « bons » et des « mauvais » écrivains engagés. Ainsi, le premier groupe rassemble des écrivains portés sur des thématiques sociales et historiques proches des esthétiques réalistes tels que les écrivains de la nouvelle gauche argentine de *Contorno*, les frères Viñas Ismael et David et ceux qui participent à *Punto de Vista* comme Beatriz Sarlo et Carlos Altamirano mais aussi des écrivains comme Néstor Sánchez, Haroldo Conti et Rodolfo Walsh. Dans le camp opposé à ce groupe qui jouit d'une réputation favorable dans la presse et la critique, les « mauvais » écrivains mêlent littérature et politique, mais sont constamment discrédités par la critique. Elsa Drucaroff mentionne parmi ces écrivains Abelardo Castillo, Osvaldo Soriano, Enrique Medina ou Miguel Briante. Enfin, nous pouvons aussi reconnaître une troisième série d'écrivains qui tout en étant proches de ces débats passent « inaperçus » à l'époque. Parmi ces écrivains qui sont peu à peu redécouverts dans l'actualité, Drucaroff cite les noms de : Aníbal Jarkowski, Carlos Gamerro, Gustavo Nielsen, Leopoldo Brizuela, Anna-Kazumi Stahl, Gustavo Ferreyra, Marcelo Figueras ou Miguel Vitagliano.

85 Pour une étude des différentes étapes dans la valoration critique de Cortázar dans le champ littéraire argentin, voir J. L. de Diego, « De los setenta a los ochenta : la curva descendente en la valoración crítica de Cortázar », actes du IIe Congreso Internacional CELEHIS, Universidad Nacional de Mar del Plata, 2004 [En ligne].

dans le livre : il s'agissait de réussir à atteindre une valeur littéraire et, en même temps, de déclencher un « effet d'ordre politique ».

Dans cette optique, l'image de la rose de cuivre devient un symbole de l'alliance nécessaire entre avant-gardes politiques et esthétiques. Dans l'avant-texte de *Libro de Manuel* Cortázar écrit, en une double allusion d'abord implicite au poète Juan Gelman et ensuite explicite à l'écrivain argentin Roberto Arlt : « Il y a des roses blindées comme les a vues le poète, et il y a des roses de cuivre, comme les a inventées Roberto Arlt » (« *Hay rosas blindadas, como las vio el poeta, hay rosas de cobre como las inventó Roberto Arlt* ») (*LM*, p. 8 ; p. 6). La décision de soumettre l'art en tant qu'artifice aux besoins de la lutte politique est ainsi assumée par l'auteur dès le début.

De même, l'urgence du contexte politique qui exige donc la publication trop rapide d'un texte rédigé « contre la montre » expliquerait certains de ses aspects ratés, imparfaits. Cortázar revient dans de nombreux entretiens sur les points faibles de cette expérimentation. Initialement séduit par l'idée que l'incorporation de documentation quotidienne pouvait avoir un effet éclairant voire pédagogique sur les lecteurs, Cortázar dresse pourtant un bilan moins optimiste des résultats obtenus. Par exemple, dans une lettre à Ángel Rama, il signale :

> Naïvement j'ai cru que ma lecture quotidienne des journaux me permettrait, au moment de revenir sur le roman en marche, de transférer chez les personnages mes propres réactions, de les rendre perméables à cette obsédante présence de l'historique. Néanmoins, la réaction ne va pas au-delà du commentaire ou de la traduction. [...] Moi qui détestais le journalisme, je sais que d'une certaine manière j'ai fait du journalisme romanesque dans ce livre[86].

L'auteur réalise alors que le manque de médiation entre factuel et fictionnel entraîne des effets de lecture souvent « réducteurs ». Parallèlement, l'obsession de faire converger l'histoire du temps présent et la « littérature pure » est une des apories non résolues du livre. Si le risque des « œuvres engagées » est d'appauvrir la « partie littéraire », l'effet inverse

86 « *Ingenuamente pensé que mi lectura cotidiana de los diarios me permitiría, a la hora de volver a la novela en marcha, transvasar en los personajes mis propias reacciones, permearlos a esa obsesionante presencia de lo histórico. Sin embargo, la reacción no va mas allá del comentario o la traducción. Yo que odiaba el periodismo sé que de alguna manera he hecho periodismo novelesco en este libro, por lo menos técnicamente, la imprenta esperaba, es decir el lector que no debía quedar demasiado retrasado con respecto a los sucesos* ». J. Cortázar, *Cartas*, vol. IV, *op. cit.*, p. 393.

d'échouer dans la transmission du message constitue aussi un danger quand la dimension esthétique devient dominante.

Manuel peut, en ce sens, être considéré à l'aune d'une réflexion de Dominique Baqué qui voit dans l'« art documentaire » une alternative à l'échec de l'art politique et d'autres formes d'activisme artistique. Suivant cette lecture, dès le tournant des années 1980 les prétentions politiques de l'art semblent être progressivement remplacées par des tendances documentaires. Au lieu de dénoncer politiquement, les nouvelles formes d'activisme artistique se donnent pour fonction de « "passer le témoin" à d'autres formes plastiques, discursives et informatives qui émergent autour du documentaire engagé[87] ». Baqué s'interroge, à ce propos :

> Documenter, est-ce adhérer au réel pour le restituer ensuite ? Est-ce objectivement rendre compte des faits ? Faut-il infiltrer des processus fictionnels dans la logique documentaire ? De quelle vérité parle-t-on, au juste[88] ?

Le type d'accès au réel que le documentaire garantit constitue un objet de réflexion en soi. En effet, les modalités littéraires et les objectifs de cette imbrication entre le factuel et l'imaginatif restent des dimensions incontournables s'agissant des ouvrages à portée documentaire. L'accès au réel qui se fait par le biais du documentaire est ainsi indissociable du réagencement narratif des matériaux, de leur mise en récit et des divers processus d'élaboration esthétique qui s'y infiltrent. En ce sens, la vérité recherchée dans ces textes n'est pas autre chose qu'une vérité subjective, construite.

Considéré sous le prisme des débats actuels autour des transformations subies par l'art à visée politique, *Libro de Manuel* reste un ouvrage pionnier. Par l'articulation entre sa dimension littéraire et documentaire, il fournit une alternative aux genres qui, comme le témoignage, la chanson populaire, la poésie protestataire ou le pamphlet politique, s'imposent dans le champ latino-américain de la période post-dictatoriale. Représentante précoce de ce que Lionel Ruffel nomme des « narrations documentaires[89] », cette œuvre met à l'épreuve la dialectique entre la vérité des faits et celle du littéraire et nous confronte aux limites de toute « construction documentaire » aspirant à l'enregistrement du présent.

---

87 D. Baqué, *Pour un nouvel art politique. De l'art contemporain au documentaire*, Flammarion, Paris, 2004, p. 33.

88 *Ibid.*, p. 217.

89 L. Ruffel, « Un réalisme contemporain : les narrations documentaires », art. cité, p. 13-25.

QUATRIÈME OUVERTURE

Un tournant documentaire dans la littérature contemporaine

APARECIDA DE MARTA DILLON

Aparecida[1] (2015) de l'écrivaine et journaliste argentine Marta Dillon constitue un cas représentatif de cet ensemble d'œuvres qui se situent à la « charnière entre la fiction et le documentaire, entre la réalité et la fantaisie[2] ». Dans le cadre de ce que nous avons nommé, d'après Nash, un « tournant documentaire », cette œuvre s'inscrit dans le courant de la littérature argentine des « H.I.J.O.S. » et notamment dans celle des « H.I.J.A.S. » des disparus, un mouvement majeur pour comprendre la nouvelle littérature narrative argentine de la post-dictature. Pendant les dix dernières années, maintes œuvres de grande qualité ont traité des questions liées à la violence d'État telle qu'elle a été vécue par les « fils » et « filles » des disparus. Des textes aussi divers que *El espíritu de mis padres sigue subiendo en la lluvia* (2011) de Patricio Pron ; *Diario de una princesa montonera : 110 % verdad* (2012) de Mariana Eva Pérez ; *Los topos* (2008) de Félix Bruzzone ou bien des textes qui se situent à la frontière de la littérature, l'enquête judiciaire et journalistique et la critique littéraire comme l'excellent *Oración. Carta a Vicki y otras elegías políticas* (2018) de María Moreno, relèvent aussi de ce courant. La figure de l'écrivain en enquêteur apparaît ainsi comme une des manifestations les plus actuelles de ce phénomène. Si d'un côté ces œuvres explorent diverses manières d'incorporer des documents au sein du texte, il s'agit aussi de textes « documentés », c'est-à-dire, s'appuyant sur des sources

1 M. Dillon, *Aparecida*, Buenos Aires, Sudamericana, 2015 [Notre traduction].
2 *Cf.* M. Nash, « Reality in the Age of Aesthetics », *Frieze*, n° 114, 2008 [En ligne].

bibliographiques telles que des reportages, entretiens et témoignages mais aussi des livres d'histoire et d'autres types de documents.

Les paratextes d'*Aparecida* – citations, avertissements, prologues et épilogues – acquièrent une importance capitale pour analyser le pacte de lecture envisagé par son auteur. Comme il est indiqué dans la quatrième de couverture, le récit se présente comme un hybride « d'autobiographie, de roman, de chronique policière, d'enquête et de poésie ». Il n'est pas anodin qu'*Aparecida* s'ouvre avec une épigraphe de l'écrivaine féministe française Hélène Cixous :

> Je veux voir de mes yeux la disparition. L'intolérable c'est que la mort n'ait pas lieu, qu'elle me soit dérobée. Que je ne puisse la vivre, la prendre dans mes bras, jouir sur sa bouche du dernier soupir[3].

L'impossibilité de « voir » la disparition, de donner un ancrage matériel à l'absence de l'être aimé constitue le moteur narratif et affectif du texte. Ce même désir de voir conduit la narratrice – du même nom que l'auteure – à s'impliquer dans le long processus d'exhumation du corps de sa mère, jusqu'à trouver sa plus fragile et concrète expression : celle de ses os. Rappelons ainsi que l'histoire débute par un appel téléphonique que la narratrice reçoit pendant un voyage à l'étranger. Grâce à cet appel, les responsables de l'« Équipe Argentine d'Anthropologie Médico-légale » (« *Equipo Argentino de Antropología Forense* ») (désormais l'EAAF), lui apprennent la découverte des restes osseux de sa mère Marta Taborda, avocate et militante disparue pendant la dernière dictature militaire argentine. Juste après l'épigraphe mentionnée, le texte commence avec la description d'une photographie. On y lit :

> Face à moi il y a une photo de maman avec moi. Nous sommes allongées sur le sable, on voit à peine l'écume de la mer dans un angle. Elle a le visage caché par ses cheveux, de moi on voit seulement ma nuque et sa main emmêlée dans mes boucles[4].

3 « *Quiero ver con mis ojos la desaparición. Lo intolerable es que la muerte no tenga lugar, que me sea sustraída. Que no pueda vivirla, tomarla en mis brazos, gozar sobre su boca del último suspiro.* » M. Dillon, *Aparecida*, *ibid.*, p. 9. La traduction de la citation est faite par l'auteure. *Cf.* Hélène Cixous, *Entre l'écriture*, Paris, Des femmes, 1986, p. 13.

4 « *Frente a mí hay una foto de mi mamá conmigo. Estamos tendidas sobre la arena, apenas se ve la espuma del mar en un ángulo. Ella tiene la cara tapada por el pelo, a mí sólo se me ve la nuca y su mano enredada en mis rulos.* » M. Dillon, *Aparecida*, *op. cit.*, p. 11.

Les rares éléments présents dans l'image donnent lieu à une série de questions : « Je ne sais pas quelle âge je peux avoir sur la photo » (« *No sé cuántos años puedo tener en la foto* ») et ensuite : « Quel âge peut-on avoir quand l'avant-bras de notre mère a la mesure exacte de notre torse » (« *¿ Qué edad hay que tener para que el antebrazo de tu madre tenga la exacta medida de tu torso*[5] *?* »). Ces questions banales vont guider la reconstruction hésitante du passé qui culmine avec l'assassinat de sa mère. Néanmoins, contrairement à une enquête historique ou journalistique traditionnelle, celle de Marta est une quête reposant sur une succession d'événements et de trouvailles hasardeuses. Comme la narratrice le signale : « Cela marche comme ça dans la reconstruction de la zone disparue : comme dans le jeu de l'oie, on avance de quelques cases et on recule d'autant d'autres » (« *Así se anda en la reconstrucción de la zona desaparecida ; como en un juego de la oca, se avanzan unos casilleros y se retroceden otros tantos*[6] »).

Sans renoncer à l'imagination spéculative, la littérature intervient donc au moment de compléter les blancs dans le dossier judiciaire, médical et anthropologique concernant le « cas Marta Taborda ». Ainsi, le souvenir imprime sa trace et finit par destabiliser l'ordre chronologique de l'enquête, tout en autorisant une présentation plus libre des faits, avec une série de prolepses et d'analepses qui cassent l'ordre linéaire du récit.

LA QUÊTE

La disparition se reconstruit donc à partir d'une série d'allers-retours éveillés par un « élan urgent », par un désir d'enquête qui s'empare par moments de la narratrice pour la faire revenir, ensuite, vers d'autres longues périodes d'attente et d'inertie. Au début de son récit, la narratrice rencontre un « témoin qui mentionne [sa mère], une coïncidence de dates, le fait que les voix que j'entendais le jour de l'enlèvement ne venaient pas de la salle de bain mais plutôt de la cuisine » (« *una testigo que la nombra [a su madre], una coincidencia de fechas, la comprobación de que las voces que yo escuchaba la noche del secuestro no venían del baño sino de la cocina*[7] »). Les premiers moments du récit sont donc marqués par cet

5 *Idem.*
6 *Ibid.*, p. 9.
7 *Ibid.*, p. 16.

amoncellement de voix, d'histoires, de témoignages et de notes qui se confondent dans sa mémoire.

Aparecida est surtout l'histoire d'un double apprentissage. Celui du souvenir, indispensable pour continuer à vivre et pour apprendre à oublier et ; d'autre part, celui d'une méthode d'écriture littéraire et documentaire qui accompagne la transformation de la fille en écrivaine et enquêtrice du « cas Marta Taborda ». Les témoignages oraux des autres survivantes, ayant vécu avec sa mère pendant la période de détention, constituent le point de départ de son enquête. Il s'agit, cependant, d'un long processus qui inclut des visites à différents endroits où la narratrice tente de se procurer des informations sur ce qui s'est passé avec sa mère, depuis le moment où elle a été enlevée par une « équipe spéciale » (« *un grupo de tareas* ») jusqu'au présent de la découverte et de l'identification de sa dépouille. Tout au long de cette enquête, la narratrice mène des interrogatoires, cherche de l'information, examine, copie, transcrit et analyse différents types de documents et dossiers dont beaucoup, même s'ils appartiennent à des archives officielles, portent de fausses informations et transmettent une vision déformée des faits. Comme s'il s'agissait d'un casse-tête, la narratrice commence à rassembler les pièces éparses dont elle dispose, celles qui lui permettront de reconstruire l'histoire de la disparition de sa mère. De même, le questionnement sur la douloureuse mais inévitable nécessité de comprendre et d'atteindre la vérité, la guette sans cesse.

Le premier témoignage faisant mention de sa mère est alors celui d'Elena Corbin de Capisano. La narratrice le découvre à l'âge de 18 ans dans le « Journal du procès » (« *Diario del Juicio* »), une transcription des « témoignages de ceux qui étaient assis face au tribunal dans la cause 0, celle qui jugea les commandants de la dictature au début des années 80 » (« *testimonios de quienes se habían sentado frente al tribunal en la causa 0, la que juzgó a los comandantes de la dictadura a principios de los* años 80[8] »). Ce témoignage constitue la première preuve concernant la présence de sa mère dans un centre clandestin de détention. Il est suivi d'autres témoignages d'anciens militants qui ont pu avoir un contact avec sa mère. Tout en s'interrogeant sur l'objectif de son enquête, la narratrice signale : « Ce que l'on cherche est un matériel résiduel, le

8 *Ibid.*, p. 17.

sédiment de sa vie après être devenue cette entéléchie qui n'est pas, qui n'est pas là, qui n'existe pas » (« *Lo que se busca es un material residual, el sedimento de su vida antes y después de convertirse en esa entelequia que no es, que no está, que no existe*[9] »). Cette impossibilité de combler le vide laissé par la disparition avec quelque chose de purement matériel réapparaît sans cesse dans le texte.

Or, jusqu'ici la quête suit deux voix parallèles : celle de l'EAAF et celle de la fille qui tente de reconstruire la chronologie des faits qui se sont succédés après la disparition. La narratrice se consacre alors à copier dans son journal des « notes éparses » et des témoignages où la banalité du mal émerge à partir des petits détails. Une des témoins explique, par exemple, comme s'il s'agissait d'un fait sans importance : « Devant on torturait, derrière il y avait le puits » (« *Adelante se torturaba, atrás estaba el pozo* »), « les femmes étaient dans le salon » (« *las mujeres estaban en el salón*[10] »).

LE DOCUMENT DE LA DÉCOUVERTE

Toutefois, le point de clivage se produit à partir de la réception de « l'étude 210718 », « l'Enquête pour l'identification de restes osseux du laboratoire d'Immunogénétique et Diagnostique Moléculaire » (« *Investigación para la identificación de restos óseos del Laboratorio de Inmunogenética y Diagnóstico Molecular*[11] »). C'est grâce à ce document que le corps de la mère rentre en scène :

> Il s'agit de savoir si les restes osseux codifiés comme 210718 appartiennent à la mère biologique de Marta Graciela Dillon, de Juan José Dillon et de Andrés Ignacio Dillon, qui, pour sa part, est la sœur de María Graciela Angélica Taboada[12].

Avec l'apparition de ce document, le passé et le présent s'articulent et conduisent le lecteur jusqu'à l'appel téléphonique du début du livre. À partir d'ici, les découvertes documentaires s'accélèrent et elles

9 *Ibid.*, p. 19.

10 *Ibid.*, p. 23.

11 *Ibid.*, p. 53.

12 « *Se trata de investigar si los restos óseos codificados como 210718 pertenecen a la madre biológica de Marta Graciela Dillon, de Juan José Dillon y de Andrés Ignacio Dillon ; quien a su vez es hermana completa de María Graciela Angélica Taboada* ». *Idem.*

commencent à gagner du terrain par rapport aux souvenirs familiaux et aux spéculations imaginatives des premières pages. Ainsi, le texte intègre, soit complétement soit partiellement transcrits, de multiples documents indispensables pour l'identification des restes osseux. Parmi eux, mentionnons le résultat d'une « étude odontologique réalisée sur le crâne identifié comme D-301-84, faisant partie du Sac 12 » (« *pericia odontológica realizada en el cráneo rotulado como D-301-84 proveniente de la Bolsa 12*[13] »). Nous trouvons aussi différentes sources officielles permettant de reconstruire le moment de l'exécution de Marta Taborda. Parmi d'autres, on trouve : les études que l'EAAF montre à la narratrice pour lui expliquer que sa mère fut fusillée avec cinq autres membres du groupe Montoneros, comme représailles pour avoir placé une bombe dans le commissariat de Ciudadela, le 28 janvier 1977 ; un ordre du jour ou « partie Cdo Op » avec des originaux ; ainsi que l'extrait complet du « Livre journal, de la Direction d'Intelligence de la Police de la Province de Buenos Aires » (« *Libro diario, Dirección de Inteligencia de la Policía de la Provincia de Buenos Aires, 1977* »), avec une description détaillée de cette fusillade.

Dans leur jargon spécifique, chaque document éclaire différents axes concernant le moment de l'assassinat :

> Le 30 janvier sont apparus les premiers corps : quatre hommes, deux femmes. Le journal *La Opinión* rend compte d'un mandat d'arrêt, d'une fuite dans un Dodge 1500, de la persécution, la fusillade et la mort. Aucun blessé parmi les forces de sécurité, six abattus armés jusqu'aux dents qui n'avaient pas tiré un seul coup de balle. C'était dans un coin de rue qui n'existe pas : Falucho et Alsina, les deux rues de Ciudadela sont parallèles[14].

Souvenons-nous aussi de la « copie conforme à l'original de la Direction d'Intelligence de la Police de la Province de Buenos Aires, feuille 37 » (« *copia fiel del original obrante en la Dirección de Inteligencia de la Policía de la Provincia de Buenos Aires, folio 37* »), avec une ligne manuscrite

---

13 *Ibid.*, p. 62.

14 « *El 30 de enero aparecieron los primeros cuerpos : cuatro masculinos, dos femeninos. El diario* La Opinión *da cuenta de una voz de alto, una fuga en un Dodge 1500, la persecución, el tiroteo y la muerte. Ningún herido de las fuerzas de seguridad, seis abatidos armados hasta los dientes que no habían disparado un solo tiro. Fue en una esquina que no existe : Falucho y Alsina, las dos calles de Ciudadela son paralelas.* » [Notre traduction] *Ibid.*, p. 70.

explicitant la « cause » de la fusillade : « Affrontement avec des montoneros – 4 corps de femmes et 2 corps d'hommes abattus, tout en majuscules » (« *Enfrentamiento con montoneros – abatidos 4 NN femeninos y 2 NN masculinos, todo en mayúscula*[15] »).

Finalement, l'extrait de la Direction d'Intelligence de la Police explique :

> CIUDADELA : le 2 du mois courant a 03 h 15, le personnel de la Police Provinciale, a surpris dans les rues Costas et Díaz Vélez, plusieurs personnes en train de distribuer des pamphlets signés par MONTONEROS ; la police leur a demandé de s'arrêter mais ils les ont attaqué avec des armes à feu, une fois l'agression repoussée, ils retrouvèrent les corps de 2 hommes et de 4 femmes[16].

Après la découverte de ces documents, la narratrice va se rendre sur les lieux mêmes où ces faits se sont déroulés. Accompagnée de Celeste, l'« archéologue aux yeux couleur d'eau[17] », elle enquête et va trouver des témoins qui se souviennent de ce faux affrontement du 2 février 1977 au croisement des rues Costas et Díaz Velez. Un voisin leur confie :

> – Oui, chérie, ils les ont arrêtés ici – dit-il signalant un endroit vague de la rue – et ils les ont fusillés contre ce mur. On peut encore voir les traces des balles. Il y avait des femmes, les pauvres.
>
> – Ils étaient plusieurs, je ne sais pas combien parce qu'ils ne nous ont laissé sortir que bien longtemps après. Lorsqu'ils s'en allèrent, quelques chaussures sont restées dans la rue et je me suis rendu compte que ces personnes-là étaient des détenus – comment l'ai-je su ? – C'étaient des baskets sans lacets[18].

Ainsi les murs du quartier gardent encore les traces du crime et les témoins se souviennent : « c'étaient la mémoire du quartier, le patrimoine

15 *Ibid.*, p. 104.

16 « CIUDADELA : El 2 del cte. a las 03,15, personal de la Policía Pcial, sorprendió en calles Costas y Díaz Vélez, a varias personas que se hallaban repartiendo panfletos refrendados por MONTONEROS ; al dárseles la voz de alto, atacaron a la comisión policial con armas de fuego, repelida la agresión, resultaron abatidos dos N. N. masculinos y 4 N. N. femeninos. » [Notre traduction] *Ibid.*, p. 139.

17 *Ibid.*, p. 131.

18 « *—Sí, nena, los agarraron acá —dijo señalando un lugar impreciso de la cuadra— y los balearon contra esa pared. Todavía se pueden ver las marcas de las balas. Había mujeres, pobrecitas. / —Eran muchos, no sé cuántos porque no nos dejaron salir hasta muy tarde. Cuando se fueron, cuando se los llevaron, quedaron algunos zapatos en la calle y yo me di cuenta de que esas personas habían estado detenidas. —¿ Por qué ? —Eran zapatillas sin cordones.* » *Ibid.*, p. 134.

commun, aucun secret » (« *eran la memoria del barrio, patrimonio común, ningún secreto*[19] »). Grâce à ces détails la narratrice retrouve l'émotion manquante dans les documents.

Par ailleurs, sa quête se caractérise par le sentiment que, dès lors qu'il s'agit d'une disparition, « il n'y a rien à voir » (« *no hay nada que ver*[20] »), ni dans les archives, ni dans les dossiers officiels, ni dans les endroits où les crimes ont eu lieu. Face à cette absence d'images, la narratrice s'interroge sur la possibilité de tourner un film documentaire. Avec son épouse, la réalisatrice et documentariste Albertina Carri, également fille des disparus, elle imagine : « elle tournerait le film, je ferais l'enquête, nous ferions le script ensemble », « rien ne nous semblait plus émouvant que l'idée de déterrer des os » (« *ella filmaría, yo haría la investigación, juntas el guión* », « *nada nos parecía más amoroso que desenterrar huesos*[21] »). Tout en réfléchissant sur *Nostalgie de la lumière*, le documentaire du chilien Patricio Guzmán, la narratrice ajoute un commentaire sur la force des images visuelles :

> les astronomes et les femmes des disparus chiliens cherchent dans la pampa inerte les restes de leurs êtres aimés. Cet amas de fibres et matériaux me ramenait à une pousssière d'étoiles mais aussi à ces disparus, à ces traces du passé reposant désormais sur une table de laboratoire[22].

Face à l'absence de traces, il n'est pas étonnant que la tentation du documentaire réapparaisse avec force. Aussi, par la superposition des voix, la narratrice ajoute quelque chose de poétique à ces morts. Elle cite ainsi un poème de l'argentin Néstor Perlongher :

> « Dessous les buissons / Dans les prairies / Sur les ponts / Dans les canaux / Il y a des cadavres » et dans tous les endroits où Néstor Perlongher les dénonce dans son long poème, sous mon lit et dans mon rêve. Il y a des cadavres[23].

---

19 *Idem.*

20 *Ibid.*, p. 30.

21 *Ibid.*, p. 28.

22 « [...] *con astrónomos y con las mujeres familiares de desaparecidos chilenos, que buscan en la misma pampa inerte los restos de sus seres queridos. Un fulgor de estrellas era lo que me traía el revoltijo de fibras y materiales que ahora volvían a su entierro, un pasado vivo y presente sobre una mesa de laboratorio* ». *Ibid.*, p. 125.

23 « *"Bajo las matas/ En los pajonales/ Sobre los puentes/ En los canales/ Hay Cadáveres" y en todos los sitios donde Néstor Perlongher los delata en su largo poema, bajo mi cama y en mi sueño. Hay cadáveres* ». *Ibid.*, p. 142.

Grâce à un collage de voix et aux petites anecdotes des survivants et des témoins, l'émotion surgit et transforme le récit officiel.

INSISTANCE SUR LE MINUSCULE, LES RESTES, LE RELIQUAT

La visite aux archives de l'EAAF rend visible le paradoxe : que même s'il s'agit bien du seul vestige de ces événements tragiques, il n'y a pas grand chose à voir. Face à l'insistance de la narratrice qui souhaite visiter ces archives, la femme en charge lui explique :

> – Je te montre mais il n'y a rien à voir – et elle m'a ouvert la porte d'un autre bureau, presque avec lassitude. Il y avait des dizaines de boîtes en carton, quelques-unes encore avec les traces de leur ancienne fonction, cartons de fruits et légumes, tous paraphés avec un feutre noir avec une série de lettres et de numéros qui ne me disaient rien. Matériel d'enquête, séries chiffrées, objets qui accumulent de la poussière, poussière sur la poussière, que des restes isolés de leurs proches, de leur communauté, de leur histoire[24].

Même si ces boîtes conservent l'histoire du pays, l'archive perd ici son poids et elle ressemble plutôt à des cartons de fruits. Les os, ces vestiges du passé, seule trace matérielle de l'absence constituent le motif central, la « figure dans le tapis » que le texte met en évidence. Au fur et à mesure que les discours officiels révèlent leur caractère mensonger, le motif des os revient sans cesse :

> Un os. Comment pouvait-on bien enterrer un os. Comme un chien, en creusant avec ses mains. Avec un nœud dans une petite boîte de cellophane, comme une orchidée ou un cadeau de Noël pour des animaux de compagnie. Avec un seul os il pouvait suffire pour savoir à qui appartenait ce morceau de jambe[25].

Même si la narratrice n'arrive pas à expliquer pourquoi ni dans quel but elle souhaite les conserver, même s'ils deviennent pratiquement un

24 « *—Yo te muestro, pero no hay nada para ver —me dijo un día y me abrió la puerta de otra oficina, casi por cansancio. Había ahí decenas de cajas de cartón, algunas todavía con las marcas de su función anterior albergando frutas y hortalizas, todas rubricadas con marcador negro con una serie de letras y números que no me decían nada. Material de investigación, series cifradas, objetos que juntan polvo, polvo sobre polvo sin sus deudos, su comunidad, su historia* ». *Ibid.*, p. 30.

25 « *Un hueso. Cómo se podía enterrar un hueso. Como un perro, cavando con las manos. Con un moño en una cajita de celofán, como una orquídea o un regalo de Navidad para mascotas. Con un solo hueso podría alcanzar para saber a quién perteneció ese pedazo de pierna* ». *Ibid.*, p. 44.

fardeau et qu'elle ne sait plus quoi en faire, la découverte de ces restes lui permet enfin d'écrire sa propre histoire et celle de sa famille avec des dates précises :

> Marta Angélica Taboada, 1941-1977. Elle n'est pas parvenue à ses 36 ans puisqu'elle a été tuée en février, plus exactement le 2 février à 3h15 de l'aube, et elle est du signe Lion, comme moi et comme ma fille, elle fêtait son anniversaire le 5 août ; moi le 29 juillet ; Naná le 3 août[26].

Éclairant des faits mineurs et des détails, l'archive permet de retrouver le sentiment lié à ces souvenirs impossibles, modelés par l'imagination. Après avoir entendu le récit de la femme qui avait partagé la période de captivité avec sa mère, la narratrice se demande : « Tissait-elle [ma mère] avec ces récits une réalité parallèle pour étouffer les cris des tortures ? M'aimait-elle, ma maman ? » (« *¿ Tejía con esos relatos una realidad paralela para acallar los gritos de los torturados ? ¿ Me quería mi mamá*[27] *?* »).

Puisqu'elles reflètent les inquiétudes de notre temps, les narrations documentaires contemporaines nous conduisent à reformuler la question du réalisme mais aussi celle de croissements entre les savoirs de la littérature et ceux des sciences sociales. Sous le prisme de ce « tournant documentaire », la littérature partage avec le récit historique le rôle de transmettre l'expérience et de communiquer la vérité sur le passé. De même, ce retour du document en littérature questionne sur la possibilité d'une littérature politique aujourd'hui.

Attardons-nous, pour finir, sur une œuvre contemporaine française.

---

26 « *Marta Angélica Taboada, 1941-1977. No llegó a cumplir 36 porque la mataron en febrero, exactamente el 2 de febrero a las 3.15 de la madrugada y ella es de Leo, como yo y como mi hija, cumplía años el 5 de agosto ; yo el 29 de julio ; Naná, el 3 de agosto.* » *Ibid.*, p. 75.

27 *Ibid.*, p. 18.

MIETTES : ÉLÉMENTS POUR UNE HISTOIRE INFRA-ORDINAIRE DE L'ANNÉE 1980

Dans *Miettes*, Ph. Artières se livre à un travail de collecte, d'assemblage et de transcription des petites annonces du supplément « Sandwich », paru dans *Libération* chaque samedi, entre la fin de 1979 et le début de l'année 1981. À partir de ces écrits fragmentaires, ordinaires et anonymes, l'historien tente de saisir cette histoire que Foucault désignait comme une histoire « des faibles intensités ». Ces bribes d'écriture rédigées par des gens ordinaires pendant l'année 1980 laissent en effet transparaître des formes de sensibilité précaires et évanescentes. Sous le prisme du Foucault de *L'Ordre du discours*, ces faibles intensités font appel à tout ce qui est « l'en deçà de l'histoire[28] », un en deçà fait d'infimes restes et documents « indexés, repérés, ici et là, par un dispositif d'enregistrement[29] ».

Miettes confirme alors que le désir d'histoire peut s'éveiller aussi chez l'enquêteur historien qui poserait son regard sur le présent. Or, cette obsession de donner forme à une « histoire de l'infra-ordinaire » est une constante de l'œuvre de Artières qui, déjà dans l'avant-propos de *Rêves d'Histoire* – livre de projets d'enquête historique esquissés, abandonnés et inaboutis –, signale l'influence de Walter Benjamin dans sa décision de constituer le présent en objet d'enquête historique. L'historien signale :

> Je suis de ceux pour qui cette impulsion survient du présent, non qu'elle soit en rapport avec l'actualité, mais bien plutôt, comme disait Walter Benjamin, qu'elle la « télescope »[30].

Walter Benjamin, Perec et Foucault sont assurément des figures majeures de cette interrogation sur la possibilité d'écrire une histoire critique du présent, tout en tenant compte des documents mineurs voués à l'oubli et à la disparition. Les écritures ordinaires constituent, en ce sens, une matière première privilégiée pour ces enquêtes. Suivant la réflexion de Ph. Artières :

28 Ph. Artières, *Miettes : éléments pour une histoire infra-ordinaire de l'année 1980*, Paris, Verticales, 2016, p. 10.

29 *Ibid.*, p. 128.

30 Ph. Artières, *Rêves d'Histoire*, Paris, Gallimard, 2014, p. 11.

> il n'est pas ici question d'affirmer la toute-puissance des historiens ni à l'inverse, d'accepter le diktat mémoriel et d'écrire une histoire sur mesure, mais précisément de rompre avec ces deux positions en proposant une approche qui fasse cas de notre présent, tout en conservant ses outils et ses règles scientifiques[31].

Tentant de saisir cette histoire du présent, l'historien met en place un dispositif littéraire soigneusement conçu qui permet de suivre d'un regard critique le discours des petites annonces de presse. *Miettes* est ainsi constitué d'un avant-propos intitulé « Le goût du sandwich » et d'une postface intitulée « Histoire rêvée » où Artières mène une réflexion théorique et poétique sur les objectifs et la portée de sa démarche. Il y reconstruit le contexte de la fin des années 1970, moment de l'apparition du supplément *Sandwich*, dans lequel certains idéaux de la révolution politique, culturelle et sociale de Mai 1968 disparaissent peu à peu. À ce moment, de nouvelles formes de sociabilité émergent et avec elles des formes d'écriture anonyme et de diffusion massive. Le supplément est alors présenté par l'historien comme une source possible pour « une histoire politique de la fin des années 1970 ». Comme Ph. Artières le signale : « C'est avant le sida, avant l'élection de François Mitterrand [...], la fin des années 68 et de la prise de parole ; nous savons aujourd'hui que cela va se refermer[32] ».

Par ailleurs, un « Mode d'emploi » de *Sandwich* retranscrit avec une note en bas de page explique de quelle manière et selon quels critères les lecteurs doivent envoyer leur petits annonces. Depuis un angle thématique, cinq pôles majeurs organisent le supplément, à savoir : « les messages personnels, les annonces à caractère sexuel, les "circuits", le "journal des taulard(e)s" et, enfin, une rubrique "Divers" » où on retrouve des rubriques plus générales du type vente, achat ou échange de « meubles, fringues, deux-roues, autos, animaux, photos, music (*sic.*), sport, livres et disques[33] ». Le texte se poursuit par un collage de petites annonces. La tentation nostalgique et romanesque pouvant conduire le narrateur à ne choisir que les annonces ayant un effet bizarre, surprenant ou artificiellement drôle est une des principales épreuves à surmonter.

31 *Ibid.*, p. 14.
32 P. Artières, *Miettes*, *op. cit.*, p. 133.
33 *Ibid.*, p. 132.

Dans la première section, les annonces cherchant des personnes, essayant de vendre ou bien d'acheter des objets et des services coexistent avec des réflexions plus abstraites sur la société. Par exemple, dans une annonce intitulée « Vivantes plutôt que mortes ! », le lecteur apprend l'existence d'un groupe visant à fonder un collectif artisanal « pour essayer de vivre autre chose que le métro-boulot-dodo[34] ». À l'inverse, pour les annonces des « Taulard(e)s » en quête de correspondant(e)s avec certaines caractéristiques physiques, des descriptions détaillées sont exigées. Nous lisons, par exemple :

> Belle face. Jeune marocain de "belle Face" ou "beau Gosse" dans le milieu (*j'espère que tu as ta carte du milieu !*) cherche une jeune fille mignonne pour lier une amitié durable. Je suis libérable fin février[35].

Par ailleurs, Ph. Artières explique dans la postface du livre les causes de l'éclosion de ces annonces de prisonniers :

> Après les luttes collectives et notamment les mutineries qui ont marqué les années 1971-1974, puis l'échec du Comité d'action des prisonniers, la parole des détenus se fait plus personnelle. Certaines annonces de prisonniers sont ainsi de véritables récits de vie[36].

En ce qui concerne la structure du livre, l'historien alterne les divers types d'annonces en cinq entrées accompagnées d'une série de « grands événements » historico-politiques qui s'y intercalent. Ces grands événements sont présentés sous les titres évocateurs : « Chronologie violente », « Bulletins météorologiques », « Bulletins trimestriels de la Banque de France » et, enfin, « Chronologie des événements sismiques ». Dans la première rubrique, attentats, prises d'otages, assassinats politiques et morts dans des catastrophes naturelles se succèdent dans l'ordre chronologique. Même s'ils se trouvent souvent isolés, ces événements créent une toile de fond marquée par la violence dans le monde. Le lecteur s'informe alors aussi bien sur les victimes de la guerre entre l'Iran et l'Irak que sur celles provoquées par un séisme en Algérie ou encore sur l'assassinat de dissidents perpétré par des milices para-étatiques des Escadrons de la mort au Brésil.

34 *Ibid.*, p. 27.
35 *Ibid.*, p. 80.
36 *Ibid.*, p. 131.

Contrairement à ces récits ponctués de morts et de violence, les bulletins météorologiques nous ramènent à tout ce qu'il y a de quotidien, de répétitif et de familier dans l'écoulement du temps qui passe, au rythme lent et constant des saisons qui se succèdent. Ces entrées suscitent un effet de contrepoids par rapport aux micro-événements racontés dans la première partie. Il s'agit donc de reconsidérer ces petits incidents à la lumière d'« une chronologie de l'extra-ordinaire, des événements violents de l'année 1980 : un inventaire des catastrophes, des guerres, des attentats[37] ». Par cet effet de montage, les annonces d'une teneur littéraire et historique banale sont mises à l'épreuve de l'histoire. Ce contraste entre l'échelle « micro » des annonces et la rhétorique des grands événements, entre le ton personnel bien qu'anonyme des petites annonces et celui froid du récit historique, aide à questionner les diverses manières qu'à l'histoire de se rendre perméable au vécu quotidien. Ces « miettes », peignent ainsi « le fond de la toile où l'histoire qui s'écrit occupe le premier plan[38] ». Paradoxalement, si la littérature s'ouvre à l'historicité par le biais de ces documents mineurs, l'inscription des gestes de l'enquête au sein du texte rend lisible la quotidienneté d'une époque.

Selon Ph. Artières, ces petites annonces documentent à la fois « l'histoire sociale des corps, de l'économie domestique, de la vie ordinaire, des choses, et bien sûr l'histoire de l'écriture[39] ». Ces micro-récits apparaissent donc non pas tant comme des documents faisant partie d'une archive historique que comme les bribes d'une littérature grise, ordinaire. Ils constituent ainsi une voie d'accès à d'autres formes de description et de compréhension du présent, de « ce qui est sous nos yeux[40] ».

La poétique infra-ordinaire devient ici une poétique du fragment, de l'accumulation et de l'assemblage agissant à la manière des « inventaires » de Perec. *Miettes* montre ainsi comment les écritures ordinaires saisissent des processus de subjectivation capables d'éclairer la sensibilité d'une époque.

37 *Ibid.*, p. 10.
38 *Ibid.*
39 *Ibid.*, p. 9.
40 *Ibid.*, p. 11.

MANIÈRES DE FAIRE AVEC LA « POUBELLE » DE LA LITTÉRATURE

Le chapitre précédent s'est donné comme point de départ l'étude des modalités que la poétique de l'archive assume chez nos écrivains. De même, la conservation d'« éphémères » personnelles et d'autres écritures ordinaires nous permettra d'analyser les autoportraits littéraires qui se dégagent de ces œuvres-archives. De l'autoportrait prospectif de Perec dans *L'Herbier des villes* et *Je me souviens* à celui, rétrospectif, du Cortázar des miscellanées. Si les modalités d'articulation entre document et texte littéraire varient dans chaque texte, une typologie des procédés, allant de la collecte à l'assemblage, peut être établie. Le document peut, par exemple, être matériellement incorporé dans l'œuvre par des procédés de montage ou de collage ; il peut être imité dans ses aspects formels ; faire l'objet d'une simple description ; mais aussi l'œuvre peut être elle-même considérée comme un document. Il s'agit, en ce sens, d'interroger quelle stratégie prime à chaque fois, quels sont les buts de l'enquête et le type de mémoire visé dans chaque œuvre.

Par ailleurs, si Hal Foster identifie l'élan archivistique comme une des spécificités de l'art contemporain depuis 1970, la question d'un art qui se penche vers l'archivage des détritus quotidiens, mais aussi des écritures ordinaires, mérite d'être abordée en détail. Tout en imitant le rôle des « archivistes du quotidien », les narrateurs de ces textes mettent en œuvre diverses stratégies de « recyclage » créatif des documents factuels : articles de presse, catalogues, publicités et autres types d'imprimés ordinaires. En même temps que le désir de conservation des choses inutiles s'affirme comme un trait caractéristique des œuvres de Perec et de Cortázar, l'appel au champ sémantique de la « poubelle » interpelle le lecteur. Suivant la réflexion de l'écrivaine et traductrice Lucie Taïeb :

> [...] les déchets représentent l'envers d'une société de consommation lisse et fluide, sur laquelle le temps ne semble pas avoir de prise, ils constituent une

> clef de compréhension de nos manières de vivre et demeurent, cependant, complètement ignorés de la plupart d'entre nous, relégués dans un angle mort de notre perception, de notre pensée[1].

Les motifs de la poubelle et du déchet impliquent, en effet, une inversion des principes qui fondent les poétiques mémorialistes. De même, ces « bricolages précaires[2] » faits à partir d'écritures ordinaires, archives familiales, coupures de presse et autres types de textualités mineures peuvent consister dans un réemploi de textes du même auteur ou bien dans ceux d'autres écrivains auxquels on souhaite rendre hommage. *À propos de ce recyclage culturel*, François Dagognet explique :

> L'artiste saura tirer de ces détritus le merveilleux, parce que l'usé et le meurtri portent le témoignage de ce qui a précédé à nous-mêmes : une fois de plus, dans ces brisures et parcelles, à cause d'elles, s'éclipse l'utilité et, du fait de cette disparition, émerge un autre univers (des assemblages, des forces, des teintes)[3].

Ce culte du refus semble donc indissociable de la fureur de consommation et de gaspillage propre à l'époque capitaliste. Dérisoires et inutiles, les déchets constituent ce qui reste après l'épopée ratée de la société de consommation, de son éloge du périssable.

En effet, les déchets occupent une place de plus en plus importante dans le champ des sciences sociales et des études littéraires. Depuis les dix dernières années, nous assistons en effet à l'émergence d'une série d'études appartenant au champ très varié des « *waste* » ou des « *discard studies* ». Par exemple, dans l'ouvrage *Rubbish ! The Archaeology of Garbage* (1992), l'anthropologue William Rathje explique les fondements d'une science du déchet qu'il nomme *garbology*. Cette science fournirait une approche anthropologique et sociologique des gens à partir de ce qu'ils

1 L. Taïeb, « Politique et poésie des déchets », *Vacarme*, n° 79, 2017/2, p. 97 [en ligne].

2 Dans une étude sur des « romanciers rudologues », Frédéric Briot analyse le travail érudit de « recyclage » chez des auteurs qui, comme Georges Perec ou Jacques Roubaud, acccordent un rôle central à la relation entre littérature et mémoire. *Cf.* F. Briot, « La littérature et le reste : Gilbert Lascault, Olivier Rolin, Jacques Roubaud, Antoine Volodine », in *Écritures contemporaines 1 : Mémoires du récit* (D. Viart dir.), coll. « La Revue des lettres modernes », série « Écritures contemporaines », n° 1, Caen, Paris, Minard, 1998, p. 160.

3 F. Dagognet, « Le secours de l'art contemporain », in *Éloge de l'objet : pour une philosophie de la marchandise*, Paris, Librairie philosophique, 1989, p. 185.

jettent[4]. Pour ce qui est de la littérature, Taïeb note que la notion de « déchet » peut devenir une « sous catégorie » des sujets traités par la *géopoétique* ou la *géocritique* – des champs qui interrogent le rapport de la littérature au paysage urbain – ou bien par l'éco-critique « qui questionne les représentations littéraires de l'environnement et de la nature[5] ». Un autre enjeu problématisé par ces textes est celui des savoirs de la littérature au carrefour de ceux des sciences sociales. Mettant l'accent sur leur rôle « approximatif » d'ethnographes, d'archivistes ou de sociologues, ces écrivains postulent des modes de connaissance alternatifs, quoique complémentaires à ceux des sciences sociales. La littérature devient alors un instrument herméneutique capable d'instaurer un dialogue avec d'autres discours du savoir.

Les stratégies de conservation et de reprise de matériaux mineurs confrontent le lecteur à la question de la valeur littéraire des textes qui en résultent. En ce sens, il faut préciser que la notion de « poubelle » n'est pas à comprendre ici au sens péjoratif d'une littérature de mauvaise qualité ou dénuée de valeur littéraire, mais plutôt au sens où elle « recycle » certains matériaux textuels mineurs, tout en les sortant de leur contexte de production initial. C'est, par exemple, le cas de *La Vie Mode d'emploi* et de projets comme *Lieux* ou *L'Herbier des villes* de Perec, conçus sur le principe des « bombes de temps » mais aussi des « miscellanées » de Cortázar. En dernière instance, l'idée de la « poubelle » oriente notre réflexion vers le changement de statut de ce qui est mémorable. En effet, dans une époque saisie par la passion archivistique, le stockage et la réutilisation de déchets textuels deviennent symptomatiques d'un changement des liens entre littérature et mémoire.

4 « *[W]hat people have owned – and thrown away – can speak more eloquently, informatively, and truthfully about the lives they lead than they themselves ever may* ». *Cf.* W. Rathje et C. Murphy, *Rubbish ! The Archaeology of Garbage*, Tucson, The University of Arizona Press, 2001, p. 54 [1992].

5 L. Taïeb, « Lire le déchet au prisme de la littérature », art cité, p. 1-3.

L'HERBIER DES VILLES

> Le temps use les choses et les détruit, les détraque et les rend inutilisables, les rend démodées et les destine à l'abandon ; le temps rend les choses familières et commodes à manier, les recouvre de tendresse comme des souvenirs et d'autorité comme des modèles, les marque du prix de la rareté et du prestige de l'ancienneté[6].

L'écriture de Perec est indissociable du désir de laisser des traces. Or, tandis qu'une expérience comme *TELP* privilégie le modèle de l'écriture en « temps réel » capable de saisir une « mémoire de l'immédiat[7] », *L'Herbier des villes* (1976-1982) se présente comme un autoportrait d'écrivain et une archive inachevée[8] faite de documents divers et d'« écritures ordinaires ».

De manière similaire à « Choses que j'aime », projet pour lequel Perec aurait collecté des centaines de documents, photographies et prospectus entre 1976 et 1978, *L'Herbier des villes* possède une existence matérielle archivistique[9]. Rappelons que ce chantier littéraire inabouti se compose d'un peu plus de six cents documents[10] rassemblés et conservés au fonds Georges Perec de la bibliothèque de l'Arsenal à Paris. *L'Herbier* est composé, entre autre, de projets abandonnés, d'archives personnelles,

---

6 F. Orlando, *Les Objets désuets dans l'imagination littéraire*, Paris, Classiques Garnier, 2013, p. 31 [2010].

7 Nous reprenons ce terme de Philippe Lejeune qui parle d'« une sorte de mémoire de l'immédiat qu'on fixe aussi comme sténographiquement ». *Cf. La Mémoire et l'Oblique*, *op. cit.*, p. 185.

8 H. Foster, « The Archival Impulse », art. cité, p. 21. Suivant la réflexion de Foster, l'archive fonctionne par des méthodes de connexion et d'assemblage de ce qui apparaît de prime abord comme désuni, sans chercher à réconcilier les contraires.

9 *L'Herbier* n'a qu'une existence archivistique : les textes qui intègrent ce projet existent sous forme de boîtes d'archives logées au Fonds Georges Perec à la bibliothèque de l'Arsenal (BnF).

10 Nous suivons ici l'étude de R. Delemazure, « *L'herbier des villes* : un tas de reliquats », *Cahiers Georges Perec*, n° 12, « *Espèces d'espaces* perecquiens ». Travaux réunis et présentés par D. Constantin, J-L. Joly et C. Reggiani, Bordeaux, Le Castor Astral, 2015, p. 203.

de plans de travail, d'agendas, d'une correspondance, de brouillons, de notes. Seulement une vingtaine de pages rédigées accompagnent cependant ce vaste amoncellement de documents personnels.

Par ailleurs, *L'Herbier* connaît au moins trois tentatives d'écriture[11]. Une première tentative de rédaction date de la fin 1979 ou, plus probablement, du début 1980. Un dossier intitulé « Herbier des villes », portant le nom de l'auteur et le sous-titre « Les choses communes 2 », correspond en effet à cette date. Or, seulement deux pages rédigées apparaissent ici, Perec recopie le nom de deux expositions pour lesquelles il avait reçu une invitation, le nom d'un restaurant et un texte écrit sur un prospectus, puis il abandonne la rédaction. Pour ce qui est du travail de collecte, ce premier chantier est composé de plus d'une centaine de documents. Une deuxième tentative d'écriture plus aboutie a lieu quelques mois plus tard. Avec un total de treize pages rédigées, le texte daté de juin 1980 inclut le nom d'auteur, un titre, un sous-titre, une dédicace à François Le Lionnais et une épigraphe avec la mention « ce livre est né du désir de ranger ». Cette épigraphe est suivie des ajouts manuscrits : « voir FLL le 3e secteur » et « Denis Roche DDSEDT », en référence à son ouvrage *Dépôts de savoir et de techniques.*

Dans le sillage des démarches de *Cause commune*, Perec revendique la dette de *L'Herbier* envers la sociologie de la quotidienneté et la pensée de l'infra-ordinaire. Par exemple, il signale dans un entretien de 1979 :

> Pour *L'Herbier des villes*, un livre futur, je répertorie ces choses anodines de la vie quotidienne, rassemblées, « collectionnées » au fil des jours : notes glissées sous la porte, certificats de ramonage, télégrammes, certaines enveloppes, factures[12].

Plus tard, dans un entretien de 1980, il explique que ce nouveau travail sur la ville repose sur la décision de mettre de l'ordre dans ses archives personnelles :

> Je me suis aperçu que je gardais des prospectus, des notes de gaz, enfin tout un ensemble de choses. J'ai commencé à les classer, ou plutôt à les disposer un peu les uns par rapport aux autres et à constituer ainsi un herbier de ville

11 Pour une analyse plus exhaustive de la chronologie de ce projet voir R. Delemazure, « *L'Herbier des villes :* un tas de reliquats », art. cité.

12 G. Perec, « La semaine de Georges Perec » (1979), dans *EC.*, vol. II, *op. cit.*, p. 107.

> ou plutôt de mots [...] Les trois quarts du temps, quand on reçoit un prospectus, on le jette. Mais si on les garde tous et qu'on les publie, par montage et collage, ça peut avoir un effet amusant. Enfin, stimulant[13] !

Herbier des villes et des mots, c'est précisément cette double nature des documents rassemblés qui fascine l'auteur. À mi-chemin entre l'intimité domestique de son bureau de travail et le caractère anonyme des imprimés qui auraient pu glisser sous la porte de quiconque, les documents qui composent *L'Herbier* constituent des traces de ses multiples engagements d'écrivain. Deux figures littéraires servent donc de modèle à ce projet.

DE L'ARCHIVISTE AU CHIFFONNIER

Le personnage du « chiffonnier » – figure littéraire majeure d'Eugène Sue à Baudelaire et protagoniste essentiel du *Livre des passages* de Walter Benjamin –, se présente comme un prédécesseur des archives construites à partir de refus quotidiens. Reprenant la description du chiffonnier faite par Baudelaire, Benjamin décrit cet homme chargé de ramasser les débris d'une journée de la capitale, comme celui qui « compulse les archives de la débauche, le capharnaüm des rebuts ». Il ajoute : « tout ce que la grande cité a rejeté, tout ce qu'elle a perdu, tout ce qu'elle a dédaigné, tout ce qu'elle a brisé, il le catalogue, il le collectionne[14] ». Le chiffonnier se situe ainsi dans une posture ambiguë : entre la nostalgie d'un passé irrécupérable et une attitude optimiste et confiante envers le futur.

Dans la lecture de Benjamin, cette figure se distingue du flâneur, ce dandy d'intérieur privilégiant la pratique urbaine des « passages », en ce que sa marche possède un sens économique. Le chiffonnier procède en effet à un recyclage *avant la lettre* de déchets urbains pouvant redevenir des matières premières. Ce personnage des bornes de la ville trouve dans l'activité de la collecte et du tri des déchets un substitut économique productif à l'activité de mendiant. Tout en rendant à nouveau utilisable ce qui a été jeté et redonnant aux déchets une nouvelle valeur d'usage,

13 G. Perec, « Georges Perec. Les Paris d'un joueur » (1980), dans *EC.*, vol. II, *op. cit.*, p. 131-132.

14 W. Benjamin, *Paris, capitale du XIXe siècle : le livre des passages*, Paris, Cerf, 2009, p. 365. Benjamin reproduit un extrait du poème « Le vin des chiffonniers » faisant partie des *Fleurs du mal.*

le chiffonnier de Benjamin questionne ainsi l'engouement de la société de consommation envers la nouveauté.

Aussi, l'idée que la « poubelle » de l'écrivain possède un potentiel littéraire inattendu s'impose dans *L'Herbier des villes* où Perec joue avec l'idée de combattre le gaspillage textuel. Il observe :

> Gadget : Laisser parler les petits papiers
> Prenez un jour le temps d'examiner le contenu de votre poubelle. Vous serez surpris d'y découvrir une véritable mine d'or de matières premières. Le papier, par exemple ! Bon an, mal an, chaque individu en jette 109 kilos. Ce gâchis n'a plus aucune raison d'être depuis qu'il est possible de recycler son propre papier usé à la maison[15]...

Tout en minant la hiérarchie de valeurs de ce qu'il est souhaitable de conserver, ces documents et papiers que nous produisons et jetons chaque jour posent les bases d'un art *anti*-nostalgique, un art visant à réinstaurer le dialogue que, depuis l'entrée dans la société de consommation, nous avons refusé aux choses. En effet, le combat contre la dispersion est au point de départ de *L'Herbier* où le travail d'écriture apparaît comme un synonyme d'archivage.

UNE ARCHIVE DE BAGATELLES

Collecter, classer et conserver sont les procédés archivistiques que Perec se propose de mener à bien dans *L'Herbier*. Projet associé au principe des « bombes de temps », l'auteur d'*Espèces d'espaces* explique dans la section intitulée « *Les Lieux* (Notes sur un travail en cours) » : « Il m'est arrivé également de glisser dans ces enveloppes divers éléments susceptibles de faire plus tard office de témoignages, comme par exemple des tickets de métro, des billets de cinéma ou des prospectus » (*EE*, p. 109). Aussi, dans un entretien de 1981, Perec revient sur la logique derrière ces « bombes de temps » :

> ce sont des objets que l'on enfouit très, très profondément sous terre pour que, dans des milliers d'années, des cosmonautes, non, pas des cosmonautes, les extra-terrestres les découvrent et s'aperçoivent qu'on aimait Elvis Presley, et Jayne Mansfield[16].

---

15 Fonds Georges Perec [FGP 63, 30, 55]. Cité par R. Delemazure, « *L'herbier des villes* : un tas de reliquats », art. cité, p. 5.

16 G. Perec, « À propos de la description » (1981), dans *EC.*, vol. II, *op. cit.*, p. 236.

Ce procédé littéraire suppose l'adoption d'une perspective au « futur antérieur », consistant à observer le présent comme s'il s'agissait déjà d'une carte postale du futur. L'auteur explique comment cette logique domine sa vision de l'écriture comme une technique permettant de « mobiliser, d'accaparer quelque chose qui va se transcrire un instant ». C'est seulement une fois que le souvenir est passé au tamis de l'écriture que l'écrivain peut s'en autoriser l'oubli.

L'Herbier est donc aussi bien proche de la procédé des « *Time Capsules* » (1974-1987) d'Andy Warhol[17] que du projet du collectionneur d'« écritures ordinaires » Maurice Rickards[18]. Rappelons que l'idée sous-jacente des « *Time Capsules* » de Warhol est de figer un moment de l'existence quotidienne au travers d'objets et de documents pouvant dresser le portrait d'une époque. Dans une réflexion similaire, Rickards se concentre sur l'évolution de différents supports et formats de textes imprimés quotidiens où il voit transparaître une micro-histoire alternative de nos rapports à l'écrit. *The Encyclopaedia of Ephemera* (2000) de Rickards, « guide des documents fragmentaires concernant la vie de tous les jours, destiné au collectionneur, au conservateur et à l'historien » a pour objectif d'étudier « les documents mineurs et éphémères de notre quotidienneté » (« *the minor transient documents of everyday life*[19] »). Ainsi, la notion d'« éphémères » de Rickards rend compte de toute une série d'imprimés produits et consommés au quotidien. Thierry Davila revient sur le vaste contenu des documents recensés et analysés dans cet ouvrage, qui englobe :

> [...] l'ensemble proprement vertigineux des infimes ou des plus conséquentes traces sur papier qui peuplent l'existence de l'homme ordinaire, et qui en sont la preuve. Cartes de vœux, refus de tous ordres, tickets de métro, billets de train, programmes de matchs de foot, papier pour les toilettes, passeports, cartes de visite, étiquettes de vins, enveloppes utilisées par les parlementaires, plans de table, papiers pour envelopper le fromage, *flyers*, certificats de mariage, emballages de supermarché, imprimés satiriques, journaux de tous ordres, tests optiques, sont quelques-uns de ces *ephemera*[20].

17 *Cf.* A. Warhol's « Time Capsules » (1978-1987). 612 boîtes conservées à The Andy Warhol Museum, Pittsburgh, Founding Collection.

18 *Cf.* M. Rickards, *The Encyclopedia of Ephemera : a guide to the fragmentary documents of everyday life for the collector, curator and historian*, (M. Twyman et S. du Boscq de Beaumont and Amoret éd.), Tanner, London, British library, 2000.

19 M. Rickards, « Editor's Introduction », in *The Encyclopedia of Ephemera*, *op. cit.*, p. v.

20 *Cf.* T. Davila, *Marcher, créer*, *op. cit.*, p. 184.

Selon leur étymologie grecque *ephemeros*, les « éphémères » sont des documents qui, comme certains insectes, ne durent pas plus d'une journée. Leur temporalité est ainsi double, étant liée, d'une part, à l'immédiat de la journée où ils ont été reçus et, d'autre part, aux cycles répétitifs du quotidien. Qu'ils soient anonymes ou bien personnelles, comme dans les cas de Warhol et de Perec, ces « éphémères » font l'objet d'un travail de conservation qui relève d'un renversement de l'échelle de productivité propre à la société de consommation. Ce désir de conservation répond au souci de protéger les choses de leur obsolescence mais, dans le même temps, il s'oppose à la nostalgie d'un monde où le présent est perçu comme faisant déjà partie du passé.

Or, contrairement à ce que son titre pourrait laisser croire, *L'Herbier* se compose moins de détritus urbains que des imprimés et autres textes que l'écrivain entasse chez lui. Perec fait ainsi de *L'Herbier* le lieu d'une patiente et minutieuse activité de collecte et de tri des écritures ordinaires. Même quand elles appartiennent aux grands écrivains, ces écritures analysées par Daniel Fabre – listes de supermarché, petites notes dans des feuilles volantes, journaux intimes, carnets de notes ou correspondance – n'aspirent pas tant à « faire œuvre » qu'à laisser des traces, à la manière de fragiles aide-mémoire. C'est sans doute dans *Espèces d'espaces* que Perec fournit une image détaillée de ces écrits. Le narrateur y explique qu'« il y a peu d'événements qui ne laissent au moins une trace écrite ». Les traces de ces moments « qui composent l'ordinaire de la vie » (*EE*, p. 24) laissent transparaître une image de l'écrivain non pas en tant qu'*auctor* mais en tant que *scripteur*, une personne quelconque faisant appel à l'écrit pour ses tâches journalières. Perec affirme, en ce sens :

> [*L'Herbier des villes*] est fait de tout ce qu'on ramasse dans une ville, ce qui est glissé sous la porte. [...] une sorte de poubelle de choses écrites, de prospectus, tout ce que Le Lionnais appelle le « troisième secteur[21] ».

Si, d'après la définition de François Le Lionnais, les deux premiers « secteurs » correspondent à la littérature et à la paralittérature, le « Troisième secteur » relève de tous les actes de langage restants : « annuaires, langages d'animaux, graffiti, enseignes lumineuses ou non, et autres notules en tout

21 G. Perec, « Entretien Georges Perec/Bernard Pous », in *EC.*, vol. II, *op. cit.*, p. 193.

genre, le plus souvent inclassables et surtout, inclassées[22] ». Le Lionnais remarque que c'est précisément lors de la décade Queneau organisée à Cerisy-La-Salle en septembre 1960 que le groupe de l'Oulipo a « débouché sur la création d'une "Confrérie du Troisième secteur" ». Il explique :

> En fait, l'idée du Troisième Secteur m'habitait depuis longtemps. Bien avant la guerre, j'avais commencé des collections de publicités pharmaceutiques et de punitions militaires et enrichi ma bibliothèque d'ouvrages sur les *tatouages* et les *graffiti*[23]....

Ce « troisième secteur » est central dans *L'Herbier*, où Perec crée des « rubriques » pour mieux classer ses documents et papiers personnels selon les entrées suivantes :

> Prospectus
> Cartes postales
> Papiers gardés
>   Quittances
>   Gaz
>   Électricité
>   Factures
>   Banque
>   Ramonage
>   Lingerie
> Catalogues
> Notes sur bouts de papier
> Lettres
> Télégrammes[24].

Ce classement rend compte de la totalité des documents qui constituent la matière première de *L'Herbier*. Or, l'amoncellement de ces « écritures ordinaires » ne cherche pas tant à représenter le réel qu'à l'exposer de manière directe. Le geste créateur se reflète ainsi dans l'assemblage et dans le montage de fragments prélevés du réel, dans le « choix des matériaux à retenir, à sélectionner, à collectionner[25] ».

---

22 F. Le Lionnais, *Bibliothèque oulipienne*, vol. 3, *op. cit.*, p. 176-178.

23 Cité dans C. Reig, « Manières de faire des mondes », in *Mimer, miner, rimer : le cycle romanesque de Jacques Roubaud*, Amsterdam, Rodopi, 2006, p. 157.

24 Cité par R. Delemazure dans « *L'herbier des villes :* un tas de reliquats », art. cité, p. 206.

25 *Cf.* J-L. Joly, *Connaissement du monde. Exhaustivité, totalité dans l'œuvre de Georges Perec*, ANRT, 2006. Thèse en vue de l'obtention du doctorat de Lettres Modernes, 2006, p. 578.

En admettant que la manière d'organiser et de classer transmet déjà une information personnelle, toute collection peut être analysée comme un miroir ou un « autoportrait ». En ce sens, *L'Herbier* dresse un autoportrait des « choses communes » dans leur versant textuel. Aussi, en insistant sur la conservation des choses jetables, ce projet met en question l'idée que nous sommes ce que nous ne jetons pas. Il suffit, en effet, d'abandonner le point de vue de celui qui collectionne et de se mettre à la place de l'objet collectionné pour ressentir le poids des règles sous-jacentes aux tâches de catalogage. Toute collection impose ainsi des critères d'appartenance et des hiérarchies qui ne renvoient pas forcément à la valeur intrinsèque des éléments mais à des critères personnels.

Par ailleurs, considéré au prisme des arts plastiques, *L'Herbier* peut être situé dans la continuité d'une série de projets qui, tout au long des années soixante-dix, font des détritus urbains leur matière première. Les œuvres de Kurt Schwitters du groupe Merz, une variante allemande de Dada, ou de Dieter Roth[26] ont été pionnières parmi ces « *herbiers urbains* » dont le projet inabouti de Perec représente une version littéraire[27].

Cette présentation de *L'Herbier* ne serait toutefois pas complète sans une analyse de *Je me souviens*, seul volume publié du projet « Choses communes ». La volonté de saisir et d'archiver le quotidien est aussi un des traits principaux de ce recueil situé à la lisière de l'histoire infra-ordinaire et de la mémoire générationnelle.

---

26 On pense, par exemple, à *Flate Waste* (*Flacher Abfall*) (1973) de Dieter Roth, une recompilation des documents écrits et des papiers que l'artiste a reçus au cours d'une année et qui prennent la forme d'une installation du type « archive-bibliothèque » avec quatre cents classeurs.

27 Le lien entre ce texte et quelques démarches artistiques des années soixante-dix travaillant aussi sur le collage des résidus urbains est abordé dans « *L'herbier des villes* : un tas de reliquats », art. cité, p. 207-208.

JE ME SOUVIENS : RECUEILLIR LA PETITE MÉMOIRE D'UNE GÉNÉRATION

Écrit pendant cinq ans entre 1973 et 1978, ce recueil de 480 « Je me souviens » sous-titré « Choses communes I » devient le premier titre de la collection Hachette/P.O.L[28]. Même s'il n'est pas directement composé à partir de documents, ce livre partage plusieurs points communs avec les projets analysés dans cette étude. Du point de vue de sa composition, la dernière étape de collecte des souvenirs qu'intègre *Je me souviens* coïncide avec la rédaction des chapitres XXX à XL de *La Vie mode d'emploi*[29] (1978). Esquissant un aperçu des différentes phases de rédaction de *JMS*, Philippe Lejeune signale :

> Perec commence le 21 janvier 1973, au moment même où il abandonne *de facto Lieux* pour presque deux ans… De janvier à juin 1973, il écrit les 155 premiers « JMS ». Trou noir entre juillet 1973 et novembre 1974 (aussi un trou noir pour *Lieux*). De novembre 1974 à janvier 1975, nouvelle flambée (n° 186 à 270), qui coïncide avec un rattrapage des retards cumulés pour *Lieux.* Puis une petite flambée en mars, quelques étincelles en septembre et l'arrêt quasi total. […] Le 13 mai 1977 il est encore au n° 320. En juin, le livre est fini : les 160 derniers JMS ont été écrits dans un mois et demi. Au début de 1978, le livre paraît chez Hachette[30].

En ce qui concerne la méthode utilisée pour recueillir les souvenirs, Lejeune parle de « création négative[31] » : il ne s'agirait pas tant d'anamnèse

28 Ces « Je me souviens » furent en partie publiés une première fois en janvier 1976 dans *Les Cahiers du Chemin*, n° 26. David Bellos souligne également que le livre devait d'abord être publié chez Denoël, maison avec laquelle Perec avait encore à l'époque des engagements, devant fournir un dernier titre. Pourtant, l'éditeur refuse la publication de *Je me souviens*, tout en libérant l'auteur de ses obligations contractuelles. C'est alors le jeune éditeur Paul Otchakovsky-Laurens (P.O.L.) qui s'engage à inaugurer son nouveau projet éditorial Hachette/P.O.L. par la publication de ce texte.

29 Davis Bellos explique que « en mai et juin 1977, Perec produisit les "je me souviens" en rafale et ne prit même pas la peine de recopier les 131 derniers dans le grand registre entamé avec tant de soin en 1973 ». Vers la fin du mois de juin le recueil était ainsi terminé. *Cf. Georges Perec. Une vie dans les mots*, *op. cit.*, p. 598.

30 *Cf. La Mémoire et l'Oblique*, *op. cit.*, p. 244.

31 Cette « création négative » est liée à l'absence d'anecdotes ou d'affabulations dans cette enquête mémorielle. Comme l'indique Lejeune, tout est ici « basé autour de la fragmentation et de l'interruption permanente ». *Ibid.*, p. 240.

que de créer un vide total de la conscience grâce auquel ils pourraient revenir à la surface spontanément. En effet, dans l'entretien avec Frank Venaille, Perec souligne que les « JMS » surgissent d'un « état de suspension » ressemblant à « quelque chose de l'ordre de la méditation », à « une volonté de faire le vide[32] ». Assurément, la méthode utilisée pour les « bombes de temps » de *Lieux* et notamment pour la partie « Souvenir » a dû influencer Perec dans sa quête de souvenirs datant de la période de son enfance et de sa jeunesse, entre 1946 et 1961. La période de la Seconde Guerre mondiale et de l'après-guerre, la naissance de la Cinquième République, l'avènement de la société de consommation et le climat de prospérité des « Trente Glorieuses » devient alors la toile historique de fond de cette mémoire infra-ordinaire.

Par ailleurs, dans son indécision générique –*JMS* n'est ni une autobiographie, ni un témoignage, ni un récit historique–, ce recueil marque le début d'une forme d'« écriture du réel » chez Perec. Ce recueil suscite, en effet, un pacte de lecture original. Faudrait-il lire ces « JMS » comme un journal de souvenirs susceptible de laisser transparaître un portrait générationnel ? Ou bien devrions-nous plutôt y déceler une autre facette de l'autobiographie détournée de Georges Perec, une espèce d'autoportrait d'écrivain à la lumière de l'infra-ordinaire ?

Aussi, par son caractère fragmentaire, son style neutre et la répétition d'une même formule, Perec transforme le souvenir personnel en un fait susceptible d'être reconnu par tous ceux qui appartiennent à une même génération. Ce texte met à l'épreuve la capacité de l'auteur à donner forme à une histoire des « faibles intensités ». En effet, considérés à l'aune des savoirs de la micro-histoire de Carlo Ginzburg, les « JMS » peuvent être interprétés comme des « indices », capables de capturer la sensibilité mémorielle d'une époque.

INDICES, PISTES, TRACES : LE LECTEUR COMME ENQUÊTEUR

Dans un célèbre article intitulé « Signes, traces, pistes » (1980), Carlo Ginzburg retrace l'émergence d'un « paradigme de l'indice » qui pourrait faire face au paradigme galiléen propre aux sciences de la nature et aux sciences dites « dures ». Ce « paradigme de l'indice » opère à partir d'un changement d'échelle qui met en évidence des données

32 G. Perec, « Le travail de la mémoire », in *Je suis né*, *op. cit.*, p. 89.

marginales mais révélatrices des configurations et des rapports sociaux, des stratégies individuelles et collectives essentielles aux sciences sociales. À partir d'une comparaison entre les méthodes utilisées par Giovanni Morelli en Histoire de l'art, par Freud en psychanalyse et par Sherlock Holmes, le personnage de fiction de Conan Doyle, Ginzburg identifie l'avènement d'une « méthode d'interprétation s'appuyant sur les déchets, sur les données marginales considérés comme révélateurs[33] ». Ces trois figures d'enquêteur attestent de l'importance que les détails, souvent jugés triviaux, acquièrent au moment d'« accéder aux productions les plus élevées de l'esprit humain[34] ». Selon Guinzburg :

> Dans les trois cas, des traces parfois infinitésimales permettent d'appréhender une réalité plus profonde, qu'il serait impossible de saisir par d'autres moyens. Des traces : plus précisément, des symptômes (dans le cas de Freud), des indices (dans celui de Sherlock Holmes), des signes picturaux (dans celui de Morelli)[35].

Symptômes, indices et signes sont autant de traces révélatrices des facettes plus profondes de la réalité telle que nous la percevons en surface. Considéré sous le prisme de cette « méthode indiciaire », *Je me souviens* possède plusieurs niveaux de lecture. Le texte réclame un lecteur-enquêteur capable de déchiffrer des indices en fonction de ses compétences de lecture. En effet, si le passage du temps rend la lecture de *JMS* de plus en plus opaque – le lecteur ne partage plus le même socle de souvenirs générationnels –, la connaissance de l'histoire de l'auteur est aussi indispensable pour la compréhension du livre.

Par ailleurs, *JMS* apporte une contribution originale à l'analyse des rapports entre littérature et Histoire. L'auteur y rejette la mise en ordre chronologique des faits et des souvenirs, obturant le récit causal pour favoriser la fragmentation et l'interruption. De même, Perec laisse de côté les grands événements de son temps pour tenter de saisir les « événements de peu », les faits triviaux souvent ignorés du discours historique. En effet, comme le signale Ivan Jablonka, le Perec de *JMS* fait le

33 C. Ginzburg, « Signes, traces, pistes. Racines d'un paradigme de l'indice », *Le Débat*, 1980/6, n° 6, p. 8.

34 *Ibid.*

35 *Ibid.*, p. 9.

pari d'une « historiographie du vide », à l'opposé des historiographies traditionnelles « du plein ». Suivant sa réflexion :

> Perec retrouve là [dans l'infra-ordinaire] l'esprit de la démarche historienne, l'*estrangement*, qui nous fait renouer avec l'émerveillement de l'enfant ou l'étonnement du voyageur [...]. C'est cela l'infra-ordinaire : casser le banal, briser le glacis du quotidien, « interroger ce qui semble tellement aller de soi que nous en avons oublié l'origine ». C'est une des démarches fondatrices des sciences sociales[36].

L'historien inscrit alors Perec dans une lignée d'« écrivains du réel » ayant pour aînés Primo Levi, Robert Antelme, Varlam Chalamov ; et pour contemporains Patrick Modiano ou Annie Ernaux. Jablonka célèbre le caractère pionnier de cette démarche visant à articuler les savoirs de la littérature et ceux des sciences sociales dans le but d'éclairer les liens entre les grands événements et l'histoire infra-ordinaire.

L'HISTOIRE AVEC « SA GRANDE HACHE » ET L'HISTOIRE INFRA-ORDINAIRE

Le texte de la quatrième de couverture de *JMS* propose déjà plusieurs pistes d'interprétation du livre. Voici le texte dans son intégralité :

> Ces « je me souviens » ne sont pas exactement des souvenirs, et surtout pas des souvenirs personnels, mais des petits morceaux de quotidien, des choses que, telle ou telle année, tous les gens d'un même âge ont vues, ont vécues, ont partagées, et qui ensuite ont disparu, ont été oubliées ; elles ne valaient pas la peine d'être mémorisées, elle ne méritaient pas de faire partie de l'Histoire, ni de figurer dans les Mémoires des hommes d'État, des alpinistes et des monstres sacrés.
>
> Il arrive pourtant qu'elles reviennent, quelques années plus tard, intactes et minuscules, par hasard ou parce qu'on les a cherchées, un soir, entre amis ; c'était une chose qu'on avait apprise à l'école, un champion, un chanteur ou une starlette qui perçait, un air qui était sur toutes les lèvres, un hold-up ou une catastrophe qui faisait la une des quotidiens, un best-seller, un scandale, un slogan, une habitude, une expression, un vêtement ou une manière de l[e] porter, un geste, ou quelque chose d'encore plus mince, d'inessentiel, de tout à fait banal, miraculeusement arraché à son insignifiance, retrouvé pour un instant, suscitant pendant quelques secondes une impalpable petite nostalgie. G. P. (*JMS*, Quatrième de couverture).

36 I. Jablonka, « Ivan Jablonka lecteur de Georges Perec. L'écrivain chercheur », in *Georges Perec : cahier de l'Herne*, (C. Burgelin, M. Heck et C. Reggiani dir.), Paris, Éditions de l'Herne, 2016, p. 122.

En ce qu'il se propose de capturer ces « faits banals, passés sous silence [...][37] » mais décrivant fidèlement nos habitudes et nos manières de faire, *JMS* rejoint les objectifs de « Choses communes ». Dans plusieurs entretiens, Perec explique comment il y a tenté de saisir « des éléments faisant partie du tissu du quotidien et, qu'à la limite, on ne remarquait pas[38] ». Il s'agit de « saisir, non pas ce que les discours officiels (institutionnels) appellent l'événement, l'important, mais ce qui est en dessous, l'infra-ordinaire[39] ».

L'auteur explique aussi qu'il y a essayé d'écrire une autobiographie qui « pourrait être celle de tous les Parisiens de [s]on âge » et signale :

> Il importe peu que ces souvenirs soient *personnels (uniques) ou généraux (collectifs)*, il importe peu, même, qu'il y ait ou non des erreurs dedans, *cela fonctionne comme une grille où chacun peut venir déchiffrer un fragment de sa propre histoire.* [...] au fond, il s'agit de regarder un peu à côté, de retrouver ou de garder la trace d'une pratique quotidienne que ni l'Histoire ni la Littérature ne prennent en charge[40].

Ce va-et-vient entre le personnel et le général agit comme une « grille » articulant son histoire personnelle et celle de sa génération. Le substrat infra-ordinaire des souvenirs est l'élément qui favorise la médiation entre ces deux registres. Par la projection du particulier dans le général et vice-versa, Perec propose une mise en perspective de la mémoire individuelle. L'auteur y met en place un dispositif autobiographique détourné à valeur sociologique, lui permettant de saisir son histoire non « pas en la racontant à la première personne du singulier, mais au travers des souvenirs organisés thématiquement[41] ». Parmi ces éléments on trouve les souvenirs des lieux, des chambres où il a dormi, des objets sur sa table de travail ou même l'histoire de ses chats. Ce rapport entre l'individuel et le général est également perceptible dans les relations que l'index final entretient avec les « JMS ». En effet, l'index propose une série variée d'entrées : des noms propres jusqu'aux thématiques générales qui reviennent dans le recueil, offrant d'autres lectures possibles du livre.

---

37 G. Perec, « Lire : esquisse socio-physiologique », in *Penser/Classer*, *op. cit.*, p. 107 [1976, *Esprit*].

38 G. Perec, « Perec, le contraire de l'oubli », in *Je suis né*, *op. cit.*, p. 82 [*Monsieur Bloom*, 1979].

39 G. Perec, « Entretien avec J.-M. Le Sidaner », dans *EC.*, vol. II, *op. cit.*, p. 94.

40 *Ibid.*, p. 95. Nous soulignons.

41 G. Perec, « Le rêve et le texte », in *Je suis né*, *op. cit.*, p. 75-76.

Considérés sous cet angle, *JMS* et *W ou le souvenir d'enfance* incarnent deux approches obliques mais complémentaires de la mémoire. Si *W* articule une enquête sur l'archive familiale et une fiction allégorique sur l'univers concentrationnaire, *JMS* fait advenir une autre facette de cette mémoire de l'enfance déguisée en catalogue de souvenirs communs. Dans les deux cas, le travail d'anamnèse met en lumière quelque chose d'enfoui. À propos des liens entre les deux textes, Perec signale qu'il s'agit « des chemins » « qui se rejoignent quelque part et qui partent du même besoin [...][42] ».

Il précise que *JMS* se situe ainsi « dans une sorte d'entre-deux et pourrait continuellement basculer dans ma propre relation avec ce souvenir[43] ». Certains souvenirs réapparaissent, en effet, dans les deux textes[44]. Par exemple, dans la rubrique des souvenirs liés à la Seconde Guerre mondiale nous lisons : « Je me souviens du jour où le Japon capitula » (*JMS*, n° 40, p. 22). Ce même souvenir réapparaît dans *W*, cette fois-ci lié à une anecdote personnelle. Le narrateur y explique :

> Souvent j'allais chercher le journal sur place (le marchand de journaux, tabacs, souvenirs, cartes postales, est toujours au même endroit). Un jour de mai 1945, je trouvai de nouveau la place noire de monde et j'eus beaucoup de mal à entrer dans la boutique et à acheter le journal. Je revins en courant dans les rues encombrées d'une foule enthousiaste, brandissant à bout de bras *Les Allobroges* et criant à tue-tête : "Le Japon a capitulé !" (*W*, p. 205).

Même si ce souvenir semble être lié à un événement réel, il s'avère faux. En effet, l'auteur mélange deux dates : celle de l'armistice avec l'Allemagne, le 8 mai 1945 et celle de la capitulation du Japon qui a lieu plus tard, entre le 15 août, après le discours de l'empereur Hirohito, et la capitulation officielle de septembre 1945. Or, seul le lecteur ayant lu les deux textes peut se rendre compte de la « faille » dans la mémoire ; le « JMS », impersonnel et sans précisions de date, reste, pour sa part, rétif à ce genre de déduction.

Concernant l'aspect le plus autobiographique des « JMS », analysons, par exemple, le numéro 81. On lit : « Je me souviens que l'une des

42 G. Perec, « Le travail de la mémoire », art. cité, p. 84.

43 *Ibid.*

44 Pour une analyse détaillée des liens entre *JMS* et *W*, voir l'article de J-D. Bertharion, « Je me souviens : un cryptogramme autobiographique », *Le Cabinet d'amateur*, n° 2, "L'Autobiographie", Toulouse, Les Impressions nouvelles, automne 1993, p. 73-84.

pistes de ski de Villard-de-Lans s'appelle "Les Clochettes", une autre "Les Bains" et la plus dure "La Cote 2000" » (*JMS*, p. 31). Dans *W*, le même souvenir associé aux sports d'hiver permet d'évoquer le récit de la cicatrice, anecdote indispensable à l'interprétation de l'histoire personnelle du narrateur telle qu'il nous la propose ensuite. Le même souvenir est repris dans *W* :

> Un jour, un de mes skis m'échappa des mains et vint frôler le visage du garçon qui était en train de ranger ses skis à côté de moi et qui, ivre de fureur, prit un de ses bâtons de ski et m'en porta un coup au visage [...] La cicatrice qui résulta de cette agression est encore aujourd'hui parfaitement marquée (*W*, p. 145).

Devenue une « marque personnelle, un signe distinctif », cette cicatrice suscite d'autres souvenirs enfouis se rapportant à l'enfance à Villard-de-Lans ainsi qu'à la disparition de ses parents. Or, cette dimension plus intime n'est pas perceptible pour le lecteur de *JMS*.

Par ailleurs, la méthode de collage et de montage de fragments épars accentue l'effet antinarratif et décontextualisant que Perec cherche à produire à la lecture de *JMS*. Contrairement à *W*, les « JMS » rejettent la tentation d'emmener le lecteur sur le terrain du romanesque ou de la fiction. Le principal effet de lecture s'obtient alors plutôt par l'accumulation et par l'effet litanique lié à la répétition. Certes, le collage occupe une place centrale dans *JMS*, tant du point de vue de sa structure que de sa rédaction. Suivant une réflexion de Lejeune, le livre peut être comparé à « un collage carnavalesque, comme ces murs de chambres d'adolescent tapissés d'images et de coupures tirées de la presse[45] ». Le critique signale ainsi le fait que le collage modifie le support même du texte : « Plus le temps avance moins Georges Perec prend la peine de recopier : *il agrafe ou colle directement les pages de carnet dans le registre*[46] ».

Par ailleurs, le collage est également utilisé dans « Je me souviens d'Isaac et Mallet[47] », texte qui porte un regard critique sur les méthodes de composition des manuels scolaires. Se moquant du côté « mémorialiste » qui entoure la discipline historique telle qu'elle est enseignée à l'école, Perec affirme :

45 P. Lejeune, *La Mémoire et l'Oblique*, *op. cit.*, p. 241.

46 *Ibid.*, p. 242. Nous soulignons.

47 Ce texte a été originalement publié dans le numéro 1 de la revue *H-Histoire* de mars 1979, puis repris dans *Penser/Classer*.

> Le recopiage qui suit, simple jeu sur le découpage, simple énumération de titres, légendes, mots clés mis en vedette, etc., me semble illustrer efficacement, les idées et les (grands) hommes se mettent en place comme les pièces d'un puzzle[48].

La prépondérance des dates et des noms propres, des lieux ou des événements illustres privilégiée dans ce genre de manuel relève, en effet, d'une forme de savoir où la mémoire est plus sollicitée que la réflexion. Or, si dans l'optique de Perec cette juxtaposition du personnel et du collectif entraîne « un moyen de connaissance, [un] moyen de possession du monde[49] », le statut de cette connaissance reste problématique. En quoi et comment le fait de savoir qu'il y avait beaucoup de guêpes en septembre dans le Paris d'après-guerre ou bien qu'il y avait « des petits autobus bleus à tarif unique », peut constituer une forme de connaissance historique ? Le caractère anecdotique, voire nostalgique de ces micro-souvenirs semble, de prime abord, dépourvu de sens face aux grands événements historiques. Toutefois, ces bribes d'une mémoire banale permettent de replacer certaines figures dans la trame de l'époque, des figures capables de transmettre la tonalité affective qui aura marqué le vécu d'une génération.

De même, ce travail sur la mémoire commune est essentiel pour comprendre les possibles sources d'inspiration du recueil. Au-delà du texte de Joe Brainard[50], Perec fait remarquer qu'il aurait pu constituer ce livre à partir d'un carton de photographies apporté par quelqu'un. Il revendique ainsi le caractère « trans-personnel » de ces souvenirs, proche des images quelconques dont il s'est servi pour son commentaire du documentaire *La Vie filmée des Français*. Ce documentaire s'appuie sur des extraits de films amateurs (qui commencent à proliférer en France dans les années 1920[51]) et se présente sous la forme d'émissions hebdomadaires portant sur les années 1924 à 1954. Or, en 1975 Perec écrit et prête sa voix pour le commentaire du deuxième film de cette série, portant sur la période 1930-1934. Dans un des extraits du documentaire – « Sur le pique-nique » –, Perec revient sur la difficulté à figer les souvenirs

48 G. Perec, « Je me souviens de Malet & Isaac », in *Penser/Classer*, *op. cit.*, p. 74.

49 G. Perec, « Pour une littérature réaliste », in *LG. Une aventure des années soixante*, *op. cit.*, p. 47-66.

50 G. Perec, « Perec, le contraire de l'oubli », art. cité.

51 G. Perec, « La vie filmée », art. cité. Nous soulignons.

au-delà des possibilités fournies par l'enregistrement cinématographique. Il explique :

> On connaissait ce qui dure, ce dont on fait mémoire ou archive : des entassements de pierres ou des entassements des tableaux [...] Mais pas les gestes, pas ce temps intact immortalisé dans ce qu'il y a de plus fluide, de plus inconsistant[52].

Puis il continue à s'interroger : « Qu'est-ce qui reste quand tout est oublié et quand ça ressurgit tout à coup[53] ? ». De manière similaire à *JMS*, le film enregistre ce qui n'a pas d'importance, ce qui est immatériel et éphémère et montre comment « ce qui reste » peut devenir l'échafaudage d'une mémoire possible. De manière similaire aux documents utilisés pour produire *Récits d'Ellis Island*, Perec y trouve « quelque chose que l'on peut appeler une mémoire fictionnelle, une mémoire qui aurait pu m'appartenir[54] ».

Cette conception de l'écriture comme une démarche d'enregistrement et de conservation de souvenirs trouve également des échos dans les « miscellannées » de Julio Cortázar. Plus spécifiquement, je souhaite montrer comment ces œuvres partagent une même envie de donner forme à un autoportrait d'écrivain construit sous le prisme de l'infra-ordinaire.

CORTÁZAR : LES MISCELLANÉES

Contrairement au sort du projet inabouti *L'Herbier des villes*, méconnu du grand public, les miscellanées de Cortázar sont couronnées de succès. De manière analogue à une série de textes de la deuxième moitié des années 1960, les miscellanées sont construites à partir d'un collage d'éléments hétérogènes. Or, si l'idée de l'« almanach » accompagne l'auteur depuis *Rayuela*, ces « jouets » (« *juguetes* ») constituent sa démarche la plus radicale en ce qui concerne le recyclage de matériaux textuels et visuels au sein d'un même support littéraire.

52 *Ibid.*.
53 *Ibid.*, p. 80.
54 G. Perec, « Entretien avec Frank Venaille », art. cité, p. 85.

Rappelons ainsi que ses deux miscellanées, publiées après *Les discours du pince-gueule* (1966) – un texte écrit en français avec des illustrations de Julio Silva –, ne font qu'accentuer les expérimentations autour du collage[55]. Ce dialogue entre texte et image se poursuit dans *Prosa del observatorio* (1972), où Cortázar incorpore des photographies au texte. Mentionnons également *Monsieur Lautrec* (1980), accompagné d'images et de peintures d'Hermenegildo Sabat, et *Alto el Perú* (1984) avec des photographies de Manja Offerhaus. Il faut pourtant attendre la publication de *Libro de Manuel* pour trouver une forme plus radicale de mélange entre fiction et documentation. Enfin, *Los autonautas de la cosmopista* (1983) suit aussi la voie inaugurée par ces « livres-albums » ou « almanachs ».

LA VUELTA AL DÍA : NOSTALGIE DU « *BAÚL* » DES SOUVENIRS

Concernant la publication du livre, rappelons que Cortázar et Julio Silva commencent à travailler sur ce projet pendant le gouvernement démocratique d'Arturo Illia de l'Unión Cívica Radical en Argentine. Si Illia gouverne entre 1963 et 1966, après le coup d'État orchestré par Guido en 1962 contre le président Arturo Frondizi, son gouvernement est cependant renversé par un autre coup d'État : celui d'Onganía en juin 1966. Le climat ludique de *La vuelta* contraste ainsi avec le climat politique déclenché par l'arrivée au pouvoir d'une dictature connue sous le nom de « Révolution Argentine » (1966-1973). Contrairement à *Último Round*, dont la circulation a été censurée en Argentine au moment de sa publication, le ton inoffensif et l'esprit 'pataphysicien voire surréaliste de *La vuelta* échappe à la censure de l'« Onganiato[56] ».

Quant à son architecture, *La vuelta* est composée de quarante-deux textes hétérogènes –essais, poèmes, fictions et textes inédits ou ayant circulé avec une maigre diffusion –, des citations dans plusieurs langues, des illustrations, des photos et d'autres images dont la plupart sont

55 Pour des études sur la technique du collage chez Cortázar ainsi que sur ses influences, voir S. Yurkievich, « El *collage* literario : genealogía de *Rayuela* », art. cité ; C. Orloff, « The politics of collage », in *The Representation of the political in selected writings of Julio Cortázar*, *op. cit.*, p. 133-155 et M. L. Dávila, « El pintoresco almanaque "posmoderno" », in *Desembarcos en el papel*, *op. cit.*, p. 77-178.

56 Pour plus de détails sur le contexte de publication de *La vuelta*, voir C. Orloff, *The Representation of the Political*, *op. cit.*, p. 136.

libres de droits. Cortázar y présente une sorte d'autoportrait oblique d'écrivain construit au travers de ses lectures d'enfance, des hommages à ses écrivains préférés et des textes où l'auteur précise ses postures intellectuelles et idéologiques. Comme *Espèces d'espaces*, *La vuelta* peut être lue comme un livre-bilan ou un compendium présentant une mise au point sur l'œuvre publiée ainsi que sur les positionnements esthétiques et politiques de Cortázar.

En outre, l'idée d'une « malle » de souvenirs, d'un livre de « mémoires » construit à partir de tout ce qu'on peut trouver dans des vieux tiroirs parcourt l'œuvre. Un point de vue nostalgique s'impose alors dans ces pages qui jouent avec le modèle des ouvrages lus pendant l'enfance, et notamment le *Tesoro de la juventud*[57], l'*Almanaque rural Peuser del mensajero* et les *Voyages extraordinaires* de Jules Verne. Proche du modèle de l'écrivain-archiviste que nous avons décrit chez Perec, le narrateur opère ici comme un collectionneur des écrits oubliés ou inédits de l'auteur. Les métaphores du livre « Almanaque », du « *scrapbook* » ou bien du livre « malle » (« *baúl* ») employées par Cortázar, mettent en évidence à quel point la logique de l'archive personnelle y occupe un rôle essentiel.

La vuelta propose ainsi une alternative aux récits autobiographiques. Comme Cortázar l'explique dans « Séjour de la main » (« *Estación de la mano* »), la collecte et le recyclage de vieux matériaux dans une mise en page nouvelle imite le travail de l'archiviste (*LVDOM*, p. 133, p. 167). Proche de *EE* et *L'Herbier des villes* de Perec, ce livre se présente comme le résultat d'un processus de mise en ordre et de rangement des papiers et des archives personnelles de l'écrivain. Mais, contrairement à Perec, Cortázar a conscience que sa notoriété littéraire peut amener les lecteurs à s'intéresser au contenu de ses « tiroirs », aux textes plus personnels que constituent les miscellanées. Ainsi, si le succès éditorial connu par *Espèces d'espaces* est plutôt inattendu et tardif, celui des miscellanées semblait presque garanti par la popularité de Cortázar aussi bien en Argentine qu'à l'étranger. Cela explique en partie le fait que Perec se serve de ces deux ouvrages comme de chantiers pour présenter ses projets littéraires à venir, tandis que l'Argentin se laisse davantage emporter par des considérations rétrospectives sur son œuvre.

---

57 Il s'agit d'une encyclopédie enfantine d'origine anglaise de plus de sept mille pages. Le texte est traduit en espagnol vers 1920.

Chez Perec, le travail sur l'œuvre-archive lui permet de poser les bases de l'œuvre-à-venir tout en indiquant comment elle devrait être lue et reçue. Chez Cortázar, les miscellanées proposent l'autoportrait d'un écrivain consacré se livrant à des exercices introspectifs, à des allers-retours dans ses souvenirs. Au-delà de ces différences, la récupération de vieux papiers ne constitue qu'une première étape dans la mise en œuvre de ces autoportraits littéraires. Si Perec se sert de ces œuvres-bilans pour modeler son image d'écrivain, Cortázar trouve dans les images choisies et dans le réseau de citations intertextuelles, des moyens pour parler de son œuvre de manière oblique. Enfin, la présence de textes à portée politique[58] et la parodie de certains discours savants – comme ceux de la presse ou des textes encyclopédiques[59] – s'inscrit aussi dans le cadre de ce questionnement sur la place de l'écrivain.

Il n'est donc pas fortuit que *La vuelta* s'achève sur une prise de position explicite quant à l'engagement politique. Le narrateur insiste là-dessus dans « La case du caméléon » (« *Casilla del camaleón* »), où il explique :

> C'est pour cela que je vous disais, madame, que beaucoup ne comprendraient pas cette promenade du caméléon sur le tapis bigarré, et pourtant ma couleur et ma direction préférées se distinguent bien dès qu'on y regarde d'un peu près : tout le monde sait que j'habite à gauche, sur le rouge. Mais je n'en parlerai jamais de façon explicite, ou plutôt si, car je ne promets ni ne refuse rien[60] (*LVDOM*, p. 162).

Or, malgré cette déclaration sur son orientation politique, l'auteur ne prend pas la juste mesure de la violence d'État qui commence à s'installer en Argentine. Ainsi, il se moque à tort du fait que « faute d'une véritable Terreur » (« *a falta de verdadero Terror* »), les artistes peuvent tranquillement se concentrer sur « les petites peurs nocturnes [...] les cauchemars du non-engagement, du révisionnisme, du libertinage littéraire, de la gratuité de l'hédonisme » (« *los pequeños*

58 Parmi les textes à portée politique incorporés dans *La vuelta*, nous pouvons mentionner : « La criminalité enfantine augmente aux États Unis » (« *Aumenta la criminalidad infantil en Estados Unidos* »), « Tour du jour dans le tiers monde » (« *Vuelta al día en el tercer mundo* ») ou encore le poème « La patrie » (« *La patria* ») dans « Raisons de la colère » (« *Razones de la cólera* »).

59 *Cf.* J. Cortázar, « Jules en action » (« *Julios en acción* »), in *LVDOM*, p. 19-22 ; p. 17-20.

60 « *Por eso, señora, le decía yo que muchos no entenderán este paseo del camaleón por la alfombra abigarrada, y eso que mi color y mi rumbo preferidos se perciben apenas se mira bien : cualquiera sabe que habito a la izquierda, sobre el rojo* » (*LVDOM*, p. 213).

miedos nocturnos [...] las pesadillas del escapismo, del no compromiso, del revisionismo, del libertinaje literario, de la gratuidad, del hedonismo ») (*LVDOM*, p. 159 ; p. 211).

Le désir d'actualité de ce texte ne l'empêche certes pas de rester ancré dans un sentiment de nostalgie envers le passé et l'enfance disparue. À l'inverse, *Último Round* laisse de côté ce point de vue quelque peu mélancolique du collectionneur de souvenirs enfantins pour revendiquer celui de l'écrivain chroniqueur de son temps. S'emparant d'une rhétorique proche de celle de la presse, ce livre s'engage dans une dénonciation des inégalités sociales et de la violence politique qui ne cesse de s'accentuer jusqu'au *Libro de Manuel*.

ÚLTIMO ROUND : L'ÉCRIVAIN EN CHRONIQUEUR DE SON PRÉSENT

Comme son prédécesseur, ce livre est né d'une collaboration avec le peintre Julio Silva et en réponse à une demande d'Arnaldo Orfila Reynal. Expliquant l'origine de cette deuxième publication, l'auteur souligne que son idée était de donner à l'éditeur « un carnet pour en faire la deuxième partie de *La vuelta al día* ». Cependant, ce plan s'est modifié au fur et à mesure du travail. À force d'écrire ce qui lui passait par la tête, il lui est apparu que c'était un autre livre qui allait voir le jour, un livre qu'il ferait « avec Silva dans un esprit très différent de l'autre, et que Siglo XXI publiera probablement vers la mi ou la fin 1969[61] ». D'ailleurs, le succès de librairie de *La vuelta* permet à l'éditeur d'investir plus d'argent dans ce deuxième ouvrage. L'édition est alors réalisée à Torino et le budget permet d'envisager la collaboration de plusieurs artistes et photographes contemporains – entre autres, Antonio Gálvez, Jean-Michel Folon, Pierre Alechinsky et Antonio Seguí. Tandis que dans *La vuelta* les images cherchaient à éclairer, à illustrer ou à dialoguer avec les textes de Cortázar, quelques-uns des textes d'*UR* semblent plutôt écrits en fonction des images. La partie visuelle de l'œuvre prend donc une importance majeure, se positionnant dans une forme d'égalité par rapport à l'écrit.

L'une des principales différences par rapport au premier ouvrage est la plus grande variété de textes et de reproductions visuelles de *UR*. La

61 Lettre de Cortázar à Francisco Porrúa, Paris, 23 septembre 1968, in *Cartas*, vol. III, *op. cit.*, p. 624.

poésie et l'essai semblent, d'ailleurs, l'emporter en volume par rapport à la fiction, même si l'ouvrage se compose de « quatre nouvelles assez longues [...] d'essais, d'histoires des fous, de petites aventures imaginaires, d'exercices de style, d'expériences » (« *cuatro cuentos bastante largos[...] ensayos, historias de locos, pequeñas aventuras imaginarias, ejercicios de estilo, experiencias*[62] »). S'écartant des anciens almanachs, *UR* propose une division matérielle du livre en un « Premier étage »(« *Primer piso* ») (PP) et un « Rez-de-chaussée » (« *Planta baja* ») (PB). Cette division entraîne une véritable scission du texte semblable à celle utilisée par Raymond Queneau dans *Cent mille milliards de poèmes.*

Contrairement à la couverture assez minimaliste de *La vuelta*, dans laquelle l'auteur imitait par l'image, la typographie et les couleurs la forme d'un ancien almanach, la couverture d'*UR* est parsemée de divers paratextes : citations variées allant de Lénine à Rimbaud, coupures de presse, annonces publicitaires, extraits de conversations humoristiques ou critiques de journaux consacrées à l'auteur. *UR* se rapproche ainsi du format des périodiques du type *Reader's Digest.* En ce sens, si *La vuelta* jouait avec l'idée de reconstruire une mémoire du passé grâce au souvenir des lectures enfantines, *UR* nous semble plutôt se donner comme objectif la captation d'une mémoire du présent.

En effet, le contexte politique latino-américain marqué par la violence d'État, la mort du Che Guevara ou encore les manifestations de Mai 68 en France, permettent d'expliquer la dénonciation des excès autoritaires ainsi que l'exaltation de la révolte sociale qu'on trouve dans cet ouvrage. Le politique s'articule ici à l'aspect ludique et l'auteur n'hésite pas à formuler des critiques directes au régime d'Onganía. C'est ce qui vaut au livre d'être censuré lors de sa publication en Argentine.

Par ailleurs, le motif de l'almanach est remplacé par la métaphore pugilistique du « *round* », rapprochant le livre d'un match de boxe. En ce sens, la notion de « *take* », que Cortázar avait déjà utilisée dans *La vuelta* à propos de l'essai, est complètement d'actualité. Rappelons la réflexion de l'auteur à ce propos :

> Différence entre essai et *take*. L'essai mène peu à peu à la perfection, il ne compte pas en tant que produit [...]. Dans le *take*, la création inclut sa propre

62 *Cf.* Lettre de Cortázar à Graciela de Solá, Saignon, 24 août 1969, in *Cartas*, vol. IV, *op. cit.*, p. 81.

> critique et c'est pour cela qu'elle s'interrompt plusieurs fois pour recommencer. L'insuffisance ou l'échec d'un *take* sert d'expérience pour le suivant[63] (*LVDOM*, p. 147).

Si Cortázar attribue à la littérature dite « de qualité » les caractéristiques du *take*, c'est du fait du « risque implicite dans l'exécution » (« *riesgo implícito en la ejecución* »), de cette « marge de péril qui fait le plaisir de la conduite » (« *margen de peligro que hace el placer del volante* ») (*LVDOM*, p. 147 ; p. 201). *UR* peut alors être perçu comme une nouvelle tentative par rapport à *La vuelta*. Pas nécéssairement une tentative meilleure ni plus développée, mais plutôt une autre manière d'approcher la question de l'essai et du collage propre aux miscellanées.

UR propose aussi une forme d'autoportrait d'écrivain. Non seulement la photographie de l'auteur – travaillée et déformée par l'artiste belge Paul Bury[64] – est reproduite au tout début du livre, mais le nom de Cortázar se trouve également présent dès la couverture en tant qu'objet de critique journalistique. Le lecteur y découvre ainsi la citation suivante :

> « LES GRANDES BIOGRAPHIES DE NOTRE TEMPS : l'écrivain Julio Cortázar, un petit bourgeois aux velléités castristes. »
> Ramiro de Casasbellas, PRIMERA PLANA, juin 1969[65].

Plusieurs essais incorporés au recueil, comme « Sur la situation de l'intellectuel latino-américain » (« *Acerca de la situación del intelectual latinoamericano* »), « L'ivoire de la tour » (« *El marfil de la torre* ») (PP, p. 75), « Ne te laisse pas faire » (« *No te dejes* ») (PB, p. 125) ou « Syllabe vivante » (« *Sílaba viva* ») – un hommage au Che Guevara – offrent une

63 « *Diferencia entre 'ensayo' y take. El ensayo va llevando paulatinamente a la perfección, no cuenta como producto [...] En el take la creación incluye su propia critica y por eso se interrumpe muchas veces para recomenzar ; la insuficiencia o el fracaso de un take vale como ensayo para el siguiente* » (*LVDOM*, p. 201).

64 *Cf.* J. Manzi, « Copiar y pegar : el 69 de Cortázar », *Cuadernos LIRICO*, n° 15, 2016, p. 4 [en ligne]. Rappelons qu'une photographie de Cortázar jouant de la trompette avait aussi été reproduite dans *La vuelta*, juxtaposée avec les images des quatre « Julios » ou « Jules » qui constituent les personnages centraux du livre, à savoir, de gauche à droite : Julio Silva, Jules Verne, Jules Laforgue et Julio Cortázar (les photographies de Silva et de Cortázar sont d'Alberto Jonquières) (*LVDOM*, p. 19).

65 « *"LAS GRANDES BIOGRAFIAS DE NUESTRO TIEMPO : el escritor Julio Cortázar, un pequeño burgués con veleidades castristas" Ramiro de Casasbellas, PRIMERA PLANA, junio 1969. (Couverture)* ».

réponse à cette critique méprisante de la couverture. Réfléchissant à la tâche de l'intellectuel dans le monde contemporain, ces textes abordent le dilemme de l'écrivain, tiraillé entre son besoin de dénoncer les injustices sociales et politiques de son temps et le danger de se laisser entraîner dans des formes manichéennes d'engagement. Le narrateur propose alors un juste milieu consistant à ne se laisser « ni acheter par les capitalistes, ni vendre à des formes publiques et spectaculaires de l'engagement » (« *ni comprar por los capitalistas, ni vender a formas públicas y espectaculares del compromiso* ») (PB, p. 125). En effet, la dynamique entre l'actualité politique pleine de bouleversements – traitée notamment à partir des coupures de presse et de la reproduction des « pasquins » ou *graffitis* après les manifestations de Mai 68 – et la vie quotidienne paisible du narrateur constitue une des oppositions centrales du texte.

En outre, le lien d'*UR* avec le journal ou le carnet de notes personnel est traité dans le texte intitulé « Un des nombreux jours à Saignon » (« *Uno de tantos días en Saignon*[66] »), où le narrateur propose une chronique des micro-événements et réflexions qui entourent le processus d'écriture. Cortázar note, à ce propos :

> Il n'est pas inutile d'indiquer que ce journal s'écrit en fin de journée et que c'est un *reader's digest*, en m'excusant pour l'insulte. Expérimentation avec le journal simultané : cinq minutes d'action, chronique, cinq minutes d'action, chronique ? Mais l'action se déformerait, coupez-moi, madame, cinq tranches moyennes de salami ; l'air entre les tranches annihile l'entité saucisson, qu'est-ce qui reste de l'entité saucisson, qu'est-ce qui reste du cilindre irréfutable, à peine quelques tranches rondes pour l'apéritif[67] ? (*UR*, p. 16).

Le dilemme entre le désir de noter la vie en temps réel et l'option plus confortable d'en créer un *reader's digest* vers la fin de la journée est traitée ici avec humour et ironie. L'auteur choisit alors de se montrer en train de réaliser des tâches banales et prosaïques – lire le journal, discuter avec ses amis, arroser les plantes, prendre un apéritif… – tout à l'opposé de l'image de l'artiste dans sa tour d'ivoire.

---

66 Un extrait de ce texte-journal était aussi reproduit sur la couverture du livre.

67 « *Sera útil indicar que este diario se escribe al final de la jornada y que es un reader's digest, con perdón del insulto. ¿ Experimentar con el diario simultáneo : cinco minutos de acción, crónica, cinco minutos de acción, crónica ? Pero la acción se deformaría, córteme señora cinco tajadas de salame medianitas ; el aire entre las tajadas aniquila la entidad salame, qué te queda del cilindro fehaciente, a gatas unos discos para el vermú ?* ».

D'autres textes s'intéressent également à l'actualité politique française et internationale. Par exemple, « Des nouvelles du mois de mai » (« *Noticias del mes de mayo* ») (PA, p. 47) et « Hommage à une tour de feu » (« *Homenaje a una torre de fuego* ») (PB, p. 52) reproduisent les pasquins et les inscriptions des étudiants à l'issue de Mai 68. Ces textes sont accompagnés de photographies de quelques-uns des graffitis. Nous lisons, par exemple :

> Il est déjà en train de naître : hypothèse de travail / Oui, il est en train de naître avec la Révolution. Mais celle-ci n'a pas cessé encore de naître, pour l'aider à exister et à inaugurer l'ouverture, l'âge poreux, ces nouvelles et tout le mois de mai '68, la jeunesse contre la Grande Mite[68] (*UR*, PA, p. 47).

En plus, des textes comme « Tourisme conseillable » (« *Turismo aconsejable* ») (PA, p. 63-75), « Consolation des malheureux » (« *Mal de muchos* ») (*UR*) ou encore « Album avec photos » (« Álbum con fotos ») (PA, p. 79) contiennent des dénonciations explicites de la violence. De l'horreur vécue pendant la guerre de Vietnam à la misère de la gare Howrath à Calcutta, en passant par celle des « cholitos » de l'Amérique Latine, Cortázar assume pleinement le rôle de spectateur critique de son temps.

Toutefois, le rapport aux grands événements historiques a considérablement changé entre les deux miscellanées. La chronique du présent violent entamée dans *UR* se rapproche ainsi de celle que l'on retrouvera plus tard dans *Libro de Manuel*. Comme dans ce dernier ouvrage, la présence du banal sert de contrepoids aux faits violents transmis et commentés par les journaux et la radio.

Si la question de la conservation d'« éphémères » personnelles nous a permis d'analyser l'apparition des autoportraits littéraires dans ces œuvres-archive, la portée politique n'est pas la même chez ces deux écrivains. Tandis que Cortázar utilise les miscellanées pour approfondir et réaffirmer son engagement politique – en soulignant les causes qui l'ont conduit sur cette voie –, Perec semble vouloir brouiller les traces de cet investissement politique dans le quotidien qui constitue l'une des marques distinctives de son projet « Choses communes ».

68 « *(Ya está naciendo : hipótesis de trabajo/ Si, está naciendo con la Revolución. Pero esta no ha cesado todavía de nacer ; para ayudarla a existir e inaugurar lo abierto, la edad porosa, estas noticias y todo mayo del 68, la juventud contra la Gran Polilla)* ».

CINQUIÈME OUVERTURE

Sur le rôle des déchets et des écritures ordinaires

Analysées sous le prisme de l'archive, les œuvres présentées dans ce chapitre nous conduisent à repenser les liens entre littérature et arts plastiques. L'œuvre de Georges Perec est peut-être celle qui occupe de la manière la plus claire le rôle de guide ou de modèle pour de multiples artistes plasticiens travaillant sur l'esthétique de l'archive et ses rapports à la mémoire. Parmi les nombreux exemples contemporains, les textes d'Hervé Le Tellier et Clémentine Mélois analysés par la suite nous donneront l'occasion de revenir sur la conception des « herbiers urbains » et sur l'ambition de donner forme, à travers la littérature « grise » des petites annonces de presse, à l'histoire infra-ordinaire. Sans envisager un panorama exhaustif, ces démarches inscrites dans le sillage perecquien des « choses communes » mettent en évidence la manière dont l'art contemporain et la littérature pensent la relation entre mémoire autobiographique et mémoire collective.

L'HERBIER DES VILLES DE HERVÉ LE TELLIER

Sous-titré « choses sauvées du néant », *L'Herbier des villes*[1] s'inscrit dans une double filiation littéraire oulipienne : celle du projet éponyme de Georges Perec et celle de *Tokyo infra-ordinaire* de Roubaud. Comme dans les travaux de ces deux auteurs, le projet de Le Tellier exige de regarder au ras du sol les déchets que les trottoirs de la ville amoncellent et repoussent chaque jour. D'ailleurs, Hervé Le Tellier reprend ici le sujet d'un projet plus ancien intitulé « Urbier : Neuf objets pas neufs ». Présenté en 2006

---

1 H. Le Tellier, *L'Herbier des villes : choses sauvées du néant*, Paris, Textuel, 2010.

dans la galerie Martine Aboucaya lors d'une exposition sur l'Oulipo, cet ancien projet se proposait de collecter et de ramasser des détritus urbains dont chaque pièce était accompagnée d'un haïku composé par l'auteur. Le texte de présentation de l'exposition indiquait alors :

> Les détritus industriels fournissent, dans leur accumulation, une photographie de la ville et de son temps. Ces objets sans valeur constituent une facette dérisoire de la vie. Leur existence est courte et leur histoire commune, dans les deux acceptions du terme. Ils disent ce qu'ils disent et rien d'autre, comme la poésie dit ce qu'elle dit.

Dans un hommage aux artistes qui ont su faire des bribes du quotidien la matière première de leurs œuvres, Le Tellier revendique l'art d'orientation dadaïste produit par le groupe Merz et, notamment, l'œuvre de son initiateur, le dadaïste allemand Kurt Schwitters, maître des collages composés de rebuts urbains. Dans une continuation de ce premier projet, Le Tellier arpente une nouvelle fois la ville de Paris jusqu'à ce qu'il ait ramassé quarante objets qui seront classés, placés dans une collection et accompagnés par autant d'haïkus. Dans l'« Avant propos » de *L'Herbier*, l'auteur explique :

> *L'Herbier des villes* se veut la glorification formelle et poétique de ces objets communs que la ville sécrète puis rejette. Collecté, collé, puis étiqueté, chacun de ces déchets – chose sauvée du néant – devient le héros d'un poème. L'utilité ancienne s'éclipse et cède la place à un autre monde, plus intime, et plus merveilleux [...] L'auteur a préféré le banal à l'exotisme, l'éclectisme à l'exhaustivité, parfois cédé à l'étonnement[2].

La subversion des valeurs créée par le geste de cataloguer et de transformer en objets d'exposition les rejets d'autrui rapproche cette œuvre de celles analysées auparavant dans cette quatrième partie. Un portrait de la ville et de ses habitants anonymes commence ainsi à se dresser, non pas tant à partir de ce que les gens gardent que de ce qu'ils jettent.

Par ailleurs, la pratique savante de la mise en série et du classement permet de réfléchir à l'objectif qui se cache derrière cette démarche à la lisière des manières de faire de l'« amateur » et de l'esprit scientifique. Les deux protocoles – la confection d'une « étiquette érudite » et la composition d'un haïku accompagnant chaque photographie – répondent

---

2 H. Le Tellier, « Avant propos », *ibid.*. Les pages du livre ne sont pas numérotées.

également au désir de donner voix à ces fragments de la vie quotidienne en ce qu'ils ont de beauté éphémère. À propos de la forme poétique du haïku, l'auteur note dans l'« Avant propos » de *L'Herbier* :

> Cette forme japonaise minimale m'a paru propre à rendre compte de ces déchets abandonnés et piétinés. Soumis au rythme syllabique 5-7-5, le haïku a vu sa forme brisée par la mise en page, proche de celle de l'affiche dada, foisonnement et folie typographique en moins[3].

Une « histoire commune » commence peu à peu à se dessiner à travers ce portrait instantané de la ville construit à partir de ses détritus. Les liens entre mémoire, conservation et déchet sont explorés en détail dans ce livre-objet qui inclut, par exemple, la reproduction d'un « *Libellus* » dont l'étiquette savante précise : « Instrumenta scriptoria, vulgo : carnet, contient, parfois des chefs-d'œuvre (si recopiés) ». Il ne semble ainsi pas étonnant que le haïku accompagnant cette image du carnet de notes – perdu, abandonné ? – renvoie le lecteur à la question de la mémoire et de son rapport à l'écriture : « ne rien oublier/ tout noter/car le temps file/ pour/ tout perdre enfin[4] ».

FACSÍMIL DE ALEJANDRO ZAMBRA

Situé à mi chemin entre l'histoire avec « sa grande H » et les petites histoires quotidiennes, *Facsímil* (2015) (dès à présent noté *F*) d'Alejandro Zambra, explore les possibilités formelles d'un document scolaire afin de construire un récit générationnel sur la mémoire de la dictature chilienne[5] (1973-1990). À la frontière de l'exercice poétique, de l'écriture essayistique

3 *Ibid.*

4 *Ibid.*

5 Au Chili, le coup d'État contre le président Salvador Allende, représentant de la « voie chilienne pour le socialisme », mené par le Général Augusto Pinochet le 11 septembre 1973, signe le début de la période dictatoriale qui s'étend jusqu'à 1990. Après l'échec du référendum de 1988, qui aurait permis à Pinochet de rester au pouvoir jusqu'en 1997, la transition démocratique doit encore attendre 1990 pour l'élection d'un nouveau Congrès et d'un nouveau président : Patricio Aylwin, membre du parti démocrate-chrétien. Celui-ci ouvre le long processus de transition démocratique chilienne qui se prolonge jusqu'en 2005.

– *No leer* (2012) – et de l'écriture romanesque – *Bonsai* (2006) ; *Mis documentos* (2014) –, *Facsímil* commence par une note explicative, une sorte de « manuel d'instructions » qui justifie la structure du livre :

> Les mots fac-similé et essai s'associent, au Chili, à l'épreuve d'Aptitude Académique – utilisée entre 1967 et 2002 – et à l'actuelle Épreuve de Sélection Universitaire ou PSU, c'est-à-dire, aux examens d'accès à l'éducation universitaire. La structure de ce livre est basée sur l'Épreuve d'Aptitude Verbale, dans la modalité encore en vigueur jusqu'en 1994, qui comprenait quatre-vingt dix exercices de choix multiple, distribués en cinq sections[6].

Le texte se rapproche ainsi des exercices de style oulipiens. Chacune des cinq parties du livre, intitulées : « Terme exclu » (« *Término excluido* »), « Plan de rédaction » (« *Plan de redacción* »), « Utilisation de connecteurs logiques » (« *Uso de Ilativos* »), « Élimination de phrases » (« *Eliminación de oraciones* ») et « Compréhension écrite » (« *Comprensión de lectura* »), se présente comme un exercice basé sur des contraintes. Ces exercices demandent une participation active du lecteur qui doit compléter le texte afin d'y trouver le sens caché mais aussi la réponse « correcte ». La première section propose un protocole performatif de lecture : « Dans les exercices 1 à 24, soulignez l'option qui correspond le mieux au mot dont le sens n'a pas de relation avec l'énoncé ni avec le reste des mots » (« *En los ejercicios 1 a 24 marque la opción que corresponda a la palabra cuyo sentido no tenga relación ni con el enunciado ni con las demás palabras* ») (*F*, p. 13). Nous lisons, par exemple, dans le tout premier exercice :

> 1. Fac-similé
> A) copie
> B) imitation
> C) simulacre
> D) essai
> E) piège[7].

6 « *Las palabras facsímil y ensayo se asocian, en Chile, a la prueba de Aptitud Académica – aplicada desde 1967 hasta 2002 – y a la actual Prueba de Selección Universitaria o PSU, vale decir, a los exámenes de ingreso a la educación universitaria. La estructura de este libro se basa en la Prueba de Aptitud Verbal, en su modalidad vigente hasta 1994, que incluía noventa ejercicios de selección múltiple, distribuidos en cinco secciones* », A. Zambra, *Facsímil*, Madrid, Editorial Sexto piso, 2015, p. 9 [Notre traduction].

7 « *1. Facsímil / A) copia/ B) imitación/ C) simulacro/ D) ensayo/ E) trampa* », *ibid.*, p. 15.

Il n'est pas étonnant que le texte commence par souligner le caractère trompeur de cette épreuve censée permettre d'évaluer la capacité des candidats à accéder au système universitaire. La dénonciation d'un système d'évaluation des connaissances vide qui conduit les étudiants à tricher ou apprendre des règles par cœur plutôt qu'à vouloir s'instruire est un sujet récurrent chez Zambra[8]. Cette épreuve reflète la vacuité et la nature superficielle du savoir pendant la période dictatoriale. Dans une telle société, il suffit d'avoir l'air cultivé pour réussir.

La deuxième partie du livre propose au lecteur de choisir l'ordre souhaitable parmi une série d'énoncés, dans l'optique d'une future rédaction littéraire. On lit, par exemple, dans l'exercice 27 :

> 27. **Un fils**
> 1. Tu rêves que tu perds un fils.
> 2. Tu te réveilles.
> 3. Tu pleures.
> 4. Tu perds un fils.
> 5. Tu pleures.
>
> A) 1-2-4-3-5
> B) 1-2-3-5-4
> C) 3-4-5-1-2
> E) 4-5-3-1-2[9].

Ces exercices ont pour point commun la question des liens familiaux fragiles, peu solides, des rapports affectifs sur le point de s'écrouler. Face à la violence de la dictature, la filiation entre parents et enfants semble être la seule capable de surmonter les épreuves, parfois même malgré les désirs des protagonistes. En effet, le lien père et fils revient de nombreuse fois dans le texte et s'impose comme une figure de résistance.

Par ailleurs, les exercices visent souvent à mettre en évidence le manque de sens et le caractère arbitraire des règles et des mesures imposées aux citoyens pendant la dictature. L'exercice qui consiste à choisir des connecteurs logiques permettant de rétablir le sens fragmentaire de certaines phrases joue précisément sur ce manque de rationalité. On lit, par exemple :

---

8 Pensons à des textes comme « Instituto Nacional » dans *Mis documentos* ou au bref essai « Lecturas obligatorias » du recueil *No leer*.

9 « 27. **Un hijo** / 1. Sueñas que pierdes un hijo. / 2. Despiertas. / 3. Lloras. / 4. Pierdes un hijo. / 5. Lloras. / A) 1-2-4-3-5/ B) 1-2-3-5-4/ C) 3-4-5-1-2/ E) 4-5-3-1-2 », *ibid.*, p. 28.

37.____________ (le) millier de réformes qui ont été introduites, la Constitution de 1980 est une merde.

A) Avec
B) À cause (du)
C) Malgré
D) Grâce (au)
E) Nonobstant[10]

Intitulée « Élimination de phrases », la quatrième section devient plus narrative. Il s'agit d'une série de courts récits de vie, notamment des souvenirs d'enfance et de jeunesse pendant la dictature. Le narrateur assume ici la voix de divers personnages à la troisième ou à la première personne du singulier. Nous trouvons, parmi d'autres, le récit d'un père, du fils d'un ancien répresseur et celui de l'ami d'une personne de petite vertu qui affirme que « tous » savaient ce qui se passait au Chili pendant la dictature.

Enfin, la cinquième partie propose un exercice de compréhension écrite basé sur trois textes plus longs. Le premier porte sur l'expérience scolaire de Luis et Antonio, des frères jumeaux qui assistent au lycée pendant la dictature et s'apprêtent à passer la fameuse Épreuve d'Aptitude Académique. Les deux autres portent sur la fragilité des liens conjugaux et familiaux. Le deuxième raconte l'histoire d'un couple qui se marie pendant la dictature et divorce juste après, tandis que le troisième est la lettre d'un père qui raconte à son fils les épreuves et les petites misères quotidiennes aboutissant à l'effondrement de la famille. La dialectique entre l'intime et l'impersonnel, entre les anecdotes et les histoires qui se répètent jusqu'à intégrer une forme de mémoire générationnelle parcourt le livre.

Si Zambra se situe parmi les écrivains qui traitent des séquelles de la post-dictature, le caractère formel novateur de *Facsímil* le rapproche des démarches mémorialistes de Perec et Cortázar. À partir du recyclage créatif d'un document ordinaire, ce livre interroge les modalités de construction d'un discours générationnel sur la dictature et dénonce certains clichés qui font encore l'unanimité dans une partie de la société chilienne.

---

10 « 37. ____________ las mil reformas que le han hecho, la Constitución de 1980 es una mierda. / A) Con/ B) Debido a/ C) A pesar de / D) Gracias a / E) No obstante », *ibid.*, p. 39.

L'expérimentation littéraire autour de ces archives du quotidien nous confronte à la possibilité de rendre lisible une histoire infra-ordinaire. Les techniques d'archivage analysées ici élargissent ainsi les frontières des écrits autobiographiques à travers les procédés de l'enquête historique. S'investissant en archivistes du quotidien, ces écrivains mettent en question les critères avec lesquels chaque société édifie son patrimoine culturel et nous éclairent sur les tactiques invisibles qui finissent par modeler notre rapport au passé et notre mémoire.

CONCLUSION

Écouter les « bruits de fond » de l'histoire

Revenons, pour finir, sur la question qui nous a accompagnée depuis le début de cette étude, à savoir : comment le quotidien peut-il devenir une figure de résistance capable de laisser entendre les petites mémoires d'un temps bouleversé ? Les œuvres analysées dans ce livre partagent, en effet, des engagements esthétiques, éthiques et politiques qui relèvent de ce que Miguel Abensour appelle « le choix du petit ». Or, cette conversion, voire cet affinement du regard sur tout ce qui semble négligé ou dépourvu d'intérêt, ne risquerait-t-il pas de nous faire tomber dans le piège du charme nostalgique des « choses communes », nous amenant à les sacraliser à la place du monumental ? Peut-être le principal défi consiste-t-il à rester suffisamment attentifs aux liens entre l'histoire « avec sa grande H » et l'histoire infra-ordinaire que ces textes se proposent de mettre en évidence.

Si mettre la mémoire à l'épreuve du quotidien n'est certes pas un choix qui va de soi, il l'est encore moins chez des écrivains qui, comme eux, ont vécu des événements historiques aussi violents. La violence historique du XXe siècle et la peur de l'oubli sont des moteurs narratifs incontestables pour Georges Perec et d'autres membres de l'Oulipo[1] tandis que le parcours de Julio Cortázar est marqué par la violence d'État des dictatures latino-américaines. Dans le contexte de l'après-dictature dans le Cône Sud, les politiques d'oubli « réparateur » se multiplient, ouvrant des parenthèses de silence considérées comme nécessaires pour

1 Au sujet du rôle que la violence historique a joué dans les démarches mémorielles des membres de l'Oulipo, voir, entre autres, les études de C. Reggianni, « Une "écriture du désastre" », in *Rhétoriques de la contrainte : Georges Perec-l'Oulipo*, *op. cit.*, p. 301-338 ; P. Consenstein, « Memory and Oulipian Constraints », in *Literary Memory, Consciousness, and the Group Oulipo*, Amsterdam – New York, Rodopi, 2002. Au sujet de la prise de position politique que mobilise le versant « infra-ordinaire » de l'écriture de Perec, voir M. Heck, « Pour un Perec politique », in *Relire Georges Perec*, *Cahiers de la Licorne*, n° 122, Poitiers, PUR, 2016, p. 73-88.

surmonter les traumatismes des peuples. Paradoxalement, le pari de ne pas orienter l'attention sur le fracas, la violence et la mort mais sur des tonalités mineures relève, dans ces contextes, d'une prise de position forte relativement aux poétiques et aux politiques de la mémoire.

Les inflexions que connaît le quotidien chez Perec, Cortázar et les différents écrivains des « ouvertures », prennent la forme de résistances obliques, de modes de pensée à « rebrousse-poil » qui vont à l'encontre des modalités dominantes de représentation du réel. Ainsi, depuis un intérêt initial d'ordre critique jusqu'à l'adoption de postures ludiques et performatives qui engagent entièrement la vie des écrivains, les différentes parties de cette étude ont eu pour objectif de respecter la progression logique des explorations du quotidien entamées par Cortázar et Perec. La première partie de ce livre a tenté de montrer comment l'écriture journalistique ou essayistique constitue une étape incontournable de leur « engagement » envers le quotidien, puis comment cette conscience critique donne lieu à des positionnements politiques plus explicites.

Le pari du quotidien exige, par ailleurs, un réapprentissage du regard qui repose sur la création d'une distance. Comme je l'ai proposé dans la deuxième et la troisième partie de cette étude, il n'est pas étonnant que les postures littéraires adoptées par les narrateurs reposent sur cet aiguisement du regard et de l'attention. Se concentrer sur ce qui est invisible, inintéressant ou imperceptible implique désormais un bouleversement de l'échelle de valeurs de ce que l'on considère digne d'être un sujet littéraire. La création d'une distance artificielle et l'adoption d'un point de vue « étranger » sont des stratégies centrales dans des textes où se donne à lire une posture d'« ethnographes du proche ». Parallèlement, le défi de s'investir en tant qu'« archivistes du quotidien », amène à revaloriser ce que l'on considère ordinairement comme jetable, désuet ou inutile.

Les postures de l'ethnographe du proche et de l'archiviste du quotidien ouvrent un dialogue sur ce qui pourrait constituer une histoire du temps présent et des « choses communes ». Désapprendre à regarder le familier, puis chercher à saisir et à conserver les bribes et miettes du quotidien, ce sont là des tactiques complémentaires. La clef de voûte réside donc dans la capacité de la littérature à saisir et à donner voix à ces petites mémoires du quotidien faites d'« événements de peu », minuscules et anti-spectaculaires, qui fondent un terrain de partage pour la mémoire personnelle et collective.

LA LITTÉRATURE COMME LABORATOIRE D'EXPÉRIMENTATION

Considérée depuis la double approche textuelle et performative de l'« œuvre-projet », la réception de ces textes pose souvent problème. Les contraintes qui s'appliquent aux dimensions formelle et thématique des œuvres se voient souvent accompagnées de protocoles qui organisent le temps et l'espace de travail, tout en exigeant des dispositions particulières de la part des auteurs. De ce fait, le lecteur se voit amené à déchiffrer les contraintes textuelles, mais aussi à accepter le pacte de véridicité qui entoure la « mise en scène » de l'écrivain en train d'exécuter la série de protocoles convenus.

Considérée du point de vue de la réception, l'« œuvre-projet » peut demander au lecteur de s'investisr en tant que sujet d'une expérience pratique. Sur un mode performatif, à la façon des modes d'emploi, les protocoles de ces textes se présentent comme accessibles à tous, facilement reproductibles et imitables. Les « instructions », les « modes d'emploi », les « travaux pratiques » et les « exercices » sont autant de modalités concrètes dans lesquelles cette écriture « démocratique » se décline. Ces caractéristiques n'occultent pourtant pas le fait contradictoire que leur circulation reste généralement circonscrite à un public spécialisé ou d'« initiés ». Parallèlement, du point de vue du fonctionnement du dispositif littéraire, ces mêmes contraintes et protocoles jouent un rôle central lorsqu'il s'agit d'aborder certaines situations traumatiques et douloureuses par le biais de l'écriture. En effet, sous une apparence ludique, ces œuvres abordent des enjeux personnels marqués par la violence historique. La contrainte semble alors devenir un outil qui facilite l'expression littéraire de sujets durs et difficilement abordables.

L'« œuvre-projet » assume alors chez ces écrivains un rôle de laboratoire d'expérimentation : elle devient un terrain de spéculation créatrice et un espace où tester des hypothèses à propos de leurs œuvres. Cette dimension expérimentale n'est pas pour autant sans conséquences sur l'idée de valeur littéraire que l'on attribue à l'œuvre. En effet, dès lors que le texte est considéré comme le résultat plus ou moins abouti d'une expérience – dans le sens de l'anglais *experiment* – et non pas comme un produit achevé, sa réception et les jugements portant sur sa valeur se voient altérés. À mi-chemin entre le journal, le carnet de notes et la prose de mémoire, le modèle du « journal-à-projet » ainsi que d'autres formats, comme ceux des miscellanées de Cortázar ou des notations « en temps-réel » de *TELP*, ont l'avantage de saisir et d'enregistrer le présent tout en favorisant une réflexion sur le temps long dans lequel le projet s'inscrit.

Le rapport entre valeur littéraire, fonction pratique et capacité d'action concrète de la littérature sur le réel se voit, en effet, bousculé par ces expérimentations. Il ne semble, en ce sens, pas étonnant que les auteurs anticipent les critiques mettant en doute la valeur littéraire de leurs projets. Perec décrit ainsi *L'Herbier des villes* comme une « poubelle de l'écrit », tandis que Cortázar évoque l'aspect de « malle » (« *baúl* »), voire d'« almanach » (« *almanaque* ») des miscellanées qui se présentent comme des assemblages de matières textuelles quelconques. Inévitablement, le recyclage d'« écritures ordinaires » et d'autres documents au sein de ces œuvres modifie leur réception.

TOURNANT DOCUMENTAIRE ET RECYCLAGES PRODUCTIFS

Ce livre a finalement tenté de montrer comment l'intérêt renouvelé pour l'archive qui émerge déjà chez Georges Perec et Julio Cortázar aboutit à un « tournant documentaire », selon l'expression de Mark Nash. Les œuvres qui s'inscrivent dans ce tournant documentaire attribuent un rôle central à ce que Jean-François Soulet nomme « l'histoire immédiate » ou l'« histoire du temps présent », celle dont les écrivains sont des témoins directs. À partir de notions comme celles de « narrations documentaires » (L. Ruffel 2012), « littératures factuelles » (G. Genette 1991, J.-L. Jeannelle 2007), « œuvres-documents » (J. Bessière 2006), « factographies » (M. J. Zenetti 2014), voire « romans sans fiction » (« *novelas sin ficción* ») (J. Cercas 2009, J. Volpi 2018), la critique littéraire se propose donc de réhabiliter le dialogue entre littérature et histoire. Les usages littéraires de l'archive – officielle, familiale ou privée – nous amènent, enfin, à considérer la capacité de la littérature à communiquer la vérité des faits. La présence de documents au sein de textes qui réfléchissent à la mémoire – personnelle, générationnelle, collective – permet de pointer du doigt les frontières entre l'intime et le commun. En ce sens, l'intérêt pour le quotidien ouvre de nouvelles voies de dialogue entre les écritures de soi et la littérature à portée historique, créant un terrain propice à l'émergence de cette dimension collective de l'expérience.

En outre, la conception de l'écriture comme un recyclage productif de documents et de textualités mineures ouvre un terrain de recherche fertile. Tout d'abord, concernant la valeur littéraire de ces textes, leur caractère inabouti ou raté se révèle problématique. L'échec, le renoncement voire même la destruction apparaîssent comme des dénouements possibles pour des textes qui s'écrivent à l'ombre d'une œuvre monumentale et inachevable. Adoptant la rhétorique de l'œuvre « posthume », ces textes s'édifient sur les ruines d'œuvres fantasmées que les écrivains savent pourtant irréalisables.

Du point de vue de la production, ces textes mettent l'accent sur l'inversion de valeurs qui se produit dès lors que la source d'invention ne se situe plus dans le domaine de la création, mais plutôt dans les procédés de recyclage, d'emprunt et de réélaboration de textualités préexistantes. L'Oulipo a, en ce sens, beaucoup contribué à la théorisation des principes qui donnent forme à une poétique de groupe, voire à un style collectif. Des expérimentations comme celles de Clémentine Mélois et sa collection de listes de commission dans *Sinon j'oublie* (Grasset, 2017) ou celle de Frédéric Forte, qui se réapproprie un menu de restaurant asiatique dans *Brochette bouillir dans la soupe piquant* (Ink, 2012), sont quelques exemples représentatifs de ce versant oulipien de « la poubelle de l'écrit ». Pour sa part, la littérature du Río de la Plata est aussi particulièrement réceptive à ces modalités de recyclage productif : écritures « *samplers* », « *spam* », « *scanner*[2] » sont ainsi d'autres notions qui revendiquent le rôle des déchets textuels comme générateurs de nouveaux textes. Des œuvres comme celles de Pablo Katchadjian – *El Aleph engordado* (Imprenta Argentina de Poesía, 2009) et *La cadena del desánimo* (Blatt & Rios, 2012) – ; les textes performances de Tálata Rodríguez – *Carita feliz nube corazón rayo* – ; les textes d'Ezequiel Alemián – *Una introducción* (Mansalva, 2014) et *Died*

2 Ces notions sont utilisées par Juan José Mendoza dans *Escrituras past. Tradiciones y futurismos del siglo 21*, Bahía Blanca, 17 grises editora, 2011.

(N direcciones, 2016) – ou la série « Spam » de Carlos Gradín, sont quelques-uns des cas représentatifs de ce courant.

Un autre enjeu essentiel, problématisé par ces textes et qui représente à lui seul un vaste chantier de recherche, est celui des savoirs de la littérature. Par l'emprunt de procédés et de méthodes issus du savoir-faire d'autres champs disciplinaires, ces textes se situent au carrefour des savoirs de la littérature et des sciences sociales. Mettant l'accent sur leur rôle « approximatif » d'ethnographes, d'historiens, d'archivistes ou de sociologues, ces écrivains postulent des modes de connaissance alternatifs, quoique complémentaires, à ceux des sciences sociales. La littérature deviendrait alors un instrument critique et herméneutique contribuant à mettre en lumière un sujet déterminé et capable d'instaurer un dialogue avec d'autres discours du savoir.

Ce retour de l'archive peut être interprété comme un des symptômes d'une époque qui récupère la question de la connaissance qui se dégage des œuvres littéraires. Partagées entre le désir de saisir, de fixer et de conserver les moindres détails de notre histoire quotidienne, les œuvres analysées dans ce livre rendent compte d'une transformation dans notre expérience temporelle. Nous avons, en effet, l'impression de sortir de l'âge de la mémoire pour aller vers un présent qui porterait les signes annonciateurs des catastrophes à venir. Si le débat sur les conditions de possibilité d'une littérature politique revient aujourd'hui au centre de la scène, il l'est par le biais de ces archives du quotidien.

BIBLIOGRAPHIE

Les abréviations utilisées pour les ouvrages du corpus primaire sont rappelées entre parenthèses après le titre de l'ouvrage auquel elles renvoient. Les textes sont classés selon leur ordre chronologique de publication. Les indications mises entre crochets sont celles des premières éditions en langue originale.

GEORGES PEREC

CORPUS PRIMAIRE

Textes qui intègrent le projet « Choses communes »

Espèces d'espaces (1974), Paris, Galilée, coll « Espace critique », 2000.

Tentative d'épuisement d'un lieu parisien, Condé-sur-l'Escaut, Christian Bourgois, 2008 [originalement paru dans « Le pourrissement des sociétés », *Cause commune*, 1re année, 10/18, n° 936, 1975].

W où le souvenir d'enfance, in *Œuvres I*, édition établie par C. Regianni, Paris, Gallimard, « Bibliothèque de la Pléiade », 2017 [Denoël, 1975].

Je me souviens. Les Choses communes I, Paris, Hachette, 2004 [Hachette, coll. « P.O.L. », 1978].

Textes publiés appartenant aux « Réels » du projet inabouti inédit Lieux, sur lequel Perec travaille entre 1969 et 1975

« Guettée » [*Les Lettres nouvelles*, janvier-février 1977, n° 1].

« Vues d'Italie » [*La Nouvelle Revue de psychanalyse*, n° 16, 1977, p. 239-246].

« La rue Vilin » [*L'Humanité*, 11 novembre 1977, p. 2] repris dans *L'infra-ordinaire*, Seuil, 1989, p. 15-31).

« Allées et venues rue de l'Assomption » [*L'Arc*, n° 76, 1979, p. 28-34].
« Stations Mabillon » [*Action poétique*, n° 81, mai 1980, p. 38-39].

AUTRES RÉCITS ET TEXTES LITTÉRAIRES

Les Choses : une histoire des années soixante, Paris, Presses pocket, 1984 ; 1989 [Julliard, 1965].
Un homme qui dort, Paris, Gallimard, 1990 ; 1999 [Denoël, 1967].
La Disparition, Paris, Gallimard, coll. « L'imaginaire », 1989 ; 2013 [Denoël, 1969].
La Boutique obscure : 124 rêves, Paris, Gallimard, coll. « L'imaginaire », 2010 [Denoël, 1973].
La Vie, mode d'emploi, *romans*, Paris, D. Reinharc, 2010 [Hachette, P.O.L., 1978].
« La vie filmée » [Commentaire lu par lui-même du documentaire *La Vie filmée des français* (1930-1934), réalisation de Michel Pamart et Claude Ventura, production INA, 2e partie, noir et blanc, 52 min, 1975, inédit. Film consultable à la Vidéothèque de Paris] in *Cahiers Georges Perec*, n° 9, « *Le cinématographe* », Bordeaux, Le Castor Astral, 2006, p. 73-82. Transcription de Cécile de Bary.
Récits d'Ellis Island : *histoires d'errance et d'espoir* (avec Robert Bober), Paris, POL, 1994, [1980].
Perec/rinations, [*Télérama*, du n° 1064 (8 octobre 1980) au n° 1642 (1er juillet 1981)], Paris, Zulma, 1997 ; 2004.

ESSAIS ET ARTICLES CRITIQUES

Dans des revues

– « L'esprit des choses »

Seize « billets d'humeur » publiés dans *Arts et Loisirs* entre octobre 1966 et mars 1967. Ils ont été repris sous le titre « L'esprit des choses », in *Le cabinet d'amateur*, printemps 1994, n° 3, p. 37-56.

– *Cause commune*

« Éditorial » de *Cause commune*, 1re année Mai. 1972, n° 1, p. 1.
« L'orange est proche », *Cause commune*, n° 3, octobre 1972, p. 1-2 ; in *Cahiers Georges Perec*, n° 9, « Le cinématographe » (Travaux réunis et presents par Cécile de Bary), Bordeaux, Le Castor Astral, 2006, p. 37-40.

« Le grabuge » (entretien avec Paul Virilio, Jean Duvignaud, Georges Balandier) in *Cause commune*, n° 4, novembre 1972, p. 2-6.

Cause Commune, 2e année, février 1973, n° 5. Le dossier comprend trois essais signés par Jean Duvignaud, Paul Virilio et Georges Perec.

Dans des recueils

Penser/Classer, Paris, Hachette, 1985.

« Notes sur ce que je cherche » [*Le Figaro*, 8 décembre 1978, p. 28], *op. cit.*, p. 9-12.

« De quelques emplois du verbe habiter », [*Construire pour habiter*, Paris, l'Equerre-Plan Construction, 1981, p. 4-5], *op. cit.*, p. 13-16.

« Notes concernant les objets qui sont sur ma table de travail » [*Les Nouvelles littéraires*, n° 2521, février 1976, p. 17], *op. cit.*, p. 17-23.

« Je me souviens de Malet & Isaac » [*H-Histoire*, n° 1, mars 1979, p. 197-209], *op. cit.*, p. 73-88.

« Lire esquisse socio-physiologique » [*Esprit*, n° 453, janvier 1976, p. 83-108], *op. cit.*, p. 109-128.

« Penser/Classer » [*Le Genre humain*, n° 2, 1982, p. 111-127], *op. cit.*, 149-174.

L'infra-ordinaire, Paris, Seuil, coll. « La librairie du XXe siècle », 1989.

« Approches de quoi ? » [*Cause commune*, n° 5, 2e année, février 1973], *op. cit.*, p. 9-13.

« Tentative d'inventaire des aliments liquides et solides que j'ai ingurgités au cours de l'année mil neuf cent soixante-quatorze » [*Action poétique*, n° 65, 1976, p. 185-189], *op. cit.*, p. 97-106.

« Still life / Style leaf » [*Le fou parle*, n° 18, septembre 1981, p. 3-6], *op. cit.*, p. 107-119.

Je suis né, Paris, Seuil, 1990.

« Lettre à Maurice Nadeau » [datée du 7 juillet 1969], *op. cit.*, p. 51-66.

« Les gnocchis en automne ou réponse à quelques questions me concernant » [*Cause commune*, 1re année, mai 1972, p. 19-20], *op. cit.*, p. 67-74.

« Le rêve et le texte » [paru sous le titre « Mon expérience de rêveur » dans *Le Nouvel Observateur*, n° 741, p. 22 janvier 1979, p. 46), *op. cit.*, p. 75-79.

« Le travail de la mémoire » [entretien avec Frank Venaille, *Mr Bloom*, n° 3, mars 1979, p. 72-75], *op. cit.*, p. 81-93.

LG. Une aventure des années soixante, Paris, Seuil, 1992.

« Le Nouveau Roman ou le refus du réel » [*Partisans*, n° 3, février 1962, p. 108-118], *op. cit.*, p. 25-46.

« Pour une littérature réaliste » [*Partisans*, n° 4, avril-mai 1962, p. 121-130], *op. cit.*, p. 47-66.

« Engagement ou crise de langage » [*Partisans*, n° 7, novembre-décembre 1962], *op. cit.*, p. 67-86.
« Robert Antelme ou la vérité de la littérature » [*Partisans*, n° 8, janvier-février 1963, p. 121-134] *op. cit.*, p. 87-114.

Autres articles

« Apprendre à bredouiller » (1972), in *La Faute à Rousseau*, n° 39, juin 2005, p. 38-39.
« La mort des choses », in *La Vie des choses* (Catalogue), Paris, musée Galliéra, 12 janvier-11 février 1973.
« Quatre figures pour *La Vie mode d'emploi* », in *L'Arc*, n° 76, « Georges Perec », 1979.
« Lettre inédite à Denis Getzler », *Littératures*, n° 7, Toulouse, Service des publications de l'Université de Toulouse-le-Mirail, printemps 1983, p. 61-67.
« Ceci n'est pas un mur », in *L'œil ébloui*, photographies de Cuchi White, Paris, Chêne, 1981.

ENTRETIENS ET AUTRES TEXTES

Entretiens et Conférences (ed. critique établie par Dominique Bertelli et Mireille Ribière), vol. I, 1965-1978, Nantes, Joseph K, 2003.
XIV. « Pouvoirs et limites du romancier français contemporain » [conférence prononcée le 5 mai 1967 à l'Université de Warwick, Coventry, Angleterre], dans *EC*, vol. I, *op. cit.*, p. 76-88.
XVI. « Écriture et mass-média » [*Preuves*, n° 202, décembre 1967, p. 6-10], dans *EC.*, vol. I, *op. cit.*, p. 94-105.
XLVII. « La vie : règle du jeu » [propos recueillis par Alain Hervé, *Le Sauvage* (*Le Nouvel Observateur-Écologie*), n° 60 : « Le jeu », décembre 1978], dans *EC*, vol. I, *op. cit.*, p. 267-285.
XXXVIII. « Entretien avec Gérard Dupuys » [*Libération*, 31 octobre 1978], dans *EC.*, vol. I, *op. cit.*, p. 232-235.
XLII. « Georges Perec : le grand jeu, propos recueillis par Francine Ghysen » [*Femmes d'aujourd'hui*, Bruxelles, novembre 1978, p. 14-20 novembre 1978], dans *EC.*, vol. I., *op. cit.*, p. 255-257.
Entretiens et Conférences, vol. II, 1979-1981, Nantes, Joseph K, 2003.
LII. « En dialogue avec l'époque » [entretien avec Patrice Fardeau, *France Nouvelle*, n° 1744, 16 avril 1979, p. 44-50], *EC.*, vol. II, *op. cit.*, p. 55-68.
LVIII. « Entretien avec Jean-Marie Le Sidaner » [*L'Arc*, n° 76, « Georges Perec », 3e semestre 1979, p. 3-10], dans *EC.*, vol. II, *op. cit.*, p. 90-102.
LXVI. « Georges Perec. Les Paris d'un joueur » [entretien avec Jacques Renoux, *Télérama*, n° 1062, 24 septembre 1980], *EC.*, vol. II, *op. cit.*, p. 128-132.

LXXIII. « Entretien Georges Perec/ Bernard Pous » [propos recueillis le 20 mars 1981 à Paris], *EC.*, vol. II, *op. cit.*, p. 181-194.

LXXIV. « Entretien Georges Perec/ Ewa Pawlikoska » [5 avril 1981, Varsovie], [*Littératures*, n° 7, printemps 1983, p. 69-76], dans *EC.*, vol. II, *op. cit.*, p. 199-207.

LXXVI. « À propos de la description » [Communication prononcée au colloque d'Albi « Espace et représentation » le 20-24 juillet 1981], dans *EC.*, vol. II, *op. cit.*, p. 227-243.

« Entretien avec Jacques Roubaud », in *La Quinzaine littéraire*, 1/15, janvier 1968, n° 42.

ARCHIVES ET MANUSCRITS

Choses communes I = *Je me souviens*
Choses communes II = *L'Herbier des villes*, 16, 3, 2-4 (3 f. manus. autographes)
Dossier 53 *L'Herbier des villes.*
Choses communes III = *Lieux où j'ai dormi*, 48, 6, 2, 0-20 (21 f, manus. aut)
Le Portulan (119, 2[d], 28, 5) 8 avril 1962.

JULIO CORTÁZAR

CORPUS PRIMAIRE

La vuelta al día en ochenta mundos, Hong Kong, Editorial RM, 2010 [México, Siglo XXI Editores, 1967]. Trad. par Laure Guille-Bataillon, Karine Berriot, J.-C. Lepetit et Céline-Zins : *Le tour du jour en quatre-vingt mondes*, Paris, Gallimard, 1980. Certains textes de *Último Round* étaient déjà inclus dans ce même recueil.

Último Round, Hong Kong, Editorial RM, 2010 [México, Siglo XXI Editores, 1969]. Trad. partielle sous le titre *Dernier Round* dans le recueil : *Nouvelles, histoires et autres contes*, trad. de Laure Guille-Bataillon, Karine Berriot, Françoise Campo-Timal *et al.* Sylvie Protin (éd.), Paris, Gallimard, 2008, p. 651-718.

Corrección de pruebas en Alta Provenza, Buenos Aires, Herederos de Julio Cortázar, 2012 [1972].

Libro de Manuel Buenos Aires, Altea, Aguilar, Taurus, Alfaguara, 2004 [Sudamericana 1973]. Trad. par Laure Guille-Bataillon : *Livre de Manuel*, Paris, Club français du livre, 1975.

Los Autonautas de la cosmopista. Un viaje atemporal Paris-Marsella (avec Carol Dunlop) Buenos Aires, Alfaguara, 2007 [Madrid, Muchnik Editores, 1983]. Trad. de Laure-Guille Bataillon : *Les Autonautes de la cosmoroute ou Un Voyage intemporel Paris-Marseille*, Paris, Gallimard, 1983.

ROMANS, RÉCITS ET AUTRES TEXTES LITTÉRAIRES

Nouvelles, histoires et autres contes, trad. de Laure Guille-Bataillon, Karine Berriot, Françoise Campo-Timal *et al.* Sylvie Protin (éd.), Paris, Gallimard, 2008.

« Manual de instrucciones », in *Historias de cronopios y de famas* [1962], Buenos Aires, Minotauro, 1964. Trad. « Manuel d'instructions », in *Cortázar, nouvelles, histoires et autres contes*, *op. cit.*, p. 363-364.

Rayuela, ed. crítica Julio Ortega, Saúl Yurkievich coord., Madrid, CSIC, Colección Archivos, 1991 [Sudamericana, 1963]. Trad. par Laure Guille et Françoise Rosset, *Marelle*, Paris, Gallimard, 1966.

Cuaderno de bitácora in *Rayuela* (Colección Archivos), *op. cit.*, p. 467-542.

« Manuscrito hallado en un bolsillo » (« Manuscrit trouvé dans une poche »), in *Octaedro*, Madrid, Alianza editorial, 1974, p. 49-65. Trad. par Laure Guille-Bataillon, *Octaèdre*, Paris, Gallimard, 2003.

« Recortes de prensa » (« Copures de presse ») ; « Texto en una libreta » (« Texte sur un carnet ») ; et « Clone » (« Clone »), in *Amamos tanto a Glenda*, Buenos Aires, Aguilar, Altea, Taurus, Alfaguara, 2010 [1980]. Trad. *Nous l'aimons tant Glenda : et autres récits*, Paris, Gallimard, 1982.

Cartas (édition en charge d'Aurora Bernárdez et Carles Alvarez Garriga), *1937-1954*, vol. I ; *1955-1964*, vol. II ; *1965-1968*, vol. III ; *1969-1976*, vol. IV ; *1977*-1984, vol. V, Buenos Aires, Aguilar, Altea, Taurus, Alfaguara, 2012.

ESSAIS ET ARTICLES CRITIQUES

« Algunos aspectos del cuento » [in *Diez años de la revista "Casa de las Américas"*, n° 60, La Habana, juillet 1970], in *Cortázar. Obra Crítica*, vol. II (1963), Jaime Alazraki éd., Buenos Aires, Suma de Letras Argentina, 2004, p. 505-534.

« Notas sobre lo gótico » [Caravelle, Toulouse, 1975], in *Obra crítica*, vol. III, *op. cit.*, p. 103-118.

« Paris ou la vocation de l'image » (Extraits), trad. par Françoise Campos-Timal, *Europe*, 92e année, n° 1020, Paris, avril 2014, p. 198-202.

« Carta a Roberto Fernández Retamar (Situación del intelectual latinoamericano) », in *Obra Crítica*, vol. III, Madrid, Alfaguara, 1994, p. 39-60.

« Revolución en la literatura y literatura en la revolución (I) », *Marcha*, n° 1477, 9 janvier 1970, p. 30-31 ; « Revolución en la literatura y literatura en la revolución (II) », *Marcha*, n° 1478, 16 janvier 1970, p. 30-31.

ENTRETIENS ET CONFÉRENCES

CARBONO, Alberto, « Mi ametralladora es la literatura », *Crisis*, n° 3, Juin 1973, p. 10-15.

PREGO, Omar, *Julio Cortázar, la fascinación de las palabras*, Montevideo, Ediciones Trilce, 1984. Trad. *Entretiens avec Omar Prego*, trad par Françoise Rosset, Paris, Gallimard, 1986.

GONZÁLEZ BERMEJO, Ernesto, *Revelaciones de un cronopio. Conversaciones de Julio Cortázar*, El cuenco de Plata, Buenos Aires, 2013 [1977].

Clases de literatura, Buenos Aires, Alfaguara, 2013 [Berkeley, 1980].

BIBLIOGRAPHIE CRITIQUE SUR LES ŒUVRES DU CORPUS

Ne sont mentionnés que les articles qui ont été cités dans ce livre. Pour davantage d'exhaustivité, on peut consulter :

– Pour Perec :

MAGNÉ, Bernard, *Tentative d'inventaire pas trop approximatif des écrits de Georges Perec*, Toulouse, Presses universitaires du Mirail, 1993.

BELLOS, David & MOLTENI, Patrizia, *InterPerec : Bibliographie internationale des œuvres de Georges Perec*, Paris (43 rue de Richelieu, 75 001) : Association Dialogue entre les cultures, 1992.

REGGIANI, Christelle, *Bibliographie des études perecquiennes* (1990-), *Le cabinet d'amateur. Revue d'études perecquiennes*, n° 1, Toulouse (5 rue de l'étoile, 31 000) : Association du Cabinet d'amateur, printemps 1993-[199 ?].

– Pour Cortázar :

REYZÁBAL, María Victoria, *Bibliografía* [de Julio Cortázar], *Cuadernos Hispanoamericanos*, n° 364-366, octobre-décembre 1980, p. 649-667 (disponible en ligne sous le titre : *Bibliografía*, Alicante, Biblioteca Virtual Miguel de Cervantes, 2011.

AQUILANTI, Lucio & BAREA, Federico, *Todo Cortázar : bio-bibliografía*, Buenos Aires, Fernández Blanco, Aquilanti, 2014.

SUR PEREC

AA. VV., *Xul, Signo Viejo y nuevo. Revista de poesía*, nº 10 « El punto ciego : la poesía visual », Buenos Aires, décembre 1993.

BEAUMATIN, Éric, « Quand j'entends parler de Perec je sors mes fiches ! », *Littératures*, nº 7, Service des publications de l'Université de Toulouse-le-Mirail, 1983.

BEAUMATIN, Éric, « L'autobibliographie ; notes préliminaires à l'étude d'un corpus et d'un genre », *Cahiers Georges Perec*, nº 1, Bordeaux, Le Castor Astral, 1985, p. 281-288.

BECKER, Howard, « Sociologie, sociographie, Perec et Passeron », in *Le Goût de l'enquête. Pour Jean-Claude Passeron*, Jean-Louis Fabiani (éd.), Paris, L'Harmattan, 2001, p. 289-311.

BELLOS, David, *Georges Perec : une vie dans les mots*, Paris, Seuil, 1994.

BÉNABOU, Marcel, « "Ce repère Perec" : Perec miroir du roman contemporain », *Cahier Georges Perec*, nº 8, « Le Colloque de Montréal » (Travaux réunis et présentés par Jean-François Chassay), Bordeaux, Le Castor Astral, 2004.

BERTHARION, Jacques-Denis, « Les ruses autobiographiques » ; « Lieux ou la mémoire fragile » ; « De W à *Je me souviens :* rester caché/être découvert » ; « Des lieux aux non-lieux : de la rue Vilin à Ellis Island », in *Poétique de Georges Perec*, Nizet, 1998.

BERTHARION, Jacques-Denis, « Je me souviens : un cryptogramme autobiographique », *Le Cabinet d'amateur*, nº 2, p. 73-84.

BURGELIN, Claude, « L'analyse, l'écriture, les mots croisées » ; « III. Les avatars du "cas Perec" », in *Les parties de dominos chez Monsieur Lefèvre. Perec avec Freud, Perec contre Freud*, Saulxures, Circé, 1996.

BURGELIN, Claude, *Georges Perec*, Paris, Seuil, 1988.

BURGELIN, Claude, « Perec et l'archive. À la lumière d'Arlette Farge », *Revue Europe*, vol. 90, nº 993-994, Paris, janvier-février 2012, p. 71-82.

BURGELIN, Claude, « *Les Choses*, un devenir-roman des *Mythologies* ? », *Recherches & Travaux*, nº 77, 2010 [en ligne].

BURGELIN, Claude, « Notice », in *W où le souvenir d'enfance* [*Œuvres I*], *op. cit.*, p. 1062-1079.

CHEJFEC, Sergio, « Georges Perec o los riesgos de cierta argentinidad (a propósito de *La vida instrucciones de uso* de Perec) », *Babel. Revista de libros*, nº 12, section « Opiniones », Buenos Aires, Cooperativa de editores, 1988.

CONDOMINAS, Georges, « Ethnologie mode d'emploi », in *Cahiers Georges Perec*, nº 4, « Mélanges », Paris, Éd. du Limon, 1990, p. 69-74.

CONSENSTEIN, Peter, « Memory and Oulipian Constraints », in *Literary Memory, Consciousness, and the Group Oulipo*, Amsterdam – New York, Rodopi, 2002, p. 45-96.

DELEMAZURE, Raoul, « *L'herbier des villes* : un tas de reliquats », *Cahiers Georges Perec*, n° 12, « *Espèces d'espaces* perecquiens », travaux réunis et présentés par Danielle Constantin, Jean-Luc Joly et Christelle Reggiani, Bordeaux, Le Castor Astral, 2015.

FONDEBRIDER, Jorge, « Raymond Queneau, Georges Perec y el grupo Oulipo », *Babel. Revista de libros*, n° 4, section « Bárbaros », Buenos Aires, Cooperativa de editores, 1988.

GASCOIGNE, David, « Ludic writing : the problem of definition », in *The Games of fiction : Georges Perec and modern french ludic narrative*, Vien, Peter Lang, 2009, p. 15-20.

GAZAGNES, Arnaud, « Des maths, Georges Perec et *La Vie, Mode d'emploi* », *Bulletin de l'APMEP*, n° 511, « Dossier : Maths et écriture », 2014, p. 551-558.

HECK, Maryline, « "L'infra-ordinaire", une poétique du regard », *Revue Europe*, vol. 90, n° 993-994, Paris, janvier-février 2012, p. 62-70.

HECK, Maryline, « Pour un Perec politique », dans *Relire Georges Perec* (Actes du colloque de Cerisy), *Cahiers de la Licorne*, n° 122, Poitiers, PUR, 2016, p. 73-88.

JABLONKA, Ivan, « Ivan Jablonka lecteur de Georges Perec. L'écrivain chercheur », dans *Perec. Cahiers de l'Herne*, Claude Burgelin, Maryline Heck et Christelle Reggiani (dir.), Paris, l'Herne, 2016, p. 118-126.

JABLONKA, Ivan, « Les fictions de méthode » (Partie 3, VIII, « Le raisonnement historique »), in *L'histoire est une littérature contemporaine*, Paris, Seuil, 2014, p. 187-216.

JOLY, Jean-Luc, « L'infra-ordinaire » (Chap. 4), in *Connaissement du monde. Multiplicité, exhaustivité, totalité dans l'œuvre de Georges Perec*, ANRT, 2006, p. 579-636.

Klein, Paula, « An everyday life archive in Georges Perec's *Choses communes* », Congrès international de *l'American Comparative Literature Association* (ACLA), Seminar « *Archival Formations and Boundaries in Comparative Literary Studies* », Harvard University, Cambridge-Massachusetts, du 17 au 20 mars 2016 (inédit).

KERBRAT-ORECCHIONI, Catherine, *L'énonciation* : *de la subjectivité dans le langage*, Paris, A. Colin, 1997, p. 144-162.

LEAK, Andrew, « Écrire le banal : les "lieux" communs de Georges Perec », in *Écritures blanches*, Dominique Rabaté et Dominique Viart (dir.), Saint-Étienne, Publications de l'Université de Saint-Etienne, 2009, p. 137-154.

LEJEUNE, Philippe, *La Mémoire et l'Oblique : Georges Perec autobiographe*, Paris, P.O.L., 1991.

LEJEUNE, Philippe, « La rédaction finale de W ou le souvenir d'enfance », *Poétique*, 2003/1 (n° 133), p. 73-107.

MACHEREY, Pierre, « Perec chroniqueur de l'infra-ordinaire », in *Petits Riens. Ornières et dérives du quotidien*, Lormont, Le bord de l'eau, 2009, p. 231-258.

MAGNÉ, Bernard, « Préface : Carrefour Mabillon, ce qui passe, passe... », in *Georges Perec, Poésie ininterrompue/Inventaire*, Marseille, André Dimanche, 1997.

MAGNÉ, Bernard, « L'autobiotexte perecquien », *Le Cabinet d'amateur*, juin 1997, n° 5, p. 5-41.

MAGNÉ, Bernard, « Perec parapheur », in *Le Pied de la lettre. Créativité et littérature potentielle* (Hermes Salceda & Jean-Jacques Thomas dir.), Ontario, Presses Universitaires du Nouveau Monde, 2010, p. 91-102.

MONCOND'HUY, Dominique, « Écrire l'ordinaire : le jeu de l'intime et du collectif dans *Espèces d'espaces* », in *Georges Perec artisan de la langue* (textes réunis et présentés par Véronique Montémont & Christelle Reggiani), Lyon, Presses universitaires de Lyon, 2012, p. 131-141.

MONTFRANS, Manet Van, *Georges Perec : la contrainte du réel*, Amsterdam, Rodopi, 1999.

MOTTE, Warren, « Conclusion », in *The Poetics of experiment : a study of the work of Georges Perec*, Lexington, Ky, French Forum publishers, 1984, p. 132-138.

ØRUM, Tania, « Perec et l'avant-garde dans les arts plastiques » (« Georges Perec et l'Histoire », Actes du colloque international à Copenhague du 30 avril au 1er mai 1998), *Études Romanes*, n° 46, 2000, p. 201-213.

PONTALIS, Jean-Bertrand, *L'Amour des commencements*, Paris, Galimard, 1986.

PRIGENT, Christian, « Hésitations de Georges Perec », in *Ceux qui merdRent : essai*, Paris, P.O.L., 1991, p. 143-153.

RABATÉ, Dominique, « Programming and Play : Life Drive and Death Drive in the Work of Georges Perec, Roman Opalka and Jean-Benoît Puech »m in *Tracking the Art of the Project*, Michel Sheringham & Johnnie Gratton (dir.), New York, Berghahan Books, 2005, p. 81-95.

RABATÉ, Dominique, « "Comme tout le monde, je suppose" : l'individu collectif dans *Espèces d'espaces* », *Europe*, vol. 90, n° 993-994, Paris, janvier-février 2012, p. 43-51.

RABATÉ, Dominique, « L'individu et l'importance du collectif. Réflexions à partir des *Choses* de Georges Perec », in *La Fabrique du Français moyen. Productions culturelles et imaginaire social dans la France gaullienne (1958-1981)*, François Provenzano et Sarah Sindaco (dir.), Le Cri /CIEL-ULB, 2009, p. 159-169.

REGGIANI, Christelle, « Le romanesque de la contrainte », in *Le goût de la forme en literature*, Jan Baetens & Bernardo Schiavetta (dir.), Paris, Noésis / Agnès Viénot, 2004, p. 230-245.

REGGIANI, Christelle, « De la littérature considérée comme un des beaux-arts (l'œuvre de Perec et l'art contemporain) », in *Cahiers Georges Perec*, n° 10,

« Perec et l'art contemporain », (travaux réunis et présentés par Jean-Luc Joly), Bordeaux, Le Castor Astral, octobre 2010.

REGGIANI, Christelle, « Une "écriture du désastre" », in *Rhétoriques de la contrainte. Georges Perec-L'Oulipo* (1999), Paris, Eurédit, 1999, p. 301-338.

REGGIANI, Christelle, « Notice » in *W où le souvenir d'enfance* [*Œuvres I*] Christelle Regianni (éd.), Paris, Gallimard, « Bibliothèque de la Pléiade », 2017, p. 1062-1078.

SHERINGHAM, Michael, « La vie quotidienne », (entretien fait par Dominique Rabaté), in *Europe*, vol. 90, n° 993-994, Paris, janvier-février 2012, p. 52-61.

SHERINGHAM, Michael, « Perec : Uncovering the Infra-Ordinary » ; « Configuring the Everyday », in *Everyday Life Theories and Practices*, Oxford, Oxford University Press, 2006, p. 255-265 ; p. 360-398.

SCHILLING, Derek, *Mémoires du quotidien : les lieux de Perec*, Villeneuve-d'Ascq, Presses universitaires du Septentrion, 2006.

THIBAULT, Jean-Paul et TIXIER, Nicolas, « L'ordinaire du regard », in *Le Cabinet d'amateur*, n° 7-8, « Perec et l'image », Toulouse, Presses universitaires du Mirail, 1998, p. 51-67.

VIRILIO, Paul, « Un homme qui marche » dans *Portrait(s) Georges Perec* (dir. Paulette Perec), Paris, Bibliothèque Nationale de France, 2001, p. 157-162.

VIRILIO, Paul, « L'inertie du moment », in *L'Arc*, n° 76, « Georges Perec », 1980.

VIRILIO, Paul, « La défaite de faits », in *Cause commune*, année 2, n° 5, février 1973.

SUR CORTÁZAR

ALAZRAKI, Jaime, « ¿ Qué es lo neofantástico? », *Mester*, vol. XIX, n° 2, Automne 1990, p. 21-33.

ALAZRAKI, Jaime, « Esthétique du discontinu et du fragmentaire, le collage », *Cahiers de Poétique comparée*, Paris, Institut National des Langues et Civilisations Orientales, vol. 9, p. 101-121.

ALETTO, Carlos Daniel, « Los almanaques de Julio Cortázar », *INTI*, n° 18, p. 11-20.

BERRIOT, Karine, *Cortázar : l'enchanteur*, Paris, Presses de la Renaissance, 1988.

BOCCHINO, Adriana, « Hacia un intento de clasificación de la producción cortazariana », *CELEHIS*, n° 1, 1er semestre 1991.

BOCCHINO, Adriana, « *Último Round* : una biságra teórica en el desarrollo intelectual de Julio Cortázar », *Actual*, Merida, n° 33, février-mai 1996, p. 293-312.

CANTAMUTTO, Marina, « Leer a Cortázar desde sus archivos », *Escritural, Écritures d'Amérique Latine*, n° 5, mars, 2012.

CONSTANTIN, Danielle, *Masques et mirages : genèse du roman chez Cortázar, Perec et Villemaire*, New York, Peter Lang, 2008.

CONSTANTIN, Danielle, « *Rayuela* de Julio Cortázar : intertexte, avant-texte, épitexte », in *Le moi et ses modèles. Genèse et transtextualités*, Véronique Montémont & Catherine Viollet (dir.), Louvain-la-Neuve, Academia Bruylant, 2009, p. 155-165.

DÁVILA, María Lourdes, « El pintoresco almanaque "posmoderno" : *La vuelta al día en ochenta mundos* y *Último Round* », in *Desembarcos en el papel. La imagen en la literatura de Julio Cortázar*, Rosario, Beatriz Viterbo, 2001, p. 77-178.

GACHE, Belén, « Instrucciones para comportarse en sociedad », in *Revista Digital Universitaria*, vol. 10, n° 5, 10 mai 2009. ISSN : 1067-6079.

GACHE, Belén, « La masa pegajosa del mundo : vida cotidiana en *Historias de Cronopios y de Famas*, de Julio Cortázar », communication présentée lors du « V° Congreso Internacional de la Federación Latinoamericana de Semiótica », Buenos Aires, août 2002 [en ligne].

GOLOBOFF, Gerardo Mario, « Entrada e itinerarios del surrealismo en la literatura argentina », *Orbis Tertius*, n° 13/14, 2008, p. 1-3.

HARSS, Luis, *Los Nuestros*, Buenos Aires, Sudamericana, 1981.

JOUET, Jacques, « Julio Cortázar, destination des petits papiers », *Revue Roman*, n° 16, Presses de la Renaissance, 1986.

JOUET, Jacques, « Une lettre de Julio Cortázar », *La Bibliothèque oulipienne*, n° 161, « Du W, de Cortázar et de Li Po », 2007.

JOUET, Jacques, « Cortázar permutant », Julio Cortázar, *Produit du hasard*, Lyon, Presses Universitaires de Lyon, 2019, p. 5-8.

KLEIN, Paula, « *¿ Un plagiario por anticipación ? : Cortázar y el Oulipo* (1960-1980) », *Ensemble*, n° 11, année 5, septembre 2013.

KLEIN, Paula, « Cortázar et l'Oulipo : départ d'un jeu », *De ligne en ligne*, n° 15, 2014, p. 30.

KLEIN, Paula, « La vida escrita : productividad y recepción de *Los Autonautas de la cosmopista* (1983) en el campo literario francés del extremo contemporáneo », Colloque international « Centenaire de Julio Cortázar. La réception de l'œuvre et le fonds Cortázar de Poitiers », Université de Poitiers, 17-19 septembre 2014 (en presse).

LOUIS, Annick, « La iniciación a lo fantástico. Julio Cortázar, *Los Anales de Buenos Aires* y la *Antología de la literatura fantástica* », in *Julio Cortázar y Adolfo Bioy Casares : Relecturas entrecruzadas* (Roland Spiller éd.), Erich Schmidt, Berlin 2016, p. 39-54.

MANZI, Joaquín, « Cortar, pegar, montar el 69 de Cortázar », *LIRICO*, n° 15, 2016 [en ligne].

MONTALDO, Graciela, « Contextos de producción », in *Rayuela*, Julio Ortega & Saúl Yurkievich (éd.), Madrid, éd. Unesco, 1991, p. 583-596.

ORLOFF, Carolina, « The politics of collage » ; « Converging Lenin with Rimbaud », in *The representation of the political in selected writings of Julio Cortázar*, Woodbridge, Suffolk, UK/Rochester, NY, Tamesis, 2013, p. 133-155 ; 156-195.

PICON-GARFIELD, Evelyn, *¿ Es Julio Cortázar un surrealista ?*, Madrid, Gredos, 1975.

PROTIN, Sylvie, « Postface », in Julio Cortázar, *Contes et nouvelles*, Paris, Quarto Gallimard, 2008.

PROTIN, Sylvie, « Introduction. Exercice de lecture » in Julio Cortázar, *Produit du hasard*, Lyon, Presses Universitaires de Lyon, 2019, p. 9-25.

SÁNCHEZ, Pablo Martín, « Julio Cortázar y la literatura potencial », *La Siega*, n° 4, 2004.

SOLÁ, Graciela de, *Julio Cortázar y el hombre nuevo*, Sudamericana, Buenos Aires, 1968.

SOSNOWSKI, Saúl, « Julio Cortázar ante la literatura y la historia », in *Obra Crítica* (prologue au vol. II), Buenos Aires, Suma de Letras Argentina, 2004, p. 9-38 [1983].

SPERANZA, Graciela, « Facetas de Cortázar. Su lado Rimbaud » ; « Facetas de Cortázar. Su lado Duchamp », in *Fuera de campo. Literatura y arte argentinos después de Duchamp*, Barcelone, Anagrama, 2006, p. 171-180 ; p. 181-187.

SPERANZA, Graciela, *Atlas portátil de América Latina : Arte y ficciones errantes*, Barcelone, Anagrama, 2012.

YURKIEVICH, Saúl, « El collage literario : genealogía de *Rayuela* » ; « Poética del guijarro o de lo puro por anodino », in *Julio Cortázar : mundos y modos*, Madrid, Anaya & Mario Muchnick, 1994, p. 107-121 ; p. 177-188.

CORPUS SECONDAIRE ET BIBLIOGRAPHIE

BOUYSSI, Nicolas, *Esthétique du stéréotype*, Paris, PUF, 2011.

BRIAND, Denis, « Un retrait de l'auteur, Édouard Levé entre photographie et littérature » in *L'Autorité en littérature* [en ligne], Rennes, PUR, 2010.

KATZENSTEIN, Inés, « Jorge Macchi surrealista o la perseverancia en lo imposible », Catalogue MALBA, 2016 [en ligne].

LE TELLIER, Hervé, *L'Herbier des villes : choses sauvées du néant*, Paris, Textuel, 2010.

LEVÉ, Édouard, *Journal*, Paris, P.O.L., 2004.

MACCHI, Jorge, *Buenos Aires Tour*, avec Edgardo Rudnitzky (sons) et María Negroni (textes), Madrid, Turner, 2004.

MAIER, Gonzalo, *Material rodante*, Barcelone, Minúscula, 2015.

MAIER, Gonzalo, *El libro de los bolsillos*, Barcelone, Minúscula, 2016.

MÉLOIS, Clémentine, *Sinon j'oublie*, Paris, Grasset, 2017.

SALGAS, Jean-Pierre, « Édouard Levé ou "la mort de l'auteur" (dans l'art contemporain) », *Fabula* – LhT, n° 17, « Pierre Ménard, notre ami et ses confrères », juillet 2016 [en ligne].

TAÏEB, Lucie, « Politique et poésie des déchets », *Vacarme*, n° 79, 2017/2, p. 97 [en ligne].

TAÏEB, Lucie, « Lire le déchet au prisme de la littérature », p. 1-3 [en ligne].

VILLENEUVE, Mathilde, Entretien avec Édouard Levé, novembre 2003, paru dans *paris-art.com* [en ligne].

ZAMBRA, Alejandro, *Facsímil*, Madrid, Editorial Sexto piso, 2015.

ÉCRITURES DU QUOTIDIEN

BÉGOUT, Bruce, *La Découverte du quotidien*, Paris, Éditions Allia, 2005.

BÉGOUT, Bruce, *Lieu commun. Le motel américain*, Paris, Éditions Allia, 2009 [2003].

BLANCHOT, Maurice, « La parole quotidienne », in *L'Entretien infini*, Paris, Gallimard, 1969, p. 355-366.

BLANCHOT, Maurice, « Le journal intime et le récit », in *Le Livre à venir*, Paris, Gallimard, 2008.

BLANCHOT, Maurice, *L'Espace littéraire*, Paris, Gallimard, 1998 [1955].

Boltanski, Christian, « La petite mémoire » in *Le Voyage au Pérou* (exposition, Paris, Musée d'art moderne de la Ville de Paris, 15 mai-4 octobre 1998), Paris, Musée d'art moderne de la Ville de Paris, 1998.

BRAUDEL, Fernand, *Écrits pour l'Histoire*, Paris, Flammarion, 1969 (Extraits).

BRAUDEL, Fernand, « Avant-propos » ; « Pour conclure », in *Civilisation matérielle, économie et capitalisme* (1967), Paris, A. Colin, 1979, p. 11-13 ; p. 493-496.

BROQUA, Vincent, *À partir de rien : esthétique, poétique et politique de l'infime*, Paris, Michel Houdiart éd., 2013.

CAVELL, Stanley, *In the quest of the ordinary : lines of skepticism and romanticism*, Chicago/London, University of Chicago press, 1988.

CAVELL, Stanley, « The Uncanniness of the Ordinary », in *The Tanner lectures on Human Values*, Delivered at Stanford University, avril 1986.

CAVELL, Stanley, « L'ordinaire et l'inquiétant : Wittgenstein et le paradigme de l'art », *Rue Descartes*, n° 39, janvier 2003/1, p. 89-98.

CERTEAU, Michel de, « L'art d'habiter », in *Construire pour habiter* (Exposition. Paris, Esplanade du Trocadéro. 1982), Paris, l'Équerre-Plan construction, 1981, p. 12-15.

CERTEAU, Michel de & GIARD, Luce, *L'invention du quotidien. Arts de faire*, vol. I, (Nouvelle édition établie et présentée par Luce Giard), Paris, Gallimard, 1990 [1980].

DAVILA, Thierry, « De l'inframince : la *casuistique* de Marcel Duchamp » ; « Conclusion : l'invention de l'infra-mince », in *De l'infra-mince : brève histoire de l'imperceptible, de Marcel Duchamp à nous jours*, Paris, Éd. du Regard, 2010, p. 29-92 ; p. 271-276.

DEBORD, Guy, « Perspectives de modifications conscientes dans la vie quotidienne », *Revue "Internationale situationniste"*, n° 6, août 1961, p. 20-27.

DEBORD, Guy, *La Société du spectacle*, Paris, Gallimard, 1992 [1967].

DUCHAMP, Marcel, « Inframince », in *Duchamp du signe : écrits*, Paris, Flammarion, 1994, p. 305-306.

FABRE, Daniel *et al.*, « Introduction », in *Écritures ordinaires*, Paris, BPI, Centre Georges-Pompidou, P.O.L., 1993, p. 11-30.

FORMIS, Barbara, *Esthétique de la vie ordinaire*, Paris, PUF, 2010.

GARDINER, Michael, *Critiques of everyday life*, London, Routledge, 2000.

GARCÍA HELDER, Daniel, « Poéticas de la voz. El registro de lo cotidiano », in Noé Jitrik, *Historia crítica de la literatura Argentina*, vol. 11 : « La narración gana la partida » (Elsa Drucaroff dir.), Buenos Aires, Emecé, 2000, p. 213-233.

GIARD, Luce, « Introduction », in *L'invention du quotidien. I. Arts de faire*, *op. cit.*

GIL, Solange, « Escrituras de la vida cotidiana en el "extremo contemporáneo" (1970 a nuestros días) : un estudio comparado Francia-Argentin », *Anuari de filologia. Llengües i literatures modernes*, 3/2013, p. 87-99.

HELLER, Ágnes, « The Abstract concept of "everyday life" », in *Everyday Life*, London, Routledge and Kegan Paul, 1980, p. 3-7 [1970].

KRISCHKE, Paulo et SCHERER-WARREN, Ilse, *Uma revoluçao no cotidiano. Os novos movimientos sociais na america do sul*, São Paulo, Editoria Brasiliense, 1987.

LEDDY, Thomas, « Introduction » ; « Part I : The Domain of Everyday Aesthetic », in *The extraordinary in the ordinary. The Aesthetics of Everyday*, Ontario-Canada, Broad view, 2012, p. 9-14 ; p. 15-124.

LEFEBVRE, Henri, *Critique de la vie quotidienne* (1947), Paris, l'Arche, 1958.

LEFEBVRE, Henri, *Critique de la vie quotidienne II. Fondements pour une sociologie de la quotidienneté*, Paris, l'Arche, 1962 [1961].

LEFEBVRE, Henri, *Critique de la vie quotidienne III. De la modernité au modernisme : pour une métaphilosophie du quotidien*, Paris, l'Arche, 1981.

LEFEBVRE, Henri, *La vie quotidienne dans le monde moderne*, Paris, Gallimard, 1968.

LEFEBVRE, Henri, « Habiter : l'éveil et le réveil de la pensée architecturale » in *Construire pour habiter*, *op. cit.*, p 18-19.

LEFEBVRE, Henri, « Quotidien et Quotidienneté », *Encyclopaedia Universalis* [en ligne].

MACHEREY, Pierre, « *Le quotidien, objet philosophique ?* », *Journal of Urban Research*, n° 1, 2005 [en ligne].

MACHEREY, Pierre, *Petits Riens. Ornières et dérives du quotidien*, Lormont, Le bord de l'eau, 2009.

RICKARDS, Maurice, « Editor's Introduction », in *The encyclopedia of ephemera : a guide to the fragmentary documents of everyday life for the collector, curator and histori*an (Michael Twyman éd), London, British library, 2000, p. V-VIII.

ROUSSIN, Philippe, « Journées du quotidien », in *Critique*, n° 827, « Langue française : le chagrin et la passion », Paris, Éditions de Minuit, 2016, p. 351-363.

SCHETTINI, Ariel, « Escribir en la precariedad fugaz del presente », in *Bazar Americano/ Punto de Vista*, novembre-décembre 2006.

SEBRELI, Juan José, *Buenos Aires, vida cotidiana y alienación*, Buenos Aires, Siglo XX, 1965.

SHERINGHAM, Michel, *Everyday Life : Theories and Practices from Surrealism to the Present*, Oxford, Oxford University Press, 2006.

SÜSSEKIND, Flora, *Vidrieras astilladas. Ensayos críticos sobre la cultura brasileña de los sesenta a los ochenta*, Buenos Aires, Corregidor, 2003.

VIRILIO, Paul, « L'entreprise des apparences », in *Cause commune*, n° 1, « La ruse », collection 10/18, n° 1143, 1977, p. 89-108.

WITTGENSTEIN, Ludwig, *Philosophical Investigations*, trad. de G. E. M. Anscombe, Oxford, Basil Blackwell, 1968.

PROJETS DE VIE ET D'ÉCRITURE

BARTHES, Roland, *Roland Barthes / par Roland Barthes*, Paris, Seuil, 1995 [1975].

BEAUJOUR, Michel, « Introduction : Autoportrait et autobiographie », in *Miroirs d'encre : rhétorique de l'autoportrait*, Paris, Seuil, 1980, p. 7-26.

BLANCHOT, Maurice, « La solitude essentielle », in *L'espace littéraire*, Paris, Gallimard, 1955, p. 9-27.

BLANCHOT, Maurice, « Le journal intime et le récit », in *Le Livre à venir*, Paris, Gallimard, 2008, p. 252-259 [1959].

BOURRIAUD, Nicolas, « I. Une genèse de la modernité. 1. La valorisation du présent », in *Formes de vie. L'art moderne et l'invention de soi*, Paris, Denoël, 1999, p. 21-38.

BOUTINET, Jean-Pierre, « Liminaire : du concept au paradigme » ; « Le projet comme perspective pragmatique », in *Anthropologie du projet* (1988), Paris, PUF, 2005, p. 1-9 ; p. 361-368.

BRAUD, Michel, « Introduction », in *La Forme des jours. Pour une poétique du journal personnel*, Paris, Seuil, 2006, p. 9-15.

CHASSAIN, Adrien, *Fragments d'avenir. Le livre à venir et son annonce aux seuils du régime moderne d'historicité* (XVIe-XXe). *Une poétique sociale du projet*. Thèse de doctorat inédite. Dirigée par Bruno Clément, soutenue le 3 décembre 2018.

CHASSAIN, Adrien, « Roland Barthes : “Les pratiques et les valeurs de l'amateur” », in *Fabula-LhT*, n° 15, « “Vertus passives” : une anthropologie à contretemps », octobre 2015 [en ligne].

CHASSAIN, Adrien, « Perec et la rhétorique du projet », in *Relire Georges Perec*, *Cahiers de la Licorne*, n° 122, Poitiers, PUR, 2016, p. 27-39.

COLONNA, Vincent, « Introduction » ; « Première partie : la chose avec le nom », in *L'Autofiction. Essai sur la fictionnalisation de soi en littérature*, Paris, EHESS, 1989, p. 8-13 ; p. 14-28 [en ligne].

DOUBROUVSKY, Serge, *Fils*, Paris, Gallimard, 2001 [1977].

ERNAUX, Annie, « Entretien d'Annie Ernaux et Marie-Madeleine Million-Lajoinie », in *Annie Ernaux : une œuvre de l'entre-deux* (Fabrice Thumerel éd., préface d'Annie Ernaux), Arras, Artois Presses Université, 2004, p. 259-265.

FOUCAULT, Michel, « À propos de la généalogie de l'éthique : aperçu du travail en cours » ; in *Dits et écrits*, vol. IV, 1980-1988, Paris, Gallimard, 1994, p. 609-631 [1983].

FOUCAULT, Michel, « L'éthique du souci de soi comme pratique de la liberté », in *Concordia. Revista internacional de filosofía*, n° 6, juillet-décembre 1984, p. 99-116.

FOUCAULT, Michel, « Une esthétique de l'existence », in *Le Monde*, juillet 1984, p. XI.

FOUCAULT, Michel, « L'écriture de soi », in *Corps écrit*, n° 5, *L'Autoportrait*, février 1983, p. 3-23.

GASPARINI, Philippe, « Autobiographie » ; « Autobiographie fictive » ; et « Autofiction », in *Est-il je ? Roman autobiographique et autofiction*, Paris, Seuil, 2004, p. 18-27.

GRATTON, Johnnie, « On the Subject of the Project », in *Tracking the Art of the Project*, London, Berghahan Books, 2005, p. 123-139.

LEJEUNE, Philippe, « Avant-propos » ; « Le Pacte autobiographique », in *Le Pacte autobiographique*, Paris, Seuil, 1991, p. 7-43.

LEJEUNE, Philippe, « La rédaction finale de *W ou le souvenir d'enfance* » ; « Genèse du journal » ; « Le journal comme “antifiction” », in *Autogenèses 2. Les brouillons de soi*, Paris, Seuil, 2013, p. 195-230 ; p. 393-411 ; p. 393-412.

LEJEUNE, Philippe, *Signes de vie. Le Pacte autobiographique 2*, Paris, Seuil, 2005.

MEIZOZ, Jérôme, « Qu'entend-on par “posture” ? », in *Postures littéraires. Mises en scène modernes de l'auteur*, Genève, Slatkine, 2007, p. 15-32.

MEIZOZ, Jérôme, « Ce que l'on fait dire au silence. Posture, *ethos*, image d'auteur », in *La fabrique des singularités. Postures littéraires II*, Genève, Slatkine, 2011, p. 81-95.

PACHET, Pierre, « Introduction : peut-on parler d'une histoire du journal intime », in *Les Baromètres de l'âme : naissance du journal intime*, Paris, Le Bruit du temps, 2015, p. 9-17 [1990].

REIG, Christophe, « Règles des jeux, jeu(x) dans les Règles », in *Revue Formules*, n° 11, « Surréalisme et contraintes formelles », Noesis, 2007, p. 43-56.

SHERINGHAM, Michael et GRATTON, Johnnie, « Towards an art of the Project », in *Tracking the Art of the Project*, *op. cit.*, p. 11-30.

SHERINGHAM, Michel, « Intentions and transactions », in *French Autobiography. Devices and desires : Rousseau to Perec*, Oxford, Clarendon Press, 1993, p. 1-30.

SHERINGHAM, Michel, « Projects of attention », in *Everyday Life. Theories and Practices from Surrealism to the Present*, *op. cit.*, p. 386-397.

SHERINGHAM, Michel, « Epistemologies of the Project », *AA Files*, n° 60, 2010, p. 3-8.

STAROBINSKI, Jean, « Jean-Jacques Rousseau/ "la Forme du jour" », in *Pour un temps : Jean Starobinski*, Paris, Centre Georges Pompidou, 1985, p. 199-272.

ETHNOGRAPHIES DU PROCHE

BAZIN, Jean, « Interpréter ou décrire. Notes critiques sur la connaissance anthropologique », in *Une école pour les sciences sociales. De la VIe section à l'École des hautes études en sciences sociales* (Jacques Revel et Nathan Wachtel éd.), Paris, Cerf-EHESS, 1996, p. 401-420.

BENSA, Alban et POUILLON, François (dir.), *Terrains d'écrivains. Littérature et ethnographie*, Forcalquier, Anarchasis, 2012.

BROMBERGER, Christian, « Anthropologie française *"at home"* », in *FCS*, vi, Angleterre, 1995, p. 287-291.

BRUCKNER, Pascal et FINKIELKRAUT, Alain, « L'épopée du minuscule » ; « Donnez-nous notre journal quotidien ! », in *Au coin de la rue, l'aventure*, Paris, Seuil, 1982, p. 25-31 ; p. 181-184 [1979].

CLIFFORD, James, « Traveling cultures », in *Cultural Studies*, Grossberg et al. éd., New York, Routledge, 1992, p. 96-116.

DAVILA, Thierry, « Introduction » ; « Conclusion : l'invention de l'infra-mince », in *De l'inframince. Brève histoire de l'imperceptible, de Marcel Duchamp à nos jours*, Paris, Ed. du Regard, 2010, p. 7-28 ; p. 271-276.

DAVILA, Thierry, « Une cinéplastique en héritage. Petite généalogie du déplacement dans l'art de la fin du XXe siècle » ; « Produire du corps, produire de la mémoire, fabriquer de l'expérience », in *Marcher, créer. Déplacements, flâneries, dérives dans l'art de la fin du XXe siècle*, Paris, Éd. du Regard, 2007, p. 7-46 ; p. 177-184.

DAVILA, Thierry, *Les Figures de la marche, un siècle d'arpenteurs de Rodin à Neuman* (Maurice Fréchuret, Daniel Arasse, Thierry Davila éd.), Réunion des musées nationaux, 2000.

FOSTER, Hal, « El artista como etnógrafo », in *El retorno de lo real. La vanguardia a finales de siglo*, Madrid, Akal, 2001, p. 175-208.

Klinger, Diana, « 1.5 Auto-ficção e performance », in *Ecritas de si, escritas do outro : autoficcao et etnografia na narrativa latino-americana contemporànea*, p. 50-60. Thèse de doctorat [en ligne].

Sarlo, Beatriz, « Sujetos y tecnologías. La novela después de la historia », in *Punto de vista*, Revista de cultura, Année XXIX, n° 86, Buenos Aires, décembre 2006.

Viart, Dominique, « Les Littératures de terrain », *Revue de Fixxion française contemporaine*, n° 18, « Littératures de terrain », 2019, p. 1-13.

Viart, Dominique, « Les littératures de terrain : dispositifs d'investigation en littérature française contemporaine (de 1980 à nos jours) », Séminaire du CRAL « Art et littérature : l'esthétique en question », 7 décembre 2015.

Viart, Dominique, « Les littératures de terrain. Enquêtes et investigations en littérature française contemporaine », in *Repenser le réalisme*, Montréal, Centre Figura de recherche sur le texte et l'imaginaire, *Cahier ReMix*, n° 07, avril 2018.

ARCHIVISTES DU QUOTIDIEN

AA. VV., *Deep storage, collecting, storing and archiving in Art*, Munich-New York, Prestel, 1998.

Abensour, Miguel, « Le choix du petit », postface à *Minima Moralia* de Theodor Adorno (Petite Bibliothèque Payot, 2003), in *Passé Présent*, n° 1, 1982, p. 335-354.

Agamben, Giorgio, « L'archive et le témoignage », in *Ce qui reste d'Auschwitz. L'archive et le témoin. Homo III*, Paris, Payot-Rivages, 2003 [1998].

Anheim, Étienne et Poncet, Olivier, « Fabrique des archives, fabrique de l'Histoire », in *Revue de synthèse*, 5e série, 2004, p. 1-14.

Benjamin, Walter, « Eduard Fuchs, collectionneur et historien », in *Zeitschrift für Sozialfoschung*, n° 6, 1937, p. 346-381 (fasc. 2). Trad. par Philippe Ivernel, *Macula*, n° 3-4, 1978, p. 42-59, préface de Ph Ivernel, p. 38-41.

Benjamin, Walter, *Le Livre des Passages. Paris capitale du* XIXe, Paris, Le Cerf, 2009 [1939].

Boltanski, Christian, « La petite mémoire », in *Le Voyage au Pérou*, Paris, Catalogue du Musée d'art moderne de la ville de Paris, 1998.

Caradec, François, « La voie du troisième secteur », suivie de Le Lionnais François, « Le Troisième secteur », in *La Bibliothèque oulipienne*, vol. 3, (fascicule 45), Paris, Seghers, 1990, p. 156-181.

Croisy-Naquet, Catherine et Delissen, Alain, « Avant-propos », in « La petite histoire », *Écrire l'histoire*, n° 17, CNRS Éditions, 2017, p. 11-16.

Demanze, Laurent, *Un nouvel âge de l'enquête. Portraits de l'écrivain contemporain en enquêteur*, Paris, Éditions Corti, 2019.

DERRIDA, Jacques, « Exergue », in *Mal d'Archive*, Paris, Galilée, 1995, p. 19-44.

DETUE, Frédérik et LACOSTE, Charlotte, « Ce que le témoignage fait à la littérature », *Europe*, n° 1041-1042, « Témoigner en littérature », 94e année, janvier-février 2016, p. 3-15.

FARGE, Arlette, *Le Goût de l'archive*, Paris, Seuil, 1989.

FARGE, Arlette, « Penser et définir l'événement en histoire », *Revue Terrain*, n° 38, « Qu'est-ce qu'un événement ? », mars 2002, p. 67-78.

FOSTER, Hal, « The Archival Impulse », *October*, n° 110, The MIT Press, automne 2004, p. 3-22.

FOUCAULT, Michel, « L'*a priori* historique et l'archive », *L'Archéologie du savoir*, Paris, Gallimard, 1969.

GUINZBURG, Carlo, « Signes, traces, pistes. Racines d'un paradigme de l'indice », *Le Débat*, 1980/6, n° 6, p. 3-44.

HARTOG, François, *Régimes d'historicité. Présentisme et expérience du temps*, Paris, Seuil, 2012 [2003].

HUYSSEN, Andreas, « Memoria : global, nacional, museológica », *En busca del futuro perdido. Cultura y memoria en tiempos de globalización*, México DF, Fondo de Cultura Económica, 2001 ; 2007, p. 11-73.

MEREWETHER, Charles, « Archives of the fallen », *Grand Street*, vol. 16, issue 2, p. 36, automne 1997.

MONTÉMONT, Véronique, « Vous et moi. Usages autobiographiques du matériau documentaire », *Littérature*, n° 166, « Usages du document en littérature », 2012/2, p. 40-54.

PARISOT, Yolaine et PLUVINET, Charline, « Avant-propos : Force et vertu de la fiction face à l'histoire immédiate. Pour un récit transnational du temps présent », in *Pour un récit transnational. La fiction au défi de l'histoire immédiate*, Rennes, PUR, 2016, p. 7-18.

RICŒUR, Paul, « Archives, document, trace », dans « Entre le temps vécu et le temps universel : le temps historique » (chap. II, « Poétique du récit, Histoire, Fiction, Temps ») dans *Temps et récit*, vol. III, Paris, Seuil, 1985, p. 212-228.

SAMOYAULT, Thiphaine, « Du gout de l'archive au souci du document », *Littérature*, n° 166, « Usages du document en littérature », 2012, p. 3-6.

SHERINGHAM, Michael, « Memory and the archive in contemporary life writing », *French Studies*, vol. LIX, n° 1, 2005, p. 47-53.

SHERINGHAM, Michael, « La figure de l'archive dans le récit autobiographique contemporain », *Lendemains*, n° 107/108, Stauffenburg Verlag, 2002, p. 25-41.

VIART, Dominique, « Les Littératures de terrain », *Revue de Fixxion française contemporaine*, n° 18, « Littératures de terrain », 2019.

VIART, Dominique, « Les Littératures de terrain », *En attendant Nadeau*, « Enquêtes », hors-série n° 4, 6 août 2019.

LITTÉRATURE DOCUMENTAIRE ET FACTUELLE

BAQUÉ, Dominique, « Prologue » ; « L'art en deçà du politique » ; « Document, parole, histoire » in *Pour un nouvel art politique. De l'art contemporain au documentaire*, Flammarion, Paris, 2004, p. 9-34 ; p. 35-98 ; p. 201-280.

BESSIÈRE, Jean, « Littérature : l'œuvre document et la communication de l'ignorance d'une archéologie (Daniel Defoe) et d'une illustration (Norman Mailer) », *Communications*, vol. 79, n° 1, 2006, p. 319-335.

BRIET, Suzanne, « Qu'est-ce que la documentation », Éditions Documentaires Industrielles et Techniques – EDIT, Paris, 1951 ; 2008.

CAILLET, Aline, « L'espace du documentaire », in *Dispositifs critiques*, Rennes, PUR, 2014, p. 9-19.

CAILLET, Aline et POUILLAUDE, Frédéric, « Introduction L'hypothèse d'un art documentaire », in *Un art documentaire*, Rennes, PUR, 2017, p. 7-25.

CHEVRIER, Jean-François et ROUSSIN, Philippe, « Présentation », *Communication*, n° 71, « Le parti pris du document », 2001, p. 5-11.

DEMANZE, Laurent, « Entretien avec Laurent Demanze par Pierre Benetti », *En attendant Nadeau*, « Enquêtes », hors-série n° 4 [en ligne].

GENETTE, Gérard, « Récit fictionnel et récit factuel », in *Fiction et diction*, Paris, Seuil, 1991, p. 141-168.

HAMBURGER, Käte, *Logique des genres littéraires*, Paris, Seuil, 1986 [1977].

JAMES, Alison et REIG, Christophe, « Avant-propos. Non-fiction : l'esthétique documentaire et ses objets », in *Frontières de la non-fiction*, Rennes, PUR, 2013, p. 8-21.

JEANNELLE, Jean-Louis, « Atélier de théorie littéraire : Littératures factuelles : les problèmes », *Fabula*, 2007 [en ligne].

JEANNELLE, Jean-Louis, « "L'acheminement vers le réel" : Pour une étude des genres factuels : le cas des *Mémoires* », *Poétique*, 2004/3 n° 139, p. 279-297.

NASH, Mark, « Experiments with Truth : The Documentary Turn », *Anglistica* 11, n° 1 /2, 2007, p. 33-40.

NASH, Mark, « Reality in the Age of Aesthetics », *Frieze*, n° 114, 2008.

RUFFEL, Lionel, « Un réalisme contemporain : les narrations documentaires », *Littérature*, n° 166, 2012/2, p. 13-25.

TOKER, Leona, « Towards a Poetics of Documentary Prose », *Poetics Today*, vol. 18, n° 2, 1997, p. 187-222.

ZENETTI, Marie-Jeanne et BLOOMFIELD, Camille, « Écrire avec le document : quels enjeux pour la recherche et la création littéraire contemporaine ? », *Littérature*, n° 166, 2012/2, p. 7-12

ZENETTI, Marie-Jeanne, « Factographies : "l'autre" littérature factuelle », in *Frontières de la non-fiction*, Rennes, PUR, 2013, p. 25-34.

ZENETTI, Marie-Jeanne, *Factographies, L'enregistrement littéraire à l'époque contemporaine*, Paris, Classiques Garnier 2014.

ZENETTI, Marie-Jeanne, « Littérature contemporaine : un "tournant documentaire" ? », Colloque « Territoires de la non-fiction », organisé par Philippe Daros, Alexandre Gefen et Alexandre Prstojevic, déc. 2017, Paris, France [en ligne].

ZENETTI, Marie-Jeanne, « Les angles morts de l'enquête », *En attendant Nadeau*, « Enquêtes », hors-série n° 4, 16 juillet 2019.

BIBLIOGRAPHIE CONTEXTUELLE

Contexte littéraire et historique français et européen

AA. VV., *Historicité de la littérature contemporaine. Fins de la littérature*, tome II, Dominique Viart et Laurent Demanze (dir.), Armand Collin, Paris, 2012.

ANHEIM, Étienne et CASTELLI GATTINARA, Enrico, « Jeux d'échelles. une histoire internationale », *Revue de Synthèse*, Springer Verlag / Lavoisier, 2009, 130 (4), p. 661-677.

BOUCHERON, Patrick, « On nomme littérature la fragilité de l'histoire », *Le Débat*, 2011/3, n° 165, p. 41-56.

BOUJU, Emmanuel, *La transcription de l'Histoire. Essai sur le roman européen de la fin du XXe siècle*, Rennes, PUR, 2006.

BOUJU, Emmanuel, « La littérature comme exercice des mémoires possibles et littérature "à-présent". La transcription de l'histoire dans le roman contemporain », *Annales. Histoire, Sciences Sociales*, 65e année, 2010/2, p. 417-438.

BOUJU, Emmanuel, « *Postface.* Histoire immédiate et paradigme 'istorique'. Notes sur l'actualité du roman », in *Pour un récit transnational. La fiction au défi de l'histoire immédiate*, *op. cit.*, p. 325-333.

BOUJU, Emmanuel, « Accélérations », in *Épimodernes. Nouvelles « Leçons américaines » sur l'actualité du roman*, Paris, Codicille, 2020, p. 121-153.

REGGIANI, Christelle, « Une "écriture du désastre" », in *Rhétoriques de la contrainte : Georges Perec-l'Oulipo*, Saint-Pierre-du-Mont, Éd. Interuniversitaires, 1999, p. 301-338.

SOULET, Jean-François, « Où en est l'histoire immédiate dans le monde ? », *Cahiers d'histoire immédiate*, n° 16, automne 1999, p. 45-57.

VIART, Dominique et VERCIER, Bruno, « Écrire le réel », in *La littérature française au présent : héritage, modernité, mutations*, Paris, Bordas, 2008, p. 213-234.

WIEVIORKA, Annette, *L'Ère du témoin*, Espagne, Pluriel, 2013 [1998].

Contexte littéraire et historique argentin

AA. VV., *Ficción y política. La narrativa argentina durante el proceso militar* (Daniel Balderston comp.), Madrid, Buenos Aires, Alianza, Minneapolis, University of Minnesota, Institute for the study of ideologies & literature, 1987.

CRENZEL, Emilio, *La historia política del Nunca Más : la memoria de las desapariciones en la Argentina*, Buenos Aires, Siglo XXI, 2008.

GILMAN, Claudia, *Entre la pluma y el fusil. Debates del escritor revolucionario*, Buenos Aires, Siglo XXI, 2006 [2003].

GRAMUGLIO, María Teresa (dir.), *Historia crítica de la literatura argentina*, vol. 6, *El imperio realista*, Buenos Aires, Emecé, 2002.

ROMERO, Luis Alberto, « *EL Proceso, 1976-1983* », in *Breve historia contemporánea de la Argentina 1916-2010*, Buenos Aires, Fondo de Cultura económico, 2014.

SARLO, Beatriz, *Tiempo pasado. Cultura de la memoria y giro subjetivo. Una discusión*, Buenos Aires, Siglo XXI, 2005.

BIBLIOGRAPHIE GÉNÉRALE

AA. VV., *Internationale situationniste*, Paris, Fayard, 1997.

AA. VV., *Voilà le monde dans la tête* : *exposition*, Paris, Musée d'art moderne de la Ville de Paris, 15 juin – 29 octobre 2000, conçue par Suzanne Pagé, Béatrice Parent, Christian Boltanski… *et al.*, Paris, Paris musées, 2001.

AA. VV., *Antología de la poesía surrealista de lengua francesa*, étude préliminaire d'Aldo Pellegrini, Buenos Aires, Compañía General Fabril Editora, 1961.

AA. VV., *Perder la forma humana*, Museo Nacional Centro de Arte Reina Sofia, Madrid, 2012.

ALONSO, Rodrigo, « En torno a la acción », in *Arte de Acción* (catalogue de l'exposition), Buenos Aires, Museo de Arte Moderno, 1999.

BARTHES, Roland, *La Préparation du roman I et II. 1978-1979 et 1979-1980*, Paris, Seuil, IMEC, 2003.

BARTHES, Roland, « L'écriture et le silence », in *Le Degré Zéro de l'écriture*, Paris, Seuil, 1972, p. 58-61 [1953].

BARTHES, Roland, « L'effet du réel », in *Le Bruissement de la langue*, Paris, Seuil, 1984, p. 179-187 [1968].

BARTHES, Roland, *L'Empire des signes*, Paris, Seuil, 2005 [1970].

BARTHES, Roland, « Pause » (*Le Nouvel Observateur*, 26 mars 1979), in *Œuvres complètes 1974-1980*, vol. III, Paris, Seuil, 1995, p. 991.

BARTHES, Roland, *La Chambre claire : note sur la photographie* (1980), Paris, Gallimard, 1981.

BÉNABOU, Marcel, « Une liste de contraintes oulipiennes » [en ligne].

BENS, Jacques, « Queneau Oulipien », in *Atlas de littérature potentielle*, Paris, Gallimard, p. 22-33 [1988].

BESSIÈRE, Irène, *Le Récit fantastique : la poétique de l'incertain*, Paris, Larousse, 1973.

BLOOMFIELD, Camille, « "Présentation" du projet Difdepo : différences de Potentiel. Histoire, poétique et esthétique de l'Oulipo » [en ligne].

BRECHT, Bertold, « L'effet de distanciation, procédé de la vie quotidienne », in *Écrits sur le théâtre*, J.-M. Valentin (éd.), Paris, Gallimard, 2000.

BROTCHIE, Alastair et MATHEWS, Harry, *Oulipo compendium*, London, Atlas Press, 1998.

CAILLOIS, Roger, « Fantastique », Paris, *Encyclopaedia universalis*, 1977.

CALVINO, Italo, « La poubelle agréée » (1974-1976), in *La route de San Giovanni*, Paris, Seuil, 1993.

COMPAGNON, Antoine, « Cours – Écrire la vie : Montaigne, Stendhal, Proust » (6 janvier 2009). Brochures de la collection *Cours et travaux* du Collège de France. Résumés 2008-2009, Annuaire 109e année, Paris, Collège de France, 2012, p. 873.

CONTRERAS, Sandra (éd.), *Realismos, cuestiones críticas*, Rosario, Centro de Estudios de Literatura Argentina Humanidades y Artes, Ediciones UNR, 2013.

COSTA, Eduardo, ESCARI, Raúl et JACOBY, Roberto, « Un arte de los medios de comunicación » (1966), Archive personnelle de Roberto Jacoby à Buenos Aires.

DAGOGNET, François, « Le secours de l'art contemporain », in *Éloge de l'objet : pour une philosophie de la marchandise*, Paris, Librairie philosophique, 1989, p. 183-216.

EXPÓSITO, Marcelo, VIDAL, Ana et VINDEL, Jaime, « Activismo artístico » in *Perder la forma humana*, Museo Nacional Centro de Arte Reina Sofia, Madrid, 2012, p. 43-50.

FORTE, Frédéric, « Le Voyage des rêves », in *Le Voyage d'hiver et ses suites*, Paris, Seuil, 2013.

FORTE, Frédéric, *Brochette bouillir dans la soupe piquant*, Paris, Ink, 2012.

FOSTER, Hal, *El retorno de lo real. La vanguardia a finales de siglo*, Madrid, Akal, 2001.

GARRAMUÑO, Florencia, *La experiencia opaca : literatura y desencanto*, Buenos Aires, Fondo de Cultura Económico, 2009.

GOLDSMITH, Kenneth, « Paragraphs on Conceptual Writing », Lori Emerson et Barbara Cole éd., *Open Letter : A Canadian Journal of Writing and Theory*, ser. 12, n° 7, Fall 2005.

HORNE, Luz, *Literaturas reales. Transformaciones del realismo en la literatura latinoamericana contemporánea*, Rosario, Beatriz Viterbo, 2011.

JARRY, Alfred, *Gestes et opinions du docteur Faustroll pataphysicien : roman néo-scientifique*, Paris, Éd. de la Différence, 2010.

KAPROW, Allan, « The Legacy of Jackson Pollock », *Essays on the Blurring of Art and Life*, Berkeley, CA, University of California Press, 1993, p. 1-10 [1958].

KATZENSTEIN, Inés (éd.), *Escritos de vanguardia. Arte argentino de los años '60*, Buenos Aires, The Museum of Modern Art, Fundación Proa et Fundación Espigas, 2007.

KRACAUER, Siegfried, *Théorie du film. La rédemption de la réalité matérielle*, Paris, Flammarion, 2010 [1973].

LE LIONNAIS, François, « Second Manifeste » in *La Littérature potentielle*, Paris, Gallimard, 1973, p. 19-23.

LEWITT, Sol, « Paragraphs on conceptual art », in *Artforum*, juin 1967.

LONGONI, Ana, « Arte revolucionario », in *Perder la forma humana. Una imagen sísmica de los años ochenta en América Latina*, Madrid, Museo Nacional Centro de Arte Reina Sofía, 2012, p. 51-57

LIPPARD, Lucy, *Six years : the dematerialization of the art object from 1966 to 1972 ; a cross-reference book of information on some esthetic boundaries*, New York, Praeger. 1973.

PASSERON, Jean-Claude et REVEL Jacques (dir.), « Penser par cas, raisonner à partir de singularités », dans *Penser par cas*, Paris, EHESS, 2005, p. 9-44.

QUENEAU, Raymond, *Courir les rues*, Paris, Gallimard, 1967.

REGGIANI, Christelle, « La rhétorique de l'invention de Raymond Roussel à l'Oulipo : résumé » [en ligne].

RUIZ, Pablo Martín, « El Oulipo y América Latina – Voces del siglo XXI », in *Cuadernos de Filología Francesa*, nº 28, 2017, p. 179-195.

SOLÁ, Graciela de, *Proyecciones del surrealismo en la literatura argentina*, Buenos Aires, Ediciones Culturales Argentinas, 1967.

VIART, Dominique, « Fictions en procès », in *Le roman français au tournant du XXIe siècle*, Bruno Blanckeman, Aline Mura-Brunel et Marc Dambre (dir.), Paris, Presses Sorbonne Nouvelle, 2004, p. 289-303.

WINOCK, Michel, « La guerre est finie », in *Le siècle des intellectuels*, Paris, Seuil, 1999, p. 684.

INDEX DES NOMS PROPRES

TABLE DES MATIÈRES

DEUXIÈME PARTIE

PROJETS DE VIE ET D'ÉCRITURE

TROISIÈME PARTIE
ARCHIVISTES DE LA QUOTIDIENNETÉ

Achevé d'imprimer par Corlet Numéric,
Z.A. Charles Tellier, Condé-en-Normandie (Calvados), en février 2021
N° d'impression : 170547 - dépôt légal : février 2021
Imprimé en France